上海领军人才

中共上海市委组织部
上海市人力资源和社会保障局 编

文汇出版社

图书在版编目（CIP）数据

上海领军人才／上海市人力资源和社会性保
障局编.—上海：文汇出版社,2011.4
ISBN 978－7－5496－0111－0

Ⅰ.①上… Ⅱ.①上… Ⅲ.①先进工作者－生平事
迹－上海市 Ⅳ.①K820.851

中国版本图书馆 CIP 数据核字（2010）第 264187 号

上海领军人才（第三辑）

编　　者／中共上海市委组织部
　　　　　上海市人力资源和社会保障局

责任编辑／黄　勇
特约编辑／刘非非
封面装帧／周夏萍

出版发行／**文汇**出版社
　　　　　上海市威海路 755 号
　　　　　（邮政编码 200041）
经　　销／全国新华书店
印刷装订／上海建工印刷厂
版　　次／2011 年 4 月第 1 版
印　　次／2011 年 4 月第 1 次印刷
开　　本／787×960　1/16
字　　数／510 千
印　　张／32.5

ISBN 978－7－5496－0111－0
定　　价／68.00 元

院 士 寄 语

尊敬的各位领军人才：

　　光阴似箭，岁月荏苒，我们迎来了新世纪的第二个十年。过去的岁月里，你们辛勤耕耘、默默奉献，为国家科技水平提升、人民生活改善、经济社会发展做出了突出的贡献。我欣喜地看到，在奥运、世博、载人航天等历史事件中活跃着你们的身影，在抗击非典、汶川地震等重大考验面前你们书写了华丽的篇章。在这里，我要对你们表示由衷的敬意。

　　新的十年，新的挑战，我们面临着创新驱动、转型发展的历史机遇，作为上海领军人才，大家身上的责任更加重大、使命更加光荣。让我们一起共同努力，坚持求真务实的科学精神，积极创新，勇于实践，为人民服务，为经济社会发展服务。同时，更要树立甘为人梯的奉献意识，培养更多的优秀青年人才。让我们的各项事业薪火相传、后继有人。

　　"聪明出于勤奋，天才在于积累。"驰骋在各个领域的领军人才，希望你们继续保持过去那种砥砺奋进的精神风貌，以饱满的热情、扎实的作风，努力工作，创造更加美好的明天。

叶叔华

2011年3月2日

编 委 会 名 单

顾 问：王 瑜　周海洋　刘嘉音

主 编：毛大立

编 委：王伯军　凌永铭　成 蔚

　　　　王 静　蔡桂其　陈雪强

　　　　叶霖霖

序

当今世界,以经济和科技实力为基础的综合国力竞争异常激烈。综合国力竞争说到底是人才竞争,而人才竞争的焦点则是高端人才。高端人才是推动经济社会发展的关键资源和紧缺资源,对于一个国家的发展常常起到难以估量的作用。上世纪50年代钱学森回国时,美国曾这样评价:"一个钱学森,抵得上5个海军陆战师。"事实表明,这个评价一点也不为过。钱学森对中国火箭、导弹和航天事业的发展作出了巨大的贡献,使我国在很短的时间内缩小了与世界先进水平的差距。推进实施人才强国战略,就需要像钱学森这样的名家大师和领军人才的引领带动作用。

加快在各个领域培养造就一批高水平的领军人才,也是上海实施人才强市战略、建设国际人才高地的一项重要战略举措。2004年制定的《上海实施人才强市战略行动纲要》明确提出,要实施领军人才开发计划,选拔培养一批各行各业的领军人才。2005年上海启动领军人才开发试点工作,在7个试点领域选拔了首批上海领军人才"地方队"培养对象。2006年以后,上海领军人才队伍建设工作全面展开。至今,上海已先后选拔了5批580名领军人才,在科学技术、教育文化、经营管理等各个领域形成了层次分明、衔接有序的高端人才梯队。经过几年的培养,上海领军人才的"品牌"效应逐渐显现。截至2010年底,在上海领军人才中,已当选两院院士4人,获得国家科技进步奖一等奖3人、二等奖36人,获得国家自然科学奖二等奖10人,获得国家发明奖二等奖14人,上海科技进步奖一等奖51人,还有30人成为"新世纪百千万人才"工程国家级人选。他们积极为成功举办上海世博会奉献才智,为上海加快实现"四个率先"和建设"四个中心"出谋划策,在推进上海经济社会发展中发挥了越来越重要的引领作用。最近,上海市人才工作协调小组办公室集中整理了第三、第四批上海领军人才的先进事迹，并从中选取了180多位优秀人才的事迹材料，汇编成《上海领军人才》第三、第四辑，旨在通过宣传领军人才的突出贡献，弘扬领军人才刻苦钻研、顽强拼搏的进取精神，敢为人先、勇攀高峰的创新意识，甘当人梯、诲人不倦的奉献思想，求真务实、埋头苦干的工作作风，进一步营造全社会重视、关心、支持人才发展的良好氛围。

上海正处于发展的关键时期。创新驱动、转型发展，是上海在更高起点上推动科学发展的必由之路。实现创新驱动最根本的要靠人才和人才的创造力，尤其需要一大批能够引领和推动经济、科技、文化和社会各个领域创新实践的领军人才。《上海中长期人才发展规划纲要(2010—2020年)》提出，要培养和集聚一批世界一流人才，充分发挥各类人才在支撑和引领经济社会发展中的关键作用。当前，深入推进领军人才队伍建设已成为当务之急。一方面，要重视对领军人才的培养开发。破除观念障碍、体制障碍、政策障碍，破除人才的市场分割、所有制分割、地域分割，以国家和本市重大人才培养计划、重大科研和工程项目、重点学科和科研基地、国际学术交流与合作项目为载体，大力培育学术技术与管理带头人。另一方面，要重视对领军人才的吸引集聚。抓住中央和上海实施引进海外高层次人才的"千人计划"的有利时机，不断创新引进海外高层次人才支持政策，搭建海外引进人才创新创业平台，优化人才发展综合环境，着力引进能够促进金融、航运、贸易等现代服务业发展，突破关键技术、发展高新产业、带动新兴学科的高级经营管理人才、战略科学家和科技创新创业领军人才。

衷心希望所有列入上海领军人才培养计划的同志们勇担重任、不辱使命，争创一流成果，争建一流团队，为深入实施科教兴国战略、人才强国战略和可持续发展战略，为实现全面建设小康社会的宏伟目标，为中华民族的伟大复兴，不断做出新的贡献。

沈红光

2011 年 2 月

目录

● 工程技术类

3

●●●● 社会科学和文化艺术类

基础研究类

　　陈卫标　研究员,1969 年 11 月生于上海市崇明县。1997 年获得青岛海洋大学博士学位,2000 年入选中科院"百人计划"。现任中国科学院上海光学精密机械研究所副所长、中科院空间激光通信及检验技术重点实验室主任。

　　长期从事激光遥感、遥测技术在航天、大气和海洋中的应用研究,为我国月球探测、载人航天,以及其他国防重大科技计划作出突出贡献。承担了国家科技攻关、863、国防科工局民用航天、中科院重大专项、国防预研、国家自然科学基金等 20 多个重大项目,近年来在国内外学术刊物发表学术论文 70 余篇。

　　先后获得 2008 年度上海市科技进步奖一等奖,中科院第十届杰出青年奖、首次月球探测工程突出贡献者、中科院上海分院首届杰出青年科技创新人才、上海市科教党委系统青年科技创新人才奖等奖项。

人生格言

研究要有事业心.

工作要有责任感. 陈卫标

逐梦激光,感知苍穹

○记中国科学院上海光学精密机械研究所
陈卫标研究员

凡是接触过陈卫标研究员的人,都会对他充沛的工作精力、严谨的工作态度、快速的工作效率、睿智的工作思路留下深刻的印象。正是这些品质,在短短几年内,让他从一名普通却满怀抱负的青年科技工作者,迅速成长为我国在空间激光应用领域的领军专家。他的经历与成功,既是他个人与团队拼搏努力的结果,更是对我国激光遥感、遥测技术在航天、大气和海洋中应用开拓研究的记载。

搭载"嫦娥",初显身手

陈卫标研究员是上海光学精密机械研究所引进的中国科学院"百人计划"人才。作为技术骨干,他参与了我国第一台船载激光探测仪和第一台机载激光探测系统的研制,并在激光遥感和激光雷达领域积累了扎实的理论和丰富的实战经验。

2003年6月,他迎来了人生中的一次重大机遇。嫦娥一号卫星的重要载荷"激光高度计"的研制任务正式启动,而其中核心部件"星载激光器及其电子学的研制任务"落到了他和他所在团队的肩上。作为项目负责人,他深知这是一根难啃的骨头,首先,项目时间紧、任务重、难关多。要在日本、印度等亚洲国家与我国进行的空间实力比拼中,尽快确保研制出具有我国自主知识产权、全面实现国产化的高性能空间激光器;其次,作为航天项目,只许成功不许失败。这不仅仅关系到个人和科研团队的名声,更关系到国家的荣誉。

为了确保项目可靠的实施,他要求自己与参与人员在三年多的项目周期中,心无旁念、一心一意搞科研;做好长期艰苦奋斗的思想准备;同时具有责任心和奉献精神。据此,通过选拔,组建了一支集合了光、机、电各方人才的全固态空间激光器研发队伍。三年中,他们进行了无数次实验,经历了原理样机、模样、正样阶段,先后做出了 8 台套激光器,最终成功交付使用。

在研制过程中,陈卫标始终以身作则,勇于承担责任,亲自参与实验,为了解决出现的问题、保证进度,经常在超净室呆到凌晨。他的一举一动和忘我工作精神也深深影响了项目组成员。在研制进入正样阶段后,由于某项元件质量不过关,造成激光器寿命骤减,面对突如其来的难题,他带领科研人员,不分昼夜苦战三天,终于成功解决了这项技术难题,保证了任务的圆满完成。

2007 年 11 月,嫦娥一号卫星成功发射,激光高度计在绕月轨道上成功开启并准确传回数据,这标志着首次具有我国自主知识产权的空间激光器的研制获得成功。为此陈卫标获得了首次月球探测工程突出贡献者称号,并受到了胡锦涛总书记的亲切接见。

引领群英,科技强国

作为实验室主任,陈卫标十分重视人才队伍的建设。在"嫦娥一号"星载激光器项目成功的同时,更令他感到欣慰的是,通过三年多的磨炼,形成了一支平均年龄 32 岁,善于攻关、勇于奉献、团结协作、战斗力强的空间激光器研发团队。经过近几年的发展,这支队伍已由二十多人发展壮大到七十多人,研究领域涉及大气、海洋、太空等多个方向,真正形成了一支高素质的"激光器研发和激光应用技术"科技创新团队,为国家重大科研任务的完成提供了坚实的人才保障。

在实验室平台建设方面,他积极倡导所内资源跨部门整合,并出任上海光机所创新三期重点建设的"空间激光及时频技术研发中心"首位主任。在他多年努力下,上海光机所先后建成上海市全固态激光器与应用技术重点实验室、中国科学院空间激光通信及检验技术重点实验室。同时,他十分注重实验室制度与质量体系建设。在承担各类航天任务的过程中,通过向航天部门、兄弟院所学习,反复实践,实验室逐步建立起一套严格的航天项目管理体系。各部门的科研人员，以研制高可靠性产品为目标，强调质量过程控制，制定了大量工艺流程文件，保障了激光器在各类极端环境中运转的高稳定性。

"嫦娥一号"星载激光器研制工作圆满完成后，陈卫标及其老一辈科学家带领研究团队瞄准国家战略需求，积极开展各类国防应用的激光器件、激光雷达系统等重大项目的攻关。在海洋科学应用方面，开展了包括蓝绿激光通信、激光探测水下目标等基础和预先研究项目，其中开展的机载海洋激光雷达填补了国内空白；在大气科学应用方面，在国内最早开展了直接探测多普勒激光雷达测量大气风速的研究；高功率光纤激光和机载激光测深系统的研究也处于国内领先地位。而在空间科学和空间技术中的应用方面，其领导的研究团队，还将在嫦娥工程的二、三期中继续发挥着重要作用。

逐梦激光，奋斗不止

陈卫标除了担任中国科学院空间激光通信及检验技术重点实验室主任、上海光机所空间激光信息技术研究中心主任外，目前还担任中科院上海光机所副所长一职，分管产业开发等工作。身兼数职，使他成为名符其实的大忙人，往往是出了实验室又进会议室，但他总是尽量压缩个人休息时间，努力做好科研与管理工作的平衡。究其原因，还是蕴藏在陈卫标心中那对激光事业充满好奇、永不懈怠、不断探索的梦想给予他的力量。在研究工作外，他正带领团队、广聚人才，希望在国内打造一条从"原材料—整机器件—系统解决方案"的激光产业链，破解我国在激光技术发展及其产业化过程中的瓶颈问题，建立一个涵盖激光特种玻璃、激光材料和光纤、激光二极管、激光电源、高功率激光器、工业应用全固态激光器、激光加工与医疗设备高技术产业群。

陈卫标对自己要求十分严格，对时间倍加珍惜。尽管事务繁忙，他总是不断地充实自己，在等待飞机的时间他会抱一本管理书籍学习，飞机飞行过程也往往是在争分夺秒的工作中度过。有时候刚下飞机，他便冲进实验室，并总能一针见血地指出实验中需要改进的问题，令他指导的博士、硕士研究生和其他同事惊诧不已。现在他还始终保持着晚上睡觉前看几页文献的习惯。他总是告诫周围的年轻人，要珍惜时间，趁着

年轻多学点东西,多干些事情。他是这么说,自己更是这么做的。

多年的努力,随着工作上一步步的起色,陈卫标对家人的愧疚却在一步步地加深。一年之中,他鲜有时间陪伴妻儿,或去看望同在上海的父母。追逐梦想的征途中,这也许是他最大的遗憾。

中国科学院第十届杰出青年颁奖大会是这样评价他的:"一束比太阳光还亮千倍的光束,承载着他太多的梦想。他用这神奇的光束,好奇的感知着我们周围的大气、海洋和太空。是对未知的渴求,指引他带领着队伍,克服险阻,比翼嫦娥,成功研制首个中国牌的太空激光眼"。我们有理由相信,陈卫标研究员将不愧于上海市领军人才称号,必将为我国激光遥感、遥测技术发展与应用做出新的更大的贡献。

丁 雷 汉族,1968 年生,江苏人,中共党员,研究员,博士生导师。现任中科院上海技术物理研究所副所长,第五届上海市宇航学会副理事长,FY－3 号气象卫星副总设计师。

长期从事空间光电遥感技术研究,在空间光谱成像技术、可见光/红外光谱辐射定标及星上定标技术、红外低温光学校正等方面开展了一系列的研究工作。他先后主持了 FY－3 号气象卫星中分辨率光谱成像仪、可见光/中远红外全过程系统级光谱辐射定标关键技术及星上定标的研究和研制工作,参加了风云一号气象卫星扫描辐射计、神舟三号中分辨率成像光谱仪的研制,作为项目负责人带领课题组承担并完成多项课题,开展了新一代某气象卫星某光谱仪、空间温室气体监测仪等多个项目的前期论证工作。

获得中国科学院科学技术进步一等奖、上海市科技进步一等奖各一项,享受国务院政府特殊津贴。2007 年入选上海市领军人才后备队培养计划,2009 年入选上海市领军人才培养计划。

人生格言

理论联系实战

锲而不舍,矢志不渝

○记中国科学院上海技术物理研究所
副所长丁雷研究员

注重细节,不断求索

"方案决定水平,细节决定成败"是丁雷最为推崇的至理名言。他承担的"某气象卫星成像光谱仪关键技术研究"是 FY－3 号卫星主要载荷预研任务,丁雷结合用户对此仪器性能的不断提高和满足潜在需求的要求,在院士和老一辈专家的指导下,设计出具有国际先进水平的总体技术方案。同时实现了多光谱、宽覆盖和全球连续中分辨率成像,为大气、陆地、海洋的多光谱连续综合观测提供先进手段。该中分辨率卫星仪器,以其提供的多个地面分辨率的真彩色可见光和近红外通道以及 1 个长波红外通道成为目前国际气象卫星遥感仪器的首例,具有独立自主知识产权和多项技术创新,主要性能指标达到国内领先、国际先进水平。卫星发射入轨,成功获取全部通道的清晰图像,实现了在全球遥感界以中等分辨率进行的高时效成像探测的技术突破。经过两年多的在轨运行,先后在北极冰雪圈监测、奥运会、世博会气象保障、重大气象服务保障、自然灾害和环境监测中发挥了重要作用。

"十年磨一剑",从该项目方案论证、仪器样机研制、航空校飞试验、直到正样产品交付发射,无一不倾注了丁雷及其课题组成员的心血,通过系统的研究和设计,他同课题组一同解决了多项影响产品性能和质量的关键技术。作为总体负责人,他悉心研究红外通道系统光电联调与性能检测技术,研究理论评价标准与实际判断依据,确定红外通道低温光校的具体实施方案,经过不懈努力攻克了一道道难题。他知道细节决定成败的道理，丁雷和他的团队成员们从不放过一个疑点，350多个像元的各种指标一一查对，从不让不合格的数据混进。长达10年的研究和研制过程，无数的挫折和困惑，夜以继日的忙碌，造就了一个坚忍不拔、永不放弃的青年科技英才，造就了一个团结协作的队伍，向国家和人民递交了丰实的硕果。

取得的成就并没有放缓丁雷实现做强我国空间遥感技术水平的脚步，在他的带领和指挥下，为实现更高光谱分辨率、更高空间分辨率，新一代高性能空间遥感仪器正一个一个成为现实。他主持开展中科院某项目"某红外全过程系统级定标关键技术——星上定标技术"的研究工作，其研究成果已部分应用于在研的气象卫星项目，实现在卫星上进行实时可见光、短波红外和中长波红外的辐射定标，大大提高了遥感仪器的定量化应用水平。他主持的某国家项目，已突破关键技术，经系统测试，研制的产品性能满足任务要求，为国家下一代航天仪器的发展奠定技术基础。

兢兢业业，凝聚团队

空间遥感仪器不但技术要求高，航天工程的特殊要求也十分严格，身为科研人员和工程专家，丁雷始终把仪器获得成功应用摆在首要位置。为了满足仪器的高性能和高可靠性，前期的分析论证做到精益求精，关键部件的试验验证做到充实有效，不放过任何一个细小的瑕疵，论证一个项目也通常是多个方案反复考虑，技术路线不断优化。丁雷作为项目负责人，在长期的科研工作中不断深入研究项目所涉及的专业领域，虚心请教前辈和专家。

从事高风险的国家航天工程任务，就必须要组成和依靠一批以国家利益为重而不计较个人得失、作风过硬技术过硬的研究队伍，丁雷同志始终坚持团队的力量，发现和使用每个人的专业特长，为其快速成为一名优秀的领军人才打下扎实基础。直至今日，依然可以看到他大量阅读学习、与同事探讨请教的身影。在他的影响和教育下，数名设计师也快速成长为能独立承担航天科研任务的技术骨干，有的成为系统主任设计师。以他为代表的一批优秀科研人员为了国家的航天事业舍小家、顾大家，放弃和牺牲了许多个人和家庭的幸福，为了自己钟爱的科研事业默

默地奉献着自己,以忘我的精神,克服重重困难突破仪器研制的多项瓶颈技术。而繁重的项目研制和科研管理工作并没有使他忘记作为研究生导师的职责,不断跟踪和引领科研前沿研究,他总认为在指导学生研究的同时也提高了自己,他先后指导和培养了近30名硕士和博士研究生。

脚踏实地,服务国家

随着空间遥感事业的发展,中科院"创新2020"的提出和我国"十二五"规划的布局,丁雷同志的工作重心逐渐转移到研究所的可持续发展中来,更好地满足国家前瞻性、战略性的重大需求。他以加强学科建设来促进科研任务的完成,在完成科研任务中打造科研人才队伍。2007年,丁雷同志担任所长助理,开始协调多项国家重大攻关任务的实施。2008年起他开始担任上海技术物理研究所副所长,在完成当前卫星载荷的同时,着重考虑FY－3号气象卫星后续有效载荷、气象卫星有效载荷的研究,积极开展新课题新技术的布局,为向国家提交更为先进的星载设备,带领科研人员围绕国家的需求和用户日益增长的期望,展开新一轮的技术攻关。

　　宋力昕　汉族,1962 年生,江苏阜宁人,研究员。1996 年毕业于中国科学院上海硅酸盐研究所,获博士学位。现任中国科学院上海硅酸盐研究所副所长、中国科学院特种无机涂层重点实验室主任、无机热控涂层课题组组长。兼任上海硅酸盐工业协会会长、中国空间学会理事、上海宇航学会常务理事、无机非金属材料专业委员会主任等。享受国务院特殊津贴。

　　长期从事航天器热控涂层、防热材料、飞船窗口材料等方面的研究。主持承担国家、省部级科研项目二十余项。发表论文 120 余篇,申请专利 12 项,招收和培养硕士、博士研究生、博士后 20 余名。先后获得中科院"载人航天优秀工作者"、国防科工委"国防科技工业协作配套先进个人"、总装备部科技进步二等奖 2 项、上海市科技进步三等奖 1 项等荣誉称号和奖励。

　　人生格言

　　积极思考造就积极人生,
　　消极思考造就消极人生。
　　　　　　　　　　宋力昕

踏实做人,认真做事

○记中国科学院上海硅酸盐研究所
　副所长宋力昕研究员

立志科研追求不懈,
水到渠成投身航天

　　从事科研工作是宋力昕研究员学生时代的理想和追求,而"要做好科学研究,首先要做好人"则是他如今最为真切的人生感悟,同时也是他一直以来恪守的人生信念。从78年走进浙江大学校门,到82年在国家建材局蚌埠玻璃设计院参加工作;从90年考研,到93年进入上海硅酸盐研究所,他一直追随着自己从事科研工作的理想和追求而不断努力。

　　1993年,宋力昕研究员进入上海硅酸盐研究所攻读博士学位,师从著名的无机涂层材料专家胡行方研究员,开始了"神舟"飞船窗口材料的研究。舷窗是载人飞船的关键部件,直接关系到飞行任务的完成和航天员的生命安全,是载人飞船研制过程中飞船总体计划需重点突破的18个关键难题之一。当时国内在飞船窗口材料方面的研究还处于空白阶段。宋力昕研究员在任务周期紧、难度大、要求高的情况下,克服种种困难,从无到有,实现了我国航天器窗口材料零的突破,研制成功的舷窗玻璃材料在"神舟"一号及后续系列飞船上得到成功应用。与此同时,宋力昕研究员针对舷窗玻璃可靠性问题,基于断裂力学原理,在国际上首次建立了舷窗玻璃气泡缺陷和寿命预测的数学模型,提出了舷窗玻璃气泡缺陷的质量检验标准,预测了舷窗玻璃的在轨寿命,为舷窗玻璃在空间环境下长期使用提供了科学依据。在"神舟"某次发射前,宋力昕研究员作为材料专家在发射现场待命。令人意想不到的事情发生了，舷窗玻璃在安装和运输过程中意外受损，表面产生裂纹，飞船发射指挥人员焦急地前来求助。如果该裂纹影响舷窗可靠性，将不得不重新装配，原定发射计划及安排将被打乱，损失巨大。如果在不确定舷窗玻璃可靠性的情况下，贸然执行原定发射计划，则可能因为舷窗玻璃破裂导致整个发射任务的失败。宋力昕研究员根据玻璃寿命预测模型作出准确判断，当场明确表示：该裂纹对舷窗玻璃的寿命和可靠性没有影响，可以按原计划发射！并当场写下书面意见。现场指挥人员从宋力昕研究员坚定的言语和表情中看到了信心，发射任务按计划圆满完成。他那句掷地有声的承诺建立在对玻璃断裂力学性能深入研究的基础之上，充分表现了一个科研人员在最困难、最关键时刻的判断力、自信心和责任感。宋力昕研究员曾经在与学生座谈时说，"做专家也很容易，只要你花工夫，你弄明白了，而其他人没花功夫，不明白，你就是专家"。

认清道路谋求发展，
众志成城追求卓越

由于博士期间的出色成绩，宋力昕于1996年留所参加工作，并负责主持热控涂层组的科研及行政管理工作。一方面，他继续深入舷窗玻璃力学及光学性能方面的基础研究工作，在不改变舷窗结构、不影响舷窗的透光性和强度的前提下，在国际上首次成功研制了具有防烧蚀产物污染功涂层，安全、可靠、经济地解决了返回舱再入时窗体污染对航天员视线的阻挡问题；另一方面，他刻苦钻研，迅速掌握了无机热控涂层材料机理、制备、应用及发展趋势，带领课题组先后完成OSR热控涂层生产线、电化学热控涂层生产线以及柔性热控涂层生产线建设。目前，课题组已成为国内唯一的集真空镀膜型热控涂层、电化学与化学转换热控涂层、涂料型热控涂层及柔性热控涂层为一体的航天器无机热控涂层创新平台，形成了20余个品种、50多个规格的热控涂层产品系列，其中10余项科研成果获国家、中科院和上海市奖励，并先后获得"上海市劳动模范集体"称号和"上海市科教系统劳动模范集体"称号。宋力昕常对课题组工作人员说："搞科研和做人都应该向前看，只要方向正确、努力勤奋，前途就一定光明。"

宋力昕于 1999 年起,任职上海硅酸盐研究所特种无机涂层实验室主任。此时,正值我国航空航天事业发展的黄金时期,航空航天技术的发展对特种无机涂层材料提出了越来越迫切的需求。宋力昕充分认识到:国立科研机构应该始终以满足国家需求为己任,实验室研究方向和学科布局应该密切联系我国航空航天事业发展的需求,改变了过去主要由科学家兴趣或国际文献热点决定实验室研究方向的发展模式。这一发展模式的转变一方面增强了实验室的可持续发展能力,另一方面也增强了实验室科研人员攻坚克难的科研创新能力和使命感。在这种科学发展模式的带领下,实验室综合能力得到了极大地提升。过去五年中,实验室累计承担和完成国家级重点项目 80 余项,申请专利 40 余项,并于 2008 年 1 月被批准成立中国科学院重点实验室,为实验室今后的发展打下了坚实的基础。

勇担重任再接再厉,
统筹规划实现跨越

宋力昕于 2005 年又担任了中国科学院上海硅酸盐研究所副所长,负责军工科研管理等方面工作。宋力昕积极配合上级有关部门的科技发展规划编制,组织编写相关科研项目的研究规划和建议,有力提升了研究所在上级部门科研规划中的支撑作用。同时,加强科研项目的申请组织工作,并挖掘科研人员的科研潜力,支持和鼓励更多的科研人员投入到配套材料科研活动中去。他还积极组织全所配套材料科研力量,以高科技装备对先进材料的需求为导向,内抓前瞻课题的部署,外抓与整机单位和上级主管部门的密切联系,使全所承担的配套材料科研项目大幅度提高,2009 年配套材料科研经费比 2005 年增加 204%,每年平均增长 51%。在进行全所配套材料科研管理的同时,他还直接参与了重大项目的协调与管理。作为载人航天工程应用系统材料分系统的副指挥,组织了全国空间材料科学实验的规划研究和项目组织。作为大尺寸碳化硅反射镜材料项目协调办公室主任,对中科院多个研究所联合承担的重大课题进行了具体协调,使该项目在全国范围激烈的型号招标中一举中标。

当被问及对年轻科研工作者的期望时,宋力昕研究员沉思良久,说道:"现在的科学研究和过去不太一样了,那时的科学家往往可以一个人埋头研究。而现在,一个科学实验或工艺研究就可能涉及很多环节,前前后后需要数十人甚至上百人合作。在这个过程中,科研工作者必须具备良好的合作精神、组织能力和全局观念,因此他们的人品对研究工作的成败至关重要。成功往往是通过与他人或团队的合作而获得的。中国现在已经成为了一个经济大国,以后我们将成为经济强国,再后来我们必将成为一个文化大国。青年科技工作者应该用更加宽广的胸怀和高瞻远瞩的眼光去面对未来。"

姚祝军 研究员,1968 年 7 月生。1995 年获中国科学院上海有机化学研究所理学博士学位,现任有机所生命有机化学国家重点实验室课题组组长、重点实验室学术委员会副主任。国家自然科学基金杰出青年基金获得者。

长期从事天然产物合成化学、化学生物学和药物化学研究,承担了国家重大科技专项、973 计划、国家自然科学基金、中国科学院、上海市科技攻关等 10 多个科研项目,发表研究论文 120 余篇、专著 4 部,获得授权中外专利 11 项。

近年来获奖包括中国科学院自然科学奖二等奖,国务院政府特殊津贴,中国化学会-BASF 青年知识创新奖,中科院优秀教师,药明康德生命化学奖,中国科学院上海分院杰出青年创新人才称号,上海市领军人才,Thieme Chemistry Journal Award 等奖励或荣誉称号。

人生格言

阳光处事,快乐人生

姚祝军

志存高远，意在报国

○记中国科学院上海有机化学研究所
姚祝军研究员

少年梦想，壮怀激烈

　　1968 年 7 月，姚祝军博士出生在美丽的舟山群岛，十六岁之前，从没有离开过海岛。从小学习成绩超群的少年，常常梦想有一天自己可以回答那些不能被解释的问题；高中时，他最喜欢的杂志就是《中学生数理化》，憧憬着有一天自己也能成为封面上的科学家。海岛朴实的民风，父母艰辛的支持，成为他日后奋发进取的动力。

　　1985 年，他作为浙江省中学生化学竞赛和数学竞赛的优胜者第一次走出海岛，来到复旦大学参加华东地区优秀中学生夏令营。翌年，他又以化学高考满分的成绩正式跨进复旦的校门。日月光华，旦复旦兮，四年大学生活不仅是他获得化学启蒙教育的地方，也是他人文精神的寄居地。

　　从小学、初中、高中、大学、研究生、博士后一路走来，没有任何的停顿。

　　故乡的风云铸就了他性格中的率真与执拗。他说，海边的人都是认真地生活着的，一次判断失误或者失职可导致船毁人亡的悲剧。因此他在学习和工作中非常"顶真"，很少有上海人常说的"捣糨糊"事情发生，这也成了他的典型性格标志。

　　四年后作为上海市高校优秀毕业生，姚祝军来到中国科学院上海有机化学研究所攻读研究生学位。导师吴毓林教授当时是该所最年轻的博导，作为著名科学家黄鸣龙的弟子，吴教授对爱徒的教育显然是"粗

放型"的,除了研究课题的讨论与指导,给学生很大的"自由度"。姚祝军最大的"特权"就是每周从吴老师那里获得美国化学会原版的"化学与工程新闻"的阅读机会,这是当年很多学生无法获得的。他由此敏锐地意识到,世纪之交的化学科学正在进行重大的方向调整,在未来生命科学中将扮演不可替代的作用。作为优秀研究生,他两次提前毕业,并两次获得中科院院长奖学金。

毕业之后的姚祝军曾经犹豫是否进一步出国接受训练,是他的导师吴毓林教授和当时的所长林国强教授鼓励他出国。于是,1996 年 9 月姚祝军博士来到美国卫生部所属的国立卫生研究院(NIH)从事博士后研究,这是全球最大的国立科研机构,也是他第一次真正意义上面对如此多而复杂的生命科学问题。他的合作导师 Burke 博士十分欣赏这位来自中国的年轻人,为他创造了很多夜修生命科学前沿课程的机会,引导他进入当时刚刚起步的化学与生命科学的交叉研究领域之一,即细胞信号转导研究。姚祝军博士在 NIH 工作的 3 年间,作为共同作者之一在该研究所留下了 28 篇研究论文的纪录。

在这段时间,他深刻领略到交叉科学研究的无穷魅力和团队合作精神的重要性。

拳拳之心,以报国家

在 NIH 工作三年之后,姚祝军博士作为该实验室第一个选择回国的中国籍博士后研究人员,谢绝了导师的挽留,毅然踏上了回家的步伐。回到上海有机所之后,他入选中科院百人计划并受命组建一个新的研究组,从事生理活性天然产物的化学生物学研究工作。天然产物是有机化学中最为复杂的科学方向,工作周期长且研究成效难以体现,因此很多人望而却步,或者半途改道。但是,姚祝军认为,这个方向不仅具有科学前沿性的特点,而且对于未来高科技产业,特别是创新药物工业,是一个崭新的科技制高点。经过多年的探索与研究,他获得了一批具有较高影响力的科研成果,逐步成为我国在此领域的领军科学家之一。最近几年,姚祝军和他的科研团队获得的成绩包括:

(1)发展了一系列针对不同特点非蛋白基氨基酸的不对称合成方法,并成功应用于重要天然产物的全合成。完成了 20 多例重要天然产物及其类似物的全合成，其中有半数以上属于国际上的第一次合成。在这些工作中，创新性地提出了一系列对于天然产物的个性化理解，对于天然产物全合成乃至有机合成领域产生了积极的影响，十多次在各种国际学术会议上做邀请报告，包括 2009 年赴美国 Gordon Research Conference 作邀请报告。

（2）姚祝军及其团队较早提出了"类天然产物化学"的重要性概念，围绕抗肿瘤作用天然产物番荔枝内酯提出了基于分子结构的设计概念，在一系列探索基础上发明了具有强抗肿瘤作用和优良细胞间选择性的人工化合物 AA005，成功实践了"源于天然、优于天然"的思想。进一步结合生物化学证据基本阐明了 AA005 在肿瘤细胞和正常细胞之间产生较高选择性的特殊机理等。这一研究为重要生理活性天然产物的研究树立了一种新的研究模式，通过化学和生物学结合的工作发现了一种已知蛋白质的具有药物靶标发展潜力的新功能。他在 AA005 方面的科研工作获得了国内外的一致好评：AA005 荧光影像学的研究工作被著名刊物《ChemBioChem》作为封面发表；多次在国内外学术会议上进行邀请报告；2008 年在第 88 届日本化学会年会上作为 Keynote Lecture 并被日本化学会主席授予"杰出报告奖"，表彰他在类天然产物与生命科学交叉研究中的有益探索和重要贡献。

（3）针对我国传统药物中的有效成分，提出了如喜树碱的替代性来源方案设计等一系列的研究课题，已成功发展了芳环内惰性双键的活化问题，实现了目前路线最短、产率最高的喜树碱对映选择性全合成，为实现喜树碱的化学工业生产迈出了重大的一步。基于他提出的"利用创新化学弥合天然产物的生理功能和生态功能之间的间隙"的学术观点，对我国西北具有资源优势的药用化合物青藤碱进行了一系列富有创意的结构创造，发明了具有强免疫抑制活性的化合物 1032，并在相应的动物模型上获得了良好的治疗效果。这些创新学术观点和新的发明创造对于国家中药现代化具有极大的促进作用和示范意义，获得了国家自然科学基金委重大研究计划重点项目的优先支持。

（4）姚祝军的团队还十分关注国家需求，面对我国病毒性疾病多发的现实提出了针对性的研究计划。围绕免疫系统十分重要的小分子——唾液酸提出了一系列关于细胞表面化学工程的新思路，如模仿唾液酸的生物合成基本过程提出了新的[6+3]合成途径，从易得的葡萄

糖出发成功实现了唾液酸及其类似物的新合成途径。此方法成功突破了唾液酸的传统结构理解,理论上可以实现唾液酸类型高碳糖的点对点结构修饰,为拓展细胞表面化学工程提供了重要的分子工具。在此基础上,研究组还分别从葡萄糖和氨基酸出发,在全球热点来临之前完成了抗流感药物——神经氨酸酶抑制剂达菲和乐感清的全新路线,克服了当前原料的供应限制。

这些工作成绩为他赢得了国内外的学术声誉。2004 年,姚祝军博士入选国家自然科学基金委杰出青年基金,并在 2009 年结题时被评选为为数不多的优秀项目;50 多次在国内外重要学术会议应邀进行科研进展报告;获得中国科学院自然科学奖二等奖、国务院政府特殊津贴、中国化学会- BASF 青年知识创新奖、第一届药明康德生命化学奖二等奖、第一届中国科学院上海分院杰出青年创新人才、上海市第三批领军人才、2010 Thieme Chemistry Journal Award 等奖励或荣誉称号。

身体力行,以报社会

姚祝军十分注重科学家的社会责任,身体力行服务于科学普及和教育事业。回国之后,他除了正常的科研工作,还坚持在教学第一线把最前沿的科技成果带给一批又一批的研究生。2006 年和 2008 年曾两次荣获中科院优秀教师。

目前,他还担任国际纯粹与应用化学联合会(IUPAC) Division of Human Health 中国国家代表;第 27 届中国化学会理事;中国化学会第二届化学生物学专业委员会主任;四个国际学术期刊和三个国内核心学术期刊的顾问编委或编委;国家自然科学基金委员会第二届、第三届监督委员会委员;第十二届国家自然科学基金委员会化学科学部学科评审组成员。

朱振才 1963 年 8 月出生,汉族,中共党员,研究员,博士生导师。1993 年获浙江大学博士学位。全国"五一"劳动奖章获得者,曾宪梓载人航天基金突出贡献奖获得者,2008 年入选上海市科技领军人才计划,享受国务院特殊津贴。现任上海微小卫星工程中心副主任,兼任中国科学院微小卫星联合重点实验室副主任。

自 1999 开始从事微小卫星研制工作,在微小卫星总体设计、姿态与轨道控制和光电技术与器件等方面的研究和工程研制工作中取得了重要的科研成果。

曾先后获 2004 年上海市科学技术进步奖,2005 年国家科技进步二等奖,中科院杰出科技成就奖。

人生格言

精益求精、敢为人先

朱振才

精益求精,敢为人先

○记上海微小卫星工程中心朱振才研究员

严慎细实,勇于承担

微小卫星发射和运行成本较低,用途广泛,又可形成卫星星座,是各国竞相发展的航天技术。1999 年,一项重大的科研工程任务摆在朱振才的面前——中国科学院知识创新重大工程项目"创新一号"微小卫星。面对从所未遇的挑战,他没有强调困难,勇敢地承担起众人不擅长的姿态控制主任设计师这一高风险的工作。任务开始后,他态度认真严谨,经常仅为几个数据的有效位数而把一份报告再三修改;同时又总是身先士卒,严谨求实,事必躬行,考虑每一个关键技术的细节,发现每一个亟待解决的问题。历时 4 年的时光,2003 年创新一号卫星终于完成研制工作,并经空间试验验证圆满成功。

创新一号卫星成功之后,中科院与上海市联合成立了上海微小卫星工程中心作为上海市微小卫星研制基地。2004 年,一项更严峻的挑战又摆在了朱振才的面前——研制神舟七号伴随卫星。按照载人航天工程总体的要求,神舟七号伴星的总质量只有不到 40 千克,但是麻雀虽小,五脏俱全。伴星作为一个小卫星,推进、姿控、高速数传、USB 测控、GPS 自主定轨、有效载荷、大容量存储等一应俱全,不但具备了所有大卫星该有的功能,更要首次在太空近距离获取大型航天器的图像,并开展接近绕飞试验。要在这样的约束条件下,研制这颗伴随卫星,将是一项非常艰巨的任务。

求实创新,铸就成功

项目的成功离不开一支团结奋进、踏实肯干的队伍。在伴星立项后,作为总师的朱振才发现研制队伍过于年轻,平均年龄还不到 30 岁。而在航天任务中,经验是最重要的基础,这样一支队伍能否完成这样一项国家重大任务呢? 可是此时的朱振才却着眼于上海微小卫星工程中心人才培养的长期发展,义无反顾地担起重任,开始了 3 年多的磨砺。

为了保证卫星电性件研制进度和质量,朱振才连续 3 个多月都是早5 点出发,亲临加工厂房监督电缆的加工和装配进度。作为总师,还有很多与大系统的协调工作,在外地的日日夜夜,他更是每日按时按点的电话催促,从而保证了卫星各个设备和部件的进度,使得伴随卫星顺利进入初样研制阶段。

初样研制过程是发现问题并加以解决的阶段,一旦初样结束转入正样,那将意味着卫星技术状态的固化。这一时期也是研制队伍成员最为艰苦的阶段,朱振才带领着所有的成员,每日加班加点,昼夜不停地反复测试、分析和验证。在一次桌面联试期间,相机图像传输出现了问题,朱振才立即组织测试人员进行分析,整整一个晚上全体人员 2 楼—3 楼—2 楼不断地讨论、分析、试验、再讨论……盛夏季节的上海凌晨,会议室没有空调,人人都是满身汗水。5 点钟天亮了,朱振才命令大家全体今天回去休息,可是他带领的这支队伍更是没有一个人迈出过单位的大门,全员陪伴着他直到下班。

2007 年 5 月伴星转入正样后,朱振才更是马不停蹄地奔波于北京、上海两地进行着大系统间的协调。这一时期已经不允许再有任何未解决的问题了,对于所有出现的问题,都必须归零处理,作为总师更是要考虑到每一个细节,绝不可以出错。

神舟七号伴星是我国首次由飞船直接进行释放,同时又要保证飞船和航天员的安全,因此对伴随卫星的释放要进行充分考虑,仅释放速度就进行了 3 次专项试验。在第 3 次的最后一次释放试验中,朱振才听说试验出现了问题,立刻亲临现场,指导试验的有序进行,第一时间发现了试验过程中存在的问题并加以解决。卫星正样结束出所评审的前一天,作为总师的朱振才组织人员编制《神舟七号伴随卫星研制报告》和第二

天汇报用的电子讲稿，直到凌晨 2 点半，依然不断地对报告和讲稿提出修改意见。而第二天早上 5 点刚过，他就又出现在单位门口，准备着当天的评审工作。

2008 年 9 月末，伴星终于正式进入发射阶段，这也是最紧张的一个阶段，真的可以说是"成败在此一举"，任何一个失误都可能导致大家 3 年多的心血付之东流。伴星运送至酒泉卫星发射场后，所有人都是高度紧张，小心翼翼地进行着发射前测试，朱振才更是对每一个测试细节都全程关注，终于 9 月 27 日伴星随着神舟七号飞船发射升空了。当晚，他立刻赶往北京参加飞行控制试验队。到了北京航天城，他不顾休息，没有合眼，专注于伴星的状态监测数据是否正常。3 天后，随着宇航员返回地面，伴随卫星的试验任务正式开始了。

由于这是我国首次在非测控弧段释放航天器，因此很多试验技术都属于尝试性的，难度大、风险高。伴星于南美上空进行释放后，朱振才一面关注伴星数据的变化，一面帮助试验队伍的成员解压。在下传图像的试验一时无法显示的情况下，他依然冷静地要队员放心，因为根据多年知识的积累和工作的经验，他心中很清楚这一现象的原因。神舟七号飞船的清晰图像展现在大家面前这一刻，也宣告了神舟七号伴星项目的成功。

试验队伍成功凯旋的清晨，所有队员都兴奋地在出发点集合，朱振才更是西装革履，第一个在大厅等候队员，并宣布今日有上海市的领导和媒体迎接大家，要队员都精神一些，展现出成功的喜悦和上海微小卫星工程中心的风貌。一路上他幽默风趣，妙语连珠，为 3 年来枯燥、紧张的研制工作画上一个欢乐的句号。

2009 年 10 月 30 日伴星超额完成了自己的使命，也宣告了伴星的圆满成功。神舟七号伴星实现了近距离为在轨飞行的神舟七号飞船拍照，向世界展现了神七高速运行的独特景致，成为中华民族飞天的永久性历史见证。朱振才作为神舟七号伴星的总师，负责伴随卫星设计、研制和飞行试验，突破了微小卫星在轨释放、近距离对飞船照相观测和对空间目标的接近与伴随飞行等多项关键技术，并首次实现了对我国神舟飞船的全景视频成像、飞船轨道舱接近和伴随飞行，开拓了微小卫星在大型航天器伴随飞行与空间成像应用等方面的新领域。该项目分别获 2009 年上海市科技进步一等奖和中国科学院杰出科技成就奖。他本人

2008 年获全国"五一"劳动奖章和曾宪梓载人航天基金突出贡献奖，入选上海市科技领军人才计划。

厚德载物，追求永无止境

在伴星任务中，创新几乎贯穿始终。神七伴星创造了我国航天史上的多项第一，大大地推动了我国航天事业的发展。

之所以带领这么年轻的队伍圆满完成任务，源自团队的精诚合作，荣辱与共。朱振才时常告诫他的团队要有"特别能吃苦、特别能奉献、特别能战斗、特别能攻关"的载人航天精神。同时他也以自己的言行影响着团队的每一个人。有人曾对研制队伍说中科院的航天工程实力与其他单位相比尚存在很大差距，朱振才坚定地鼓励着大家："在觉得为时已晚的时候，可能恰是最好的开始时机。"正是由于总师的率先垂范，研制队员团结合作、经过不懈的努力，解决了研制任务中一个又一个棘手的问题，攻克了一个又一个难以想象的难关。

"太空探索永无止境，航天任务任重道远。"尽管已经取得一系列令人瞩目的科研成果，但他并没有停下脚步，回到上海的第二天立刻又投入到新的型号任务中来。谦虚谨慎、从零做起，无欲无求，永远都将昨日的辉煌作为今日的起点，默默地奉献着自己的时光。

贺鹤勇 教授,1962 年 9 月生,1984 年获复旦大学理学学士学位,1993 年获剑桥大学理学博士学位。现任复旦大学化学系物理化学学科负责人,上海市分子催化和功能材料重点实验室主任,J. Molecular Catalysis A: Chemical、《催化学报》和《波谱学报》等杂志编委,国务院学位委员会学科评议组化学组成员。国家自然科学基金杰出青年获得者,教育部长江学者奖励计划特聘教授。

长期从事多相催化和固体核磁共振研究,近年来承担了国家重点基础研究发展计划(973 计划)课题、国家自然科学基金重点项目等重要项目,发表学术论文 200 余篇,SCI 文献的他引频次 2 000 余次。

人生格言

人生能有几次搏

贺鹤勇

热爱科研,不断拼搏

○记复旦大学化学系贺鹤勇教授

科研的启蒙之旅

贺鹤勇同志1984年在复旦大学化学系完成了本科四年的学习并获得理学学士学位后,被留在复旦大学化学系任教。在当时五位留校的年轻教师中,他成为唯一一位以科研为主要工作的教师。从小就动手能力很强的他,开始了自己所喜爱的科研工作。至今他已在催化领域从事研究工作二十六年。

分子筛催化一直是复旦大学化学系催化研究的强项之一。贺鹤勇有幸在高滋和龙英才老师的直接指导下,留校后从事分子筛的合成和催化研究工作。当时,磷酸铝类分子筛在国际上刚问世不久,他选择了这一新的研究领域,开展了新型磷酸铝、硅磷酸铝等系列分子筛的合成及应用研究。为了有更多的科研时间,他申请成为催化实验楼的安全管理员,这样就有机会常住在实验楼里。没想到一住就是五年,直到他1989年赴英国进修。在复旦大学化学系任助教的五年里,他沉浸在所喜爱的科研工作中,每天拿着几个实验记录本,同时从事着几个方向的分子筛合成等研究工作。功夫不负有心人,在复旦大学的五年时间里,他在分子筛合成方面发表了五篇论文,其中三篇发表在国外的学术刊物上。通过这五年的刻苦工作和严格训练,他从多方面积累了较强的从事科研工作的基本素质,这为他后来的学术发展打下了基础。每当谈到这一段经历,他一直深深不忘高滋和龙英才两位恩师的指导。

拼 搏 在 英 伦

　　1989年6月,在高滋老师的推荐下,贺鹤勇作为访问学者前往英国伦敦帝国理工学院化学系的 L. Rees 教授课题组进修一年。一年后他圆满完成了 Rees 教授所给予的任务,Rees 教授建议他延长进修。但当时贺鹤勇所希望实现的是一个人生更重要的计划,即在国际一流的大学里深造。恰好,他得到了 L. Rees 教授的师弟,同为沸石研究鼻祖 R. Barrer教授研究生的剑桥大学化学系 J. Klinowski 博士(后为教授)的赏识。贺鹤勇在复旦大学化学系工作的经历和科研成果在此起到了重要的作用。通过面谈,Klinowski 博士决定招收他为剑桥大学化学系的研究生。1990年10月,贺鹤勇在剑桥开始了他学术生涯中的一个新阶段。

　　在世界一流的剑桥大学,学生们可以有机会体会到什么是独立科研能力的培养。一来到 Klinowski 博士的课题组,贺鹤勇被告知的是博士论文的总体研究方向,具体科研则主要依靠自己的独立科研能力。面对固体核磁共振这一从未接触过的新领域,他既感到兴奋,又深知艰难,一切需要从零开始。他至今仍难以忘却那三年的博士研究生的学习生活,那是每周七天、几乎没有假期的拼搏。在每月只有一到两天的核磁共振机时的情况下,核磁共振测试研究是那么的紧张和重要,一旦上机几乎顾不上吃饭和睡觉。现在,他还常常以自己的这一经历来教育研究生,鼓励他们增强毅力,不要过分强调外部条件,提高科研效率和独立从事科研工作的能力。在短短的三年时间里,贺鹤勇运用固体核磁共振技术系统地研究了磷酸铝分子筛 VPI－5 的结构,所提出的改进的 VPI－5 的合成方法被国际分子筛协会收录,发表了十多篇高水平的文章,顺利地通过了论文答辩。鉴于其在固体核磁共振方面的特长,贺鹤勇在完成博士论文答辩后即被聘为剑桥大学化学系固体核磁共振实验室的主管,在以后的四年里从事了固体核磁共振实验室的管理并开展了多方面的研究工作。这四年的经历,拓展了他的科研思路和方向。1997年8月,利物浦大学化学系 Leverhumle 催化中心以优越的条件邀请他加盟,贺鹤勇成为了利物浦大学化学系的一位教师,其学术发展上了一个新的台阶。

人生的新起点

　　人生能有几次搏。在英国的后几年中,贺鹤勇一直在思考着自己的定位。在阔别上海多年后,1999 年初回国的所见所闻和化学系主任范康年老师的邀请,特别是复旦大学党委秦绍德书记在大年初四的会面交流和表达了复旦大学的诚意后,他的这一思考和定位变得清晰了。2000年 4 月,在英国学习工作了十一年之后,在别人看来事业发展相当成功之时,贺鹤勇毅然辞去了在利物浦大学的教职,带着全家回到了上海,回到了母校复旦大学,选择了在这里撰写人生学术生涯的新的一章。

　　回国后,学校给予了他充分的支持。借助 985 一期的建设,化学系增添了大量急需的催化和结构表征的硬件设备。在短时间里,他建立了多相催化和固体核磁共振研究催化反应机理等研究方向,在低碳烷烃的活化和功能化及其相关的反应机理研究、新型多孔催化材料等方面取得了可喜的进展,在国内外产生了一定的影响。

　　除了做好自己的研究工作外,贺鹤勇还承担了很多学科建设的实质性工作。他是复旦大学化学系物理化学学科负责人,物理化学学科在2001 年和 2007 年连续被评为全国重点学科。他还担任了上海市分子催化和功能材料重点实验室主任一职,上海市分子催化和功能材料重点实验室在上海市四十多个重点实验室的评估中被评为五个优秀实验室之一。另外,他通过主持国家自然科学基金委重点项目、国家重点基础研究发展计划(973 计划)课题等科研项目,带领学科内的年轻人共同发展。

　　贺鹤勇教授在 2000 年被授予教育部长江学者奖励计划特聘教授,并成为国家自然科学基金委员会杰出青年基金获得者。他已发表学术论文 210 余篇,SCI 文献的他引频次超过 2400 次,自 2004 年起聘为Journal of Molecular Catalysis A:Chemical 编委,并担任了国内《催化学报》、《波谱学报》、《物理化学学报》等学术刊物的编委,还被选为国务院学位委员会第六届学科评议组化学组成员。

丁平兴 教授,1954年12月出生于江苏无锡,1991年获青岛海洋大学博士学位。现为华东师范大学紫江学者特聘教授,河口海岸学国家重点实验室主任,河口海岸科学研究院院长。国家自然科学杰出青年基金获得者,973计划项目和全球变化研究计划项目首席科学家。兼任中国海洋湖沼学会副理事长、海岸河口分会主任委员等职,并在国外学术刊物 Estuarine, Coastal and Shelf Science 任编委、国际 The Global CAUSE Foundation 科学技术高级顾问委员会任委员。

长期从事物理海洋学、河口海岸学的教学和科研工作,主持并承担国家973、国家自然科学基金项目和国际合作项目等20余项,发表学术论文120多篇,5项成果获省部级奖。

人生格言

真诚待人,方实处了

丁平兴

30

勇于探索,甘于奉献

○记华东师范大学河口海岸学国家重点实验室
丁平兴教授

深入探寻河口海岸的奥秘

河口海岸带蕴藏着丰富的航运、土地、旅游、生物、能源等自然资源,是我国经济发展程度最高的地带,沿海经济的快速持续发展,在很大程度上依赖于河口海岸及三角洲地区的资源开发、环境保护和生态建设。为了深入探究河口海岸的奥秘,丁平兴教授尽可能地利用一切时间投入科研工作,夜晚和节假日办公室里总有他伏案工作的身影;他善于从不同的学科中吸取营养,在与不同研究者的交流中学习到适用于本学科的研究方法,功夫不负有心人,经过不懈努力,取得了一批重要成果。

1. 波浪在近岸的传播、变形与波-流相互作用。实际海浪具有非线性和随机性,是河口海岸最重要的动力因子之一,在河口海岸沿岸工程、航道港口等设计与建设中迫切需要了解近岸海浪的传播与变形;我国大部分河口海岸地区波、流往往同时存在,科学而合理地确定波浪在近岸的传播与变形、波-流相互作用的特征无论在科学和应用上均显得非常重要。该项研究中的主要创新点有:

(1)严密地导出了描述随机海浪二阶非线性的三个特征量,即偏度、二阶功率谱、二阶谱的理论表达式,推广和发展了原有的相应成果;通过理论分析和实验研究建立了海浪二阶谱的实部与波形的垂向不对称性、二阶谱的虚部与波形的水平向不对称性、二阶相干谱与风浪破碎之间的定量关系,解决了海浪二阶谱研究中人们渴望解决的一个难题,使人们通过对海浪过程的二阶谱分析,不但可以知道非线性波-波相互

作用的内部结构,而且还可揭示随机海浪的非线性外观特征;

(2)通过将流场分解成三种不同尺度分量的叠加,建立了能充分反映潮滩上波、流相互作用的二维波-流耦合模型及与之相对应的悬沙扩散模型,并建立了适合于河口海岸地区能合理反映波浪影响的三维流场方程和波-流共同作用下的三维悬沙扩散方程,为进一步研究波-流共同作用下的三维悬沙输运特征提供了理论框架。

2. 风暴作用下的水位过程及海底冲淤演变预测。台风引起的风暴潮等造成的经济损失近 10 年平均每年超百亿元,是目前影响我国最严重的海洋灾害;台风易引起河口海岸航道骤淤,是航道、港口航运安全的最主要威胁。科学合理地预测台风可能引起的风暴潮最大增水过程,包括最大增水时间和地点;预测台风可能引起的航道冲淤变化,包括最大淤积厚度和空间分布,对于河口海岸地区减灾防灾显得尤为重要。通过近十年的持续努力,丁平兴教授领衔的研究组在以下两方面取得重要进展:

(1)研制了具有自主知识产权的河口海岸风暴潮预报模型系统。该系统考虑了风暴潮、天文潮与海浪之间的相互作用,并同时考虑台风风场与背景风场对实际水位过程的影响,利用近 30 年影响长江口与杭州湾的主要台风过程、风暴潮增水过程与实际水位过程实测资料的后报检验,成功预报 2005 年"麦莎"、"卡努"等台风引起的水位过程。

(2)研制了长江河口风暴引起滩槽冲淤演变的预测模型系统。该模型系统主要由台风场模型、波浪模型、复合流场模型、盐度模型、全沙输运模型、冲淤演变模型,以及波流共同作用底边界层子模型和底质分层启动子模型组成,实现了台风场、波浪场、流场、盐度场、泥沙场等模型之间的有机集成和嵌套。通过对近五年影响长江口主要台风引起北槽航道冲淤变化的逐个后报检验与分析,进一步率定了模型中的有关参数,长江口北槽航道风暴冲淤的预测达到较高精度。

着力建设河口海岸"国家队"

华东师范大学河口海岸学国家重点实验室是丁平兴教授从事海洋研究的重要载体,也是他投入心血最多的研究团队。自 1996 年担任该实验室主任以来,他锐意进取,务实勤政,团结班子成员,狠抓目标管理、长效管理和岗位责任制，强化竞争激励机制，调动广大教师和科研人员的积极性、能动性，围绕科学目标和国家目标，开展创新性、前瞻性科研工作。他按"国家队"的要求，引导科研人员增强危机感和责任感，找差距，查问题。在全体科研人员的共同努力下，研究成果、获奖项目、研究生人数都成倍增加。在2000年全国地球科学26个重点实验室的国家评估中跃居第五位，列教育部同学科重点实验室的首位。丁平兴教授以他的胆识、智慧和辛劳为此作出了重要的贡献。通过国家评估后，他又带领全室、所同行，一方面在成绩面前找差距，对照优秀实验室查不足，明确新的奋斗目标；另一方面充分利用良好的外部环境，申请科技部、教育部、上海市教委及学校的各类建设经费，加强学科平台建设，拓展研究空间，延伸研究内涵，支持新的生长点。通过全室人员的共同努力，实验室建设又取得长足进步，并保持着强劲的持续上升势头，其综合实力、竞争能力和国内外的地位与影响得到进一步提升，实验室在2005年和2010年两次评估中又取得良好成绩。

丁平兴教授具有较强的开拓进取精神。河口海岸学国家重点实验室在他为首的班子带领下，全室人员围绕国家和地方的重大需求，瞄准河口海岸领域的国际发展前沿和趋势，勤奋工作，不断进取，研究内容在沉积、地貌原有优势领域基础上又重点发展了河口海岸湿地与生物地球化学过程，研究区域进一步延伸至流域和陆架，河口海岸定量化研究得到长足进步，正在从定性、定量走向预测；实验室科技人员的研究成果在国际上的展示，在国际重要研究计划、国际重要学术组织中等任职较以前有较大幅度提升；实验室优秀中青年正在茁壮成长，2007年产生了一位新的中科院院士，以实验室中青年骨干组成的研究团队分别入选教育部创新团队和国家自然科学基金委创新群体。

丁平兴教授具有较强的组织管理能力。他工作认真负责，全身心投入，办事有魄力，2003年接任上海市"重中之重"自然地理学重点学科建设负责人，他克服困难，狠抓落实，团结其他同志一道，顺利完成"重中之重"学科建设任务，在市教委组织的专家验收评估中得到好评。他负责"985工程"河口海岸科学创新平台的建设，在他带领下平台建设的各项工作进展顺利。

丁平兴教授具有良好的团队、敬业和协作精神。他严于律己，宽以待人，赢得与其合作者的一致好评；他善于吸取相关学科营养，博采众

长,推动并鼓励交叉学科的发展。2002 年联合国内六个兄弟高校和科研院所成功申请"中国典型河口—近海陆海相互作用及其环境效应"项目,丁平兴被科技部聘为国家重点基础研究发展计划(973 计划)项目首席科学家;2010 年作为首席科学家联合国内 5 家兄弟高校和科研院所,成功申请到全球变化研究重大科学研究计划项目"我国典型海岸带系统对气候变化的响应机制及脆弱性评估研究",成为全国首批启动的 19 个重大项目之一。

陈立群 教授,1963 年 11 月生,1997 年 11 月在上海交通大学获工学博士学位。现任上海大学力学系教授、力学学科博士生导师。国家自然科学基金杰出青年科学基金获得者、教育部长江学者奖励计划特聘教授。

主要从事动力学与控制研究。承担国家自然科学基金、上海市优秀学科带头人计划和教育部博士点基金等 10 余个项目。在国内外重要期刊上发表论文 100 余篇,SCI 检索他人引用 1 000 余次。获上海市科技进步二等奖 4 项(第一完成人 2 项),获教育部自然科学二等奖 2 项(第一完成人 1 项)。2005 年被人事部表彰为"全国优秀博士后",2009 年被教育部和人力资源和社会保障部表彰为"全国模范教师"。

人生格言

力学不倦

陈立群

动力学领域的不倦探索

○记上海大学陈立群教授

陈立群教授所从事的科学研究工作属于力学学科中的动力学与控制方向。力学是关于力、运动和变形的科学,研究自然界和工程中复杂介质的宏/微观力学行为,揭示机械运动及其与物理、化学、生物学过程的相互作用规律。动力学与控制研究随时间变化过程及其调节,是力学学科的重要组成部分。陈立群教授的研究领域包括非线性振动、非线性动力学、航天器姿态动力学、分析力学。具体有下列主要学术工作。

轴向运动结构的振动

工程中许多系统如镀锌钢板、动力传输带、高空缆索、纺织纱线、带锯等的力学模型都是轴向运动连续体,相关振动问题的研究有广阔应用前景。同时,轴向运动连续体又是典型的陀螺连续系统,其研究也有重要理论意义。

陈立群教授所领导的课题组在轴向运动连续体的建模、分析和仿真方面取得重要进展。对横向非线性振动建模中的"准静态假设"提出新的认识;提出了分析陀螺连续系统的渐近摄动方法;结合积分型本构黏弹性弦线的非线性振动分析,将多尺度法推广到偏微分-积分方程;发展了轴向运动弦线横向振动的通用数值仿真方法,首次对解析结果进行了数值验证,并首次研究了轴向运动弦线横向振动中的分岔和混沌问题;首次导出了轴向运动弦线和梁非线性振动中的能量关系并发现类能量守恒量。这些工作提出工程系统中必然存在的耗散因素模型化的新途径,发展了相应的建模和分析方法。为工程系统中的宽频噪声提出新的可能解释。为控制系统的稳定性分析和控制设计研究奠定基础。

关于轴向运动弦线的结果总结在陈立群教授的长篇综述里，在力学界最有影响的评论期刊 *ASME Applied Mechanics Reviews* 上发表。Mockenstrum 等在 *ASME J Appl Mec* 上发表的论文称评价为"通过应用黏弹性模型给出机械能耗散机制的更好的理解（a better understanding of the mechanical energy dissipation mechanisms was attempted by using a viscoelastic material model）"，"提供了在分析中包括材料阻尼的系统方法（provided a systematic method to include material damping in the analysis）"。Banerjee 等在 *J Sound Vib* 上发表的论文评价为"应用非线性理论能加深该问题的理解（application of nonlinear can enhance the understanding of the problem）"、"利用线性和非线性理论解决该问题给该学科以启示（used both linear and nonlinear theories to solve the problem shed some more light on the subject）"，国家自然科学基金委员会数理科学部的《力学学科发展调研报告》将"陈立群教授在轴向运动材料的非线性动力学方面的研究成果"列为"我国学者在国际上得到了一些较有影响的成果"。中国科学技术协会主编的《力学学科发展报告》也将"轴向运动材料的非线性动力学方面的研究成果"列为"有影响的研究工作"。

混沌控制与同步化

混沌控制和同步化是指主动驾驭混沌系统的动力学行为，使之成为周期运动或新的活动运动。这是非线性动力学的热点问题，不仅是混沌理论的丰富和发展，也是混沌从理论走向应用的肇始。

陈立群教授及其合作者在混沌控制和同步化方面取得多项重要成果。主要工作包括：提出对于混沌振子的开闭环控制、非线性开闭环控制和参数开闭环控制，提出了对混沌映射的开闭环控制和参数开闭环控制，并证明了该方案对模型误差的鲁棒性，提出了控制混沌振子的局部输出变量反馈线性化方法和局部逆系统方法，提出了一类非仿射非线性系统中混沌的输出变量反馈线性化控制方法，提出了受控系统同步化的统一定义。这些工作揭示非线性动力学系统混沌和周期运动相互转化的内在规律，拓宽非线性系统理论的应用范围，丰富非线性动力学理论的内涵。

该方面论文被国内外同行引用和好评。D. W. Wheeler 等在 *Phys Rev E* 上发表的论文称"对开闭环控制作了理论上的推广（the OPCL control method has been expanded upon theoretically）"。Ruan 等在 *Chaos, Solitons Fractals* 上发表的论文称"构造 Lypuonv 函数的工作具有技巧性（the construction of Lyapunov function become very skillful）"。Hua 等在 *Phys Lett A* 上发表的论文称"发展了控制混沌的控制方法（other control methods have been developed to control chaos）"。Gu 等在 *Int J Bifurcation Chaos* 上发表的论文称"发现适当的 Lyapunov 函数部分确定（稳定盆估计）问题"（this problem might be partially resolved by finding a suitable Lyapunov function）。A. I. Lerescu 等在 *Chaos, Solitons and Fractals* 上发表的论文称"改进和修正了该控制策略（this strategy has been used and improved and modified）"。

航天器姿态动力学和控制

空间工程和科学的发展，对于航天器姿态指向精度的要求愈来愈严格，使得航天器姿态运动的研究受到广泛重视。而航天器姿态动力学和控制成为力学在航天高科技中应用的重要方面。

陈立群教授及其合作者在航天器姿态动力学和控制方面取得多项成果。主要工作包括：首次明确阵发性是计及阻尼时航天器姿态运动进入混沌的可能途径，首次以航天器姿态运动为工程背景研究控制混沌问题，导出万有引力场和磁场共同作用下在椭圆轨道上运动磁性刚体航天器的动力学方程，首次将小波分析和遗传算法应用于航天器的非完整运动规划。这些工作揭示航天器出现混沌姿态运动的可能性，提出控制混沌姿态运动的可行方案，为非线性科学中混沌及其控制的研究提供明确的物理和工程背景，为航天器姿态动力学分析及其控制系统设计提供一个新的研究视角。为多体航天器的运动规划问题提供了新的可能方案。

该方面论文受到国内外同行重视。Fradkov 等在 *Annual Reviews in Control* 上的论文称为"重要论文"（important papers）。他们的工作还被 Andrievskii 等在 *Automation and Remote Control* 上，及 Fradkov 等在 *Philosophical Transactions of the Royal Society A* 上发表的论文整段引用。

力学系统的对称性和守恒量

　　对称性是指在各种空间或时间变换下保持不变的特性，是力学系统的重要性质。各种对称性通常伴随着相应的守恒量，即在运动过程中保持不变的量，如人们熟知的能量守恒、动量守恒、动量矩守恒等。对称性和守恒量是现代分析力学的核心问题之一。

　　陈立群教授指导他的博士生合作进行该方面的研究。主要工作包括：首次导出了非保守系统的非 Noether 守恒量、首次提出 Hojman 守恒律和 Lutzky 守恒律的统一形式、将对称性发展为速度依赖对称性和局域对称性等并推广到机电系统等、导出几类可积系统新的精确解并分析分岔行为。有关对称性和守恒律的工作发展了导出系统守恒量的新方法，丰富和完善了现代分析力学中关于系统对称性和守恒量的理论结果，为工程系统中利用守恒量进行稳定性分析、控制器设计、仿真算法的设计和验证奠定了基础。有关可积系统的工作丰富了对偏微分方程描述系统中的非线性动力学行为的认识。

陈新军 教授,博士生导师,1967 年 10 月生,2001 年 8 月获南京农业大学管理学博士学位。现任上海海洋大学海洋科学学院副院长,兼国务院学位委员会第六届学科评议组水产组成员,教育部海洋科学与工程类专业教指委委员,中国远洋渔业分会鱿钓技术组组长,东海区渔业资源、环境专家委员会委员。新世纪百千万人才工程国家级人选,上海市优秀学科带头人,教育部新世纪优秀人才计划。

长期潜心从事远洋鱿钓渔业、渔业资源与渔场学等领域的研究,承担了国家自然科学基金、863 计划、国家科技支撑等 30 多项重大项目。发表论文 200 多篇,出版专著 9 本,参编 3 本。

近 10 年来,获国家科技进步二等奖 1 次,省部级科技进步一、二、三等奖 6 次。

人生格言

勤勤恳恳工作,光明磊落做人

陈新军

爱国荣校,无私奉献

○记上海海洋大学陈新军教授

服务三农：把学问做在大洋上

陈新军教授于 1986 年考入广东湛江水产学院海洋渔业专业,从此与渔业结下不解之缘,并获得免试直升上海水产大学硕士研究生资格(保留三年)。1993 年,陈新军教授到了上海水产学院攻读研究生,从此跟随导师王尧耕教授开始鱿钓渔业的研究历程。1993 年,陈新军教授作为唯一一名硕士研究生被批准出海,承担农业部八五攻关项目中资源与渔场调查、钓捕技术试验等课题,由此开始了他连续 8 年出海,由一个研究生逐步成长为专家型学者的征程。陈新军教授每次出海为期都有 3—5 个月,航线远至夏威夷北部、新西兰等世界各大海域。每一个有过海上漂泊经历的人都知道海上生活的枯燥滋味,但依靠着对远洋渔业事业的追求和执著,陈新军教授一次次地挺了过来,"当时脑子里整天想的是如何提高捕捞率,如何帮助渔船寻找中心渔场,如何依靠科技进步来提高我国鱿钓船的生产竞争力。"正是那些年的海上渔业实践,对世界各大鱿鱼钓渔场的实际调查与试验,使陈新军教授在事业上不断有新的突破,成长为我国远洋渔业科技领军者。

远洋鱿钓渔业的发展,救活了我国一大批渔业企业,减轻了近海渔业资源的捕捞压力,同时带动了相关行业的发展。"北太平洋鱿鱼资源开发和捕捞技术及其装备的研究"项目成果推广到全国 20 多家渔业公司,作业渔船达到 400 多艘,产量 5—12 万吨。项目密切结合生产,并及时将科技成果转化为生产力,使我国远洋渔业的生产结构发生了根本性改变,促进了北太平洋鱿钓渔业的规模化生产,产生了巨大的经济和社

会效益。

1996—1998 年作为农业部九五重点项目"北太平洋中部海域柔鱼渔场开发和钓捕技术研究"的第二主持人,担任海上调查总指挥,三年的调查开发了北太平洋 160°E 以东的大型柔鱼渔场,1998 年向东拓展到 180°E 海域,使作业时间从原来的 7 月底提前到 5 月初,每年增加产量约 1 万吨,作业渔场范围有效拓展。作为农业部 948 项目"引进和推广水下灯在鱿钓渔业的应用"的主要负责人,主持海上试验工作,掌握了水下灯诱集鱿鱼全部技术。目前全国 400 多艘鱿钓船均安装了水下灯,且成为生产作业中不可缺少的装备。上述研究成果为我国鱿钓渔业可持续发展起到了积极的推动和保证作用。

继承开拓:为我国远洋鱿钓跨越式发展提供了技术保障

2001 年以后,陈新军教授开始负责中国远洋渔业分会鱿钓技术组工作,在农业部和中国远洋渔业分会的支持下,组织实施了一系列大洋性柔鱼类新渔场、新资源的探捕与调查,先后成功地开发了西南大西洋阿根廷滑柔鱼、秘鲁外海和哥斯达黎加外海茎柔鱼、印度洋西北海域鸢乌贼、智利外海茎柔鱼等资源和渔场,为我国鱿钓船实现全年性的生产打下了基础。在新资源和新渔场的开发过程中,陈新军教授带领团队在资源渔场、捕捞技术等方面进行科技攻关,取得了一系列的重要科研成果。目前,全国鱿钓船已发展到 450 多艘,作业渔场遍及三大洋,年产量达到 35—40 万吨,分别约占我国远洋渔业总量的 35% 和 32%,实现年产值 25 多亿元,使鱿钓渔业成为我国远洋渔业的重要支柱,并成为世界上捕捞柔鱼类的重要国家之一。为此,陈新军教授所领衔的鱿钓技术组和课题组多次受到农业部和中国渔业协会的表彰。

不断创新:努力提高我国远洋鱿钓渔业的综合生产能力

进入新世纪后,陈新军教授所领衔的科研团队关注着如何用海洋遥感和地理信息系统等高新技术来提高远洋鱿钓渔业的综合生产能力。

在农业部 948 项目、国家 863 等重点项目的支持下，负责筹建了我国高等水产院校中第一个从事海洋渔业遥感与 GIS 的研究平台，建立了 MODIS 等卫星地面接收站。研究平台以三大洋的鱿鱼等为研究对象，揭示了鱿鱼类资源补充量变化与海洋环境的关系，创立了以栖息地指数等为基础三大洋鱿鱼渔情预报模型，开发了渔情预报系统，实现了业务化运行。每年对三大洋鱿鱼渔场发布渔情预报周报 100 多期，年可新增产量 8% 以上、降低燃油成本 3% 以上，新增利润在 3 亿元以上，形成了显著的经济效益和社会效益，为我国远洋鱿钓渔业综合生产能力的提高提供了强大的技术保障。

加强基础研究：
探索大洋性柔鱼类的奥秘

随着世界传统重要渔业资源的衰退，短生命周期的头足类资源已成为世界各主要国家的开发和利用重点，70 年代以来其年产量以 3%—5% 的速度递增，2007 年世界头足类产量已超过 400 万吨。大量证据表明，大洋性柔鱼类资源量年间变动剧烈，持续开发和科学管理的难度很大，其原因是全球气候、海洋环境的变化，还是捕捞努力量的增加引起，其影响的机理是什么？大洋性柔鱼类既是大型鱼类和哺乳动物等的重要饵料，又是人类未来重要的开发对象，在海洋生态系统中扮演着极为重要的角色，GLOBEC 于 2006 年专门召开了 The role of squid in open ocean ecosystems 国际学术会，一些专家认为大洋性柔鱼类可作为生态系统的指标。建立基于生态系统的柔鱼类资源评估模型和管理方式，是科学家们所共同关注的问题。此外，世界各国对大洋性柔鱼类资源开发利用和资源争夺在不断加强。我国作为负责任的渔业大国，需要系统掌握这些重要种类的渔业生物生态学、种群结构，科学评估其资源量，提出科学的管理对策，从而增强我国在公海渔业资源开发和管理中的话语权，维护我国公海海洋权益。在上述背景下，陈新军教授带领着他的科研团队，正在开展世界大洋性经济柔鱼类的基础研究，并取得了一些阶段性研究成果，为我国远洋鱿钓渔业的可持续发展提供科学依据和技术保障。

近 20 年来，陈新军教授在远洋鱿钓渔业、渔业资源与渔场学等领域

进行较为深入的研究,取得一系列有重要学术意义和重大应用价值的成果,为我国在大洋性柔鱼类资源可持续利用研究进入世界先进行列和我国远洋鱿钓渔业发展壮大做出了重要的贡献,成为我国远洋鱿钓科学研究的开拓者之一和领军者。先后获上海市新长征突击手、上海市启明星、上海市曙光学者、上海市科教党委系统第一届青年科技创新人才、上海市科教党委系统优秀共产党员、教育部新世纪优秀人才计划、上海市曙光跟踪学者、上海领军人才、上海市教学名师、新世纪百千万人才工程国家级人选和上海市优秀学科带头人等荣誉称号。

　　王 焱 教授级高工,1961 年 8 月生,上海人,2008 年获南京林业大学博士学位。现任上海市林业总站副站长。长期从事林业有害生物防治工作,先后主持国家林业局"948"、上海市科委、上海市农委、上海市建委等重大科研攻关项目 10 多项,获省部级科技二等奖 2 项,发表论文 30 余篇,编著专著 6 部,国家专利 1 项。

　　近年来先后被授予"全国森林病虫害防治工作先进个人"、"全国优秀林业科技工作者"、全国"巾帼建功"标兵,上海市"三八红旗手"、上海市新农村建设科技女精英,入选 2008 年上海领军人才,荣获第二届上海市五一巾帼创新奖和第三届上海市五一巾帼创新奖。

人生格言

选择一片森林

洒给这块后代

绿色卫士,树木天使

○记上海市林业总站教授级高级工程师王焱

建立监测预警网络:
竖起城市森林的"防火屏障"

森林病虫害被称为"不冒烟的森林火灾",王焱博士和她的森林保护团队就是一支活跃在城市乡村和林间地头的"扑火队"。王焱,是颗"森林保护事业的种子",她1983年毕业于东北林业大学,一直从事森林保护工作。2001年她通过人才引进,到了上海市林业总站。她的到来,适逢上海发展现代林业的大好时机,上海这块沃土使她有了用武之地,她始终执著地追求自己钟爱的事业,并带出了一支过得硬的团队,成长为森林保护事业的领军人物。近年来,她在林业有害生物防治工作中做了大量的打基础、利长远、留后劲的工作,取得了卓有成效的成绩,得到了国家林业局和兄弟省市同行的充分肯定。

王焱博士是一位工作勤奋的人,她和她的团队经常是"周六保证不休息、周日休息没保证",加班加点更是家常便饭。刚来上海时,上海的森林保护体系建设比较薄弱,她以时不我待的精神,废寝忘食地工作,带领她的团队用了短短5年时间建立了以7个国家级中心测报点为龙头、13个市级中心测报点为骨干和50个区县级监测点为基础的覆盖全市的林业有害生物三级监测预报网络体系,改写了上海市城市森林病虫无监测预报网络的历史,为上海市城市森林竖起了一道"防火屏障"。她先后主持制定了多项管理制度和技术标准,使监测预报工作走上了制度化规范化的道路。

建构专业检疫队伍：
做好生态安全的"绿色卫士"

随着上海林地面积的不断增加，外来苗木的大量引入，为有害生物的远距离传播提供了条件。加强植物检疫，已成为防止有害生物入侵的第一关口。王焱把建构一支精简专业的检验检疫队伍作为团队建设的重点，带出了一支平时训练有素，关键时候拉得出、打得响的"绿色卫士"。2008年4月青浦区朱家角某公司涉嫌非法调运52棵大型松属植物进入上海。王焱在第一时间组织了包括青浦、宝山、嘉定、闵行四个区的植物检疫执法人员在内的联合执法行动小组，开展检疫执法行动，对该公司依法给予了行政处罚，既阻止了有害生物的入侵，也有效地宣传和维护了上海市的植物检疫执法形象。

说到2010年上海世博会，王焱和她的团队更是功不可没。世博会是一次世界性盛会，需要引进大批植物，但随之而来的有害生物入侵问题亦不可忽视。如何防止有害生物入侵？如何保卫上海城市生态安全？这是王焱和她的团队最为关心的事。为世博引种植物的检疫，她和她的团队一刻也没有停歇。如何既要确保引种顺畅，又要防止有害生物入侵，他们不知进行了多少次通宵达旦的研究思考。早在2007年，他们就成立了林业植物检疫世博筹备小组，协调召开了"上海'世博'国外植物引种风险评估和监管专家研讨会"，邀请国家林业局、国家质检总局、中国科学院和中国林科院等有关单位的领导和专家，制定了《上海"世博"国外植物引种风险评估与检疫监管实施方案》。之后，又多次与国家林业局林业有害生物检验鉴定中心、上海出入境检验检疫局等部门商讨研究引种检疫与应急处置的合作，积极走访世博会事务协调局和各展馆等引种单位，为世博送政策、送服务、解难题。随着世博会进入倒计时，王焱和她的团队于2010年4月8日正式入驻世博会，为实现"服务世博，实时监测，防治外来有害生物入侵，确保生物安全"的目标，开始了不分昼夜的值班，由于她们的出色工作，确保了"绿色世博"顺利进行。

推广绿色防治技术：
担当经济林果的"树木天使"

2002 年,在上海一种名为"桃潜叶蛾"的虫害大面积暴发竟达 1.4 万亩,仅奉贤区光明镇危害面积就有 4 497 亩,涉及 2 268 户农户,直接经济损失 444.3 万元。为了控制灾害的严重势头,王焱组织科技人员深入果园,开展了防治技术攻关,研究出一套生态安全、行之有效的防治技术,有效地控制了害虫的危害和蔓延,挽回经济损失 2000 多万元,传出了果农"前年田头哭,去年田头笑,今年在家数钞票"的佳话。她和她的团队被老百姓亲切地称为"树木天使"。

上海经济林面积近 40 万亩,约占上海整个林地面积的三分之一,有近 3 万户农民依靠果树走致富道路。病虫害的问题,严重制约了经济林的健康发展,这让王焱感到大力推广无公害防治技术是当务之急。她的身影经常忙碌在基层的林间田头和培训现场。在她的组织和宣传影响下,生产单位利用先进的虫情监测技术,把握虫情发生规律,采取仿生物制剂、杀虫灯等生物物理方法控制虫情,从而大大降低了虫口基数,起到了减少污染、保护天敌、节约成本的功效。通过她的努力,大力推进无公害农药实施计划,使上海林业有害生物无公害防治率由过去的 10% 提高到了 65%,保护了农民利益,促进了绿色果品生产,为城市环境保护发挥了积极作用。

攻克重大科技难关：
打造保护森林的"技术平台"

王焱非常重视有害生物防治的科技支撑,在繁忙的行政管理工作的同时,她申报和承担了大量的森林保护课题,从理论和实践上探讨城市森林有效管理的途径和方法,着力解决监测预报、快速检疫检验和无公害防治等技术难题,并且大力促进科技成果转化,努力打造保护森林的"技术平台"。她先后主持开展了国家林业局"948"、上海市科委、农委、建委等重大科研攻关项目 10 余项。她组织开展的全市林业有害生物普查,首次系统完成了上海林业有害生物名录,主编的《上海林业病虫》,

已成为全市林业病虫害防治管理和技术人员的必备工具书。她主持完成的"上海市林业重大病虫害监测与无公害防治技术"项目，荣获上海市科技进步二等奖。她创造性地将世界上最先进的诊断技术——实时荧光 PCR 技术应用于危险性检疫病害的诊断，发明了松材线虫 TaqMan－MGB 探针实时荧光检测技术，获得国家发明专利。她注重科技成果的转化和推广，技术成果在全市推广应用 250 万亩次，获得了 1.01 亿元经济效益，并创造了巨大的生态和社会效益。

王焱，这位上海城市林业的"绿色卫士"、"树木天使"，用她的满腔热情和坚强毅力带领着科技人员辛勤地耕耘在森林保护战线上。她的人生因为钟爱事业而绽放着美丽。对于已有的成绩，王焱博士没有停留，她把目光投向更远处，她在为营造更加美丽的绿色世界而努力！

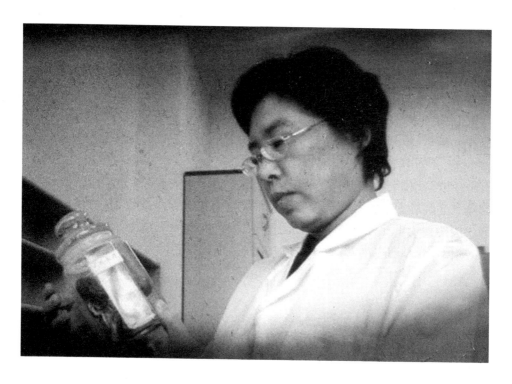

谭琦 1963年6月生,研究员,2001年获南京农业大学微生物学博士学位。现任上海市农业科学院副院长、中国食用菌协会副会长、中国菌物学会常务理事、中国农学会食用菌分会秘书长、农业部全国食用菌品种认定委员会副主任、上海市园艺学会副会长、上海市微生物学会理事。

长期从事食用菌遗传育种、食用菌病虫害防治等工作,主持和参加国家及省市级的科研项目30余项,先后在国内外科技学术期刊和学术会议上发表论文120余篇,其中主笔论文37篇,主笔著书一册,参加著书三册。荣获国家科技进步二等奖、上海市科技进步奖10项,农业部丰收奖1项,农业部神农奖1项,上海市高新技术成果认定1项。

先后被评为上海市"三八"红旗手、上海市青年科技精英提名奖、上海市及全国留学回国人员先进个人;荣获全国农业科技推广标兵;上海市五一劳动奖章、上海市五一巾帼奖、上海市新农村建设科技女精英。

人生格言

目标是动力,责任心是保障,细节定成败。

谭琦

爱岗敬业自辉煌，
创新争优展风采

○记上海市农业科学院副院长谭琦

爱岗敬业，奋发有为

1985年谭琦以优异成绩取得北京农业大学植保系学士学位，同年分配到上海市农业科学院食用菌研究所工作。二十多年来，她始终把食用菌研究作为自己的崇高事业，把服务"三农"，为农业增产、让农民增收看成是一项光荣的职责。1985—1995年，谭琦同志致力于食用菌病虫害防治工作，她常年深入灾区采集病原菌，对食用菌的主要病虫害进行了研究：对上海地区蘑菇线虫进行了普查，发现小杆线虫在蘑菇栽培过程中普遍存在；蘑菇居肥滑刃线虫危害最大，并对这一种类的生物学特性和防治方法进行了研究；针对蘑菇褐腐病大爆发，通过立项进行病原体的生物学特性及防治研究，制定出了有效的综合防治措施，现已成为蘑菇栽培中的常规方法。

1994年9月—1995年9月，经组织推荐，谭琦赴美国宾夕法尼亚州立大学美国食用菌研究中心进修一年。期间，她勤奋扎实、谦虚谨慎，出色地完成研修，先后有两个国家的学者诚恳挽留她留在国外继续深造，但她毅然拒绝。学成回国后，谭琦同志及时了解和掌握食用菌主产区出现的问题与需求，全身心投入食用菌育种方面的工作。她紧跟国内外发展趋势，利用先进的研究手段、技术和方法选育不同温型、不同成熟期的香菇、双孢蘑菇、柳松菇、草菇品种；倾心于香菇的种质资源的遗传评价、交配型基因的遗传规律、杂种优势利用的基本原理、原生质体单核化理论等方面的研究工作；建立了以原生质体单核体为材料的香菇对称杂交

育种体系和以原生质体单核体为受体的香菇非对称杂交育种体系。

强烈的事业心和求知欲激励谭琦在科研道路上不懈进取,当之无愧地成为了我国食用菌领域中的领头羊。十多年来曾主持承担国家和省市级的重大科研项目30余项,先后在国内外科技学术期刊和学术会议上发表论文120余篇,其中主笔论文37篇,主笔著书一册。荣获国家科技进步二等奖、上海市科技进步奖10项,农业部丰收奖1项,农业部神农奖1项,上海市高新技术成果认定1项。其中主持"蘑菇褐腐病病原菌的生物学特性和综合防治研究"获1995年度上海市科技进步三等奖,主持"香菇单核体遗传性状多态性在杂交育种上的应用"、"代料花菇技术研究及开发"分别获2001年度获上海市科技进步二等奖,主持"香菇杂交育种标准程序的建立和新菌株的选育"获2004年度上海市科技进步三等奖;参加"香菇交配型基因的遗传研究和申香8号新菌种的选育"获1998年度上海市科技进步二等奖(排名第四),参加"应用同核原生质体杂交技术培养双孢蘑菇新品种"获1999年度上海市科技进步二等奖(排名第五),参加"新兴食用菌-柳松菇的研究"获2000年度上海市高新技术成果认定(排名第二),参加"食用菌设施化生产技术研究与推广"获2005年农牧渔业丰收奖三等奖(排名第三)。

善谋实干,勇创新业

1997年起,谭琦开始担任行政工作,先后任食用菌所副所长、所长、农科院奉浦院区主任、农科院副院长。1997—2008年担任食用菌所副所长、所长期间,她工作勤奋、善谋实干,能根据国内外食用菌的发展动态,及时调整食用菌所的发展重点,明确食用菌所学科领域的发展方向和目标。积极开展学科平台建设,先后构建了农业部食用菌产品质量监督检测中心、食用菌良种繁育中心和药用真菌GMP车间,使农业部食用菌产品质量监督检验测试中心成为食用菌检测和标准研究的平台;食用菌良种繁育中心成为食用菌遗传育种栽培的平台;药用真菌GMP车间成为药用真菌学科的平台。成功申报到农业部重点开放实验室、农业部栽培功能实验室。为扩大对食用菌产业的宣传,积极向国家新闻出版署和农科院党委领导争取,坚持由食用菌所主办期刊《食用菌学报》,并从人员、资金等方面对该期刊给予大力整合、支持,大大提高了该期刊的质量和影响力。为积极响应、配合农科院的大学科建设，平稳地将食用菌所属百信公司、丰产公司等开发实体移交给农科院。通过谭琦等同志的努力，食用菌这一在上海既有特色又有前途的产业得到上级相关部门的认可，2006—2008 年在科研立项上给予了大力支持，为食用菌所今后的发展奠定了坚实的基础。

瞄准前沿，争创一流

为使食用菌所科研达到国内外领先水平，谭琦同志担任食用菌所副所长、所长以来，非常注重对外交流和引智工作，在上海市人事局、国家外专局的大力支持下，每年负责组织实施 2—4 个国家或上海市的引智项目，先后邀请了美国、英国、德国、法国、波兰、斯洛文尼亚、澳大利亚、新西兰、日本、韩国等国家的 20 余位食药用菌专家来所进行学术交流。为提升食用菌研究所科研团队的整体科研水平，谭琦同志多次应邀到国外进行学术交流，大力支持所科研骨干赴外进修深造，积极主办食用菌领域国际会议、培训班。先后主办了四次农业部国际合作司的东盟食药用菌培训班，努力申请并成功主办了国际上有较大影响的第五届国际食用菌生物学和产品大会、第四届东亚暨十加三食用菌合作研讨会。在谭琦同志的带领下，上海市农业科学院食用菌研究所以其在食用菌产业技术领域的研究、开发和设计的综合优势，在国际食用菌界的地位不断提升，为我国食用菌产业的发展起到了重要的推动作用。

王 慧 研究员,1955年11月生,1978年7月毕业于厦门水产学院。现任中国水产科学研究院东海水产研究所研究员。

长期从事盐碱地水产养殖技术研究,经过近20年来的艰难探索和不懈努力,创建了盐碱水养殖环境质量评价方法,研制了具有自主知识产权系列盐碱水质改良剂,从理论上阐明了盐碱水质特点对养殖生物的影响,从实践上解决了盐碱水质因水化学组成的复杂性制约水产养殖的关键问题,在规模化生产上取得了突破性进展,开创了我国水产养殖新领域,取得了显著的经济、社会和生态效益。

近年来先后获得全国农牧渔业丰收一等奖1项,省部级科技进步二、三奖5项,撰写学术论文50余篇,专著2部,获得授权发明专利4项。

人生格言

敢为天下先,
是科研工作者最宝贵的品格。
——王慧

盐碱地奇迹的创造者

○记东海水产研究所王慧研究员

千年盐碱荒滩,如今鱼虾满塘。这是惊世骇俗的千古奇迹。东海水产研究所王慧研究员带领她的科研团队,经过近20年来的不懈努力,开创了盐碱地鱼虾满塘的奇迹。目前,河北沧州市已经形成了盐碱地水产养殖新产业,累计推广养殖面积30余万亩,新增产值十余亿元,并还带动了饲料、苗种、加工、冷藏、运输、水产贸易等相关产业,有力地促进了区域经济的发展。

沧州人民不仅为此感到骄傲与自豪,更是不忘十几年帮助他们战胜盐碱荒滩、走上脱贫致富道路的一位来自上海的女性——中国水产科学研究院东海水产研究所水产养殖专家王慧。那么,王慧究竟是如何成功地开创中国盐碱荒地的水产养殖技术呢?

敢 为 天 下 先

我国目前有9 913万公顷盐碱荒地,遍及东北、华北、西北的19个省市自治区。自古以来,盐碱地一直阻碍着我国农业的发展和农民的脱贫致富。就拿河北沧州地区来说,在63.5万公顷耕地面积中盐碱荒地约有21.3多万公顷,其中重盐碱地约8万公顷,绝大部分长期处于荒芜状态,在沧州地区17个市、县中有6个国家级贫困县,1个省级贫困县,在558万农村人口中,贫困人口有142万,年生活水平低于人民币1 000元。

因此,不少有识之士为开发治理盐碱地曾进行过大量的探索研究。20世纪80年代,一些水产养殖专家曾在我国西北盐碱水域进行过移植

海洋生物的试验,然而都折戟沉沙、铩羽而归。而王慧在长期从事水产养殖的科学研究中,耳濡目染了我国大批盐碱地资源被荒芜闲置和当地农村贫困落后的现状,这位革命军人的后代的内心受到极大的震撼。她下定决心要独辟蹊径,走前人没走过的路,解决前人尚未解决的难题。她认为,这是一个科学工作者神圣的事业和义不容辞的责任。

自1991年到2004年,王慧带领她的团队,毅然承担了科技部、农业部有关盐碱地水产养殖技术开发等一系列科学研究项目,取得了千古未有的辉煌成果。

不 畏 苦 与 难

自然科学研究主要是通过大量的科学试验来实现科学研究所要达到的目标。这种试验分为实验室创造性试验和现场实地应用推广试验。如果说,王慧和她的团队十几年来在实验室里对不同气候环境下的盐碱地中不同类型、不同水质的千万次实验、鉴定、改良是十分艰难困苦的话,那么,比起她们在现场实地应用推广实验时所遇到的艰难困苦来说,那简直是小巫见大巫了。

河北沧州海兴盐碱地区是王慧和她的团队的主要示范实验地区。这里老鼠成灾,是著名的鼠疫高发区域,每个人来前都得打鼠疫预防针。另外是饮用水的问题,平时的饮用水都含有2‰的盐度,人喝了会感到越喝越渴,然而就连这样的水也要到实验地两里以外的地方去运。为了节约用水,一盆水常常要利用多次,洗菜水用来洗刷碗,洗脸水用来擦身洗衣服。其次是炎热的夏季,这里的气温常常高达40℃。就在如此高温下,王慧每天在烈日下坚持巡塘数小时。另外,对虾幼苗培育试验难度极高,需要昼夜观测,有时甚至要连续48小时的观测,而每天午夜零点是观测对虾脱壳的关键时刻,在示范试验初期人手少的情况下(当时只有两位刚从大学毕业的助手),王慧经常昼夜不眠,始终以顽强的毅力坚持在科学试验第一线,一步一个脚印地迈向成功之路。

无 私 加 奉 献

在当今社会主义市场经济条件下,有些科技工作者往往追求自身价值的体现和利益的回报。他们常常把科研成果视为个人的价值或讨价还价的筹码。而王慧在她漫长的科学研究中,孜孜以求的是事业的成功和对社会的奉献,从不考虑个人的利益得失。

从1991年到2002年,王慧和她的团队先后完成了十余项科研项目,累积科研经费400多万元,这在当时东海水产研究所科研人员中也是屈指可数的,而王慧当时每个月的工资收入从未超过2 000元。按照研究所当时的规定,课题经费结余部分可按比例提成,作为个人收入。而王慧始终把保证科研质量放在首位,从未在科研经费中提取节余部分来补充自己的工资收入。

为了推广盐碱地水产养殖技术,王慧先后在陕西、内蒙及河北沧州地区多次进行盐碱地水产养殖技术讲座,尤其在沧州地区培训了一批又一批盐碱地水产养殖技术人员,但她从未向当地收过任何酬金和培训费。王慧的许多同学搞育苗开发挣了大钱,有人多次劝她一起参加,但王慧始终不为利益所动,始终把利国利民的崇高事业放在首位。

作为团队领头人,她总是严于律己、宽以待人,在工作上严格要求、精心指导、吃苦在前,在生活上关心帮助每一个成员,尽管科研工作一直在极其艰苦的环境中进行,但项目组始终保持着强有力的战斗力和凝聚力。从事盐碱地渔业科学研究的专业人员从最初的3人已发展到了10人、从事盐碱地水产养殖技术推广队伍近30人,培养出一批具有独立承担科研项目的科技人才,3人已晋升为研究员、3人晋升为副研究员,成为水产科技领域的骨干力量。

硕 果 与 荣 誉

海洋生物向内陆盐碱水域地区移植,从来就是一个世界性的难题。王慧带领她的团队,以敢为天下先、不畏苦与难、无私加奉献的崇高品格,兢兢业业、锲而不舍20年,终于攀登上这座前人从未超越的巅峰。她主持的科研项目先后获得全国农牧渔业丰收一等奖,省部级科技进步二、三奖5项,撰写学术论文50余篇,专著2部,获得授权发明专利4项。

王慧同志先后被授予农业部中青年有突出贡献专家称号、沧州市"创业之星"荣誉称号、沧州市先进工作者称号、沧州黄骅市"荣誉市民"

称号;先后被评为全国农业科技年活动先进工作者、上海市"三八红旗手"、上海市经济工作党委系统优秀共产党员、上海市"新农村建设科技女精英"等称号;2006年起享受国务院政府特殊津贴。

上海《新民晚报》曾以"盐碱地现千古奇迹,苦咸水里育肥鱼虾"为题对王慧同志的感人事迹作了专题报道,同时又被上海市委组织部编入了"上海市共产党员先进事迹选编";在上海市委组织部、市委宣传部、市委党史研究室和上海市档案馆联合举办的"建国以来上海市共产党员先进事迹"档案文献图片展中以"盐碱地奇迹的创造者"为标题、作为农业科技战线的优秀代表进行了展示。

陆峥嵘 汉族,1968年3月8日生,上海青浦区人,2004年11月晋升为推广研究员职称,现任上海市农业技术推广服务中心主任。

陆峥嵘从1987年参加工作以来,一直从事农技推广工作,长期致力于水稻栽培技术研究与推广。从上世纪90年代起,他与课题组其他人员一道,倾注大量精力开展技术研究,攻克了直播稻、抛秧稻高产群体质量栽培理论与关键技术,从根本上改变了几千年来中国农民传统的水稻播种、插秧栽培局面。他主持实施的《稻麦现代农艺吨粮技术研究与开发》和《水稻大面积亩产600公斤以上栽培技术示范》、《水稻群体质量栽培技术推广》等项目,实现了水稻优质高产目标并形成超高产栽培技术规程,有力促进了上海种植业结构调整,上海郊区水稻生产取得了由数量栽培向质量栽培质的突破。他组织实施上海郊区水稻三年推优计划,上海郊区化肥、农药减量使用三年计划,提出了化学农药、化肥减量使用替代技术,顺利完成化肥农药减幅10—15%的目标任务,推进了上海稻米优质化生产。

先后获得全国渔牧丰收奖、市星火计划奖、市科技进步奖、市科技兴等7项科技奖励,先后获得"上海市新长征突击手"、"上海市农口十佳优秀青年人才"、"上海市青年星火带头人"、"全国发展粮食生产先进个人"和"上海市第十三届十大杰出青年"等荣誉称号。

人生格言 你不能决定生命的长度,但你可以控制它的宽度;

你不能预知明天,但你可以利用今天;

你不能样样顺利,但你可以事事尽力。

—— 陆峥嵘

稻花香自苦寒来

○记上海市农业技术推广服务中心主任、
推广研究员、水稻栽培专家陆峥嵘

三月的市郊,早春的清风拍打在脸颊上,竟有些疼痛的感觉。和水稻栽培专家陆峥嵘约好的见面地点是在青浦、金山交界处的一片实验田上,迎面走来的是一位身材高挑、皮肤也显白净、文质彬彬的帅小伙,大概是陆主任的助手吧,赶忙迎上前去,接过名片,方恍然大悟。还是专家善解人意,一句话解了围,"我这人晒不黑,别见怪。"

和陆峥嵘的交谈有一种满足的快感,他话语简洁却把很多专业领域内的知识说得深入浅出,通俗易懂,他笑称自己就是个种地的,"只不过别人用锄头种,我用技术种,工具不同效果自然也就不同了。兼顾着也做点学问,再把它用在种地上,农民收获了粮食,我还兼带收获了快乐。"

是的,陆峥嵘就是这样一个从田间走来的年青专家,身上飘散着稻谷的芳香。

从中专生到研究员
——光环背后无数艰辛

1987年,陆峥嵘从上海市农业学校农学专业毕业后,分配到上海市农业技术推广站从事粮食作物技术推广工作,1995年1月上海市农业技术推广服务中心成立以后,组织上安排他在粮油科从事稻麦技术推广服务等工作。1996年至2003年曾任粮油科科长。在单位同事的眼中,他是一位佼佼者,因为比起其他同事,他有好几个"最":在晋升高级技术职称的科技人员中,他是最年轻的一个;走上中层干部岗位的专业技术人员中,他也是年纪最轻的一个;"中心"现有领导班子成员中,他又是年龄最小的一个。周围的同事为他感到骄傲和自豪,殊不知成功的背后有着艰辛的付出。

走上领导岗位后,陆峥嵘的工作更加繁忙,但他并不因此而放松学习,而是更注重理论学习。他觉得只有不断丰富自己的知识,才能扩大自己的视野,才能更好地胜任自己的工作。十几年来,他从一名中专生,通过自己的不懈努力,已修完大专、大学本科课程,并已取得农业推广硕士学位。正是这种任劳任怨,辛勤耕作,努力攀登、勤奋好学,敬业负责的作风,使他在市郊确立了良好的工作形象,正是他在市郊田间洒下无数汗水,才在广大农民兄弟中赢得了交口称赞。

为了加大科技成果转化力度,帮助专业人员提高技术水平,把科学技术送到农村、送到农户手里,作为主笔之一,陆峥嵘先后主持编写了《稻麦油轻型栽培技术》和《优质水稻无公害栽培技术》等科技书籍。近几年来,陆峥嵘撰写的研究论文、技术总结和各类科技研究报告近30篇,现已公开发表学术论文8篇。主持起草的《上海优质稻米三年发展计划》由市政府批转各区县政府组织实施后,并取得显著成效。

他时常告诫自己:"当今时代,科学技术日新月异,如果不继续学习,就跟不上时代的要求。"因此,在工作之余,他总是不知疲倦地刻苦钻研理论知识和生产技术,不断提高自己的工作水平。为了更广泛地学习和借鉴国内外的农业生产先进技术经验,除英语外,他还自修了日语,并利用组织上安排他到日本研修的机会,积极锻炼自己的会话能力,从而更广泛全面地吸收国外的优秀文化和专业技术知识。

近年来,为落实上海市委、市府提出的科技兴农战略,积极发展农业科技事业,陆峥嵘主持完成了多项达到国内先进水平的粮食优质高产栽培技术的研究项目,由此确立了他在上海区县农业技术推广领域的权威地位。由于工作成绩突出,他先后获得全国渔牧丰收奖、市星火计划奖、市科技进步奖、市科技兴等7项科技奖励,先后获得"上海市新长征突击手"、"上海市农口十佳优秀青年人才"、"上海市青年星火带头人"、"全国发展粮食生产先进个人"和"上海市第十三届十大杰出青年"荣誉称号。目前,正在主持的科研项目和科技成果转化项目有8项。

金杯银杯不如老百姓的口碑,陆峥嵘更看中的是自己的科研成果能实实在在地转化为农民的收益,他所服务的农民满意了,增产增收了,才

是陆峥嵘最大的心愿。

从农民之子到水稻专家
——开拓路上勇于创新

出身农民家庭,让陆峥嵘从小就对土地有了份深厚的感情。能够从事一项给最广大父老乡亲带来收获的工作,陆峥嵘倍感荣耀。

在为广大农民传播、推广科学农业技术知识同时,陆峥嵘也深深地感受到了农民身上那种质朴、勤勉的特质,并把祖辈们这种踏实勤奋、勇于实践的优良传统带到了工作之中。参加工作以后,他在刻苦学习专业理论知识,努力提升自己的技术水准的同时,积极投身于农技推广实践中,善于学习,勇于创新,不断提高自己的学术和业务水平。他时常提醒自己:"我是农民的儿子,我要把学到的知识奉献给上海的农业,奉献给上海的农业技术推广事业,奉献给上海市郊的农民兄弟们。"

长期以来,中国农民在水稻栽培技术上一直延续着"面朝黄土背靠天"的传统栽培模式。上世纪九十年代,陆峥嵘同志与课题组其他人员一道,倾注大量精力,开展多年技术研究,攻克了直播稻、抛秧稻高产群体质量栽培理论与关键技术,从根本上改变了几千年来中国农民传统的水稻播种、插秧栽培局面。该成果已经从上海地区辐射到周边省份。他主持实施的《稻麦现代农艺吨粮技术研究与开发》和《水稻大面积亩产600公斤以上栽培技术示范》、《水稻群体质量栽培技术推广》等项目,为上海种植业结构调整、实现水稻优质高产目标和、形成超高产栽培技术规程,为实现上海郊区水稻生产由数量栽培向质量栽培质的突破跨出了重要的一步。他主持实施的上海郊区水稻三年推优计划,推进了上海稻米生产实现优质化。陆峥嵘同志具体负责实施筛选和示范推广的了寒优湘晴、秀水110等优质水稻品种,2003年本市覆盖率达到90%以上,基本实现了稻米优质化目标。在上海郊区化肥、农药减量使用三年计划的实施中,陆峥嵘提出了化学农药、化肥减量使用替代技术,经过组织实施,化肥农药减幅10—15%的目标任务也已顺利完成。

为了能更大程度上了解试验情况,掌握第一手资料,盛夏酷暑,陆峥嵘同志裤脚一卷,在烈日暴晒的田地里一蹲就是几小时,为完成一个试验的调查,他甚至可以一天连赶几个区县,到田头了解水稻长势。寒暑易往,尽管作物换了一茬又一茬,他却依旧奔波在田地里,一星期他有半周时间就这样在田地里忙碌着。在项目实施过程中,他和课题组其他人员一道,通过组织开展实验研究,对大量的数据整理分析,转变了传统的栽培技术思路,大力推广了"降苗调肥控水"等一系列关键性技术,引导上海郊区稻麦生产由数量型栽培向质量型栽培转变,取得了显著的经济效益和社会效益。

在成绩面前,陆峥嵘这样想:"潜心于自己的专业研究,对于个人是奋斗,对于社会是贡献,一个人只有不断进取,勇于创新,才能在当今竞争社会中找到自我,发展社会。"也许是一种职业精神的驱动,陆峥嵘对自己的事业追求是一如既往的。他积极提升科技创新能力,推动了上海市郊水稻栽培理论与技术新发展。

从基层农田走向农业大道
——兢兢业业克己自律

熟悉陆峥嵘的人经常戏说,农田才是他真正的家。出生青浦的他从小在田间玩耍中长大,对养育他成长的土地以及世代在这片土地上辛勤耕作的农民有着无可替代的深情,头顶上海市郊知名的水稻专家荣誉,对陆峥嵘来说就意味着承担更多的责任。这些话,他从不放在嘴上,只是牢牢地记在心里,时时地用行动诠释着一个农民的儿子、一位杰出的水稻栽培专家该担负的责任与使命,也为自己的生命谱写着一段又一段的华彩乐章。

为了让市郊更多的科技人员提高粮食作物栽培的技术水平和能力,他经常组织县乡农技人员进行技术培训,为农业生产第一线培养、输送技术全面、水平层次更高的科技人员。近两年,他先后组织举办一定规模的技术培训班20多次,培训市、县、重点乡(镇)科技人员2 000余人次。他的这种毫无保留地奉献自己的知识和技术的举动,对上海市郊种植业栽培水平的提高起到了积极的推动作用。他在自己的入党志愿书中写到:"一个人只有为同时代人们的完美,为他们的幸福而工作,才能使自己也达到完美。"

敬业负责是对陆峥嵘工作态度的最好注解。在平常的工作中他从不计较个人得失,加班加点对他来说更是家常便饭。为了课题和生产工

作的全面完成,他甚至三次推迟婚期。特别值得一提的是在2005年稻飞虱大面积暴发的"虫口夺粮"和抗击"麦莎"、"卡努"袭击战役中,他白天奔田头查虫情,夜里研制防治技术方案,调配防治药剂,因连日加班加点发起了高烧,嗓子嘶哑,但他仍然坚守在岗位上。经过近一个月的连续作战,保证了上海市20亿斤粮食没有减量,"虫口夺粮"战役取得了胜利,然而陆峥嵘同志本来消瘦身体显得更单薄了。十几年来,他一直忙忙碌碌,很多节假日都放弃了,但他从来没有抱怨过。他在管理粮油科业务工作时,面对涉及面广、工作量大、人手少境况。作为一名年轻科长,他虚心向老辈们请教,踏踏实实工作,带动科室全体成员努力完成各项工作任务。他所在的科室曾连续连年被单位评为文明科室,他本人也多次被评为先进工作者。由于他在工作中的突出贡献和对粮食生产的独特见解,先后被聘为中国南方耕作学会理事、市作物学会青年工作委员会主任、原市农林局拔尖人才、市水稻专家组组长、市作物学会秘书长、市农艺标准化委员会秘书长。

而这些在陆峥嵘看来都抵消不了自己对家庭、对妻子的深深愧疚,但如果一切可以重来,陆峥嵘说他自己依然会坚定地选择今天所走的路,自古忠孝不两全,能为更多的人做一点力所能及的事本身就是对身后始终默默支持自己的家人最好的回报。

是的,在重大农业技术开发推广应用工作中,他积极深入基层,勇于实践,起到了积极的组织带头和技术领头羊作用。

是的,在他的事业中,正体现了一位农民儿子朴实无华,奉献智慧,崇尚科学,献身农业的高尚风格。

陆峥嵘用自己的行动在上海市郊农技推广战线上树立起一个优秀的楷模。他在带动推广农业新品种、新技术、新模式,加快农业科技创新,促进上海农技推广事业的新发展,为上海市郊农业增效,农民增收工作中作出了重要贡献。

不懈的追求,总有美好的回报。在推进农业现代化建设的征程中,陆峥嵘正用自己的实际行动实践着自己科技兴农带头人的诺言,在最基层的稻田里担当着"新农村"建设排头兵重任。

工程技术类

　　徐　鉴　教授,1961 年 12 月生。1994 年毕业于天津大学一般力学专业,获工学博士学位。国家杰出青年基金获得者、现任同济大学特聘教授、航空航天与力学学院副院长。兼任农工民主党上海市委科学工作委员会副主任、任国家自然科学基金委员会数理学部第 13 届评审会评审专家、《Theoretical and Applied Mechanics Letters》副主编,教育部高等学校力学教学指导委员会委员。

　　从事非线性动力学、神经网络的时滞效应、流体-固体耦合系统动力学及其控制等研究。承担过多项国家自然科学基金、"九五"重大研究项目和"九五"攀登计划等10 多个重大项目。发表论文 120 多篇,被引用 170 余次。

人生格言

为师者,须学富五车、教正精遇.
学不担仇、教不鄙愚、不假正讹。

徐鉴

执著坚守,探索创新

○记同济大学航空航天学院徐鉴教授

　　由于坚实的基础和优异的考试成绩,徐鉴于 1991 年 9 月被天津大学力学系破格录取为博士研究生,师从我国著名非线性振动专家陈予恕院士。在校期间,徐鉴优异的学习成绩和科学研究成果使得他获得天津高等学校理工科优秀学生特等奖,并于 1994 年 9 月顺利完成天津大学力学系一般力学的博士学位。自 1994 开始,徐鉴分别在北京航空航天大学力学博士后流动站和华中理工大学力学博士后流动站从事博士后研究工作。在从事博士后研究工作期间,徐鉴敏锐地观察到在动力学控制系统中,不但存在着大量的控制信号的延迟,而且这样的延迟会诱发控制品质的下降。从此,徐鉴开始了对时滞系统非线性动力学的研究工作,当时,国内力学界开展这一问题的学者寥寥无几。1998 年加盟同济大学后,徐鉴在坚持科学研究的同时,还坚持面向本科生的一线教学。多年的实践逐步形成了坚持科学研究、治学严谨、立足讲台、对待学生始终保持"爱心、关心和耐心"、重视对青年学者的培养等特点。

坚持科学研究,勇于开拓创新

　　与用映射和微分方程所描述的动力系统相比,时滞动力系统的运动不仅依赖于当前的系统状态,而且与过去一段时间的系统状态有关;决定系统行为的初始状态不再是系统在零时刻的状态,而是零时刻之前时滞区间上的系统位移。对于时滞动力系统,即使是最简单的情形,其动力学也可能非常复杂。鉴于对时滞动力系统研究上的困

难,工程界通常忽略短时滞的影响。例如,在研究人体姿态控制时,通常不考虑反馈环节的时滞。对于某些动力系统,即使时滞仅占系统第一阶固有振动周期的万分之一,也会导致复杂的动力学行为,忽略时滞的分析和设计会导致错误结论。因此,安全可靠的系统分析和设计必须考虑时滞对系统动力学及控制效果的影响。另一方面,时滞动力系统表现出比无时滞系统更为复杂的动力学行为,这可以为构造新的控制策略提供途径。要开展时滞对系统动力学的影响的研究,首要的问题就是采用什么样的定性和定量的方法。以往的方法计算是相当烦琐的,特别是计算高余维的中心流形几乎不可操作。徐鉴及其合作者构造了一种所谓的摄动-增量方法(PIS),该方法的特点是将求时滞微分方程的周期解转化为求一个积分方程,而且有明确的迭代程序,可以用符号代数软件进行计算,同时可以克服初值不容易选取的缺陷,这在应用解析方法得到时滞系统的周期解方面有重要的基础性科学意义。在研究中,徐鉴还发现时滞量可以作为"控制开关",使复杂运动变成简单的运动;同时也可以导致系统出现复杂运动。例如时滞量可以使原有单极限环系统出现多级 Hopf 分岔,也可以导致概周期吸引子以及共存的吸引子相遇而导致混沌运动、可以导致一个单自由度极限环自治系统多种形式的内共振。这些成果被国内外许多学者引用并给出了许多正面的评价。例如,阿根廷的学者 Moiola 教授在论文中称徐鉴教授提出的方法是"在精确寻找倍周期分岔已经不需要在 Hopf 分岔邻域中进行";德国工业大学的 Scholl 教授和英国拉夫堡大学 Janson 教授评价徐鉴教授工作时写道:"时滞反馈不仅可以使原来不稳定的周期轨道,而且通过时滞和增益的适当选择可以抑制系统振动",并且将徐鉴教授的结论作为参考来比较他们的研究结果。

由于徐鉴出色的科研成果,2006 年度成为"国家杰出青年科学基金"获得者,2008 年获得上海市优秀学科带头人计划资助和上海市领军人才称号,并成为同济大学特聘教授。

立足教学一线,关心爱护学生

徐鉴长期坚持工作在教学第一线,即使在他担任学院领导工作以来,也仍然没有脱离教学工作。他始终认为作为一名教师,无论在什么条件下，教学工作都是第一职责。对待教学始终坚持"每课必备、每课必新"的原则。作为一名教授，虽然对教学内容已经非常熟悉，但他从不满足，而是多方搜集资料，认真备课，做到精心准备、合理安排、深入浅出、治学严谨、师生互动、讲练结合、侧重能力、注重实效，力争使每一节课都有一些新鲜的思想和内容，使学生有新的收获。徐鉴有着自己鲜明的教学理念，那就是"爱心、关心和耐心"。对聪明勤奋的学生，超前培养；对勤奋但不聪明的学生，启发培养；对聪明但不勤奋的学生，督促培养；对既不聪明也不勤奋的学生，耐心培养。他的这些工作原则和工作态度得到了学生的肯定，在每次的评教活动中，徐鉴同志都能获得高分。徐鉴承担的两门本科生的课程全部被评为国家精品课程。

在学生培养方面，他也取得了一些突出的成绩。近三年，作为本科生高年级的导师，带领工程力学专业多名学生成功申请到"同济大学创新实践训练计划"项目、上海市和国家大学生创新性实验计划项目的资助（SITP），从事"新的摩擦驱动系统仿真"、"基于内部质量系统的水上驱动器设计与制作"和"输液管道非线性振动实验研究"的研究工作，其中完成的项目获得"同济大学大学生创新时间训练计划一等奖和十佳项目"。指导的本科生毕业论文，全部获得优秀的成绩。一名博士生的毕业论文已经获得 2008 年度同济大学优秀博士毕业论文。

勤力团队建设，奉献人才培养

相对于其他学科，徐鉴所在的学科相对年轻，团队协作是近代科学研究的"催化剂"，因此，团队建设尤为重要。徐鉴认为团队建设成败的关键在于能否树立起优良的团队精神。他认为优良的团队精神应该是大局意识、协作精神和服务精神的集中体现。而团队精神的基础就是尊重个人的兴趣和成就，其核心是协同合作，最高境界是全体成员的向心力、凝聚力，反映的是个体利益和整体利益的统一，并进而保证组织的高效率运转。作为科研和教学团队负责人，徐鉴同志坚持提倡挥洒个性、表现特长保证了成员共同完成任务目标。几年来，无论有多忙，徐鉴坚持组织每周一次的讨论班，从最初的几人，发展到现在的二十多人。在他的指导和老一辈学者的帮助下，团队中的青年教

师都有了明确的研究方向,并且全部申请到了国家和省部级的科研项目,有的青年教师还获得了全国青年教师力学课程讲课比赛特等奖以及其他各种奖项。指导毕业的博士研究生全部获得了国家自然科学青年基金项目的资助。

蒋昌俊 1962 年 5 月生,中共党员,1995 年中国科学院博士生毕业,1997 年中国科学院博士后出站。现任同济大学副校长,计算机软件学科教授,博士生导师,中科院计算所客座教授。曾获教育部"高校青年教师奖"、"优秀骨干教师",上海市"优秀教育工作者"和"优秀共产党员"等称号。

长期从事并发系统理论和并行处理技术研究,承担的国家及地方重大重点科技项目 30 余项,申请发明专利 30 余项,在《中国科学》等国内外重要学术刊物上发表论文 160 余篇,SCI 和 EI 收录 100 次,引用 500 余次,出版学术专著 4 部。曾获国际奖 1 项,国家及省部教学或科技奖 10 项,其中:国家级教学成果二等奖 1 项,国家技术发明奖二等奖 1 项,上海市教学成果一等奖、上海市技术发明一等奖和教育部科技进步一等奖各 1 项。

人生格言

求爱、求业、求新
蒋昌俊

厚积薄发,争创一流

○记同济大学蒋昌俊教授

追踪前沿：不断推出
高水平的学术成果

认识蒋昌俊教授的人都知道,他是一个思想活跃,善于追踪国际科技前沿,勇于创新的人。

20世纪80年代初,在中国科学院攻读博士学位和博士后研究期间,他深入钻研、潜心研究,在其博士学位论文中首次从可计算性角度,较系统地建立了并发PN机模型及其动态行为理论,得到同行专家的高度关注,也因此成为全国首届"优秀博士学位论文"获得者;继而还在代数算法领域,首次提出一个运算次数恰是$O(n^2)$的矩阵乘法算法,解决了国际算法界30多年来的一个悬而未决问题,受到国内外学术界的重视。

20世纪90年代末,当国际计算机领域提出网格计算概念时,他就以科学家敏锐的眼光,及时把握这一学术趋势,发挥自己在并发理论与技术方面的优势,开展了"交通信息服务网格"系统研究。得到了上海市、科技部和国家发改委等部门的支持。经与国内外高校、科研院所的合作,所研究的阶段性成果,在国际GCC和上海工博会上得到广泛地认可。经上海和北京的示范应用,取得了明显的经济和社会效益,2009也因此年获得教育部科技进步一等奖。

除了开展交通网格技术的应用研究,他与他的团队还从网格计算的基础开展理论和核心技术的研究,研究开发的"网格资源管理与优化的虚拟超市技术及其应用"项目,就是高性能计算与互联网技术结合的产物。该项目借鉴现代商业超市的采购与配送、货架优化、导购、购物、结算等管理机制和运营模式，创造性地提出了一整套符合网格特征的资源组织与优化管理的虚拟超市模型、机理及其核心技术。他在理论上形成的虚拟超市模型和算法，被中国计算学会收为"学会成立40年来最具代表性的研究成果"。开发的资源组织与管理平台在上海交通信息服务网格系统中进行应用示范运行，取得了良好的效果。研究成果得到国际网格权威组织 ISGTW 的报道，该研究获得 2009 年上海发明一等奖，2010 年国家技术发明二等奖(已发布)。

由于他在并发理论和并行处理方面的出色工作，得到了各级部门的重视和支持。先后承担国家杰出青年科学基金、国家自然科学基金(重点、重大计划)、国家 973、国家 863、国家重点科技攻关、国防科技创新基金，以及上海市重大重点等科技项目 30 余项，申请发明专利 30 余项，在中国科学、IEEE 会刊等国内外重要学术刊物上发表论文 160 余篇，被 SCI 和 EI 收录 100 次，引用 500 余次，出版学术专著 4 部，充分显示了他的创造潜能和学术实力。

追赶一流：逐次构筑
高层次的学科平台

由于种种原因，同济大学原来的计算机学科，在校内乃至上海高校中一直处于较弱的地位，在全国更是默默无名。1999 年，他作为计算机学科带头人被引进同济大学后，就把提升学科地位作为自己的追求。第二年起，他就与同事一起，开始了构建高水平学科平台的征程。先后从 2001 年成功申请"计算机应用技术"二级学科博士点起，2003 年取得"计算机软件与理论"二级学科博士点，再到 2005 年取得"计算机科学与技术"一级学科博士点，实现了被业内称之为学科发展的"三级跳"，使同济大学的计算机博士点从无到有、从有到全。继而又在 2007 年建立了"计算机科学与技术"博士后科研流动站，其发展速度之快在国内实属少见。终于使同济大学计算机学科由弱转强，在上海市也挤进了"三甲"，在全国计算机界也逐渐声名鹊起。

与此同时，他还整合校内资源，联合国内、外科研机构，打造具有先进水平的实验平台。分别与微软亚洲研究院、中科院等单位合作，先后

建立了同济大学微软技术俱乐部、微软—同济大学 Windows 移动及嵌入式中心、国家高性能计算机工程技术中心同济分中心、国家 Linux 软件技术推广中心与人才培养基地、教育部嵌入式系统与服务计算重点实验室、国家计算机与信息技术教学实验示范中心等平台,为培养人才提供了高层次实验环境。

对学生的培养,他同样也倾注了大量心血。他组织全系骨干教师,系统梳理了教学大纲,创造性地提出了本、硕、博层层递进,有机结合,三位一体的课程体系;构建了本科生教育的"三层知识平台"(基础知识平台、专业知识平台、领域知识平台)和"三层实验平台"(基础实验平台、专业实验平台、领域实践环境),使该系计算机本科教育水平得到了极大地提升。其中"计算机科学与技术"专业,还入选教育部的特色专业建设点,并进入了工程教育专业认证(试点)单位。他与教学团队总结凝练出的"计算机学科'一体两翼'的创新人才培养模式",还获得了国家级教学成果二等奖。

追寻人才:精心打造
高质量的人才队伍

蒋昌俊教授深知,人才始终是科研创新的中坚,学科腾飞的翅膀,事业发展的根基,因而始终把人才队伍的培养和聚集,放在事业的首位予以关注。

早在十年前担任系主任期间,他就以一个领军人物的眼光,上任之初在草拟学科发展规划时,就提出大力引进高层次人才,打造高质量人才队伍;积极调整生员结构,"压缩本科生规模、扩大研究生教育"的构想,形成了人才培养的雏形。

培养高素质的人才,他首先从本单位培养做起。他在培养博士研究生过程中,不仅在学术上严格要求,还在非智力因素上以自己的模范行为影响学生。他身兼行政领导,从不为个人牟取私利,不为家人(爱人系本单位教师)开启方便;他项目经费多,从没为私利花过一分钱,而在添置科研设备上却舍得"一掷千金";他单位工作忙,家里的困难从没给单位开过一次口,而是让妻子一个人默默承担;他兼职较多,从没有影响行政工作和对研究生的指导,节假日几乎都是与科研团队和研究生一起度过。十年来，他培养了 32 名硕士，21 名博士，毕业后个个都有建树，其中有的已在业界内崭露头角。比如博士生杜晓丽，在校期间因学识优秀而获得微软公司授予的"微软学者"称号，走上工作岗位后直至现在担任无锡市信息化和无线电管理局制造业发展处处长，其聪明才智得到了充分地发挥；再如博士研究生丁志军，其博士论文获得了上海市优秀博士论文提名奖，开创了上海计算机博士生获奖的先例。毕业留校后，已成为蒋昌俊科研团队的骨干力量，2010 年，丁志军又入选全国优秀博士论文提名奖和教育部"新世纪优秀人才支持计划"名单。

因仰慕他的学术水平和品行，不少教师都迫切要求加入他的团队。比如现在团队中的陈闳中、曾国荪、闫春钢、丁志军、方钰等中青年教师，就是这样加盟他的麾下与他一起共创辉煌的。该团队组建以来，由于不断产出骄人的科研成果，他们的"嵌入式服务计算"团队也于 2007 年度入选教育部创新团队发展计划，而获得 2010 年国家技术发明二等奖的成果，就出自他们的团队。

随着他在国内外计算机界名声的鹊起，加上他利用各种机会天南海北地奔走与邀请，各路优秀人才也纷至沓来。近年来，由他从国内引进的 10 名教授，都已成为系里教学科研第一线的骨干；来自美国、英国、加拿大、澳大利亚、日本、新加坡等国的人才，有的成为 973 首席科学家，有的成为国家千人计划入选者，有的被聘为同济大学的讲座教授或特聘教授；最近，他又从中科院整体引进了一个学术团队，为同济大学计算机学科增添了蓄势待发的能量，插上了再次腾飞的翅膀。

机会与成功总是青睐不知疲倦和永不满足的人。目前，蒋昌俊教授正在谋划新一轮的学科发展蓝图和学术创新规划，相信在不远的将来，他会为我们带来新的惊喜！

    林嘉平　教授,1964 年 11 月生。1993 年 6 月获得华东化工学院博士学位。现任华东理工大学研究生院常务副院长,上海市先进聚合物材料重点实验室主任。国家自然科学基金杰出青年基金获得者,新世纪国家级百千万人才,教育部新世纪优秀人才。

    长期从事高分子液晶、高分子自组装和聚肽生物材料等方面的研究,近年来,承担了国家自然科学基金、国防科工委重大项目、863 计划、上海市科技攻关和国际合作等 20 多个项目,发表 SCI 收录论文 78 篇,影响因子大于 3.0 的有 42 篇。

    近年来获奖情况:2004 年教育部新世纪优秀人才支持计划,2005 年获得国务院特殊津贴,2008 年入选上海市领军人才,2009 年上海市优秀学科带头人,2009 年入选国家级百千万人才工程,2009 年国家杰出青年基金获得者。

人生格言

一份耕耘,一份收获

林嘉平

孜孜不倦,投身科研

○记华东理工大学林嘉平教授

潜心科研,硕果累累

作为一名科研工作者,林嘉平教授坚信科研探索无止境,有探索就有发现,有发现就有收获。林嘉平教授是高分子材料专家,主要从事液晶高分子、高分子自组装和生物聚肽等方面的研究。在科研方向选择上,林嘉平教授具有开阔的视野和敏锐的洞察力,一直都瞄准世界科研最前沿。从早年的高分子液晶聚合物,到近期的共聚物自组装以及目前正在开展的生物医用材料研究,无一不是世界科学研究的重点和热点领域。在科研工作开展上,林嘉平教授孜孜不倦,潜心钻研。他放弃节假日,常年累月奋战在实验室,思索科研问题和指导研究生开展科研工作。林嘉平教授及其科研团队刻苦钻研,积极进取,在科研上不断取得进展和突破。十多年来,从基础的聚肽高分子合成开始,全面、系统地研究了聚肽的液晶性能,聚肽共聚物的自组装行为,并将其应用到药物载体和生物工程支架材料。目前,在有关聚肽的研究上,林嘉平教授科研团队形成了完整的体系,在国内外具有明显的特色和优势。

林嘉平教授是国家杰出青年基金获得者,是获得国务院特殊津贴的优秀中青年专家。近年来,他主持了国家自然科学基金、国防科工委重大项目、国家"863"计划项目等 20 余项科研项目。在 ACS Nano、Macromolecules、Biomaterials、Chem. Commun. 以及高分子学报等国内外重要刊物上发表 SCI 收录论文近百篇,其中半数发表在影响因子大于 3 的高水平学术刊物上。他多次应邀在国内外重要学术会议上,以及美国田纳西大学、橡树岭国家实验室、日本大阪大学、东京工业大学等国外大

学和研究机构,作相关研究的学术演讲,获得了国内外同行们的好评。林嘉平教授有关聚肽的研究多次获得上海市科技进步奖和上海市自然科学奖。此外,林嘉平教授还先后入选上海市曙光学者、教育部新世纪优秀人才、上海市领军人才、上海市优秀学科带头人和国家级百千万人才工程。

精心育人,因材施教

随着社会的进步与发展,对人才,尤其是高层次科研人才的需求与日俱增,研究生培养工作是造就高层次人才的重要途径。林嘉平教授每年都招收博士和硕士研究生,目前课题组内有十余位在读研究生。林嘉平教授特别注重营造良好的学术氛围,一直坚信"只有良好的学术氛围,才能更好地开展学术研究"的信条。林嘉平教授善于调动研究生的主观能动性,经常从思想上给学生灌输科学研究的重要性,引导学生进行创造性的研究工作。总体来说,对于学生的培养,课题组形成了以下几点行之有效的经验方法。首先,自由发展。给予学生一个宽松的学习、工作环境,让学生在给定的研究方向和研究内容上尽可能地自由发展,培养学生的主观能动性。其次,勤于管理。自由发展不等于任意发展,经常找学生讨论,及时了解学生的课题进展情况。对于取得进展的学生,加以鼓励,并讨论后续研究打算;对于课题进展较慢的学生,认真听取他的想法,提出自己的见解,帮助解决困难;对于走"歪路"的学生,及时与他交流,帮助树立正确的科研态度,引导学生步入"正途"。再者,注重学术交流。经常开展组内汇报,对于学生的疑问大家集体讨论,各抒己见,及时解决课题遇到的问题和困难。一则很好地锻炼了学生的口头表达能力,二则培养了学生的团结协作精神。同时,加强英文训练,要求学生用英语做工作汇报,撰写英文文章,全面加强学生英语听、说、读、写的综合能力,使学生更好地掌握科技外语。此外,还努力为学生创造更多的学习交流条件,积极组织学生参加国内、国际会议以及各类学术报告,让学生及时了解到本领域的学术前沿,拓展知识面。

林嘉平教授在学生的培养中还注重因材施教。招收研究生时,做到及时了解学生的情况,并能根据学生的实际情况分配课题,更好地发挥学生的特长,比如让计算机好的同学从事分子理论及模拟的工作;对于博士生则尽量安排与硕士期间所从事的相关课题。林嘉平教授还努力为学生创造更好的科研条件，针对研究课题提供必需的实验仪器和设施；对于本校不具备的实验仪器主动联系其他高校或研究所，绝不因为科研条件的问题而拖学生课题的后腿。

注重团队，强化协作

林嘉平教授十分注重科研团队的建设，努力构建一支有科研理想并孜孜不倦追求科学真理的团队。1997 年回国后，开始组建材料物理课题组。通过实施国家项目和企事业的合作开发等课题，不断充实和壮大科研团队，完善实验设备和条件，搭建良好的科研平台；培养和组建了一支多学科交叉、精干、年轻有为的研究队伍；并营建民主科学氛围，规范运行机制。林嘉平教授注重培养青年教师，鼓励并推荐优秀青年教师到国外大学进一步深造。目前，团队拥有杰青 1 名，教育部新世纪人才 2 名，上海市曙光学者 2 名，上海市晨光学者 1 名。以他为核心的团队作为主要组成部分入选 2008 年教育部长江学者创新团队。

林嘉平教授还广泛地开展国内外合作与交流，不断促进研究工作，有力提升学术影响力。比如，在国家自然科学基金会与日本学术振兴会联合资助国际合作项目的支持下，同日本东京工艺大学和东京工业大学开展了有关生物大分子和超分子结构物质的合作研究，建立了长期合作联系；同复旦大学附属中山医院和上海交通大学医学院附属瑞金医院合作开展了有关聚肽在生物医用材料领域的应用基础研究。

因为对科学事业的热爱而执著，凭着锐意进取、孜孜以求的精神，林嘉平教授一直潜心科学研究，带领科研团队努力攻坚，不断取得进步，默默地为高分子科学事业的发展做出自己的贡献。

王华平　1965 年 7 月出生,博士。现任东华大学材料科学与工程学院教师,博士生导师;中国高新技术纤维专业委员会副主任;中国纺织工程学会化纤专业委员会副主任;上海市纺织工程学会化纤专业委员会副主任;上海市科学技术委员会基础咨询专家委员会委员,国家奖励、863、自然科学基金等评审专家;纺织装备教育部工程中心技术委员会委员等职。

1986 年本科毕业于成都科技大学高分子材料系,1989 年于中国纺织大学化纤系获得硕士学位,后在东华大学化纤工程中心任主任和助理研究员,2001 年获得东华大学材料科学与工程学院博士学位。

人生格言

教书育人
　　学生成才为本
科学创新
　　社会发展为重
　　　　　　王华平

行业的领头先锋，
学生的良师益友

○记东华大学材料科学与工程学院
王华平教授

务实求新，硕果累累

作为纤维材料改性国家重点实验室及国家重点学科——材料学科的带头人之一，上海市优秀学科带头人，王华平带领团队，准确把握纤维材料学科与行业的发展趋势，多年来一直从事化学纤维成形理论和工程技术研究，工作在教学科研的第一线，活跃在学科与行业的前沿，在新型纺丝成形理论及其加工技术、纳米复合纤维材料及能源材料、纤维的清洁化制备等方面进行创新性研究，近五年完成科研项目30余项，取得了显著成果，与国家知名化纤企业建立科研合作与创新平台，10项获国家火炬计划和国家重点新产品计划；发表论文80余篇，授权发明专利24项；先后获得2006年、2007年国家科技进步奖二等奖等奖励，形成了一支集基础研究、技术和工程开发为一体的高水平研究队伍，成为学校与行业最活跃的研究基地之一。

2005年，针对国内聚酯产能高速扩张，产品结构趋同，低水平竞争加剧等问题，王华平倡导大容量聚酯差别化高品质化的新概念。在材料物性参数缺乏的情况下，结合成纤高聚物在快速形变过程中的流动特征及取向、结晶机理，创新性地建立了广义熔融纺丝唯象模型与三维纺丝动力学模型，并成功应用于改性聚酯、PTT、功能、复合等新纤维加工体系；不对称冷却、热管纺丝、热辊纺丝等新工艺；异型、细旦、中空、复合等新产品的开发与研究。首次建立了风温、风速三维分布模型，最终形成

工程模型,获得了纺丝工艺与纤维性能的权重关系式,率先建立与开发了纤维加工唯象工程模型与数字化仿真技术。这些已成功应用于仪征化纤、江苏恒力实际化纤装置的仿真模拟,重点解决了大容量聚酯工艺优化、品质提升、产能增容、产品开发等难题,实现了生产规模化低成本与产品高品质高附加值的统一,技术与产品达到国际先进水平,年创汇超亿美元,年增利2亿元,获2008年中国纺织工业协会科技一等奖。

另外,结合上海航天研究院电源所需求,开始编织型空间大功率镍氢电池用氧化锆隔膜研究,承担国防十五项目。解决了氧化锆隔膜厚度不匀、强度低、电学性能波动大等的问题;目前研制氧化锆隔膜的各项性能指标已经达到或超过国际先进水平。申请了国防发明专利,项目的成功研制打破了西方国家对我国的技术封锁。

系统剖析了织物导湿原理,明确提出润湿—芯吸—导湿新机理,纠正了吸湿排汗的错误观念;率先指出织物的吸湿导湿效果取决于有效毛细效应,并用 Monte Carlo 模拟仿真方法首次建立了面料导湿性能与纤维的孔型、异形度、纤度及表面张力的定量关系。首次提出流场因子理论设计异形喷丝板的新方法,开发了高精度异形喷丝孔专有加工技术。开发了高压纺丝、缓冷与强冷相结合的高导湿纤维成形专用工艺,实现了高异形度与可纺性的统一。纤维制备整体技术及面料的总体技术指标均达到国际先进水平,年创汇超亿元,年增利五千万元,获2007年国家科技进步二等奖。

针对纳米功能粒子在复合功能材料体系中的均匀分散、保持其纳米尺度的瓶颈问题。率先发明原位修饰合成等新方法,成功解决了纳米功能粉体在与热塑性高聚物基体(PA、PP 和 PET)熔融共混、成纤加工过程中的二次团聚问题,实现功能纳米粉体在基体中的纳米尺度均匀分散;建立了纳米复合材料纺丝动力学模型与成形理论体系,并开发了高温高压高剪切的无机纳米颗粒高分散的纳米复合纤维纺丝新工艺。热塑性高聚物基纳米复合功能材料成纤技术及制品开发,总体技术达到国际先进水平,年增产值2亿元,年增利5千万。

2004年,开始生物法制备纳米纤维素纤维的研究,承担教育部新世纪人才项目。首次通过原位合成、模板复合、表面氨基化等新方法,开发了 BC/MWCNT、BC/HPC、专用医用敷料、重金属吸附材料、膜分离材料等一系列高性能绿色环保纳米纤维产品,形成了自主知识产权(已授权发明专利 4 项），并初步完成产业化，得到国际认可。经教育部鉴定，成果处于国际先进水平。

针对纤维素等天然可再生纤维和聚丙烯腈、聚芳砜等高性能纤维加工过程中使用大量有机溶剂而造成的环境污染问题，充分利用离子液体不易挥发、结构可以设计、物化性能易于调控、溶解能力强的特点，系统研究了以离子液体为溶剂的纤维素、聚丙烯腈、芳香族聚酰胺等高性能纤维材料成形过程中的关键科学与技术问题。并建立了高效的离子液体合成、膜分离、萃取、蒸馏相结合的回收和干喷湿纺纺丝等试验平台，为进一步开发纤维材料清洁化加工的新技术及工程设计奠定了基础；形成了自主知识产权（申请专利 18 项，授权专利 8 项）；在 Chemistry — A European Journal, Journal of physical chemistry B 等发表论文近 20 篇。经教育部与中国纺织工业协会鉴定，研究成果处于国际领先水平。

谦和君子，儒雅师长

王华平教授认为，在高校形成以科研教学并重、结构相对合理、稳定的创新团队，需要团队负责人无论是学术水平还是人品都要得到大家的信服。以身作则的同时又随时帮助团队成员考虑每个人的发展，充分发挥每个人的专业特长，项目负责、论文署名等方面多为年轻人考虑。必须旗帜鲜明地反对急功近利，更不容许学术不端苗头的存在。

王华平教授为人谦逊和蔼，在生活中，是学生的慈父、严师、益友，在学术上，治学严谨，兢兢业业，具有极强的凝聚力和感召力。作为一名学者，他有着开放创新的思维方式，敏锐的学术触觉以及知识产业化意识。在日益喧嚣繁杂的国际国内学术潮流中，王教授总能先于别人把握隐藏在市场下面的科学导向，除了一些学术课题外，他勤于实践，把学术与实践相结合，获得了多项专利，为许多企业创造了巨大的经济效益，也为许多企业指明了发展方向。王教授经常亲自带着学生到企业实习，连续几年，王教授带的实践团队都获得了优秀团队的称号。王教授经常告诉我们，企业有企业的优势——劳动力、原材料、大规模加工设备，而学校也有学校自己的优势——信息，所以我们进入企业，一定要把信息最大化利用，让企业获得行业的最新研究进展。在我们帮助企业解决难题的同时，不仅把信息传递给了企业，而且体现了自身的价值。日常生活中，他

经常教导团队成员要开放视野,勤于思考,要善于发现问题,解决问题。

　　作为一名学者,他还有着严谨踏实的治学态度和为人师表的学术操守,尽管身兼数职,事务繁忙,王教授还是把大部分时间都放在课题的规划和实践上。另外他也尽可能多地抽出时间和我们交流,他非常注重团队成员的工作和生活状态,经常像朋友一样的聊天,在轻松的谈话中,他教会一些生活、做人、做学问的道理,他经常教导做学问要宏观把握,细处着手,一分耕耘,一分收获,在和他谈话的过程中令人受益匪浅,同时也和队员老师之间加深了感情,工作的目标也更加明确。正是因为这样,整个团队非常有凝聚力,团队成员都为身在这样一个优秀的团队感到骄傲,大家工作热情饱满,科研水平不断提高,成果不断涌现。

李和兴 教授,1963 年 7 月 10 日出生,1997 年毕业于复旦大学获博士学位。现任上海师范大学副校长、资源化学省部共建教育部重点实验室主任,兼任上海市稀土学会理事长、上海市环境学会副理事长、全国光催化专业委员副主任等,同时担任 Catal. Commun. 和 Open Catal. J. 等刊物编委。2008 年获得国家杰出青年基金。

从事环境催化研究,承担国家自然科学基金、863 计划、973 预研和上海市基础研究重大项目等,在 J. Am. Chem. Soc. 等影响因子大于 3 的 SCI 刊物发表论文 50 余篇,申请专利 31 件,实现转让 7 件,论文被他引 1 800 多次,获 2006 年教育部自然科学一等奖,2009 年中国国际工业博览会高校展区优秀展品奖二等奖等。先后承办全国光催化学术会议等,多次在国际和全国学术会议上作邀请报告。

人生格言

踏实做事 低调做人.

李和兴

心系科研强校,情牵教书育人

○记上海师范大学李和兴教授

争创学科品牌

1998 年初,在复旦大学获博士学位后,李和兴同志回到上海师范大学,根据学校发展的总体布局,着力打造化学学科品牌。首先,资源(特别是稀土资源)的高效开发和利用,筹建科研平台,先后申报成功上海市经委稀土办重点实验室、稀土功能材料上海市重点实验室以及资源化学省部共建教育部重点实验室。目前已经拥有价值 8 000 多万的仪器设备,硬件设施达到了国内外先进水平。其次,先后从国内外引进了一批高水平人才,并通过博士沙龙、学术论坛以及青年教师创新团队,着力构筑人才高地。在此基础上,开展学科建设讨论,精心设计学科建设规划,明确评价指标体系,营造浓厚的学术氛围。同时,积极开展国内外学术交流,一方面聘请国内外资深专家担任特聘教授、讲座教授和兼职教授,开展联合科研攻关和研究生指导;另一方面鼓励本单位青年教师到国内外知名高校进修、攻读博士学位或从事博士后工作,考虑到本校尚无博士点,他鼓励教授们到其他高校或科研院所担任兼职博士生导师,并积极承办全国或国际学术会议,先后承办了全国光催化学术会议、全国环境化学学术会议、海峡两岸环境科学研讨会等,另外,加强学科点建设,领衔申报成功"应用化学"、"工业催化"和"化学"一级学科硕士点,同时协助申请成功环境科学博士点。在他带领下,上海师范大学的化学学科逐渐发展壮大,表现在申报国家级科研项目、发表高水平 SCI 论文、科研成果的转化以及争取省部级以上科技成果奖等方面逐年提升,目前拥有稀土功能材料和环境科学 2 个上海市重点学科,物理化学上海市教委重点学科,应用化学上海市本科教育高地,在稀土功能材料、清洁有机合成、有毒难降解有机污染物治理、污染物资源化、蓄光和光转换材料以及纳米生物检测等方面形成了显著的特色。

情系教书育人

李和兴教授热爱教学岗位,对学生充满深厚的感情。除每年承担本科生的教学任务,还指导硕士生和博士生以及本科生的毕业论文,并担任低年级本科生的导师。一方面,积极参加课程改革和建设,承担了上海市物理化学课程建设项目,先后参与出版了面向 21 世纪《物理化学》教材以及《纳米科技基础》和《绿色石化技术的科学与工程基础》等专著,并在上海师范大学建立了上海市纳米科普基地,承担上海市紧缺人才培训计划。另一方面,加强研究生教育,以自己丰富的人生阅历引导学生,以自己的勤奋刻苦的精神激励学生,努力提高研究生的学术水平、综合素质以及社会竞争力。他提倡身体好、工作好、心态好,在愉快的心情下拼命工作,形成了平时周六不休息,寒暑假坚持工作的习惯。在学术研究方面,既强调创新,又加强学术道德诚信教育,提出"大胆设计、小心求证"的科研理念。其次,要求学生独立设计研究方案,敢于和导师进行学术辩论;指导学生自己组装实验装置,大胆操作大型精密仪器,培养学生独立开展科研的能力;指导学生撰写英文学术论文;鼓励学生积极参加全国或国际学术会议并力争作会议报告。同时,精心组织与其他高校、研究所以及相关企业之间的研究生学术论坛,积极邀请国内外知名学者作学术讲座或参加研究生讨论会或直接指导研究生的科研。其次,关心学生的生活,他联络相关企业,为研究生设立了"世展化学化工奖"、"上海慧杰化学化工奖"和"化学化工精英奖"等,还对家庭困难学生给予资助。同时,他关心学生毕业后的发展和就业,先后和国内外许多高校和企事业单位建立了合作关系,为学生的进一步深造和就业奠定了良好的基础。2007 年至今,他所指导的学生有 3 名获得上海市优秀学位论文,1 名获得宝钢优秀学生特等奖,另有学生获得上海市发明专利申请二等奖、陈嘉庚青少年发明三等奖。已毕业的学生有的赴美国、日本、德国、香港等继续学习,有的已经走上领导岗位,有的已成为上海市东方学者。

勇攀科学高峰

　　李和兴教授长期从事催化和动力学研究,原先主要研究化学振荡,比较偏重基础理论,现在主要开展环境友好催化反应研究,包括特定形貌结构非晶态合金的制备及其催化加氢性能的研究、介孔有机金属催化剂应用于水介质清洁有机合成反应、光催化降解有毒难处理有机污染物及应用于环境净化等。先后承接了国家自然科学基金、863 计划专项、973 预研、上海市基础研究重大项目等,并获得国家自然科学杰出青年基金、上海市优秀学科带头人资助计划、上海市启明星计划和启明星追踪培养计划、上海市曙光计划和曙光跟踪计划、教育部优秀教师奖励计划等一系列人才项目;以第一作者或通讯联系人累计在 SCI 源刊物发表论文 100 余篇,其中在影响因子大于 3 的刊物发表论文 50 多篇,包括 J. Am. Chem. Soc. 3 篇、Adv. Fuct. Mater. 4 篇、Chem. Mater. 2 篇和 Environ. Sci. Technol. 2 篇等,论文被他引 1 800 多次,单篇最高引用率超过 180 次,还被 Nature China 作为亮点点评;承担吉林石化 ABS 生产废水治理,开发具有独立自主知识产权的室内和汽车用空气净化器,研制的全天候光催化污水净化装置已用于鱼塘水的处理。至今,已申报专利 31 项,其中授权 13 件、获奖 2 件、实现转让 7 件,获 2006 年教育部自然科学一等奖,2009 年中国国际工业博览会高校展区优秀展品奖二等奖等。2005 年至今先后承办全国催化剂制备科学会议、全国光催化学术会议、全国精细化工催化学术会议以及全国环境化学学术会议,在国际生态材料学术会议、国际绿色化学学术会议、全国催化剂制备科学会议、全国光催化学术会议、中国化学会年会作邀请报告,担任第六届教育部科学技术委员会化学化工学部委员、中国光催化专业委员会副主任、中国催化专业委员会委员、上海市稀土学会理事长、上海市环境学会副理事长以及 Catal. Commun.、Open Catal. J.、《太阳能学报》、《环境科学与技术》、《工业催化》和《环境化学》等刊物的编委和 Res. Chem. Int. 的特邀主编。

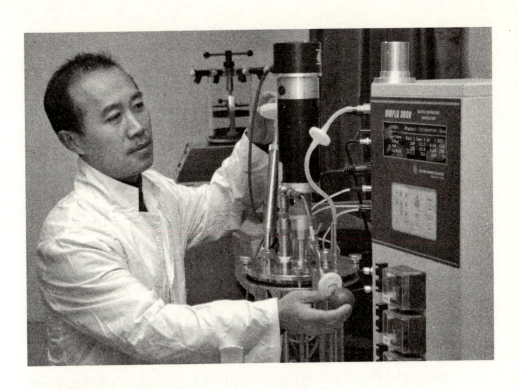

肖作兵 教授,1965 年 3 月生,1995 年 7 月获华东理工大学工学博士学位。现任上海应用技术学院香料香精技术与工程学院院长,先后获新世纪百千万人才工程国家级人选、全国优秀教师、上海市领军人才、上海市"五一劳动"奖章、上海市优秀曙光学者、宝钢优秀教师等多项荣誉称号。

长期从事香料香精方面的研究,发表学术论文近 50 篇,出版专著 3 部,申请发明专利 18 项,其中授权 7 项,科研经费近 3 000 万元,主持承担了国家 973 前期基础研究、国家自然科学基金、生物反应器国家重点实验室、科技部世博专项基金、上海市科委重点等 35 个项目,并获教育部科技进步奖 1 项、上海市科技进步二等奖 3 项、上海市优秀教学成果二等奖 3 项等多项成果奖。

人生格言

一份耕耘 一份收获

肖作兵

励志前行，与"香"为伴

○记上海应用技术学院
香料香精技术与工程学院院长肖作兵教授

锁定目标，矢志不移

肖作兵教授于1995年毕业于华东理工大学，获工学博士学位。由于自身对教育事业的热爱，毕业后进入上海轻工业高等专科学校（上海应用技术学院的前身）任教，从事香料香精专业的教学和科研工作。1999年10月以高级访问学者的身份前往德国纽伦堡大学、法国香料香精化妆品高等技术学院（简称ISIPCA）进修学习。在国外的这段时间，他深深地体会到国内香料香精行业的整体技术水平与国外仍存在明显的差距，影响了人们的生活质量。为此，他决定致力于香料香精行业的发展，全身心地投入到科研工作中，并且将国外的先进理念与国内的实际情况结合，理论联系实际，力争逐步缩小国内香料香精行业技术水平与发达国家的差距。正是在这目标的激励之下，他开始了自己的科学研究之路。

"十年磨一剑"这句话在肖作兵教授身上得到了很好的体现，经过10多年的艰苦努力，课题组取得了显著的成绩，某些成果已经达到或者超过了国际领先水平，并且开发出了一系列具有自主知识产权的先进成果，在一定程度上，改善了人们的生活质量，进一步满足了人们对"色、香、味"俱全的食品及时尚芳香纺织品的需求。

潜心钻研，成果丰硕

作为香料香精技术与工程学院院长、重点学科带头人，10多年来，他始终瞄准国际学术前沿，立足国内领先水平，在科学研究、学科建设和产学研合作交流等方面取得了显著的成绩。先后主持承担了国家973前期基础研究项目、国家自然科学基金、世博基金项目、上海市科委重点项目、上海市"登山计划"国际合作项目、上海市重点新产品项目、上海市科委纳米专项、生物反应器国家重点实验室开放基金项目、上海市高校高水平特色发展项目、中国石油化工总公司科技发展基金项目、上海市重点学科建设项目等纵向课题，以及来自美国 COMAX、法国 TECHNICO FLOR、河南双汇等大企业集团的研究课题近40项，科研经费近3000万元，在国内外发表学术论著40多篇，申请国家发明专利18项，授权7项，并有近10项成果实施产业化应用，多项成果经鉴定达到国际领先水平。其中，2006年肖作兵教授主持完成的《新型肉味香精的研究与开发》项目，利用综合学科的交叉优势，通过生物技术、食品加工技术及香精调配技术开发出了高品质的肉味香精产品，有效解决了肉味香精的耐高温性能差及留香时间短的难题，该成果已在我国最大的肉制品企业河南双汇集团有限公司实现了产业化应用，为公司带来直接经济效益超过5亿元。2008年主持的"登山计划"国际合作项目《新型微胶囊香精的制备技术研究》整体技术水平达到国内领先、国际先进水平，在国际上率先提出了利用复合凝聚法、乳业聚合法制备纳米香精的方法，该技术成果已在国际知名的香料香精企业法国 TECHNICO FLOR 公司实现了产业化应用，目前已为公司带来直接经济效益近千万元。

一分耕耘，一分收获，近年来肖作兵教授先后获新世纪百千万人才工程国家级人选（2009），全国优秀教师（2007），上海市领军人才（2008），上海市"五一劳动"奖章（2008），上海市优秀曙光学者（2006），上海市曙光学者（2003），宝钢优秀教师（2002），教育部科技进步二等奖（2010），上海市科技进步二等奖（2006、2007、2008），中国国际工业博览会高校展区优秀展品二、三等奖（2007、2008），上海国际工业博览会提名奖（2005），上海市教育教学研究成果二等奖（2001、2004、2009）等荣誉称号。但他从不骄傲自满，而是更加谦虚谨慎，一如既往地从事科学研究。

发挥特色优势，打造优势团队

香料香精技术与工程学科是国内唯一系统培养香料香精技术专业

人才的教育和科研点,在国内外同行中享有较高的声誉。多年来,肖作兵教授立足专业的特色,始终坚持学科要发展,"人才"是核心、"特色"是关键、"科研"是载体、"团队"是保障的建设理念,在市教委和学校的大力支持下,带领团队成员,充分发挥学科自身特色优势,通过多年的不懈努力,在队伍建设与人才培养、基地建设、科学研究和产学研合作交流等方面取得了显著成绩,并得到了国内外同行的充分肯定。目前《香料香精技术与工程》学科已形成"生物质香料的分离与合成"、"新型香精的制备技术及其性能表征"、"香料香精的安全性评价和功能性产品开发"三个特色鲜明的学科方向,不仅为《香料香精技术与工程》特色学科的发展奠定了基础,而且为上海乃至全国的香料香精行业的发展注入了新的活力。

由于学校的历史条件限制,2001 年学科成员 13 人,其中仅有教授 1 名,博士 1 名,硕士以上学历的比例仅为 30%,平均年龄 45.8 岁。学科成员的知识结构、年龄结构、学历结构和职称结构一定程度上会制约学科今后的发展;为此,学科带头人肖作兵教授提出了"外部引进"和"内部培养"相结合方法,通过实施学科成员"动态流动"的措施,先后引进高水平的中青年学术骨干 17 名(其中教授 2 名,博士 14 名),内部培养 7 名青年学术骨干(其中教授 4 名,博士学位的 2 名);目前《香料香精技术与工程》学科成员已达到 25 人,其中教授 7 名、副教授 12 人,具有博士学位的教师 18 人、90% 以上具有硕士学位、平均年龄 38.5 岁,并有 9 名硕士生导师分别在上海香料研究所、上海海洋大学、上海师范大学、华东理工大学招收硕士研究生,总体结构较为合理,具备了从事教学和科研的实力。此外还聘请了 5 名国内外知名的专家作为学科的兼职教授,以进一步充实学科队伍。

陈迎春 1961年2月出生于江苏徐州。1983年本科毕业于西北工业大学,1988年硕士、2007年博士毕业于北京航空航天大学。现任中国商飞上海飞机设计研究院科技委主任、C919大型客机常务副总设计师,研究员,博士生导师,973项目首席科学家,享受国务院特殊津贴,中国航空学会总体专业委员会副主任、空气动力学专业委员会副主任、学术工作委员会委员,中国力学学会、中国空气动力学学会理事。

长期从事军民机的总体气动设计工作,参加、主持了"飞豹"、MPC-75、AE100、小鹰-500、ARJ21、C919等型号飞机的研制和国际合作,主持多项国家和部级预研课题。

获得国防科学技术一等奖1项、二等奖1项、三等奖3项;部级科技进步二等奖1项,三等奖2项;荣立部级一等功1次、二等功5次、三等功2次。

人生格言

时间永远不晚
机会还会再来
主不放弃
生命只有一次
光阴流逝不回
只争朝夕

航空报国，无怨无悔

○记中国商飞上海飞机设计研究院科技委主任、
C919 大型客机常务副总设计师陈迎春

转战军民，心系蓝天

陈迎春同志 1983 年从西北工业大学毕业后就进入到中航工业第 603 飞机设计研究所工作，从事飞机总体气动设计。603 所是我国军用飞机三大主机所之一，是中国"飞豹"、"空警 2000"等重点型号的研制单位。陈迎春同志长期扎根技术基层，钻研业务，历任设计组副组长、研究室副主任、主任、副总设计师等职务，为"飞豹"系列飞机的成功研制做出了突出贡献，将自己的青春汗水浇灌在祖国的国防工业。2003 年国家重大民机项目——ARJ21 新支线飞机正式立项启动。国家抽调集中了一批航空工业技术专家奔赴上海，支援 ARJ21 新支线飞机研制。作为青年技术专家，陈迎春担任了 ARJ21 飞机总体、气动、试飞副总师。为了型号工作的有力开展，陈迎春同志舍小家顾大家，长期出差驻扎在上海带领总体气动设计队伍攻坚克难，为型号工作的顺利开展作出了突出贡献。2008 年 11 月 28 日，ARJ21 飞机成功首飞，揭开了中国民用飞机历史的新篇章，这一刻也是对长期奋战在科研一线的陈迎春同志的最大回报。ARJ21 首飞个人一等功则是对他工作成果的高度肯定。

在近 30 年的工作生涯中，陈迎春同志始终奋斗在技术前线，无怨无悔。无论是军(机)还是民(机)，都是为了祖国的蓝天、祖国的国防和建设。

求实创新,勇于探索

2004 年初,ARJ21 飞机项目开始进入详细设计阶段,作为总体、气动、试飞专业的副总设计师,陈迎春同志从总体气动全局的角度出发,大胆引入了构型管理的概念。构型管理是指从飞机定义、设计、生产到产品支援的整个生命周期内的技术管理程序,对于飞机研制这样一个复杂的系统工程,构型管理至关重要,国外先进的飞机制造商都有一套自己成熟的构型管理方法。在陈迎春同志的大力倡导下,上海飞机设计研究院建立了国内首家民机构型管理专业。在没有任何技术积累的条件下,陈迎春同志查阅国外技术资料,带领技术团队边学习边吸收,通过不断的实战摸索,不断完善,确立了一套既满足项目管理要求又符合国内航空工业体系的构型管理系统。民机工程构型管理系统的研发成功,竖起了中国民机领域的一座丰碑。当 PTC 和 IBM 的外国专家评价这个系统时,无不投来赞许的目光。

无独有偶,在陈迎春同志投身 ARJ21 新支线飞机项目研制时,整个设计队伍里没有试飞设计专业。"飞机是飞出来的!"在陈迎春同志的推动下,民机试飞设计专业队伍组建了起来。面对新队伍的一帮年轻人,陈迎春带领大家认真研究民航适航条例,仔细讨论每个条款的试飞要求,同时将他以前从事军机研制试飞的经验点点滴滴传授给年轻人。几番春秋,几多寒苦。在陈迎春同志悉心培养下,这支年轻的民机试飞设计专业队伍逐渐壮大,圆满完成了 ARJ21 首飞和后续试飞任务,交给祖国一份满意的答卷。

ARJ21 项目刚刚取得首飞成功,陈迎春同志又迎接来更大的挑战——研制中国的大飞机 C919。新的事业就会有新的专业需求,陈迎春同志结合国内航空工业实际,不畏艰难,求实创新,勇于探索,项目成功的同时也培育壮大了新的专业队伍,为后续型号任务打下了坚实的基础。

技术为根,攻坚克难

市场就是战场。为了具有较高的竞争优势,ARJ21 新支线飞机采用

了一些新技术、设计上使用了一些新方法。伴随而来的就是可能面临的新问题。

机翼是托起飞机翱翔的翅膀，ARJ21 飞机定位为 21 世纪先进的支线客机，其对机翼的设计提出了很高的要求。为了达到高的设计目标，采用大展弦比超临界后掠机翼是一种最佳选择。相比普通翼型机翼，超临界机翼在保持同等阻力水平下可大大提高飞机巡航效率，减少飞机燃油消耗。相比国外而言，我国对超临界机翼的研究还不够充分，虽在气动设计方面积累了不少的经验，但在基于气动力、强度、结构、系统等多目标的超临界机翼优化设计方面基础仍极其薄弱，因此在 ARJ21 飞机项目上采用超临界机翼存在着很大风险，但这项技术带来的益处也显而易见，面临这种机遇与挑战并存的局面，作为总体气动专业的副总师，陈迎春同志毅然决定接受挑战。陈迎春同志曾在美国波音和德国空客公司长期从事飞机机翼的设计工作，在国内又在军机机翼设计中进行了很好的实践，在国内是著名的飞机气动设计专家。正是具有深厚的技术功底，陈迎春同志在面对超临界机翼设计挑战时才多了一份自信。他密切跟踪国际 CFD 技术发展前沿，带领团队在国内飞机型号研制上首次开发了一套先进气动力设计分析软件，成功研制了满足型号设计要求的先进超临界机翼，高效的翼梢小翼也孕育而生。

民机发动机短舱/吊挂的安装会对全机流场尤其是机翼的压力分布带来很大的影响。如何确定机翼与发动机短舱之间的位置以及外形、安装等参数是一项极其艰巨的任务。如果发动机位置选的不好，会引起发动机进气道流场畸变和飞机深失速特性的恶化，严重威胁飞行安全。在 ARJ21 飞机项目历次技术评审中，这两个问题都是专家关注的热点问题。为了解决这两个问题，陈迎春同志带领设计队伍积极开展国际合作，进行了大量理论分析计算，并长期驻扎在风洞试验单位，对发动机短舱和吊挂的不同外形和位置进行了大量选型试验。在试验中，他仔细分析每一处试验细节，认真研究每一车试验的流谱细微变化，及时总结分析每轮试验。他那一丝不苟，精益求精的工作态度令在场的技术人员感叹不已。他要求年轻同志要特别重视对试验数据的多角度分析，他说："如果只会做试验而不会进行分析，就永远只能是一个吹风匠！"在陈迎春同志的教导和身体力行的影响下，参加试验的年轻同志广开思路，工作作风和方法都大有改观，攻关项目有了突破性进展。

一分辛苦，一分收获

陈迎春同志先后挂帅参与负责了国内多项军民机型号总体气动领域的设计工作，在"七五"至"十一五"期间主持多项国家军民机重大预研课题，是我国航空界著名的专家和国内多所高等院校的兼职教授、博士生导师，973计划项目首席科学家，并享受国务院特殊津贴。同时还担任中国航空学会总体专业委员会副主任、空气动力学专业委员会副主任、学术工作委员会委员，中国力学学会、中国空气动力学学会理事。

在型号设计的同时，陈迎春同志还不断总结与思考，一本本著作凝聚的正是他对专业和学术的追求。他主编了《民用飞机总体设计》、《大型客机计算流体力学应用与发展》和航空工业标准《飞机增升装置设计指南》，作为编委参加了《飞机设计手册·气动分册》等著作的编写。

二十载辛苦付出，得到了党和国家的高度肯定。陈迎春同志先后获得国防科学技术一等奖1项、二等奖1项、三等奖3项；部级科技进步二等奖1项，三等奖2项；荣立部级一等功1次、二等功5次、三等功2次。这一串串奖项记录的正是他不断超越、勇于创新的人生写照。

郑晓玲 研究员,1962年4月生,2008年获北京航空航天大学工学博士学位,曾任中国商飞ARJ21飞机副总设计师,现任中国商飞民用飞机技术研究中心副总设计师。

长期从事军民机型号结构强度专业的研发工作,承担了多个军机型号的研制并投入使用,负责民机型号的研制与试验工作,取得了FAA适航取证突破性的进展。承担了"863重大专项子系统"、工信部的"民机耐久性损伤容限设计与评定技术"、"民机结构长寿命综合环境设计技术"、"民机全尺寸尾翼与舵面复合材料结构设计、分析、制造与试验验证"、"民用飞机水上迫降设计与验证技术研究"等重大课题的研究,取得了实际应用。

近年来"民机综合环境长寿命设计技术"获国防科工委科技进步一等奖。

人生格言

献身中国的民机事业,

做民机研发技术体系的开拓者。

郑晓玲

为中国的民机事业奋斗终生

○记中国商飞副总设计师郑晓玲

平凡的岗位铸就着不平凡的事业

郑晓玲1984年以优异成绩完成了西北工业大学飞机结构与强度专业的学习,经过三年的军机型号研制工作经历,又攻读了复合材料结构的硕士学位。毕业后有幸参加了几个民机型号的研制工作,并去空客参加了技术转让。在经过近20年的工作后,又在北京航空航天大学深造获得工学博士学位。

在多年的军机型号研制中,她从一名技术人员走到了副总设计师的岗位,组织参加了航空重点型号的研制设计工作,主管结构、强度专业的工作,完成了飞机研制的全过程工作。在重点型号研制中,为我们在该型号中首次实现全机数字样机设计与应用做出了贡献。负责重点型号中全复合材料平尾的研制工作,在设计、分析、试验验证、试飞与装机使用各阶段解决了许多技术问题,为提高飞机性能与满足军方要求做出了重要贡献。在该型号系列飞机的设计、生产和使用过程中解决了大量生产和使用中的实际问题,为部队的安全训练飞行提供了保障。负责重点型号系列飞机的疲劳定寿工作,提出了该系列飞机的整个疲劳定寿的思路与技术途径,并付之于实施,从而为系列飞机的研制、定型和部队使用做出了一定的贡献。

勇于攻克民机研制难关

组织并负责ARJ21飞机的强度专业工作,以身作则认真研究专业技术、攻克技术难关,并为我国民机结构长寿命设计开创一条技术途径。

认真研究适航条例,理解和执行适航条例,以此来规划强度专业的工作。与审查代表沟通技术思路,解释工作原理,说明符合性的做法,从而使得强度专业的工作按照正确的、满足适航要求的技术途径开展着各阶段的工作。对技术严格把关,把不安全隐患降到最低,确保所做工作不返工。与老同志及技术人员讨论研究解决关键技术问题,并指导年轻人掌握飞机强度专业知识。在该型号的结构设计、发图、结构减重、强度分析、适航验证等工作中组织有关专业的技术攻关,取得了突出的成绩。"十五"期间负责的研究课题为 ARJ21 飞机的耐久性与损伤容限设计、满足 CCAR25.571 条款提供了可行的技术途径,其顶层设计文件得到了适航当局的批准,并作为设计依据执行,为民机结构强度专业按照适航的要求进行技术研究工作开辟了一条技术途径。"十一五"期间同样不断研究和攻克民机研制中的关键技术,敏锐地分析追踪尖端技术,负责攻克两项重大课题的研究("民机全尺寸复合材料尾翼与舵面设计和分析及制造与试验验证"、"民用固定翼飞机水上迫降设计与验证技术研究"),也是当前 ARJ21 飞机及发展型所急需解决的关键技术。

组织研究专业的发展,负责并承担了"863 重大专项"、"民机耐久性损伤容限设计与评定技术"、"民机结构长寿命综合环境设计技术"等重大课题的研究,并取得了很好的实际应用效果。充分利用这两项研究成果提出了 ARJ21 飞机的损伤容限验证思路,并指导项目的研制。在民机"十一五"规划中又负责了两项重大课题(民机全尺寸尾翼与舵面复合材料结构设计、分析、制造与试验验证和民用飞机水上迫降设计与验证技术研究)的研究工作,从而为型号的研制奠定技术基础,在专业的发展上勇于攻克技术难关,同时培养了科技人才。该两项重大技术攻关项目同样也是大型客机研制的关键技术,目前课题的阶段研究成果已得到适航当局的高度评价,按照此技术途径获得的研究成果能为大型客机的研制提供技术支持。

目前又着力于创建国内民机研发技术体系,建立民机研制的技术平台,创建与国际接轨的航空科研机构。

严谨求实,以身作则

作为副总师,她总是在第一时间与老同志及技术人员一起讨论问题,在深入研究的基础上发表自己的观点,同时广泛虚心地听取大家的意见,最终对难以抉择的技术方案进行最终拍板决策;作为一名在强度、疲劳、复合材料方面有丰富经验的研究员,又经常会给初出茅庐的年轻人讲解基本知识,讲解思路,讲解解决问题的办法,将多年来的工作经验无私地传授给每位年轻的职工。她对技术严格把关,把不安全隐患降到最低,确保所做工作不返工。

要干好民机,作为专业副总师最重要的是适航意识和适航理念,认真研究适航条例,理解和执行适航条例,以此来规划强度专业的工作。与审查代表沟通技术思路,解释工作原理,说明符合性的做法,从而使得强度专业的工作按照正确的、满足适航要求的技术途径开展着各阶段的工作,为 FAA 的适航审查奠定了基础。

组织制定强度专业工作计划与工作要求,并亲自和设计员讨论指导技术工作,提高工作效率与工作质量,以满足技术要求和适航审定要求。注重适航审查的组织与实施,不断地增强和灌输适航理念、适航的技术要求、适航的审查要求、适航审定程序的要求,使设计员的工作结果符合适航的要求,使强度的验证工作按照适航审查的要求按程序进行着,以保证工作的有效性。

宗文波 研究员,长期从事防空导弹的研制、设计和管理工作,现任上海航天局副局长。曾任上海航天局局长助理、科技委副主任、某型地空导弹武器系统总指挥。

1987 年以来,先后负责完成了我国新一代便携式导弹武器系统、某型地空导弹武器系统的研制和设计定型,参与完成了某型弹炮结合武器系统、某型中程舰空导弹武器系统的研制。该四型武器系统已完成定型并陆续装备部队,在部队实弹演习中屡创佳绩,其中两型导弹武器系统参加了 2009 年国庆阅兵,接受了党和国家领导人检阅。

2009 年,任上海航天局副局长,主管上海航天局武器的研发、研制及批产管理。在他的带领下,目前有 6 个型号在批产,8 个型号在研制,3 个背景型号在重点研发,交付部队的装备逐年快速增长;2009—2010 年上海航天局武器领域共荣获国防科技进步一等奖 2 项,二等奖 10 项,三等奖 17 项;两个战术武器系统实现国家一级设计定型;两个型号获国家立项;完成"十二五"战术武器发展规划。

近年来获奖情况: 1994 年某项目获航空总公司科技进步一等奖(排名第 8);1998 年获何鸿燊航天基金奖;2001 年获国防科工委某型号研制个人三等功;2001 年获国家政府特殊津贴;2002—2003 年度获中国航天科技集团公司航天奖;2003 年某项目获国防科技进步二等奖(排名第 2);2006 年获上海航天局科研型号立功一等功;2006 年获中国航天科技集团公司有特殊贡献专家荣誉;2008 年获中国航天基金奖。

人生格言

报效祖国 无怨无悔

宗文波

志存高远不畏艰，
率先垂范铸辉煌

○记上海航天局副局长宗文波研究员

便携式导弹开拓者：
博学善思，屡创佳绩

　　1987年，宗文波同志进入上海航天局工作。不久，任某型便携式地空导弹主任设计师，负责该型导弹总体设计工作。在这期间，他开创性地借助计算机仿真方法开展了红外便携式导弹的毁伤机理研究，最终通过目标毁伤的变化规律找出了红外便携式导弹命中点前向偏移量的最佳范围，为导弹迎攻前向偏移量的设计提供了重要依据。

　　1990年，为解决导弹闭合回路试验首发飞行初始段螺旋滚不稳定的关键难题，他提出了修改前翼外形、采取前翼出筒张开和降低舵偏角等措施，提高了导弹飞行过程中的稳定性。针对套接尾翼周向套接位置不确定性而引起的导弹旋转速率不稳定，造成导弹脱靶量偏大问题，他开展了旋转弹气动机理的研究，找到了导弹尾翼相对前翼的最佳周向位置，在发射筒和导弹结构尺寸不允许变动的条件下，经过严谨进取和孜孜不倦的攻关，终于完成了旋转套接周向到位的尾翼产品，在国内外首次成功攻克了旋转出筒套接、周向固定定位的尾翼气动外形设计的关键技术。

　　他所取得的旋转弹气动机理研究这一重要成果，不仅为导弹制导控制系统红外仿真试验提供了准确的数学模型，而且为后续旋转弹的气动设计提供了非常重要的借鉴价值。1992年以来，他在任导弹总师助理期间，指挥完成了该型导弹多次攻关和近十次闭合回路摸底飞行试验。

作为该型导弹总体设计的奠基人之一,他为我国新一代便携式导弹武器系统研制和设计定型作出了重大贡献。

2001 年,他开始组织开展新一代便携式导弹弹炮结合、装机、装车等扩展使用的论证工作。在他的带领下,型号队伍经过 3 年的努力,最终实现了红外线玫瑰扫描导引头演示验证项目论证批复、研制并通过项目验收。目前武器系统已装备部队,在部队历次演习中取得优异成绩,赢得了部队高度赞誉。

防空导弹的引航员:
攻坚克难,铸造一流

1996 年,他出任上海航天局抓总研制的新一代海军中程舰空导弹武器系统总体部的行政指挥。期间他组织完成了该型导弹低精度、低数据率三坐标雷达跟踪制导武器系统、极小展弦比边条翼气动外形、超低空打击掠海反舰导弹和火控系统有关的四项关键技术的攻关工作,在导弹总体设计、制导控制系统设计等专业领域取得一系列开创性成果,为顺利完成该型武器系统方案论证并取得军方立项奠定了不可或缺的基础。

2005 年,宗文波同志出任某地空导弹武器系统总指挥,组织完成了修正指令中制导加间断照射未制导体制下武器系统总体技术、导弹总体技术、垂直冷发射弹射技术、复合制导控制技术、间断照射导引头、多功能相控阵雷达等关键技术攻关,主持解决了一系列工程技术问题,并取得了圆满成功。

在任总指挥期间,他全面组织型号研制工作。2006—2008 年,短短的三年内先后出色完成了闭合回路摸底飞行试验和闭合回路飞行试验,取得 15 发 14 中的优异成绩,实现了间断照射制导体制和多功能跟踪制导雷达等多项技术在国内的首次成功运用。2009 年该型号又以 14 发 14 中的优异成绩圆满完成武器系统设计定型试验和部队使用试验,开创了陆军导弹研制史上系统最复杂、研制周期最短、飞行试验成功率最高的新纪录,得到军方机关领导的高度赞誉,实现了当初立项时他对型号"完成一项国家任务,结出一批技术硕果,带出一支研制队伍,形成一种型号文化"的愿望和承诺。目前该型武器已批量生产,不仅为上海航天局获得经济收益，更是为我国国防事业建设做出了贡献。

战术型号掌舵者：
领军拼搏，再铸辉煌

2003 年以来，他还担任了上海航天局局长助理职务，配合战术型号主管局长出色地完成了各项工作。任职期间，上海航天局战术型号不断地壮大，得到了长足的发展，逐步形成了装备海、陆、空诸兵种齐全的系列化战术武器型谱。

2009 年，他开始担任上海航天局副局长职务，全面负责上海航天局战术型号的研制和批产工作。他高瞻远瞩、儒雅睿智，率先垂范，在他的带领下，目前上海航天局战术型号研制呈现了立项、研制和批产的快速发展局面，2009—2010 年上海航天局武器领域共荣获国防科技进步一等奖 2 项，二等奖 10 项，三等奖 17 项；两个战术武器系统实现国家一级设计定型；两个型号获国家立项；"十二五"战术武器发展规划通过中国航天科技集团公司评审。

在宗文波同志的领导和指挥决策下，2009 年上海航天局武器领域超额完成全年财务指标 21.2%；武器研制型号飞行试验成功率 92.9%，任务完成率 99.3%，列中国航天科技集团公司前茅。上海航天局圆满完成了国庆安保任务，在"和平使命—2009"中俄联合军事演习及一系列部队演习和批产靶试中，展示了优异成绩，赢得了军方各级机关和首长的高度赞扬，取得了良好的经济效益和社会效益，为我国国防事业和我军装备的现代化建设作出了重要贡献。

报效祖国，无怨无悔

工作 20 多年来，他所取得的成绩和做出的奉献是航天精神、"两弹一星"精神和载人航天精神的生动体现，也是航天人优良作风的真实写照，充分体现出了他"以国为重"，忠于党和国家、忠于事业的实际行动，为中国航天事业的发展贡献了他的聪明才智和心血汗水。

他常说，武器研制责任重大，来不得半点松懈和疏忽，绝不能有隐患、出问题，因为部队实战中面对的是一种生与死的较量，是国家安全和

人民生命财产的得失。我们研制的武器装备能否准备击中目标,关系到士兵的安危和祖国的命运,体现质量是政治,质量是航天的生命的责任感。型号研制人员如果没有一颗对国家、军队和人民的责任心,没有站在国家安危、人民生命财产安危的高度上来考虑研制高质量的武器装备,是不可能充分认识到航天事业的责任、紧迫和危机,也就不可能研制出好武器。

他20多年如一日奋战在航天科研一线,无论作为型号设计师,还是型号总指挥和局领导,他时刻以共产党的标准严格要求自己,爱党爱国,忠诚事业,严谨务实,锐意进取,淡泊名利,无私奉献。工作中他顾全大局,勇挑重担,在承担急难险重的任务面前敢于决策,敢于负责,始终把富国强军作为奋斗的目标,以报效祖国为神圣职责,以发展航天事业和国防装备建设作为崇高使命,把强烈的爱国爱党情怀和对事业的无限忠诚落实到行动中。作为型号和局领导,他善于引导型号线上的科技人员发挥集体智慧和力量,注重倾听不同意见,善于统筹协调各方关系共同解决复杂问题。

正是这种"报效祖国、无怨无悔"的人生信念,他在岗位上总是谦虚谨慎、忠于职守,尽职尽责,忘我工作,奋力拼搏,竭尽全力为我国航天事业的发展和国防装备的建设做出一次又一次的贡献。

侯凯宇 研究员,生于 1968 年 6 月。1990 年获北京航空航天大学学士学位,2006 年获国防科学技术大学硕士学位。现任上海航天局科技委常委,某两型导弹总设计师。全国劳动模范,享受国务院政府特殊津贴。

长期从事防空导弹的研制和设计工作。负责完成了国内第一型雷达型中距空空导弹总体设计,任该型号副总设计师。任某型地空导弹武器系统行政指挥期间,组织解决了拦截超低空飞行目标等关键技术的攻关,负责完成该型号设计定型。目前负责两个空空导弹型号的研制和设计工作,并担任总设计师和技术总负责人职务。

近年来获奖情况:2002 年 11 月获中国航天科技集团公司 2000、2001 年度航天奖;2003 年获国防科工委个人一等功;2004 年 4 月获 2001—2003 年度上海市劳动模范称号;研制的某导弹获国家科技进步二等奖,国防科技进步一等奖,排名第 2;2005 年 8 月获国务院政府特殊津贴;2005 年 12 月某导弹制导控制系统获国防科技进步二等奖,排名第 8;2006 年 3 月获 2005 年度中国航天基金奖;2006 年 5 月获全国五一劳动奖章;2010 年 5 月获全国劳动模范。

人生格言

恪尽职守心 追求零缺憾

侯凯宇

丹心一片铸利剑

○记上海航天局侯凯宇型号总设计师

学而优则戎，志而坚则达

　　1968 年 6 月，侯凯宇出生于上海宝山区一户普通的工人家庭。1986 年，侯凯宇以优异的成绩考取了我国著名学府——北京航空航天大学，在那里他顺利地完成了人生中最重要的磨炼和航天专业知识的积淀。四年的大学生活几乎都是在教室、实验室和图书馆里度过的，他像一个如饥似渴的跋涉者找到广袤无垠的清泉，又如一个探索者泛一叶小舟摇曳在浩瀚书海，不断地壮大他要成功所需的学识和丰富他想腾飞的羽翼。在北航他从一名莘莘学子转变成一名航天科技的后备军。

　　1990 年 7 月，从北航导弹设计专业毕业的他毫不犹豫地选择了国防单位作为他的一生所托。他回到了曾经养育他十八年的上海，选择了航天作为他的人生舞台，选择导弹总体设计作为之一生奋斗的方向。

　　选择了国防单位的侯凯宇曾不无诙谐地说：选择国防，颇有点投笔从戎的味道，不过此"戎道"却不是可以任意疾驰的平安大道，而是如同李白所言难于上青天的"蜀道"。

　　20 年来，在这条人生的道路上，有千辛万苦逾越崇山峻岭后的成就感，有流血流汗披荆斩棘后的鲜花相迎，也有激流勇进后的浪遏飞舟。这些，都体现了侯凯宇的人生价值。

清贫爱航天，志做铸剑人
恪尽职守心，追求零缺憾

  1990 年，侯凯宇走上干作岗位后，积极地投入到了某型导弹的测绘和资料学习上。通过对该型导弹相关资料的消化，科班出身的他对该型导弹的总体设计、气动外形设计、弹体结构设计、飞行弹道设计和制导系统设计、稳定控制系统设计等有了深入的认识。侯凯宇一有空就加班加点地学习工程知识和实践经验，虚心向老同志请教，到档案处借阅各种技术文献、设计文件和计算报告，认真地消化和总结，经过三年的辛苦学习，他成功地实现了从一名大学毕业生到一名优秀的技术人员的转型，成为了一名真正的导弹设计师。

  20 世纪 90 年代初的中国，是一个万物复苏、改革开放、机遇并存的大社会，在市场经济的催生下，开始流行着"搞导弹的不如卖茶叶蛋的"耸人言论，许多同事纷纷跳槽转战商海，成为商海中拜金求银的弄潮儿。当时和他一起进所的二十几个人大都陆陆续续跳槽了，侯凯宇不为所动。他想"我学的是导弹设计，搞的是国家急需武器装备，只有在本职岗位上干出成绩，才能不辜负国家对自己的培养"。

  从参加工作的第一天起，侯凯宇时时刻刻都要求自己做一个对社会有责任心的人，在思想上要求有所进步、技术上能积极钻研、作风上务求踏实，一步一个脚印，走上献身航天的人生征程。这期间，他家人曾要他去广东发展，他岳母是国内某大型家电集团的副总裁，给他安排个位子很容易，但他谢绝了；岳父在南非经商，事业发达曾让他去接任，他也放弃了。优厚的待遇，舒适的生活，多少人梦寐以求的理想唾手可得，同样血肉之躯的侯凯宇却不为之心动，他用实际行动奏响了甘于清贫、立志航天的前奏曲。

  1991 年，他开始负责某国防"九五"重大预研项目，不久担任该项目负责人。他带领课题组的同志连续攻克了系统总体、制导控制系统、被动导引头研制等技术难题，在国内首次完成了制导控制系统的半实物仿真试验，创建了制导控制系统技术方案，为国内机载反辐射导弹的制导技术的型号工程应用奠定了基础，并以高分通过了部级鉴定。

  1997 年他开始参与某型导弹的总体设计工作，后担任该型号副总

设计师。工作中他严格履行技术抓总职责,先后全面负责导弹系统多项关键技术的攻关工作。为确保设计正确和靶试圆满成功,他开创性地提出了五大关键环节内容。在型号设计定型试验前主持制定了导弹设计定型技术状态、定型批产品整质方案、定型试验方案和靶试条件,圆满完成了该型号的设计定型试验;之后为配合某型飞机定型,负责主持导弹和载机联合定型试验中的导弹技术抓总工作。为了解决导弹与载机系统接口设计的关键技术,他开展了大量艰苦的探索和研究工作,创造了国内雷达型空空导弹武器系统的试验方案和方法,为该型飞机的顺利定型作出了重要贡献。

千淘万漉虽辛苦,精雕细琢是精品。批产以来,该型导弹在多次重大军事演习中发发命中目标,取得了重大的军事效益和经济效益;2009年10月该型武器在国庆阅兵中接受了中央领导的检阅,壮了国威。

2002—2006年,侯凯宇同志担任某型地空导弹武器系统行政指挥,组织开展多项关键技术的攻关,解决了试验中存在的总体设计问题,使该型号后续飞行试验取得圆满成功,填补了我国防空导弹拦截超低空目标的空白。目前该型号已装备部队,2008年圆满完成了北京奥运安保防空任务。2009年中俄联合军事演习中该型号发发命中目标,受到中俄双方军事人员高度评价,扬我军威。

胸有凌云志,再攀新高峰

"男儿七尺身,勿为身名驱。"面对自己取得的辉煌成绩,他非常地低调。他说,成绩永远只能代表过去,搞航天的只有永不停息地放眼未来,高瞻远瞩,才能永远立于不败。跟他一起共事的年轻人经常会听到他不无动情地说:航天型号是一项复杂的系统工程,靠个人的能力远非如愿,成功是团队的力量的体现,而作为其中的一分子,唯有认真做事,虚心谨慎,勇往直前。

他说,对于我们航天工作者来说,我们所面对的是技术难度高、涉及面广、协调难度大的系统工程,我们每个人所从事的只是某个型号中的一部分琐碎的工作,更需要我们加强责任意识,从细处入手,周到细致,不放过每一处隐患和失误,各司其职,各负其责,才能让我们整个系统做到万无一失、完美无缺。

对于型号上的一些质量问题，作为型号总师的侯凯宇，他常常告诫身边的技术人员，要有一颗恪守职责的责任心，要有一种一丝不苟的细微心，要有一种锲而不舍的求知心，才能永葆质量大堤，开启成功之门。

如果说黄浦江之水哺育了他，上海行知中学见证了他成长的足迹，党和人民培育了他无私奉献的精神，那么上海航天给予他腾飞的翅膀，国防事业给予他一显身手的舞台。

从小组长、室副主任、室主任到某型号导弹的技术副总师，从副所长、型号副总师再到型号总师和八院科技委常委，他用他的光辉历程演绎了一名航天人由雏鹰学飞到自由翱翔的进行曲；他谱写了不经历风雨，怎能见彩虹，没有人能随随便便成功的壮丽篇章；他用党员的觉悟铸造了两肩担道义，双手铸航天的崇高人格。

他常常告诫自己，要把武器研制的成功与否，装备的先进与否与战士的血肉之躯联系在一起，与黎民百姓的安居乐业联系在一起，与祖国的寸土得失联系在一起。他常常不无动情地说：每当看到自己亲手设计的导弹在茫茫戈壁发发成功、捷报频传时，为祖国的航天事业再苦再累，我也心甘情愿；每当看到集团公司研制的导弹列装战机守卫在祖国的蓝天，而我们的晚辈和孩子们在祖国的天空下平安而幸福的生活，为国防事业流再多的血流再多的汗我也在所不辞。

目前他负责两个新型号的研制和设计工作，担任总设计师和技术总负责人职务。两型号关键技术多、系统复杂、协调面大，从型号论证开始至今，他全身心地投入到系统顶层策划、总体方案论证、关键技术攻关和飞行试验工作中，放弃了无数个节假日，承受了巨大的工作压力，在他艰苦攻关和不懈努力下，两个型号在关键技术上均取得了重大突破，目前已完成多项关键技术攻关，取得了国际先进国内领先的优异成绩，为夯实我国新一代武器研制成功，加强我军武器装备现代化建设作出了重要贡献。

姚君山 高级工程师,1972 年 10 月生,2001 年 11 月获北京航空航天大学工学博士学位。现任上海航天设备制造总厂副总工程师兼特焊中心主任,国防科工局、航天上海航天技术研究院工艺专家组专家。

长期从事航天先进焊接技术、运载火箭贮箱结构和载人航天关键结构焊接制造等方面的研究与工程应用工作,承担了工信部"高档数控机床与基础制造装备"科技重大专项、国防基础科研、总装备部先进制造技术、载人航天、新一代运载火箭等 10 多项重大科研项目,发表论文 20 多篇,申报专利 18 项,出版专著 3 部。

近年来获奖情况:2007 年被授予"上海航天局新长征突击手"荣誉称号,2008 年度航天科技集团公司"十大"专利发明人,2009 年中国机械工业科学技术二等奖一项;2010 年度中国发明协会第五届"发明创业奖"、2010 年度中国航天科技集团公司先进个人。

人生格言

自信自强 无愧无悔
敢想敢为 尽善尽美

创新铸神箭,敢为天下先

○记上海航天设备制造总厂
姚君山副总工程师

直面挑战,勇于创新

几代航天科技人员的艰苦奋斗,成功地让中国跻身世界航天强国之林,形成了"自力更生、艰苦奋斗、大力协同、无私奉献"的航天精神。在这种精神的影响下,航天领域的科技人才辈出,取得了举世瞩目的科技成就,如两弹一星、载人航天等等。但随着科技的进步,我国航天领域传统的"重设计,轻工艺"的单件产品研制模式面临严峻挑战——设计与工艺脱节,工艺技术发展滞后,精妙的设计不能转化为完美的产品。这种挑战越来越成为我国航天事业发展的瓶颈,新一代运载火箭的研制就面临了制造工艺方面的技术瓶颈,面对其"高、精、尖"的研制要求,我国的航天制造技术储备明显不足,严重制约了型号研制进程。

新一代运载火箭,具有大推力、高可靠、低成本的特点,是我国紧跟国际运载技术的发展步伐、满足国民经济建设需要、巩固我国航天大国地位的重要举措。能否顺利研制成功不仅关系到我国的航天大国地位和未来航天发展战略的实现,对于上海航天事业的可持续发展也有着特殊的意义。但是,新一代运载火箭贮箱采用了新型材料,且对箭体结构提出了"高可靠、低成本、快速制造"的研制要求,仅就焊接制造而言就必须解决接头强度系数低、可靠性低、制造周期长等问题。面对"底子薄、储备少"的上海航天工艺技术现状,制造技术革新的前景困难重重。

面对国内外巨大的差距和新材料应用带来的制造技术挑战,2004年11月,上海航天设备制造总厂孙建华厂长和郭立杰总师创新用人机

制,以人为本,以技术领衔,大胆起用入厂不到两个月的焊接博士后——姚君山同志担任新一代运载项目组负责人和新一代运载型号主任工艺师,担负起新一代运载贮箱新型"高质量、无缺陷"焊接技术的研发任务,并组建了由焊接、工装设计、钣金和装配等技术人员构成的攻关团队。

锐意进取,铸就成功

从 2005 年开始,由姚君山博士领衔的新一代运载项目组正式开始实施我国大推力火箭贮箱制造工艺攻关研究。由于技术储备少,多项技术需从零研发,多种工装需全新设计。根据任务书的要求,必须在一年内完成两项先进焊接技术的开发、工程应用和国内首个 Φ3350 工艺验证贮箱的研制。时间之短、任务之艰巨,再加上只能成功不许失败的质量要求,可谓如履薄冰。

面对这种情况,项目组成立后首先确定了工艺研究目标,将目标瞄准世界上最先进的铝合金焊接工艺——搅拌摩擦焊与变极性等离子弧立焊。虽然这两种焊接工艺在国外航天领域都已经实现了应用,但在我国火箭贮箱制造上尚属空白。从工艺到设备都需要从零开始,国外的技术保密也给技术应用带来了难以预料的困难。姚君山博士凭借对焊接技术的深刻理解与丰富的实践经验,敏锐地认识到技术的关键点、捕捉到攻关过程的瓶颈问题,确立了工艺攻关点。作为团队的领导,姚博士依据团队成员的各自技术优势进行攻关任务设计并进行了职责分工,在技术创新上形成了由顶层设计、试验验证和工程实践构成了闭环创新路线。姚总师带领项目团队身先士卒、冲锋一线,排除了诸多技术难题,为新技术的工程应用铺平了道路。

通过自主创新实践,他带领项目团队完全掌握了搅拌工具、等离子焊枪喷嘴的设计和结构选材,明确了搅拌摩擦焊接头缺陷的表征与产生机理,建立了搅拌摩擦焊工艺优化方法和技术标准,研制了具有自主知识产权的箱底焊接工装和型材缝变极性等离子穿孔立焊的工装;通过协作创新与航空 625 所、北京工业大学分别合作研制了具有自主知识产权的国内第一台推进剂贮箱纵缝立式搅拌摩擦焊设备、第一台基于双逆变技术的转移弧变极性等离子焊接电源,并于 2005 年 12 月圆满完成了新一代运载火箭首个2219铝合金工艺验证贮箱的对接和试验考核;通过自主创新实践,他带领项目团队开发回抽式搅拌工具,实现了环缝搅拌摩擦焊缝的无匙孔焊接,突破了曲线搅拌摩擦焊接、全焊透搅拌摩擦焊接、筒段"数控铣削＋增量弯曲成形＋搅拌摩擦焊"等高可靠绿色制造技术。

上述技术成果在国内基本上均属于开创性的成就,创造了上海航天设备制造总厂技术上从零开始到工程应用的最短周期记录。在姚君山博士的带领下,苛求完美的创新成果变成了国家专利;过程、细节的关注汇成了型号产品的问世。时时处处事事追求零缺陷的科研工作作风在团队科研生产过程中体现得淋漓尽致,全搅拌摩擦焊接箱底的横空出世、新一代运载火箭贮箱的打压成功,一次又一次的成绩宣示着上海航天设备制造总厂的进步,宣示着中国航天制造技术的进步。姚君山博士用自己的行动再一次向世人诠释了中国航天人的精神。

直率真诚,团队共赢

姚总师生性开朗,不管对领导还是对下属都非常热情。由于他在单位没有一点架子,虽然身为特种焊接中心主任、副总工程师,领导同事见面还是亲切的称呼他"姚博"。与人之友善并不代表他任何事情都很随和,一旦在技术层面上发现了问题,特别是关乎企业未来发展方向的大事,他总会第一个站出来,直接指出问题之所在。

姚君山博士出色的工作成绩得到了领导的充分肯定,2009年,厂领导班子通过研究讨论,决定任命姚君山同志为特种焊接中心主任,主管铝合金结构件的焊接制造任务。特焊中心的成立为姚君山博士提供了更广阔的空间,赋予他的使命除了技术创新同时还有创新管理、技术管理和生产管理,落在他身上的担子更重了。

在对我国航天制造工艺技术现状进行深入了解、技术发展方向进行深刻分析的基础上,姚君山博士对我国航天领域现有体制下的技术创新和发展模式提出了自己独到的见解,他确定了特焊中心"产研结合、寓研于产、创新发展"和"以人为本、追求质效、同享成功"的发展理念。与此同时,对他自己和中心员工提出了"诚勇勤和、爱党敬业、旗帜楷模"的严格要求。

　　对于人才培养,他也有着独树一帜的理念:技术员必须投身型号任务一线,在实践中发现问题、形成创新思路;从技术发展方向确立生产转型方向;新工艺预研与现有技术改进紧密结合。对于特焊中心操作工人的培养,由于航天产品的高可靠要求、溯本求源的质保体系,使得操作人员因怕承担责任而形成心理压力,造成了企业效率低下、士气不高的现象。姚博士针对这种现象,明确规定只要操作正确,出现质量问题只追究技术人员的责任,主动给一线人员卸压,对他们以激励为主,减少压力和心理负担,他鼓励道:时不我待争朝夕,成功同享著新篇。

　　姚博士身上那种敢为天下先的气魄、敢于担当责任的勇气,对人的尊重和信任,使他得到了部门员工的高度拥戴,特焊中心士气高涨,成果层出不穷。在成立不到一年的时间里,姚博士带领技术人员攻克了困扰企业多年的成熟型号产品焊接质量合格率偏低的问题,一举提出14项技术改进措施,大幅度提高了型号产品合格率。在此基础上,姚博士并不满足于这种技术改进的成绩,而是根据技术发展趋势,果断推进采用可靠性更高的搅拌摩擦焊技术来替代传统熔焊技术。在这种敢想敢为、勇于创新的氛围下,新一代小型运载火箭贮箱、小型号关键构件、新型雷达冷板、载人航天关键构件、新一代大推力运载火箭贮箱等产品源源不断地在特焊中心面世。而这些成果很多是在40℃高温天的条件下、通宵达旦的奋战中实现的。

　　回顾六年多的激情岁月,总结姚君山总师的艰辛历程为:秉承奋发有为、负重拼搏的使命感和责任感,始终坚持以人为本、锐意进取、淡泊名利的团队理念,充分发扬知耻后勇、敢为人先、勇攀高峰的科研精神,他不仅圆满完成了院部、总体所下达的科研攻关任务,确保了本院的型号任务分工,其多项成果填补了国内空白,而且还为上海航天技术研究院新一代运载事业培养了一支特别能攻关、特别能战斗的科研队伍,大大推动了上海航天技术研究院航天特种焊接中心的规划建设进程。

陈鸣波 1968 年 11 月生,博士,研究员,博导。现任上海空间电源研究所所长。

带领团队解决了多项空间用太阳电池研制关键技术,负责多项国防科工委的基础研究、总装备部的预先研究、863、973 项目、科技部、航天部、上海市、世博会等重大科技攻关项目等,承担了飞船、卫星等高新工程的电源系统研制任务,分别在硅、砷化镓、聚光及薄膜太阳电池等领域取得重大技术突破,解除了国外在空间用太阳电池阵柔性制备技术等方面的多种限制,多项技术成果达到国际先进水平,获得多项国家专利,同时,在推动我国太阳能光伏技术发展和产业化,为上海市清洁能源利用及其长期规划做出了重要贡献。

近年来,在负责的国家级项目中,先后获得一项航天总公司科技进步二等奖、两项国防科技二等奖、一项国防科技三等奖和一项上海市科学技术三等奖。在国内外发表论文数十篇。

人生格言　用勇气去改变可以改变的事情；
用胸怀去接受不能改变的事情；
用智慧去分辨二者的区别。

陈鸣波

长风破浪会有时，
直挂云帆济沧海

○记上海空间电源研究所陈鸣波所长

奋战前沿，屡创佳绩

陈鸣波长期从事空间用硅太阳电池、GaAs太阳电池、空间太阳电池方阵研制工作和太阳能光伏技术开发和利用研究，开展了各型空间用太阳电池高效、低成本技术的研究，为我国空间电源技术水平上台阶做出较大贡献。承担多项863、国防科工委、总装备部重点技术攻关课题的研究，在实际的工作中提出并开创了多项具有国际创新水平的工艺技术，发展并完善了我国硅太阳电池空间应用系列。主持了多项目空间太阳能项目开发，在军用《GaAs太阳电池研究》重大课题攻关中，提出的超低温生长技术解决了GaAs太阳电池窗口薄膜材料制备的难题，该技术的突破使我国空间用高效GaAs电池从理论到实用化走出了决定性的一步。目前，该项目已经得到国家致密能源技术973项目的连续多年度的支持，最新的研究成果及技术水平达到了国际先进水平，目前已经成功应用于新型空间飞行器。

历任国家高新工程近十个型号的电源系统指挥，涉及各阶段的卫星、飞船、飞行器等领域。提出了圆片切割、密栅精刻等工艺路线，使2 cm×4 cm太阳电池生产线上平均光电转换效率达15%（AM0），产品合格率提高到80%以上，使空间太阳电池生产线生产能力提高近一倍，满足了我国日益增长的空间应用需要，并出口到巴西等国家。在长达10年之久的神舟飞船、空间站预先计划研究中解决了一个又一个的技术难题，863技术中空间站大面积硅太阳电池专项技术获得了成功，他提出的卷包电池介质隔离结构及一系列的相关工艺技术的实现，为空间用柔性方阵的研究提供了先决条件，也为未来的空间站太阳能电源技术提供了可靠的保障。在21世纪初主持了上海空间电源研究所新一代导航卫星、资源卫星电源系统太阳电池方阵的立题及其论证工作，为我国空间电源系统型号研制任务做出了巨大贡献。

陈鸣波同志还开创了我国光电转换效率为14.8%（AM0）硼背场结构太阳电池的研制工作，并取得了成功。这种型号的电池如今仍然是我国多种型号卫星的主要空间能源。90年代还负责863领域"空间站用大面积太阳电池"的研究工作，攻克大面积卷包电极、密栅型厚电极剥离等多项关键技术，他提出的卷包电池介质隔离结构及一系列的相关工艺技术的实现，为空间用柔性方阵的研究提供了先决条件，也为未来的空间站太阳能电源技术提供了可靠的保障。尺寸为80 mm×80 mm，正、背面同电极，达到国际水平，填补了国内空白，为我国发展空间站技术打下了坚实基础。提出的采用<100>晶相的碱腐蚀硅片制备太阳电池工艺，使我国的空间用太阳电池技术与国际应用水平接轨。

运筹帷幄，开拓创新

经过几年研究室主任和副所长的岗位磨炼，2007年5月，陈鸣波走马上任上海空间电源研究所所长，从主管技术到全面行政管理，在新的岗位上，他运筹帷幄，统筹规划，全所型号任务和技术研发高速发展，军品任务和民品产业全面增长，呈现出自建所以来最好最快的发展局面，已经成为国内最重要的空间军用电源研制和新能源产业孵育基地之一。

陈鸣波以创新的思想观念、工作方式，提出了做强、做大，实现811所的跨越式发展，打造国际一流空间电源研究所的远景目标。陈鸣波清醒地认识到811所要提高核心竞争力必须要做强、做大，但要做强、做大不但蕴含着对经营方式的新思考，更蕴含着核心竞争能力的新思考和深刻变革。为做强、做大，谋求更大发展，陈鸣波以"十一五"战略规划调整为契机，对811所进行了重新战略定位，成立了经营发展部，确定了战略发展的基本目标和思路，形成了以研发处为牵引，以光伏中心、电化学中心和电源系统实验室为主题的技术创新体系，形成了勇于开拓、不断进取、积极向上、团结协作、乐于奉献的创新氛围。大批的技术成果，不

仅推动了空间电源专业技术的发展,而且为811所的可持续发展提供了雄厚的技术积累。由811所承担的预研项目,自"九五"期间的6项、"十五"期间的28项,发展到"十一五"期间的90余项。其中,由811所预研的太阳电池项目于今年顺利通过了973评审。该项目是八院首次作为主承研单位申报国防973项目获得成功,实现了八院历史上零的突破。

科技要发展,人才是关键。陈鸣波着眼于可持续发展,以创新为本源,本着"以人为本"的思想和理念,实施全方位、多层次、多元化的人力资源开发战略,创建新型现代开放式、开发型、学习型人力资源管理模式,建设811所人才高地。目前,811所有职工800多人,国家级专家2人,部级专家3人,行业专家和学科技术带头人15人,享受国家政府特殊津贴专家11人,专业技术人员结构比例从往年的35%提高到46%,人力资源状况有了显著的改观,较好地缓解了科研生产人员需求矛盾,为可持续发展提供了人力资源保障和智力支持!

在注重军品研发的同时,陈鸣波抓住资深的专业优势,让航天产品从实验室里走出去,加快航天高新技术产业的民用化。

2000年,811所结合上海市太阳能发展计划,参与创立了上海太阳能科技有限公司。2005年,由上海市政府牵头,凝聚上海航天局、上海交通大学等单位力量发起,成立了上海太阳能工程技术研究中心。该中心在上海市与科技部的支持下,承担了包括中国2010年上海世博会太阳能应用规划在内的数十项国家和地方的科研项目,为新能源在世博园区的规模、科学应用提供了科学的依据。

除此之外,811所还参与了三大永久场馆,即世博中心、中国馆、主题馆的设计工作。2009年,811所更以学习实践科学发展观为契机,解放思想,积极创新机制体制,成立了上海航天电源技术有限责任公司,进一步加快车用锂离子电池产业的发展,生产了大量国内外知名产品,在业界享有很高的声誉。

立足航天,创造辉煌

作为上海市太阳能工程技术研究中心主任和上海市光伏技术首席专家,陈鸣波同志带领团队开展并完成了太阳能光伏硅材料冶金法提纯关键技术及装备研究,为冶金法提取硅材料技术产业化奠定了基础;锌还原四氯化硅产业化技术攻关,缓解目前西门子法生产过程中大量尾气处理的难题;柔性薄膜太阳电池关键技术装备研究,实现了传统硅电池像柔性化,功能化转变,并突破了目前柔性薄膜电池转换效率低下的瓶颈问题,该技术目前正在积极产业化过程中;其在聚光太阳能电池以及聚光跟踪系统的研究实现了高倍(高转换效率),高受光时(随时跟踪阳光),该技术目前应用于 KW 级应用示范中其带领设备攻关小组成功研制并拥有自主知识产权的红外检测设备、(上海市成果转化项目,自主创新产品),并投入商业化生产,使该类设备拥有了自主的知识产权,填补了国内空白,其性能达到同类产品的国际领先水平。

在致力于光伏技术研究的同时,他还积极参与了光伏技术的推广应用,参与了上海市诸多光伏并网应用方案的设计、关键技术的攻关、工程示范的实施等项目,并针对未来城市光伏技术应用,在提出光伏建筑一体化和"零能耗建筑"的基本理念的基础上,完成了太阳能发电与建筑直接相结合的示范应用,在我国首次实现了将太阳能的利用技术尽可能与人类生活、工作活动相结合,为我国全面开展 BIPV 建筑技术的发展提供引领和借鉴。其承接国家 863(MW 级光伏建筑一体化关键技术及应用示范)成功建成国内应用规模最大,应用太阳能光伏技术种类最多的示范建筑;其先后研究开发出光伏遮阳组件,光伏玻璃幕墙组件等多种光伏与建筑相结合的特种光伏产品,并荣获上海市成果转化项目,以及首批上海市自主创新产品,在其带领下,工程中心光伏建筑一体化方面技术,目前处于国内领先国际先进水平,该技术在上海 2010 世博会上得到成果应用和展示,在其带领工程中心 BIPV 攻关小组完成世博会永久场馆太阳能应用规划设计,并组织完成世博中心 MW 级光伏建筑一体化项目设计及建设。

作为光伏行业的知名专家和光伏技术的领军人才,陈鸣波同志为上海市、长三角地区乃至全国范围内的光伏技术发展及推广应用做出杰出贡献。在检测技术方面,针对太阳能组件缺陷检测难的问题,成功研制了红外检测设备,并投入商业化生产,使该类设备拥有了自主的知识产权,填补了国内空白,其性能达到同类产品的国际先进水平。

作为国防科工局和总装备部的专家,陈鸣波参与论证和决策了我国空间和军用电源技术未来发展战略规划,有力地促进了我国空间和军用

电源技术的快速进步,为我国空间和国防事业发展提供有力的支撑和保障。

不懈进取,追求卓越

"成绩不是永恒,攀登永无止境","路曼曼其修远兮,吾将上下而求索"。正值风华正茂的陈鸣波,思维敏捷,最具开拓精神和创新活力,他正以百折不挠的求索精神,在机遇和挑战面前,继承发扬光荣传统,发扬载人航天精神,勇于实践"三个代表"的重要思想,敢于接受挑战,与时俱进,锐意进取,敢于超越,善于创新,发扬忘我的工作精神和敬业精神,用智慧和努力去迎接新的挑战,用青春和热血去谱写辉煌的篇章,开创新的局面,全面推进811所的各项工作上一新的台阶。

"长风破浪会有时,直挂云帆济沧海。"不经历风雨怎么见彩虹,没有人能随随便便成功。人生旅途难免经历挫折与风浪,只有勇于与风浪搏击,才能抵达成功的彼岸!

美好的蓝图已经绘好,广阔的舞台就在眼前,追求卓越的陈鸣波和811所的全体职工一起同心同德,正在为谱写航天更加绚丽多彩的篇章而努力!

刘伟杰 教授级高工，1961年3月生，1983年7月毕业于同济大学道路与交通专业。现任上海市城市建设设计研究院副院长、副总工程师。上海市建委道路、交通设计学科带头人，首批上海市政公路领军人才，荣获建设部劳动模范、全国五一劳动奖章。

他长期从事设计咨询工作，担任项目负责人和主持设计的特大、大中型项目几十项，包括上海内环线、中环线、外环线、沪青平、苏州绕城高速公路等重大项目，其中获国家优秀设计银奖、铜奖各1项，詹天佑土木工程大奖1项，部、市优秀设计和科技进步奖20余项。

近年来主持了上海世博会、虹桥枢纽、真如城市副中心、铁路上海站、越江工程以及全国各地的道路交通规划研究，获得国家、市优秀工程咨询成果奖、政府决策奖20余项。

人生格言

智信严勇仁

123

不断创新结硕果，
突破领域放眼量

○记上海城市建设设计研究院副院长刘伟杰

刘伟杰同志自同济大学毕业后，长期从事设计咨询工作，理论基础扎实，实践经验丰富，工作态度认真，技术作风严谨，在道路和交通工程设计、咨询中取得了卓越的成绩。他是上海市建委道路、交通设计学科带头人，首批上海市政公路领军人才，上海市领军人才。

工作认真，作风严谨，
不断挑战，敢于创新

近二十年来上海的标志性道路交通工程几乎都有他的足迹：大陆第一条高速公路——沪嘉高速公路，上海第一条一级公路——沪青平公路，上海第一条环状城市快速路——内环线，上海市最长的城市快速路——外环线，上海市最宽的高架路——中环线……他作为总体技术负责人、项目负责人、主要设计人主持、参与了上海及周边城市的十余项高速公路、大型立交、高等级道路工程。近年来在沪闵高架、中环线、沪青平、沪芦高速公路等重大市政工程的设计中屡创佳绩。合肥五里墩立交、苏州绕城高速、广州新机场高速等工程都已成为当地的标志性工程。先后获得市优秀设计奖、科技进步奖20余项，其中沪青平道路改建工程、上海城市外环线（浦东段）工程分别获国家优秀设计银奖、铜奖，苏州绕城公路西南段工程获得詹天佑土木工程大奖、全国优秀工程勘察设计一等奖。

他参与编著了《城市快速路设计规程》、《城市道路平面交叉口规划与设计规程》、《公路与城市道路设计手册》等著作，对公路和城市道路建设具有直接指导意义。

在常人眼中，道路设计无非是两条线，没有什么可创新的，但刘伟杰却在工作中不断地挑战自我。由他担任项目总负责人的苏州绕城公路西南段工程是江苏省高速路网的重要部分，苏州市域西南片路网的主干和中枢，将苏州西南的各个风景旅游区及西南各主要乡镇连在一起。在设计中他努力打造集"景观、旅游、生态、环保及使用功能"于一体的高等级公路设计的新理念。在江苏省内首次采用具有世界先进水平的"低路堤"设计理念，有效地保护了生态环境，节约了宝贵的土地资源；路基取土与太湖疏浚清淤相结合，达到了施工、环保、防汛等"多赢"的效果。项目荣获全国优秀工程勘察设计行业一等奖、第九届中国土木工程詹天佑大奖，也成为他专业历程中的又一颗明珠。

从早期互通式立交、高速公路交通标志、标线设立的探索，到软土地基上低路堤的尝试，人文、景观、环保的追求，他一直在重大工程设计中不断创新、超越，成为道路交通设计的技术"引领者"。

善于学习，继承传统，融会贯通，勇于突破

作为领军人物，刘伟杰开拓了城建院综合交通规划、智能交通系统以及轨道交通、地下空间开发等设计科研领域。他将交通规划、交通预测、道路工程、交通管理等方面的设计理论十分恰当又富于创新地融汇到轨道交通总体设计和地下空间规划领域，更是体现了其深厚的理论功底和强大的学习力、创造力。

铁路上海站北广场交通枢纽是一个集铁路、长途汽车、轨道交通、出租、常规公交、社会停车于一体的特大型客运交通枢纽。该项目的制约因素众多。刘伟杰率领设计团队重点从枢纽总体布局和外围配套路网两个方面着手，进行了深入研究。项目涉及了交通设计与方案、交通规划与策略、交通分析与评估等多个领域。在枢纽内部实现人车分离、交通方式分离、进出分离、上下客分离、非机动车隔离。外围路网的梳理本着"快出稳进、多通道疏解、到发与过境分离"的原则进行梳理。北广场交通枢纽的建成，使上海站实现了蜕变，成为新兴的区域公共活动中心，

以便捷的陆上北大门形象迎接世博会各方来宾。

在其"综合交通运输体系"、"地下空间综合交通一体化"等理念指导下,铁路上海站北广场综合交通、轨道交通徐家汇枢纽等工程经济效益和社会效益显著,并开创了城市综合交通枢纽的建设理念和实施技术的新篇章。

主动思考,提出问题,研究问题,解决问题

上海申办世博会成功后,他就开始关心起世博工程了。他站在上海交通全局分析世博交通,研究了世博外围、中心城及园区的交通规划。在 2010 年上海世博会道路系统专业规划及配套道路工程研究中,他通过对世博交通来源与特征分析,研究提出世博交通总体采用"集约、转换、分离、管制"交通组织策略。在分析了世博交通对城市道路交通体系的影响下,提出"集约化的世博交通"才能满足世博需求,才能做到世博期间"减少社会交通和世博交通的相互影响",确保世博期间正常经济、生活需求的交通情况"不恶化"。重点研究、规划了市外、郊区、中心城、世博园区 4 个集约化交通"转换"系统,同时研究规划了世博集约交通的"绿色通道"。如今,上海世博盛会已结束,因规划前瞻、举措妥当,涌入的车流、人流并未影响上海市民的正常出行,每日数十万的客流在世博园中也井然有序。

虹桥综合交通枢纽还在萌芽时期,刘伟杰就研究了庞大枢纽对城市交通带来的巨大压力。他以"适当超前"的眼光,以科学发展观统领规划、建设和管理的思路,提出了"多层次分流、多通道集散的枢纽集疏运体系",进而提出的"一纵三横"路网格局和"13 横 9 纵"等相关配套方案均被相关部门和建设单位采纳。

中新天津生态城是国家和天津市的重点建设项目,而生态城之前在国内很少有针对如何实现绿色交通的完整的系统研究。他率领研究团队以先进的"绿色交通"理念,完备的公共交通网络规划、务实的交通需求管理、全面的智能交通系统的规划设计,获得当地政府和业界的高度评价,为我国建设生态环保、可持续发展的未来城市作出了贡献。项目获得 2009 年度全国优秀工程咨询成果奖二等奖。

敏锐的职业嗅觉、钻研的敬业精神让他走在了专业的前列，超前的建设理念、科学合理的建设方案，屡屡获得业主的信任和专家的赞誉；多年的工程实践、学习思考，刘伟杰不断提升着对道路交通的认识，已经跳出一项工程的局限，从更为广阔的空间研究城市交通。他主持的世博道路规划、虹桥枢纽路网规划、西藏南路隧道等20余项研究成果获得了上海、全国优秀工程咨询成果奖，并成为这些重点领域、重大工程建设的决策依据。

无论作为项目负责人还是院领导，他对工作的态度一贯认真负责，兢兢业业，技术作风始终踏实严谨，具有很强的组织协调能力。近年来荣获上海市实事工程立功竞赛杰出人物、全国建设系统劳动模范、全国五一劳动奖章等荣誉。

他热爱事业、专注于事业，快乐地攀登着新的高度，探索着新的领域。

　　张　辰　教授级高级工程师,1964 年 5 月生,1985 年同济大学分校给排水专业毕业,现任上海市政工程设计研究总院总工程师,中国工程建设标准化协会城市给水排水委员会主任,上海市建设和交通委员会水务专业委员会主任。

　　他长期从事环境保护、污水处理工程的研究、规划和设计工作,主持了上海石洞口污水厂,上海白龙港污水厂,重庆鸡冠石污水厂等 30 余座污水厂和污泥处理处置工程的规划、研究和设计工作;编制国家标准规范 5 项,申请专利 6 项,出版专著 6本,发表论文 50 余篇;2001 年获国务院特殊津贴,获国家优秀设计银奖 2 项,上海市优秀设计一等奖 8 项,国家科技进步二等奖 1 项,上海市科技进步二等奖 3 项;近年来获建设部科技进步先进个人,首届上海市立功竞赛杰出人物等称号。

人生格言

传承精华、开拓创新

张辰

让污水变清的行家

○记上海市政工程设计研究总院
　总工程师张辰

黑臭的苏州河，决定了一生的专业发展

　　苏州河，上海的母亲河，原本水质清澈，然而，工业的无序发展，使苏州河不堪重负，虽然上海市对城市污水实施合流污水截流工程和污水处理工程，大大减少了污水直接排入水体，但每天仍有大量污水未经处理排入市内的大小河道，污水团在苏州河回荡，水中的氧气逐渐消耗尽，水生动物和植物不能生存，直接导致了苏州河出现黑臭。苏州河在上海市境内河道已全部遭受污染，苏州河黄浦江交界处，两水相汇时有条明显的黑线。80年代初，有一位年轻人正高中即将毕业，选择专业时，毅然将给水排水专业作为填报志愿的首选，经过努力，他终于如愿以偿地进入同济大学分校给排水专业，四年的本科学习，掌握了基本的水处理技术，1985年毕业分配，进入上海市政工程设计院排水室从事排水工程设计。在25年的工作经历中，从简单的排水收集管道做起，设计了梅陇排水系统，当时作为团支部青年工程，发挥青年设计人员敢于创新的精神，成功建成了优质工程；接着又设计了一座座排水泵站、一座座污水处理厂，一步一个脚印，从助理工程师，高级工程师到教授级高级工程师，成为了让污水变清的行家。

治理的决心创造了施展才华的平台

　　为整治苏州河，市政府专门成立了苏州河环境综合整治领导小组，

像这样一个市长当组长的治理河流污染的机制,在全国也是首创。整治苏州河,让苏州河变清,是上海人民企盼已久的一大心愿,是真正的"民心"工程,苏州河整治曾经动迁大批居民,但非常顺利,不用太多动员,充分说明真正着眼于解决市民最关心、最直接、最现实的利益问题,就能得到的市民真心拥护。苏州河治理工程能顺利推进,真的离不开全上海人民对环境保护与科学发展的深刻认识。

从苏州河治理工程启动,就定下了可持续发展的基调,明确指出苏州河治理工程是上海实施可持续发展战略的一个标志性工程,苏州河的治理绝不是孤立的,而是一个可持续发展项目,因此在整个整治过程中,始终贯彻了以"治水"为中心,围绕可持续发展,不急功近利。

作为上海的一条主要河流,苏州河承载了全市近一半的污水量,全世界治理河流污染都没有捷径,根本出路就是截污,所以一期工程中有截污,二期继续截污,三期还在截污,为避免将截污的水直接排放,最大限度减少对长江大水体的环境污染,决定在西干线排放口建造日处理能力40万立方米的石洞口污水处理厂,在建设污水处理厂过程中,并不是简单重复原有的工艺技术,而是积极学习国外的先进技术和经验,通过引进消化吸收,在科学研究的基础上,创造性地提出建设适合上海特点的一体化活性污泥工艺,不仅申请了发明专利,还建成高度集约节约宝贵土地资源的现代化城市污水处理厂,占地指标仅为国家指标下限的60%,留出大量土地资源作为绿化用地,为可持续发展创造条件。同时建设污水再生回用设施,满足厂内自生需要,节约了宝贵的水资源。

在建成石洞口污水厂后,张辰及其团队相继设计完成了世界最大的上海白龙港污水处理厂和三峡水库水质保障工程重庆鸡冠石污水处理厂等特大型污水处理工程,一座座污水处理厂在他的手中从蓝图变为现实,使黑臭的污水变成清水,为消减 COD 排放,保护环境起到积极作用。

污泥资源利用,引领行业规范发展

污水处理过程中产生的污水污泥,实际上是污水中有机污染物富集浓缩的产物,由于污水处理厂的大规模建设运行,产生的污泥量不断增加,污泥如得不到有效的处理处置,会引起二次污染。由于过去污水处理量较少,重视程度不够,污泥处理处置技术没有得到相应重视和发展,各种技术良莠不齐,在工程实践中,往往得不到较好的解决办法,在这种情况下,他率先提出每个城市应制定适合当地特点的规划,充分利用当地的资源,因地制宜地开展污泥处理处置实施规划研究,同时国家应制定相应的技术政策和标准规范,这一倡议得到全国同行的认可,各地纷纷根据当地的特点开展污泥处理处置规划研究和编制工作,使全国各地污泥处理处置工作逐步走上正轨,推动污泥处理处置工程的建设。同时,亲自主持国家技术政策和行业标准的编制,2009年国家住房城乡建设部、环境保护部和科学技术部联合发布城镇污水处理厂污泥处理处置和污染防治技术政策,就是出自他的辛勤劳动,还亲自编制国家标准,如《污水处理厂污泥处置分类》(GB/T23484—2009),《污水处理厂污泥处置:园林绿化用泥质》(GB/T23486—2009),《污水处理厂污泥处置:制水泥熟料用泥质》(CJ/T314—2009)等国家或行业标准,推动了污泥处理处置行业的发展。

张辰注重理论研究和工程总结,每项工程前期开展理论和实践研究,工程完成后进行工程总结,指导后续工程的建设,保持持续改进的工作作风。20多年前的青年工程梅陇雨水泵站建成后,马上撰写了雨水泵站设计中的若干注意事项,到今天还是年轻设计人员学习的必修课;主编国家标准《给水排水基本术语标准》(GB/T50125—2010),规范了全国给水排水行业的技术用语;主编《室外排水设计规范》(GB50014—2006),指导了全国排水工程的设计;还编写了《污水处理厂设计》、《污水处理厂改扩建设计》、《污水处理厂污泥处理处置技术与工程实例》等专著,且都成为畅销书籍,可见其在全国的影响。

张辰注重团队合作,工程设计本身是一团队合作的结晶,特别是大型工程,团队的合作至关重要,市政院现有职工2000多人,作为总工程师,主管科技创新和质量保证工作,为市政院在全国市政设计行业排名首位立下卓越功勋;带领的排水专业团队,已从事300多座污水处理厂工程设计,在全国也成绩斐然;同时又是总院研发中心的主任,在科技创新方面,支撑了一大批重大工程的开展。

张辰注重人才培养,他有一句话经常挂在嘴上,一流的设计院要有一流的学生,培养成一流的员工和一流的工程师,所以他以身作则,亲自到清华大学上课,和青年学生交流沟通;身兼同济大学教授,积极参与学

生的毕业设计,指导学生如何成为一名合格的工程师;在单位里,他亲自为进院不久的年轻设计人员上课,指导设计工作;还培养多名博士后,亲自带领他们从事前瞻性课题研究,如雨水资源利用,低碳市政基础设施构建等,均走在全国行业前列。

徐雪元 教授级高级工程师,1965 年 12 月生。1987 年毕业于清华大学热能工程系热能工程专业,同年进入上海锅炉厂有限公司,现任上海锅炉厂有限公司总工程师、超临界/超超临界锅炉总设计师。是上海电气(集团)总公司命名的"科技带头人"、也是上海电气目前获国务院特殊津贴的最年轻的专家。2003 年被评为上海市劳动模范,2007 年荣获全国五一劳动奖章。

长期从事大型电站锅炉产品的性能设计、新产品开发、锅炉产品科研等项工作。多年来,徐雪元带领技术团队,参加和完成了多个国家重点项目——600 MW、1 000 MW电站锅炉的性能设计,完成了 660 MW 超超临界锅炉和 600 MW 超临界锅炉的自主开发并形成了上锅自主知识产权。600 MW 超临界电站成套设备获得了中国机械部工业科学技术奖特等奖、1 000 MW 超超临界塔式锅炉新产品研制荣获了上海电气重大科技进步奖一等奖、中国国际工业博览会银奖。

人生格言

居安宜操一心以虑患

处变当坚百忍以图成

徐雪元

133

"超临界"的追求

○记上海锅炉厂有限公司总工程师徐雪元

电站锅炉节能减排的主要方向是什么？

——大力发展超临界及超超临界机组。徐雪元说：超（超）临界机组的供电煤耗和 NOx 排放可降低，因此将成为国家火电发电节能的主旋律，也将成为我毕生的追求！

有追求就有梦想，有梦想就能创造奇迹。由行业科技带头人、超临界项目的总设计师徐雪元领衔，上锅自主设计开发的 660 MW 超超临界锅炉，热效率达到 94.5％，其 NOx 排放量降至 240 mg/Nm^3，大大优于国家标准。2 台 1 000 MW 超超临界塔式锅炉投运后，以 NOx 排放降至 225 mg/Nm^3、每年省煤 87 万多吨的优异成绩，获得 2009 年上海国际节能减排博览会节能产品和技术金奖、中国电力优质工程奖。

里程碑项目：当仁不让

徐雪元是大家公认的"性能"专家，众多工程的性能设计任务由他领衔，就有了"主心骨"；大量的锅炉项目投标、工地服务和科研攻关工作，有他在场，就"底气"大增；在那些公司的"里程碑工程项目"里，如 320 MW 微正压油气炉、350 MW 锅炉、600 MW 自然循环和超临界锅炉、1 000 MW 等级超临界等新产品研制和开发，都烙有他勤奋、忙碌的身影。2003 年，他被评为上海市劳动模范，2007 年荣获了全国五一劳动奖章。

2004 年，公司委派他赴美学习 4 个月，并全面负责超临界锅炉技术的转让、培训工作。在积极消化吸收美国 ALSTOM 公司的技术同时,他结合多年对中国煤种的认识,同外方探讨,力求设计出最适合中国国情的超临界锅炉。在美期间,他带着太仓、镇江、利港等 600 MW 超临界项目的开发设计工作,在消化引进技术,精确、合理地进行性能计算,解决了设计及制造中的关键技术问题,使以上项目的锅炉炉膛尺寸、受热面结构等大大优化。不仅缩短了项目设计周期、减少了制造过程中出差错的可能,还协调各专业组,以及与外方间的配合,技术转让和公司首批超临界锅炉设计双双告捷。

记得在外高桥超超临界机组投标的前一天,考虑到原投标方案是塔式炉方案,公司决定再增加一个 π 型的备选方案。离正式投标日只有短短的二十几个小时了,徐雪元凭着"超临界"的追求,一直奋战到早晨六点,终于完成了 π 型方案。他拖着疲惫的身躯,眯着熬红的双眼回到近在咫尺的家,看望一下家中正在发着高烧的年幼儿子后,又出差去泰州参加百万千瓦超超临界机组投标澄清会的工作了。

徐雪元通过总结 600 MW 超临界和 1 000 MW 超超临界锅炉设计经验,又主持开发了 660 MW 超超临界锅炉方案。他针对锅炉燃煤情况,合理地选用了炉膛尺寸;通过对各级受热面温度的详尽分析计算,合理选取了受热面的材质,在保证各级受热面安全的前提下,有效地降低了整个锅炉的成本,还解决了项目施工设计中碰到的结构和工艺问题。660 MW 超超临界锅炉投入商业运行后,其锅炉效率、污染物排放等各项指标,达到国际先进水平。上锅据此先后又获得了 9 个项目 18 台锅炉的订单。

自主开发设计:大胆精确

伊朗项目是上锅出口至西亚地区最大的锅炉产品,也是上锅公司设计的第一台微正压燃烧的油气炉。徐雪元结合该项目锅炉燃油、燃气,微正压、低气压等特点,对设计中的技术难点作了完整的分析计算工作,使推出的锅炉方案更合理、完善,并顺利通过了总承包商和有关专家的评审,认定锅炉性能达到较高水平。

黄岛项目是上锅公司按引进技术自行设计的首台 660 MW 超临界

锅炉。在方案确立中,徐雪元通过大量计算分析,大胆提出了采用成熟的 600 MW 超临界锅炉结构的设计方案,减少了设计、制造的工作量,该项目实施后满足了各项性能指标。他还带领团队在自主开发中,申请了大量的专利,形成了多项专有技术,得到了国家权威知识产权机构的认定,使上锅摆脱了引进技术的束缚,为公司承接大量海外市场的合同打下了扎实的基础。截止到 2010 年初,上锅利用自主知识产权的 600 MW 超临界锅炉技术在包括印度、南非等海外市场共承接了 15 台 660 MW 超临界锅炉的供货合同。

关键技术研发:孜孜以求

新产品开发中,徐雪元对关键技术的研发最为关注。新产品开发前期,他不惜做大量的社会调研,走访多家电厂,掌握第一手资料,为项目合同签订时的技术澄清奠定基础。

山东莱城电厂的两台 300 MW 锅炉,不仅燃用易结渣的煤种,而且制粉系统采用罕见的"双进双出钢球磨"形式,这些苛刻的条件都给锅炉性能设计带来了障碍。他在参阅了磨煤机制造商的有关"双进双出"等大量资料后,胸有成竹地提出了三台磨煤机带锅炉满负荷运行的崭新思路,并做了大量的计算和论证工作,电厂用户无不信服他触类旁通的锅炉性能计算能力。

在超临界锅炉受压件材料的选用上,他每次几乎都通宵达旦。经他努力详尽地计算分析,常能在保证锅炉总体性能和机组安全可靠的前提下,将大量需国外采购的材料以国产材料代用,有效地缓解了材料采购周期紧的压力并降低了产品成本。

华能德州电厂三期 660 MW 机组#5、#6 锅炉是德国 BBP 公司设计的亚临界压力自然循环汽包炉。锅炉投用后,存在炉膛严重结渣、后烟井前侧墙多次超温爆管,过热蒸汽减温水量过大,排烟温度过高的现象,给电厂正常安全经济运行带来了很大的隐患。徐雪元作为改造项目的负责人,多次深入现场,采集运行数据,详尽计算和分析,找出炉膛结渣和后烟井前侧墙受热面超温爆管的原因。提出的改造方案实施后,彻底解决了后烟井受热面超温现象,炉膛结渣也得到了有效地控制和改善,得到了电厂及有关专家的赞誉。

培养带教新人：奉献企业

技术开发工作是团队的工作，胜败都系于人，这对于长期从事技术工作的徐雪元来说，体会相当深刻。他按照公司提出的"以项目为纽带，培训为手段，机制为保障"人才培养思路，在整个超临界项目产品设计、开发过程中，徐雪元带领、搀扶着青年设计人员，手把手地教会他们做方案、搞设计，使团队投标、竞标屡屡获胜；帮助指导他们写论文、做学问，开展技术交流和研讨，使科技成果不断收获。

随着国家对节能减排的日益重视，高效、低碳、低排放成为电站锅炉的热门话题，徐雪元意识到上锅只有掌握了符合市场需求的最新技术才能在未来的市场上立于不败之地。目前，他又投身于科研工作，带领大家攀登新的高峰——进行包括富氧燃烧、1200 MW 超超临界锅炉和超700℃锅炉等项目的科研开发，为后续企业发展奠定基础。他以自己刻苦钻研业务，无私奉献的精神，凝聚、影响、带动和培养公司新一代的设计人员，立志为提高企业核心技术水平，夯实可持续发展的人才基础做出贡献。

周伟澄　1958 年 11 月出生,研究员,博士研究生导师。2005 年获药物化学博士学位。现为上海医药工业研究院创新药物与制药工艺国家重点实验室主任、上海抗感染药物研究重点实验室主任,《中国医药工业杂志》总编辑。曾获"第四届中国青年科技奖"、国家"有突出贡献的中青年专家"、"上海市领军人才",享受国务院政府特殊津贴。

　　长期从事创新药物研究,涉及的领域包括抗寄生虫药物、抗菌药物、抗肿瘤药物、抗病毒药物和降血脂药物等。已经申请专利 32 项,获得十多份新药临床研究批文和新药证书,在国内外学术刊物上发表学术论文 100 余篇,主编《高等药物化学选论》和《药物合成技术》两本专著,培养博士、硕士研究生 30 余名。

人生格言

大道酬勤,只十份勤奋,
可能才获得一份收获,所谓
四事半功倍是很少的。

周伟澄

耕耘在药学天地的带头人

○记上海医药工业研究院创新药物与
　制药工艺国家重点实验室主任周伟澄

　　刚刚忙完创新药物与制药工艺国家重点实验室的验收工作,周伟澄又在忙着迎接新一届博士研究生了。作为国家重点实验室主任、上海抗感染药物研究重点实验室主任、《中国医药工业杂志》总编辑,再加上带教博士生,许多工作少不了他的决断。20多年来,周伟澄在繁忙的管理事务外,还在抗寄生虫药物、抗菌药物、抗肿瘤药物、抗病毒药物和降血脂药物等药学领域,特别是在抗锥虫药物、抗菌药物和降血脂药物方面辛勤耕耘,闯出了属于自己的一片事业新天地。

"我的事业在祖国"

　　周伟澄1982年从中国药科大学毕业后,考入上海医药工业研究院,攻读药物化学专业硕士学位。1988年,作为访问学者赴意大利Perugia大学进修两年。面对国外导师的挽留和国外优越的学习和生活条件,周伟澄斩钉截铁地说"我的事业在祖国!"坚信中国的新药研究有一片等待他去开垦的土地。1990年11月,他回到医工院十分普通的研究岗位。

　　回国以后,周伟澄在国家的"七五"和"八五"攻关课题中,负责承担了农业部"锥虫病防治药物的研究"项目。锥虫病是一种人畜共患的寄生虫传染病,国内缺少这方面的药物,近几十年来国际上抗锥虫新药的研究也无突破性进展。周伟澄知难而上,发现并成功开发出高效低毒的抗锥虫新药——盐酸锥双净,一次性注射 0.5 mg/kg 就可治愈患有锥虫

病的病牛,临床研究证明其疗效与国际上最好的药物苏拉明相当,费用仅是它的 1/40。1994 年,在农业部召集的课题鉴定会上,专家们一致评价该成果已达到国际先进水平。1997 年,他以多年来对三嗪类化合物的关注和深入研究,向联合国开发署、世界银行和世界卫生组织申请课题,成为当年世界卫生组织资助的唯一一个抗锥虫药物研究课题,共获得滚动资金 16 万美元。在 1998—2000 年的 3 年时间里,周伟澄以他出色的工作,渊博的学识和专业素养,赢得了国际专家和世卫组织官员的好评,在世界的舞台上成功展示了中国科学工作者的聪明才智。世界卫生组织的官员在评估他的研究工作时表示,在他们建立的抗锥虫筛选模型后的 30 多年里,筛选的新化合物不下 80 万个,但周伟澄所发现的这一系列新化合物中,显示了最显著的药理活性,具有进一步作为新药开发的良好前景。

"我的事业在祖国",现在已经取得不小成绩的周伟澄,当他在欧美大学访问、参加国际会议,或者与国外制药公司交流讨论合作时,都以自己的业绩赢得同行的尊重,这一刻,他对自己当年的选择更加坚定。

"站在高起点上仿创结合"

"在某些领域中,我们的研究深度完全可以与国外的同行接轨,甚至可以比试。"周伟澄始终充满了信心,"我觉得在任何一个领域、一个专业中,不论是做仿制还是创新,都要有比较高的起点,特别是要把仿和创结合起来,目光始终盯住本领域的世界研究前沿。"十多年来,他坚持从事创新药物研究,在这个领域里辛勤耕耘。并以出色的工作成绩多次获得世界卫生组织项目、国家"七五"至"十五"攻关课题、国家"十一五"重大新药创制专项、国家 863 计划、国家科技支撑计划、上海市各项科学基金等的资助。

国家"十五"科技攻关项目中,周伟澄负责承担了 2 个"863 项目"——"盐酸米那普仑及其片剂的研究"和"抗艾滋病药物阿巴卡韦的研究"。特别是在"盐酸米那普仑及其片剂的研究"中,时间紧,任务重,他带领着科研团队,不分昼夜地在实验室中协作攻关,仅用一年时间就完成了注册新药所需的全部临床研究,顺利实现了产业化。目前两个项目都通过了科技部的验收。

近两年来,周伟澄又把目标瞄准了 DNA 促旋酶抑制剂氟喹诺酮和蛋白质合成酶抑制剂噁唑烷酮、真菌细胞膜羊毛甾醇去甲基酶抑制剂唑类化合物、HMG CoA 还原酶抑制剂等领域中,其药理研究范围涉及抗菌、抗真菌、抗寄生虫、抗病毒、降血脂等方面,尤其是在降血脂创新药物的研究中达到了较高的学术水平。近年来,心脑血管疾病已成为严重危害人民健康的重大疾病,而血浆胆固醇浓度,特别是低密度脂蛋白(LDL)胆固醇浓度升高是引起动脉粥样硬化和缺血性心脑血管疾病的重要危险因素,因此降血脂药物已成为心脑血管疾病防治的重要手段,其中,"他汀"类药物是目前是临床上最主要的降血脂药物。周伟澄带领课题组以 HMG CoA 还原酶为靶点,设计合成了一系列衍生物,目前,在动物体内试验结果也证明,具有自主知识产权的化合物体内降血脂作用优于阳性对照药阿托伐他汀,并有良好的抗动脉粥样硬化作用,已确定为候选药物,与国内有关企业合作,进入全面的临床前研究阶段。

"科研工作离不开创新和传承"

"创新是企业生存和发展的动力。"2004 年,周伟澄负责组建上海医药工业研究院技术创新中心;2005 年,他又领衔组建上海市抗感染药物重点实验室;2006 年底,上海市抗感染药物重点实验室通过验收正式挂牌;2007 年,医工院向科技部申请建设第一批企业国家重点实验室,又把筹建的具体工作任务交到了他的手里。经过近三年的建设,目前重点实验室已形成了 40 多人的研究团队,科研领域涉及创新药物、新型制剂、生物技术、合成工艺和分析测试等方面,已获得国家和省部级课题 37 项,技术转让 6 项,申请专利 106 项,获新药证书 6 件。2010 年 9 月 1 日,顺利通过了科技部的验收,将成为我国创新药物和重大医药品种制备工艺产学研的重要平台。

"科研工作离不开创新和传承",作为博士生导师,他将自己丰富的药学理论知识和实践中的经验都毫无保留地传授给学生。他认为,对于从事创新药物研究的人来说,不仅需要培养信心和勇气,更要有严谨务实的科研精神和勤于思考、善于动手的科研能力。他要求每个学生坚持通过"工作周报"和自己交流互动,学生的研究课题,从立题、文献查阅到实验具体指导,都会一一过问。学生的论文,总要逐字逐句审改 4—5

遍,直到定稿。学生在试验中遇到问题,他则耐心细致地予以解答,帮助寻求最佳试验方法。他在专业领域显示出的敏捷思维和对问题的理解能力,深得学生们的信服和赞叹。十多年来,他共培养了10多名博士、20余名硕士研究生。如今,周伟澄带领他的团队先后在国内外学术刊物上发表论文100余篇,主编论著2本,申请发明专利32项,获国家授权专利11项。2009年,他被评为"上海市领军人才",并赢得了众多荣誉,包括1994年中央组织部、人事部和中国科协评选的"第四届中国青年科技奖",1996年人事部授予的"有突出贡献的中青年专家"称号,2002年国务院特殊津贴等。

"海不辞水故能成其大,山不辞土故能成其高。"周伟澄正带领着他的科研团队志存高远,在一片片药物研究的新天地中努力地耕耘着!

顾倩燕 研究员,1964 年 5 月出生于上海。1985 年 7 月毕业于同济大学桥梁结构专业,获工学学士学位。现任中船第九设计研究院工程有限公司水工和特种工程研究所总工程师,任上海市第十三届人大代表。

长期从事船厂水工构筑物工程、建筑基坑工程以及地下连续墙和钢板桩设计技术的研究,承担了上海市科技攻关研究课题 5 项、国家及集团重点工程的设计、科研任务 20 余项,发表论文 30 余篇,获发明专利授权 2 项,实用新型专利授权 6 项。设计研究成果多次获得各级奖励。

近年来获奖情况:2005—2006 年度上海市"三八红旗手"称号;2008 年中船集团"中船长兴一期工程建设记功个人";2008 年上海市科技进步一等奖(第 4 完成人);2009 年获"中央企业劳动模范"称号;2009 年水运建设行业协会科学技术二等奖(第 2 完成人);2010 年第二届上海市五一巾帼创新成果奖;2010 年"神华杯"中央企业青年创新优秀奖(第 1 完成人);2010 年上海市科技进步二等奖初评通过(第 2 完成人)。

所带领的团队:2008、2009 年全国优秀质量管理小组;2010 第二届上海市职工科技创新优秀团队。

人生格言　工作着,是美丽的。

工作着,是美丽的

○记中船九院公司水工所总工程师顾倩燕

她是顾倩燕,现任中船第九设计研究院工程有限公司水工工程设计研究所总工程师,她是一位对生活充满感恩和热忱,有着强烈事业心和责任心的女性。她看似柔和却有着巨大的能量。二十五年,岁月之河穿越而过,她收获了科学之美,也收获了生活的快乐。因为她深知:工作着是美丽的!

进德修业:纵横驰骋新领域

生长于 20 世纪 60 年代,顾倩燕身上满是那段红色岁月留下的烙印,执著、热情、充满理想。在青春飞扬的年代,她正是凭着这股劲头,积极投身于改革开放的新时代,为自己的青春书写了浓墨重彩的一笔,并开始了全新的奋进历程,从青春到成熟,一步一步留下了坚实的脚印。

在专业技术岗位的 25 年,顾倩燕一贯踏实认真,刻苦钻研设计新技术,善于把握和跟进专业前沿的研究方向,具有很强的科研和设计、组织协调以及解决实际技术问题的能力,她主持完成了百余项工程(包括十余项国家和省市重点工程)项目的设计科研任务,多次获得各级奖励,其中:国家金质奖 1 项;省部级科技进步奖 6 项(一等奖 1 项、二等奖 3 项、三等奖 2 项);省部级优秀设计奖 10 项(一等奖 4 项、二等奖 4 项、三等奖 2 项);2008 年中国专利优秀奖 1 项,2008 年全国优秀质量管理小组成员证书,公司级科技进步和优秀设计奖十余项。公开发表论文二十余篇,获发明专利授权两项,实用新型专利授权五项。

凭着扎实的专业知识和宽广的视野,顾倩燕开展本专业的前沿研究和工程实践。她致力于推广绿色建材——钢板桩在国内的推广应用以及软土地基的船坞创新设计技术。1995 年首次在国内引进 Z 型钢板桩组合成箱型钢板桩并成功应用于国内首座软土地基上的大型船坞工程——南通中远川崎船舶工程有限公司造船坞工程中,并在上海船厂、沪东船厂、外高桥造船基地等船坞工程得到了进一步的推广应用。她在国际上首次提出了大跨度双排钢板桩围堰双坞口并列建造创新设计技术并成功应用于中船长兴 3、4 号船坞工程建设,解决了复杂条件下两座船坞坞口并立建造的技术难题。

她致力于深基坑工程的设计技术研究,达到国际先进水平,"超大直径圆型基坑无支撑施工方法"获得了国家发明专利授权。她的研究成果"超大直径薄壁地下连续墙自立式围护结构在深基坑工程中的设计与施工技术研究"获 2006 年上海市科技进步二等奖;"上海环球金融中心大厦工程关键技术研究"获 2008 年上海市科技进步一等奖。正是有了追求科学的热情和坚持不懈的毅力,顾倩燕才在科研领域做出了令人瞩目的成绩。

有人说,奋斗就是一条不归路,从第一天踏上征程,顾倩燕就没有时间考虑成功,既然选择了远方,她便只顾风雨兼程。在工作中,顾倩燕敢于承担难度大、进度急的工程,不计较个人得失、任劳任怨。她具有良好的职业道德、强烈的事业心和责任心。身为女性的她在工作中并没有性别方面的特别意识,因为她深知在任何方面,并不因为你是女性,业主会降低对你的要求,她克服各种困难,废寝忘食,夜以继日地工作。她的敬业精神受到业主们的称道,上海环球金融中心大厦有限公司业主在顾客满意度调查表上写着:"值得信赖,最优秀的合作伙伴"。

携手冲关:累累硕果科研路

团队是拥有一个共同目标并能够用最理想的状态来面对和解决所遇到的任何问题和困难的群体。在顾倩燕背后,也有这么一支团队,他们在为了同一个目标战斗。团队就是一股支撑的力量,顾倩燕背后的力量就是中船第九设计研究院工程有限公司。

长久以来,顾倩燕在九院公司的优秀平台上,带领多个工程设计团队,完成了大量具有极高经济价值的设计项目,并同时完成了大量科学

课题的研究,获得多项嘉奖。在顾倩燕的带领下,水工所科技创新团队的建设得到了快速的发展,并取得了丰硕的科技成果。在船厂水工建筑物工程领域的设计市场占有率达到了 99% 以上,海洋工程、深基坑工程等领域也建立了优秀的设计品牌,其设计技术处于国内领先和国际先进水平。1995 年以来,水工所获国家、省部级科技进步奖 25 项,其中一等奖 4 项、二等奖 9 项、三等奖 12 项;获国家、省部级优秀工程设计奖项 34 项,其中一等奖 13 项、二等奖 12 项、三等奖 9 项,其中"船坞水工 QC 小组"连续四年获上海市优秀质量管理小组称号暨建设工程质量管理一等奖,并获 2008 年全国优秀质量管理小组称号。

厚积薄发:为了我国造船业的明天

为了将长兴造船基地建设成国内最大、最先进、最具有竞争能力的、军民结合、水上水下并进的综合性现代化造船厂,并提供可靠的技术支持标,切实贯彻科学研究为生产实践服务的科技工作方针,填补河口段软土地基上大型船坞工程建造技术研究和基础工程研究方面的空白,在理论、设计与施工新技术等方面对大型现代化造船厂水工构筑物工程提出技术指南。作为这一重大课题负责人,顾倩燕以九院公司为依托、水工所科技创新团队为主体,联合中港三航局上海分公司、上海基础公司等施工单位,在工程研究方面卓有建树的上海交通大学和同济大学,以及兄弟单位中船勘院等,组成产学研相结合的技术创新团队,对中船长兴造船基地一期工程水工构筑物工程从理论、设计和施工关键技术、施工安全监测技术等方面的 7 项专题开展科技攻关活动,进行 9 项大型原位核室内试验,完成研究报告 57 万字,申请专利 17 项,发表学术论文 20 篇,取得了多项技术创新成果,为工程的安全按时完成提供了可靠的技术支持,解决了长兴工程水工构筑物建造过程中的一系列难题,填补了国内大型船厂水工构筑物工程在理论、设计和施工技术方面的空白。经鉴定,该成果总体上达到国际先进水平,其中软土地基上大型钢浮箱作为闸首的设计与施工技术达到国际领先水平。课题所依托的背景工程已成功实施,并提前竣工,获得了巨大的经济和社会效益。该科研成果获得中国水运建设行业协会科学技术奖二等奖。

为了我国造船业的明天——这是一副多沉重的担子啊!而将顾倩

燕这个柔和的女子,与坚硬的钢铁和民族的前途相联系,不免让人心疼。但是,当你望向她的眼睛,你就知道了,柔和不是柔弱,柔和也是一种力量。顾倩燕和她的同事们,正将我国成为世界第一造船大国的宏愿,一点一滴融化在计算、论证……这些日常工作中。

顾倩燕告诉我们,"诸如'从事科学的都是社会精英,只有聪明人才能搞科研'……这样的观念是有偏颇的。科学只是职业,职业是没有高低之分的。人生是为了追求快乐与幸福,从事科学也应该如此,如果把科学作为一种实现欲望的手段是不幸福的。对我而言,从事科学是一种快乐与幸福。"

张敏健 研究员,1959 年 1 月出生。1982 年 9 月武汉水运学院船舶流体力学专业毕业,工学学士学位。现为上海船舶研究设计院研究员。2002 年国务院政府特殊津贴专家,2005 年中国船舶工业集团公司集团级专家,2008 年上海市领军人才,2009 年集团公司劳动模范。

长期从事船舶设计工作,主要承担了滚装船、化学品船及汽车船等新型高附加值船舶的开发设计,尤其在滚装船的研究开发中做出了重大贡献,并取得了多项科研成果。

近年来由其主持或负责设计的 10 300 吨滚装船研究开发设计,37 300 吨成品油/化学品船开发设计荣获国防工科委科学技术二等奖;16 000 总吨客/滚船设计和建造荣获上海市科学技术进步一等奖和中国造船工程学会科学技术一等奖;8 000吨滚装船研究开发设计荣获集团公司科学技术进步一等奖等。

人生格言

老实做人,认真干事.

张敏健

坚韧不拔,澹泊明志

○记上海船舶研究设计院研究员张敏健

"咬定青山不放松"

"当初既然选择了船舶设计这个行业,就决定了我一生的事业,我将为之倾注毕生……"一晃28个年头过去了,张敏健依然信守着当初的选择,默默奉献在这片广袤的天空,谱写着辉煌。

1982年,武汉水运学院毕业的张敏健,随即踏上了工作岗位。当时,上海船舶设计院(以下简称"船院")正处于"历史的拐角":从等靠国家单一拨款,变为主动进入市场的第一个年头。在全院年收入人均不到1万元的条件下,张敏健并没有怨天尤人,作为一名新入院职工,怀抱着最初的信念,踏踏实实地拿起铅笔和三角尺开始绘制心中美好的愿景。他刻苦好学,利用有限的资源,向同事、向老专家请教,收集各类技术文献资料,一丝不苟地翻阅研究,俗话说"历史的拐角好超车",他的努力换来了扎实的理论功底和开阔的知识面,为今后的发展奠定了良好的基础。

"天行健,君子以自强不息"

"不鸣则已,一鸣惊人。"1998年年初,船院承接了出口瑞典的8 000载重吨纸/拖车滚装船合同设计。滚装船——这种技术含量高,设计和建造难度都较大的船舶,在当时基本设计长期由国外提供。面对这样一个转折性的时刻,张敏健负责了该船的结构专业设计。

在时间紧,缺少国外同类船型资料,且船东对该船结构设计提出许

多严格的、非常规的要求和限制的情况下,他依旧冷静沉稳,充分发挥自身专业特长,带领着他的团队利用先进的三维有限元计算,创造性地完成了多项结构形式的设计,加上扎实的基础理论功底,将结构力学原理与船东的特殊要求完美地结合起来,有效地解决了该船的总纵强度,横向强度,三维建模的形式,结构应力评估等一系列难题。除此之外,他还想船东之所想,为进一步提高船舶的经济性,通过运用有限元分析,大大减少了船体结构重量,使空船重量指标优于欧洲同类型船舶,实现了该船航速高、载货量大、机舱空间小、主机功率大、通风要求高、高等级冰区加强等要求,使该船的主要技术指标跃升至当时国际上同类型船舶的领先水平。

该船型的成功设计,实现了滚装船设计全部由国内完成的首次突破,证明了我国设计和建造高新技术船舶的能力,为我国造船业进军世界滚装船市场作出了重大贡献。而张敏健及其团队的努力功不可没,在接受掌声和鲜花的时候,有谁知道多少个日夜辛勤耕耘积淀,才有了一朝厚积薄发的惊叹。8 000 吨滚装船被瑞典"ShipPax Information"机构授予"2000 年杰出滚装船奖",并被英国皇家造船学会编入《2000 年优秀船型》,获 2001 年度集团公司科技进步一等奖。

自强不息——船院文化的精髓,被亲切地称为船院之"魂",它支撑着船院无论是顺境还是逆境,依然勇往直前。一个企业的精神,是企业员工品质的折射。张敏健就是一个自强不息的代表,他所创造的多个"第一",多个"最",是他对船舶事业的热爱,"宝剑锋从磨砺出,梅花香自苦寒来",对他而言,所有的困难都是一份份财富,他不为名,不为利,一心只想着技术的改革和创新,一心只考虑着如何满足船东船厂的要求,一心只惦记着作为一名"龙的传人"的使命,而风采就在这不经意间绽放……

"地势坤,君子以厚德载物"

"言必行,行必果。"作为滚装船设计的专家级人物,张敏健除了拥有一流的技术水平和创新设计理念之外,在他的心里还有着一股强烈的社会责任感,船舶设计的安全性关系到国家和人民的切身利益。

从全球来看,火灾、搁浅和碰撞是导致当前客滚船海难的三大主要原因，1989 年至 2005 年以来，渤海湾共发生事故 18 起，而火灾事故占 77%，事故暴露出的主要问题除了车辆管理、船舶火灾预防控制等外，在船舶设计上也存在进一步改善的空间。当时，张敏健正担任 16 000 总吨客滚船总设计师。该船为我国首次自行研究、设计、制造的客滚船，渤海湾事故濒发，使交通部对客滚船安全愈加重视，张敏健深知肩负的责任，暗暗下定决心，在设计上要有所突破。

16 000 总吨客滚船的设计，其难点是旅客数量多、舱室、通道、救生设计的布置要求高，而船东对船舶的快速性、舒适性、操纵性和载货量又提出了很高的要求。张敏健带领着项目组全体成员，发扬团队精神，在国内率先将概率论计算方法与 Napa 手段结合，成功地对客滚船的破舱稳性进行计算，先后完成线型、螺旋桨性能、结构设计、振动噪音等 17 项关键技术的研究。时值 SOLAS 安全和消防公约全面改版，针对公约的新变化，张敏健潜心研究。严格按照公约要求，是确保客滚船安全性的重要方面，之后，在 16 000 总吨客滚船的设计中，他引进旅客海上紧急撤离的理念，增设斜滑道和垂直滑道等国际最先进的设施，使全船乘员可以在 60 分钟内安全撤离，这无疑为在危险情况下旅客和船员的人身安全提供了有利的保障。

该船的成功开发，填补了国内空白，被英国皇家造船学会编入《2006 年优秀船型》。对今后推广和发展此类型船具有深远的意义，并荣获 2006 年上海市科技进步一等奖和中国船舶工业集团公司科学技术进步二等奖。

作为一名资深的行业专家，张敏健在院内外都享有较高的威望，在各种荣誉光环的照耀下，他依然朴素如故，待人接物真诚谦逊。"老实做人，认真干事"是他的人生格言，看似平和的八个字却透露着一股从容和淡定。

他从不吝惜传授已有的技能知识和宝贵经验，和他一起做项目的人无不称赞他的为人，有求必应；对待青年职工他热心培养，耐心细致，倾其所有。他认为，传帮带教不仅关系到企业发展的连续性，更是希冀着船舶行业的人才能够长江后浪推前浪，青出于蓝而胜于蓝。2009 年，为了加强对院内职工的培训，贯彻终生学习的理念，船院拟建了"虚拟 SDARI 大学"，张敏健主动接受担任院聘讲师一职，他不遗余力地利用自己的休息时间搜集资料、备课、做演示稿，那股认真劲，不亚于带领团

队攻克一道又一道的难关,问起他的感受,他笑着说:分享我的一切,胜过一切荣誉,没有比这个更令人高兴的了……

正是如此广阔的胸怀,优秀的品德,无私的奉献,才得以承载起这光荣的加冕。张敏健不仅是船院人的榜样,更是船舶行业的骄傲。

尹天文　教授级高工,1968年1月生,1989年7月毕业于上海工程技术大学。现任上海电器科学研究所(集团)有限公司总裁助理、电器分所所长。获"上海市优秀学科带头人计划资助",全国低压电器标准化技术委员会主任委员。上海理工大学硕士生导师。全国和上海市劳模。

长期从事低压电器等技术研究与产品设计工作,承担18项国家和市重点攻关等项目;主持开发适用我国智能电网的第四代低压电器,多项技术填补国内空白。负责创建了国家机械工业重点实验室"智能电器及其系统集成重点实验室"和市科委等多个平台项目。发表论文20余篇。

近年来申请专利9项,其中发明专利占90%;承担项目获中国机械工业科技进步一、二等奖和上海市科技进步一等奖。

人生格言

有思则明,有行能得,有心则智,有梦能圆。

尹天文

引领行业持续快速发展

○记上海电器科学研究所（集团）有限公司
尹天文高级工程师

勇于开拓创新，攻克科技尖端

尹天文，一个默默无闻的科研工作者。多年来，作为上海领军人才，凭借自己较高的学术造诣，献身科学、开拓创新。先后承担国家和市级项目18余项；主持开发与国际水平相当的现场总线智能网络配电系统等多项具有自主知识产权的研发工作；攻克几十项关键技术；项目的金额超过1亿元。

作为团队和项目的主要负责人，他先后负责并参加了国家经贸委重点技术创新项目《现场总线低压电器关键技术开发及产业化》、科技部技术开发研究专项《新型电器—现场总线智能电器》等十多项国家和上海市重点项目的研究工作。战略性地提出：传统的低压电器必须向可通信智能化方向发展的思路，实现了低压配电系统自动化控制。

大胸襟者有大人生，能持之以恒者能成功。作为学科带头人，他长期奋战在科研第一线，一直跟踪和关注国外低压电器最新发展动向以及国内电力系统发展需求。他与有关专家一起提出了发展我国第四代低压电器产品的总体设想。从2006年开始，正式启动了低压电器行业具有代表性的四个系列新一代产品研发项目，为我国低压电器行业持续发展奠定了基础。同时，根据低压配电系统和通信系统等保护要求，成功地开发了自主创新并达到国际先进水平的三大类别的电涌保护器；负责编制了多个电涌保护器的国标和行标；建立了国内首个能按新国标要求进行完整测试的电涌保护器试验室；创造性地实现了我国低压配电系统防雷的新领域。

与此同时，为了能扭转我国低压电器行业一直以来在创新研究设计能力这一落后局面，他带领研发平台建设团队，先后建立我国首个专用于智能电器研发的仿真分析平台、对试验全过程进行记录与分析的实验室研究平台以及专业数据信息平台等，对加速整个行业产品的更新换代具有重大意义。

作为全国低压电器标准化技术委员会主任委员，他十分关注国际上低压电器相关标准发展动向。凭借着本公司作为全国低压电器标准归口单位的优势，先后组织有经验专家对 IEC62026 系列标准进行详细分析、研究、及时转化成国家标准，从而使之成为我国第一批颁布的现场总线国家标准，对推进现场总线技术在低压电器中的应用以及低压电器实现智能化、网络化、可通信起了重要作用。

作为项目负责人和学科带头人，他十分重视产品知识产权的保护，专利技术创新。通过对专利的二次开发、专利的规避以及核心技术的培育等，形成了"带点火可控极高通量电涌保护器"等一批具有自主知识产权的产品、核心技术和技术秘密；利用专利技术先后开发了一大批具有国际先进水平的低压电器产品，主导并占领了我国低压电器产品的主要市场，市场占有率达到 50% 以上，填补了多项国内空白，达到了国际同类产品先进水平。

集聚团队效应，奉献科技事业

作为科研团队中的科技领军人物，他不仅带领团队敢于勇攀科研高峰，攻克科研难题，填补国内空白；同时，他还充分发挥行业"领头羊"的作用。利用行业协会和行业秘书处的平台，通过产、学、研以及合作开发等模式为行业培育创新人才，提升行业的整体水平；通过利用科研成果的转化和产业化来带动行业的技术进步和产业发展。近年来，通过专利技术的转让，共创经济效益近 1 亿元。近五年来，受让专利技术的企业每年由此而新增销售额超过 5 亿元。

榜样的力量是无穷的。作为第四代低压电器产品研发项目的总指挥，他十分重视团队的传、帮、带工作和核心员工的队伍建设，并以身作则，通过第四代低压电器产品研发工作的开展来提升青年科技人员的技

术水平,实现新老交替。他从团队人才培养的战略高度出发,给青年科技骨干提供施展才华的平台,让他们担任项目负责人。从项目前期调研、研究到项目确立;从对国内外同类产品最新发展态势的跟踪,到新一代低压电器产品创新技术的提出;从项目技术方案的确立,到项目合作开发和任务的具体实施等,一一传授,每个阶段都倾注其全部心血。至今,第四代低压电器产品克服重重困难,攻克了全电流范围选择性保护、区域联锁、保护与控制集成等几十项关键技术。目前已全面完成研发阶段工作。

在他的带领下,"配电装置关键技术的研究"获得科技部院所基金项目;"新一代智能化高性能塑壳断路器"获上海市技术中心能力建设项目、"智能化多功能自配合控制与保护开关电器研究"获上海市学科带头人项目。近年来,他所带领的团队先后提出申请专利160余项,其中发明专利占70%以上。项目获40多项国家、部、省(市)级奖励。团队先后被授予"2004年上海市红旗班组称号"、"上海市青年文明号";并先后培育出上海市优秀学科带头人2名,上海市青年科技启明星3名、上海市"三八"红旗手1名,低压电器领域学科带头人3人等荣誉称号。

执著追求,引领行业发展

尹天文同志刻苦钻研,执著追求,对低压电器产品有着深入的研究,为了总结和传承已有科研成果,传播电气领域最新科学技术知识,作为主编人员之一,参加撰写了《中国电气工程大典》专著中第11卷《配电工程》第2篇《低压电器》部分章节。目前该书已由中国电力出版社出版。该书为培养电气工程专业人才提供了一本很好的教科书。

他热衷社会工作,致力于行业技术进步。先后兼任全国低压电器标准化技术委员会主任委员、全国低压设备绝缘配合标准化技术委员会主任委员、全国电器设备网络通信接口标准化技术委员会主任委员、中国电工技术学会低压电器专委会副主任等职。

他在积极做好全国低压电器行业工作的同时,与众多国企、民企、外资企业保持密切联系与合作,创建行业信息化服务平台,以信息化技术带动传统电器产品的研发。他努力发挥自己的专业优势和所在专业委员会的综合优势,对推进全国低压电器行业和相关产业的发展,为信息化带动工业化做出了积极贡献。

尹天文同志工作作风正直、求实、团结协作,具有强烈的创新意识,是一位年轻的技术尖子。他工作勤奋踏实,处事稳重细致,廉洁自律,以自己的务实精神、前瞻性的智慧和胆识、积聚人心的人格魅力,无声地凝聚着科技人员和员工的人心,激励着全公司及同行业员工不断地前进。

有耕耘才会有收获。近年来,他主持承担的国家和市级重大科研项目分别荣获了中国机械工业联合会科学技术进步一、二等奖、上海市科技进步一等奖;并先后被评为上海市劳动模范、全国劳动模范。

奚自立　高级工程师,汉族,1957 年 1 月 2 日生,上海市人,1984 年获得华东计算技术研究硕士学位。现任上海超级计算中心主任。兼任中国计算机学会专业委员会高性能计算专业委员、上海市计算机学会理事。1993 年起获国务院政府特殊津贴。2006 年 8 月至 2007 年 2 月赴美国伯克利大学做访问学者。

早期从事计算机体系架构等专业技术工作,长期工作在高性能计算应用领域第一线,参与了多个国家 863、973、国家自然科学基金项目,在项目中主要承担了整体规划和设计工作。他对于高性能计算应用模式也有着独到的见解和理论,为推动中国的高性能计算应用事业的发展做出了重要的贡献。

近年来获奖情况:1991 年国家科技进步奖二等奖;1996 年国防科工委"八五"军事科研工作表彰;1997 年国家科技进步二等奖;2003 年国家科技进步一等奖;2006 年上海市统一战线先进个人;2007 年国家科技进步二等奖。

人生格言

我以上海超级计算中心为荣
上海超级计算中心以我为荣

———— 奚自立

用速度赢得世界瞩目，
让服务提升中国 HPC 生态圈

○记上海超级计算中心奚自立主任

奚自立从 1983 年开始从事计算机体系架构等专业技术算起，徜徉在中国计算领域已近 30 个年头。其间他不仅见证了中国计算事业的蒸蒸日上，更是在国外技术封锁的环境下，通过技术创新亲力推动了中国高性能计算技术及应用的蓬勃发展。

前瞻高效，用技术构建一流计算中心

2000 年奚自立作为主要负责人之一，承担了上海超级计算中心筹建工作，负责主机房运行环境的建设任务和拓展高性能计算应用，成功引进了当时国内最快的超级计算机。在这期间，他时常伏案至凌晨，认真比对技术参数，白天频繁往返上海建设工地和异地机器建造场所。在他的努力下，上海超级计算中心整体工程按时按质完成，当时国内运算最快的超级计算机也平稳到位，为下一步应用的开展打下良好基础。

仅经过 4 年的发展，上海超算已成功获得国内同行的认可。然而，高性能计算技术的发展遵循摩尔定律，每年机器计算速度将按几何倍数增加。作为国内第一家面向社会开放的计算中心，如何在发展中使上海超级计算中心与时俱进，是摆在奚自立面前的一道崭新课题。

带着这些问题，奚自立积极申请，果断承接了"中国国家网格"项目。中国国家网格由国家 863 计划重大专项支持，聚合了高性能计算和事务处理能力的新一代信息基础设施的试验床。在建设上海超级计算中心网格主结点中，奚自立作为该专项中网格主结点专题的课题组长，

直接参与了"面向网格计算的高性能计算机"研制项目。他带领技术人员投入"'曙光4000A'10万亿次高性能计算机的研制"工作中,从各类用户的实际需求出发,针对未来的业务运行需要,根据新机选型确定的几大原则,对曙光4000A概念设计方案提出改进和优化设计,在CPU选型、系统硬件配置、管理系统、操作系统、系统库、编程调试环境设计和优化、大型应用软件测试等方面进行了改进,使机器的系统架构、硬件配置、软件系统更加适合于应用。该机器测试结果非常好,实测性能超过8万亿次/秒,实际达到2004年6月TOP 500中第十位。该项目2007年获国家科学技术进步二等奖。

2008年,在精心分析国内外高性能计算现状后,奚自立又带领上海超算员工果断引进当时国内预算速度最快的"魔方"高性能计算机,并在短短一年内,引导用户,使得该机器的使用率超过90%。

多元创新,为各行各业做好
高性能计算服务

奚自立敏锐地意识到,一家计算中心只有先进的软硬件资源只是基础,要让更多的科学研究、工程计算用户用到稳定可靠的计算资源,才能使计算实现价值。2001年中心建立后,他便亲自带队走访了大量的用户单位,为超算中心的发展奠定了第一批长期大客户,也为今后上海超级计算中心立足上海,辐射华东,服务全国打下扎实基础。

2001年至2002年上海超算与湖南大学合作负责汽车碰撞安全性设计与改进理论、方法与关键技术项目。该项目是国内首次开发的具有自主知识产权的汽车碰撞及冲压成型过程三维动态仿真并行化系统,其充分利用了神威机的并行计算能力,并行效率高。奚自立同志在该项目中负责项目总体策划、技术指导等工作。在神威超级机投入使用不久,克服软硬件移植难关,充分利用计算速度大幅提高,在仿真中采用更详细的计算模型和真实的工艺参数,使得仿真结果更加真实可靠。整车碰撞安全性设计技术及薄板冲压成型技术的综合水平达到了国内领先、国际先进,填补了我国在自主冲压过程并行仿真系统方面的空白。其中"薄板冲压工艺与模具设计理论、计算方法和关键技术及在车身制造中的应用"获2003年国家科学技术进步一等奖。

几年来，他为高性能计算应用在上海、华东地区乃至全国逐渐培养起成熟的高性能计算应用环境，稳定高效的计算服务帮助用户在汽车研发、隧道设计、航空航天、新药设计、新材料研究、基因筛选等二十多个领域近250家用户提高研发效率，缩短设计周期，大量的节约了资金和财力。仅2009年上海超级计算中心用户被SCI收录的论文对上海超级计算中心致谢的文章达131篇。

开阔视野，努力提升国内高性能计算环境

在为用户提供了稳定的计算资源和专业的计算咨询服务的同时，奚自立同志更放眼于世界，紧跟全球最新的技术发展动向和趋势，并努力促进国内外的技术合作与交流。长期以来，超级计算作为计算技术的最前沿学科，被少数发达国家视为敏感交流地带，总有意无意地尽可能进行技术封锁。凭借在业内的知名度以及在国内外专家的推崇下，2005年，在奚自立的主持和策划下，中心克服种种困难，顺利召开的高性能计算应用大会吸引了来自美国、加拿大、芬兰、韩国和国内各个高性能计算领域的专家，为中心进一步加强国际间的合作交流打下了坚实基础。2008年6月，他又率上海超算技术员工参展在德国举行全球高性能计算大会，将中国高性能计算应用技术第一次主动展现在国外同行前，受到了瞩目和好评。

2008年末，在他组织下，国内首届高性能计算中心主任研讨会在上海举行，来自国内各家超级计算中心的负责人及个别重大应用领域的专家共同为超算中心未来发展之路出谋划策。现今，国内高性能计算中心纷纷落成并逐步投入使用，高性能计算应用也被越来越多用户了解和熟知并使用。整体高性能计算环境的日益成熟更将促进未来中国科学研究水平的增强、社会经济发展和综合国力的提升。

海纳百川，全力构建高效能人才高地

几年来，上海超级计算中心高性能计算应用技术硕果累累。在上海超级计算中心，员工都知道，每天上班来得最早和下班离开最晚的是奚

自立主任。在他的带领下,越来越多来自五湖四海的有志于从事高性能计算的人员纷纷加入上海超算,他们既有计算专业的高材生,也有喜欢在计算机上建模的归国应用技术人才。尽管这些员工的专业背景不同,这个硕士以上学历超过总人数 1/3 的团队,都被奚自立主任感染,全力与速度赛跑,努力为用户提供一流计算服务。这支包括拥有结构力学、流体力学、计算化学、计算数学、计算物理等专业知识的高性能计算团队,为来自上海乃至全国的工程计算、科学计算不仅提供了稳定的计算资源和先进的计算咨询服务。这支团队 2007 年被授予全国"五一劳动"奖章,其中更不乏全国优秀软件青年提名获得者和上海十大 IT 新锐。工作之余,他还是名研究生导师,积极探索如何培养出一批理论扎实并能投身科研的技术人才。目前一批熟悉专业理论知识和掌握实际操作经验的高性能计算应用的人才队伍正在加紧形成。

现在,当你踏进奚自立主任的办公室,他会饶有兴趣地拿起桌上的魔方问宾客三阶魔方到底有多少种排列组合,当看到来宾得知是有 4.3 ＊ 1019 组合露出惊诧不已的表情后,奚自立主任又将他的眼光投在魔方上"这才是计算带给我们的无尽想象和能量"。"高效、领先"是超级计算机的特点,一位成功驾驭超级计算机的专业技术人员不仅要具备超级计算机的特点,还有"勤奋、开拓、多元"的精神,才能充分引领超级计算机服务于各行各业。奚自立作为改革开放以来的计算技术领军人物,不仅在上海市城市科技发展、城市建设中发挥了巨大作用,也为中国的高性能计算及其应用事业做出了贡献。

　　尹志尧　早年在中国科技大学与北京大学就读,后在中国科学院从事研究工作。1980 年赴美留学后于美国加州大学洛杉矶分校取得物理化学博士学位。现任中微半导体设备(上海)有限公司董事长兼执行长;现任国务院 02 重大专项极大规模集成电路装备及成套工艺中"65—45 nm 介质刻蚀机研发与产业化"课题组组长。

　　在美国硅谷任职 20 余年,先后于英特尔与泛林公司承担核心产品研发工作,曾任美国应用材料公司总公司副总裁,等离子体刻蚀事业群总经理等技术与管理高层职务,是国际上前两代等离子刻蚀设备技术和产品开发的主要推动者,总共拥有 100 项专利,其中美国专利 88 项。

人生格言

让人们因你的存在而生活得更美好

归芯似箭,知微致远

○记中微半导体设备有限公司
董事长兼首席执行官尹志尧博士

享誉业界,心系祖国

尹志尧博士自1984年于美国加州大学洛杉矶分校取得物理化学博士学位,之后20余年,就一直任职于美国硅谷。他曾任等离子体刻蚀设备领先的泛林研究公司的等离子体刻蚀产品研发部的资深经理,在80年代,帮助泛林确立了等离子体刻蚀设备的领先地位。在90年代,他就任于世界最大的半导体设备公司——美国应用材料公司,帮助应材再次确立了等离子体刻蚀设备的领先地位。他曾任总公司副总裁、等离子体刻蚀事业群总经理,领导了半数以上国际上最成功的等离子刻蚀设备的开发及市场引入。他直接开发和领导开发的等离子体刻蚀设备加工了国际上20年来半数以上的芯片。是77项美国专利的发明人,在刻蚀产品的开发和市场化方面积累了深厚的经验。等离子体刻蚀,光刻和化学薄膜沉积是半导体芯片加工的主要关键步骤,是在人的头发丝的千分之一的尺度上加工复杂的微观楼宇和高速公路。

虽然尹志尧博士取得了业界公认的成就,但作为一个爱国华人,他从来没有忘记自己的使命和梦想。抱着报效祖国的决心,他毅然放弃在美国优越的工作和生活条件,于2004年和十几个同仁回国,在上海市政府的大力支持下,创建了中微半导体设备(上海)有限公司。尹志尧博士以其在半导体高科技领域内的影响力,迅速聚集了在美国硅谷,日本、韩国、中国台湾和新加坡等地,有十几年到二十几年半导体设备经验的80多位技术和管理的中高层人员,组成了一支二十多年以来从美国硅谷回国创业技术和管理实力很强的一支队伍。团队成员领导或参与了20多个成功的半导体设备产品的开发及市场引入，是200多项美国专利的发明人，有着丰富的研发生产经验以及指导管理经验，在各自的领域里是一流的专才。尹志尧博士领导这支队伍决定不畏艰难，选择开发以最为困难的、最有技术含量、最能体现国家半导体装备产业的技术能力的等离子体介质刻蚀设备，并从开始就瞄准高端的12英寸设备，提前于国际芯片技术发展，瞄准下两代的技术要求，所开发的刻蚀设备，超前了原计划的90纳米及65纳米工艺两代多，达到45纳米到32纳米要求。中微的发展大力于推动了中国半导体设备的部件本土化及半导体设备整个产业供应链的发展，从而使中国的装备产业实现跨越式发展，改变全球半导体设备供应市场的竞争格局，协助提升中国在国际高科技战线上的战略地位。

自主创新，积厚成器

在尹志尧博士的领导下，中微公司团队经过刻苦研发，仅用了2年半的时间，就在2007年推出了采用创新设计的12英寸Primo D－RIE系列等离子体介质刻蚀设备，中微在国际上率先开发了"超高频去耦合离子反应刻蚀技术"，这是第三代成功的等离子体源和反应器的基础，现已成为国际这一代介质刻蚀设备的主流技术，推动了等离子体刻蚀技术的发展。中微同时设计开发了双芯片反应器的主机系统，比国际上占垄断地位的单片机单位投资的芯片输出量高35%以上，芯片加工成本省35%，占地面积省35%以上。

中微的刻蚀设备产品目前已经进入中芯国际、台湾台积电、台湾华邦、新加坡特许和台湾瑞晶等5家海内外一流芯片生产线，生产了50多万片合格的芯片，取得了多个重复性订货，正式销往国内外市场。中微的刻蚀设备还将进入上海华力、台湾联电、台湾华亚以及韩国和日本的高端市场。2010年，中微将实现销售收入2 120万美元，实现订货3 571万美元。公司计划在5到10年内，在等离子体刻蚀设备领域成为世界三强，产品市场占有率占到全球市场的1/3以上。

目前，中微的等离子体介质刻蚀机已在中国、美国、欧洲、中国台湾、新加坡等地获得了11次著名奖项。2008年，中微公司分别被知名媒体

《EE Times》和《EuroAsia Semiconductor》授予"年度创新企业"和"年度企业新秀"奖项。中国台湾业界权威性的"杰出企业管理人协会"也授予了中微"杰出企业"和"杰出产品"两项金峰奖。2009 年 7 月产品在美国旧金山获得了国际半导体业界最高奖：2009 年最佳产品奖，是过去三年中唯一的等离子体刻蚀领域获奖者。2010 年 3 月产品获得了上海技术进步奖一等奖，排在 224 个等奖单位的第一位。最近中微又被"经理人杂志"评为 2010 年中国最具创新力的 30 强。

中微全体员工经过五年多的不懈努力,在半导体芯片生产关键设备：等离子体刻蚀设备的研发、制造中已经取得了重要的成就,已经使中国落后的半导体装备产业出现了意义重大的局部突破,它打破了发达国家在核心半导体制造设备方面对中国的垄断和技术封锁,也改变了国际上刻蚀设备市场的竞争格局。中微公司已经以其快速成长的标杆作用加速了更多的本土设备企业的成长,使更多的国际高端技术人才能够投身中国半导体设备制造业,并进一步加强国际风险投资机构和先进芯片制造企业对中国半导体设备行业的信心。

追求卓越，引领未来

在尹志尧博士的领导下,中微公司目前有员工 250 多人的一个国际化团队,其中包括从美国、日本、韩国、新加坡,以及中国台湾等地加入的 80 多名技术精英,在技术上和管理上都有比较丰富的理论和实践经验。中微也培养了一批国内半导体装备产业的生力军,培养一支在未来能够独立承担半导体设备研发任务的、具有世界水平的本土队伍。

鉴于尹志尧博士是半导体装备行业的技术和产品开发的推动者之一,在国际上享有相当的声誉和地位,尹志尧博士将作为 02 重大专项极大规模集成电路装备及成套工艺中"65—45 nm 介质刻蚀机研发与产业化"课题组组长。实际上这一项目将会开发出超轻两代的刻蚀设备,可加 32 纳米到 22 纳米的介质刻蚀。这是国家重大专项"极大规模集成电路制造装备及成套工艺"的 2008 年启动项目之一。成功开发出 12 英寸、下一代的介质刻蚀设备将使中国的等离子体刻蚀进入世界最先进的行列。在总体性能上达到或部分超过美国及日本最好的同类产品。

在成功开发 12 英寸介质刻蚀设备的基础上,尹志尧博士领导的中微公司还在开发具有自主知识产权的三维集成硅通孔(TSV)刻蚀设备，并将启动计划半导体照明芯片薄膜(MOCVD)设备。与目前产品不同，这两个项目针对的是两个完全新兴的半导体设备市场。这对于像中国这样在半导体装备产业相对落后的国家来说，是一个迎头赶上并可能在产业中取得局部领先地位的绝好机会。中微为这两个项目，已经做了大量的前期研究和准备工作，并取得了初步的进展，有充分的信心取得成功。

周　松　教授级高级工程师,1968 年 2 月生,1989 年获同济大学岩土工程硕士学位。现任上海市第二市政工程有限公司董事长、党委书记。上海市土木工程学会第九届理事会土力学与岩石工程专业委员会常务副主任委员,第六届上海市建设和交通委员会科学技术委员会委员,具有国家一级项目经理、一级建造师证书,并获得建设工程(总承包)项目经理岗位和中国施工企业高级职业经理人证书。

　　周松作为市政二公司的董事长,在重大工程建设和管理,在不断提升企业自身创新能力方面做出了突出贡献和杰出业绩,使公司核心竞争力大大提高,企业经济和社会效益显著,树立了良好的社会形象。参与十几项重大科研项目,在《岩土工程界》等权威学术论坛发表重要论文二十余篇,2006 年获得"上海市重大工程立功竞赛建设功臣"称号。

人生格言

以诚感人者,人亦诚而应

开拓创新谋发展

○记上海市第二市政工程有限公司
党委书记、董事长周松

　　周松自2003年5月开始先后担任上海市第二市政工程有限公司总经理、党委书记、董事长。7年多来,周松同志认真贯彻党的路线、方针、政策,全面学习实践科学发展观,以"脚踏实地抓改革 开拓创新谋发展"为工作思路,带领全体干部职工奋发图强,出色完成了一大批国家、上海和外省市重大工程建设施工任务和上海市对口支援都江堰市灾后重建任务,公司的经济实力和社会知名度都得到了显著提高。

一颗静心——立足根本练内功

　　企业要实现自己的发展目标,关键就在于员工队伍素质是否与企业发展的需要相匹配。周松同志根据企业长远发展目标的需要,本着用好现有人才,培养紧缺人才,引进急需人才的观念,加大人才队伍建设的力度。近年来,公司以改革为契机,着力打造了一支年轻化、专业化、高学历的干部队伍,加强了人才梯队建设。此外周松要求有关部门根据员工不同的发展方向,积极开展"永创精品金奖"、"首席员工"、"雄鹰青年成才奖"评选活动,培养了一大批技术带头人、操作能手、优秀项目经理,为日后的世博建设、绵阳援建、都江堰灾后重建以及后世博时代公司业务的全面拓展打下了坚实的基础。

　　在激烈的市场竞争中,周松深深体会到管理工作的重要性。作为一个施工型企业,能否在市场竞争中获得较多的份额,关键就在于施工现场管理工作是否到位,是否以过硬的工程质量去赢得市场。为此周松加

大了企业内部管理的力度,明确管理目标、建立健全各类规章制度、管理措施到位、考核严肃;加大对施工现场的管理、检查和监督力度,从而保证了重大工程建设顺利完成。近年来,公司先后有50多项工程分别荣获国家鲁班奖、詹天佑土木工程大奖、国家优质工程奖、中国市政金杯示范奖、上海市白玉兰奖、上海市政工程金奖、上海市优质结构工程奖、上海市十佳优秀市政金奖工程、四川省结构优质工程、四川省天府杯等。公司先后荣获全国工程建设质量管理优秀企业、上海市文明单位、上海市高新技术企业、上海市优秀公司、上海市重大工程建设"建设金杯"企业、上海市质量管理奖企业、上海市用户满意企业等荣誉称号,"城建雄鹰,永创精品"已成为公司的品牌象征。

一份责任心——脚踏实地抓改革

作为企业的主要负责人,周松清楚地认识到:企业只有拥有领先于其他竞争对手的核心产业,才能在激烈的市场竞争中谋取更大的发展。为此,他果断地对企业产业结构进行大胆改革,提出了"做强越江隧道、轨道交通工程,做精市政工程、顶管工程,做大建筑工程、环保工程"企业发展思路,同时积极开拓创新,不断强化核心产业。企业的经济建设实现了大踏步的跨越,公司综合产值从2002年的12亿元到2009年达到42亿元,职工收入也从2002年人均2万元到2009年达到人均5万元。公司原本长期亏损的后方企业水泥制管厂和机械分公司,经过三年的努力,两个公司不仅扭亏,还实现了大幅盈利。可喜的是,机械分公司还自主设计制造了国内第一台Φ11.58米泥水平衡掘进机,这些都与周松同志的努力分不开。

一份精心——放眼长远搞创新

企业要发展必须紧紧依靠科技进步。随着公司施工规模扩大,周松除了组织公司科技工作部门与多所大学和科研单位合作成立了多个科研攻关组,对重大工程项目进行科技攻关,为重大工程建设保驾护航外,而且敢于突破世界级施工难题,走一条自主创新的企业发展道路。中环线3.5标北虹路穿越西郊宾馆和虹桥路下立交工程,由于环境的限制,必须使用非开挖的方法来构筑 8 车道的地道。作为上海市科委科技登山计划之一,周松同志亲自领衔,与项目工程技术人员创造性地提出了工程采用小顶管与大箱涵相结合的形式建造目前世界上最大断面的箱涵地道工程,并成立了 8 个课题攻关小组进行攀登式攻关,顺利地完成了长 126 米、重 3 万吨的箱涵地道施工任务。经上海市科委组织的专家鉴定,项目达到国际领先水平,该科研项目荣获了 2006 年度上海市科技进步一等奖,并获得了国际非开挖协会颁发的唯一的"2006 年度国际非开挖年会年度金奖",为中国的地下工程赢得了巨大的荣耀。在周松同志的带领下,公司先后获得国家级工法 4 个,上海市级工法 5 个,发明专利 48 项,软件著作权 4 项,上海市科技进步一等奖 2 项,二等奖 2 项、三等奖 2 项,被认定为上海市高新技术企业、上海市市级技术中心、上海市研究生联合培养基地。

一份红心——凝神聚力促世博、倾心全力抓援建

在上海迎接 2010 年世博会的准备工作中,上海市第二市政工程有限公司承接了世博会专用越江隧道——西藏南路越江隧道、世博轴地下空间 1 标,以及七条道路、所有下水道顶管、公用管线公共管沟、世博会专用电力越江隧道等大量市政配套工程;承接了轨道交通近 40 公里地铁盾构施工任务及 6 号线、8 号线、10 号线几个大型车站施工任务。此外,四川汶川大地震过后,上海市第二市政工程有限公司快速反应,于 5 月 21 日就派出了第一支抗震救灾突击队,周松总体协调,全面出击,仅用了 50 天就完成了 4739 间过渡板房,第一个完成了上海市委、市政府交给的任务。上海市对口都江堰市灾后重建工作开展以来,周松带领公司全体援建人员承担了超过 5 个亿的重建工作量。

面对如此繁重的重大工程建设任务,周松站在政治的高度,本着让组织放心、让群众满意的社会责任感和历史使命感,淋漓尽致地发挥组织、协调才能,带领公司全体员工顽强拼搏。在上海,公司出色完成地铁盾构推进任务;提前完成世博会全部任务;西藏南路越江隧道项目管理人员克服种种困难,在国际上首次成功地克服大盾构穿越小盾构的难题;在四川,公司捐建的都江堰市七一聚源中学、友爱学校如期开学。周

松的带头模范形象得到了建设单位、监理单位和社会各界的一致好评。

　　7年来,周松带领公司广大职工出色地完成各个重大项目,实现一系列技术攻关。在2010年公司干部大会上,周松满怀豪情地号召广大干部职工以党的十七大精神为引导,全面落实科学发展观,以上海为中心、辐射长三角、稳定各省市场、进一步拓展海外业务,优质高效地完成各项重大工程建设任务,让"城建雄鹰"飞得更高更远!

宋　键　男,1962 年 2 月出生,大学本科学历,硕士学位,教授级高工,现任上海
轨道交通技术研究中心副主任、网络总体总监、上海申通研究咨询有限公司常务副总
经理、总工程师,并兼任中国交通运输协会中青年专家、中国国际工程咨询公司及建
设部专家等职。

　　宋键同志长期从事轨道交通总体设计规划工作,提出城市轨道交通总体规划设
计咨询重要创新理念、理论,发表论文 20 余篇,主持完成多项轨道交通工程总体设
计。其中部分项目荣获市部级优秀勘察设计一等奖,国家优秀勘察设计金奖,华夏科
技进步二等奖、三等奖,建设部城乡优秀勘察设计二等奖,市科技进步二等奖、三等
奖,市优秀工程设计一等奖,全国优秀工程咨询成果奖二等奖、三等奖等。

人生格言

　　　　只要路是对的

　　　　就不怕远

　　　　　　　宋键

求真务实,开拓创新

○记上海申通轨道交通研究咨询有限公司
总工程师宋键

夯实专业基础、注重技术总结

宋键自承担上海地铁 2 号线一期工程及其延伸工程的设计负责人后,负责了上海轨道交通明珠线二期,共和新路高架工程,轨道交通莘闵线,轨道交通 6 号线、7 号线、8 号线、10 号线;深圳市、哈尔滨市、南京市、杭州市、武汉市和天津市地铁;卡拉奇轨交 1 号线、2 号线等大型项目的前期研究、投标、工程方案以及总体设计和咨询等工作;主持了上海市城市轨道交通近期建设规划、重庆市和哈尔滨市快速轨道交通近期建设规划等项目。在多年技术与设计实践中,积累了丰富工作经验,打下了城市轨交总体、规划和前期研究等方面扎实的专业基础。

宋键不仅在设计工作中扎实肯干,善于将实际工作中采用的方式方法进行提炼总结,多次出访欧亚等国家和地区学习考察轨道交通技术,将多年工作实践与国外先进的设计理念结合起来,积极在轨道交通高等级的学术交流会上进行学术交流,形成具有自身特色的理论体系,推动他学术造诣的进一步提升。

紧贴轨交实际,推进方案优化

宋键勤于思考,善于总结。他敢于突破传统,在充分调查研究的基础上做出大胆构想,不断提出了新理念、新方法和新模式。在共和新路高架工程中，首次采用道路交通和轨道交通线位布置一体化的方案，获得了建设部优秀设计二等奖，市优秀工程设计一等奖；在轨道交通明珠线二期工程中首次提出上下行区间采用上下重叠布置方案，保证了工程总体方案的合理性和工程的可实施性。

针对上海轨道交通进入网络化运营阶段所面临的协调配合、统筹共享、集中管理、标准统一等一系列网络化新问题，他提出从充分发挥网络化运营效能角度出发，针对全网运营协调、票务清分、物资供应、设备维护等相关业务进行整合，按照"体系构建网络化、管理架构扁平化、管理手段信息化、资源利用集约化"的构建思想对网络化运营体系进行重新构建，形成了纵向三个层次、横向三个系统的网络化运营体系；他积极推广多模式运营组织形式，提出跨站运营模式，对城市轨道交通试运营条件的安全评价标准体系开展深入研究，填补国内此方面的空白。

上海作为国内率先进入城市轨道交通网络化建设与运营阶段的城市之一，近年来，宋键同志针对轨道交通网络化建设和运营做了大量细致而详尽的研究，创新地提出了网络资源共享和网络体系化建设两个重要观点。此两个观点已经被上海乃至全国的业界所认同，已经开始逐步推广至全国的地铁行业。

2006年，他主持并组织相关单位完成了《上海城市轨道交通网络系统综合研究》工作，评审专家一致认为该研究成果有新意、有创新、有突破。目前，该研究成果已应用于上海轨道交通的网络化建设，其成果作为网络化统筹深化研究的理论基石，此项目荣获了2006年中国优秀工程咨询成果奖二等奖、市优秀工程咨询成果一等奖。

在网络体系化建设中，他从线路内部各专业系统之间、不同线路各专业系统之间以及各专业系统与统一管理平台各系统之间，将网络化建设的二维建设扩展为纵横竖三维立体化建设，充分实现了轨道交通网络"线、面、体"的结合，提升了轨道交通系统的技术含量，加强了管理的统一性，使得资源利用高度集约，建设更加标准规范。一个由网络结构功能体系、网络业务管理体系和网络标准规范体系组成的网络综合体系搭建完成，该体系已经完全融入上海轨道交通建设和运营当中，为上海地铁打造"安全地铁、高效地铁、科技地铁、绿色地铁、人文地铁、经营地铁"做好保障。

推进节能降耗、争当环保先锋

　　轨道交通系统虽然是一种节能型的交通工具,但通过进一步挖掘潜力,仍可实现行业的"二次节能"。宋键准确抓住轨道交通能耗主要集中在列车牵引系统及辅助系统和动力照明系统设备上的特点,通过方法、流程、工艺、设备的改进,可再生能源和绿色能源的示范应用,为全面推进轨道交通节能工作进行做出重要贡献。他主持研究与编制完成《上海城市轨道交通"十一五"节能规划实施纲要(试行)》,确定了节能降耗的指导思想和基本原则,明确了节能基本对策;他主持编制并发布《上海轨道交通节能与环保建设指导意见》、《上海城市轨道交通运营线路(1—5号线)"十一五"节能目标与能耗评价办法》、《轨道交通运营能耗统计与计量管理办法(试行)》及《上海轨道交通运营用电管理办法(暂行)》等,为节能管理工作的规范化、制度化提供了管理依据。他开展节能"四新"技术推广、试点和研发项目应用:《城市轨道交通综合节能技术研究与应用示范》项目已被列为2007年上海市科学技术委员会重大科研计划项目;《城市轨道交通减振降噪关键技术研究与应用》荣获上海科技进步二等奖,《城市轨道交通减振降噪对策及控制技术综合研究》等部分课题通过建设指导手册形式已直接应用于工程建设当中。

乐于拼搏奉献、勇于技术担当

　　宋键负责的《城市轨道交通网络运营与客流集成优化仿真系统研究》是国家863计划课题,该课题针对网络化运营条件下各类情况,通过仿真软件进行对网络运营情况进行模拟仿真,从满足城市轨道交通网络化运营需要,为多线运营协调、车站客流组织、运营与客流优化提供技术支撑的需求出发,研究适合国内城市轨道交通运营和客流特点的仿真模型和算法,开发了具有自主知识产权、全过程、多功能、智能型、集成化、开放式、可扩展的城市轨道交通网络运营与客流集成优化仿真系统,应对城市轨道交通网络化运营的挑战。

　　宋键负责的《城市轨道交通安全设计技术研究》是"国家科技支撑计划"项目《城市轨道交通安全设计保障技术》的子课题之一,建立了针对我国城市轨道交通的安全设计标准体系，覆盖规划设计、施工建设、运营管理各阶段，涵盖土建设施、安全设备、车辆结构等各方面。该研究填补我国城市轨道交通安全设计技术系统性研究的空白，弥补由于安全技术研究滞后造成的安全隐患。

推行技术交流、加强技术分享

宋键被中国国际工程咨询公司等评估机构邀请作为专家参加了北京、上海、天津等二十余座城市的轨道交通项目的技术评估和咨询论证，项目包括：轨道交通线网规划、近期建设规划、可行性研究、总体设计、初步设计、专题研究等，积极为我国城市轨道交通规划研究与工程建设出谋划策，作为专家参与了国家行业标准的评审和论证工作，在轨道交通业界具有较高知名度，享有良好声誉。

宋键充分发挥技术引领作用，发挥青年技术人员理论知识扎实、外语好等特点的同时，通过"以赛代练"的形式，以培育节能专项技术、运营技术研究、总体技术研究三大技术团队为基石、为专业技术团队建设奠定基础。

吴华林 研究员,国家注册投资咨询工程师,1970 年 10 月出生,2001 年在华东师范大学河口海岸国家重点实验室获理学博士学位,博士。现任交通运输部长江口航道管理局副总工程师、上海河口海岸科学研究中心副主任兼总工程师(主持全面工作),交通部河口海岸交通行业重点实验室主任。获交通部"青年科技英才"称号,上海市重点工程立功竞赛十大杰出人物,上海市"五一"劳动奖章获得者,入选交通部新世纪十百千人才工程第一层次,新世纪"百千万"人才工程国家级人选。

从事港口航道工程及河口治理领域的科研工作,主持完成了 30 多项国家和部级课题,为深水航道建设及上延、沪崇越江工程、江滩圈围、河口水库、港口规划等许多关系国计民生的重大工程提供了了技术支撑。多项成果达到了国际先进水平,经济效益显著,获得省部级以上科技进步奖 9 项。在国内外权威期刊发表论文 45 篇,参编出版专著 2 本。兼任河海大学教授,中国水利学会河口治理委员会副主任委员,中国海洋工程学会理事,上海市建设交通委员会科技委委员,《水运工程》理事。

人生格言

人生如同故事
——重要的并不在有多长,而是在有多好。

吴华林

奋斗长江口,航道弄潮人

○记上海河口海岸科学研究中心副主任
兼总工程师吴华林研究员

2010年3月14日,长江口深水航道治理三期工程顺利通过交通运输部组织的交工验收,这项迄今为止我国最大的水运工程历时12年,集中了全国科技精英和水上施工力量,消除了千百年来长江口"拦门沙"对长江航运的制约,打造出一条全长92.2公里、底宽350—400米的"双向水上高速通道"。

吴华林研究员,交通运输部长江口航道管理局副总工程师、上海河口海岸科学研究中心副主任兼总工程师,正是这支精英团队中的一员。作为长江口治理的学科带头人,在他的主持下,30多项国家和部级课题得以完成,为长江口深水航道建设及上延、沪崇越江工程、江滩圈围、河口水库等诸多关系国计民生的重大工程提供了技术支撑,解决了工程论证、设计和施工中的大量关键技术难题。

攻坚克难:为国家重点工程保驾护航

一直以来,上海坐拥长江口,却不能完全释放长江"黄金水道"的航运优势:长江口因受到巨大潮量、径流量和流域来沙量影响,河槽演变复杂,长江口通海航道必经的拦门沙河段,自然水深仅6米,成为通航的瓶颈,制约了上海、长江三角洲及长江流域经济的发展。经过我国科技工作者长达40年坚持不懈的研究,长江口深水航道治理工程经国务院批准于1998年1月27日正式开工,2010年3月14日前达到全槽贯通12.5米航道水深的目标,实现了历史性跨越。

长江口深水航道治理工程既是一项跨世纪的宏伟工程,也是一项前无古人的世界河口治理历史上的壮举,该工程时间跨度长、难度大、工程量艰巨。

面对工程实施中的大量技术难题,吴华林同志带领课题组,立足自主创新,首次成功开展了1∶1 000长江口大范围动床模型试验和悬沙淤积试验。这标志着,在极短的时间内,实现了长江口模型从定床模型到动床模型、再到浑水模型的巨大飞跃,为工程论证和建设中出现的大量技术难题的解决奠定了技术基础。

他主持完成了二期平面优化动床试验、二期工程施工顺序试验、三期工程航道回淤试验、长江口抛泥区设置论证、三期工程减淤方案研究等课题研究,在清水动床和悬沙模型设计、模型选沙、试验模拟技术、加沙控制、数据采集和分析等方面进行了探索,均取得了突破和创新。

他主持的二期施工顺序项目经过上海科委鉴定,成果达到国际先进水平,被评为2004年中国航海科技二等奖。他参与完成的长江口深水航道治理工程成套技术经过交通部鉴定认为,总体上居于国际领先水平,获得2006年中国航海科技特等奖和2007年国家科技进步一等奖。他主持完成的深水航道二期平面布置优化试验和三期航道回淤研究也通过了有关部门的鉴定,都达到了国际先进水平,分别获得了2007年上海市科技进步二等奖和中国航海科技三等奖……

服务地方:为长江口
综合治理开发作贡献

随着上海经济的迅猛发展和城市化进程,对长江口水土资源综合开发的需求日益迫切,围绕沪崇越江、青草沙水源地、北支整治等重大工程的有关技术问题,吴华林主持完成了崇明越江通道北港桥梁通航孔布设、横沙东滩围垦纳潮促淤效果、北支咸潮控制工程、中央沙圈围及青草沙水库工程等多个项目的研究,为地方经济发展作出了贡献。

崇明越江通道工程(上海长江隧桥)是推动上海及长江流域和沿江地区经济发展的一个重要基础设施。选定的北港桥梁方案位于北港河道下段,主通航孔为3万吨级集装箱双向通航航道。由于长江口特别是北港的河势变化复杂,北港桥梁段主通航孔位置难以确定。

吴华林领导的课题组采用河势分析、数学模拟、物理模型试验相结合的方法研究确定了主通航孔布置方案,研究成果经过鉴定,总体上达到了国际先进水平,为建设单位选用造价相对低廉的桥梁方案越江创造了条件,根据"有-无"对比法测算,节省建设经费达数亿元,为该工程项目的顺利进行提供了科学的依据。

青草沙水库,上海又一特大型河口原水水库,总库容达5亿方,建成后可解决上海市1000万人口的饮水问题。河势问题是青草沙水源地原水工程建设的首要科学问题之一。

吴华林领导的课题组首次对多滩、多通道、河床高可动性复杂河段河势演变进行动床模拟和预报,提出了兼顾长江口河势稳定和工程安全的顺直微弯型水库库型方案,解决了青草沙水库工程在河势方面的关键技术难题。项目研究总体达到国内领先水平,获得上海市科技进步二等奖。

一花独放不是春,百花齐放春满园。在吴华林的带领下,他的团队成绩斐然,得到了社会的一致肯定和好评。他领导的河口海岸交通行业重点实验室2007年获得团中央和交通部联合颁发的"全国青年文明号"称号,连续获得2005—2009年度上海市重大工程立功竞赛"优秀集体"称号,获得2007年度上海市重大工程立功竞赛"优秀创新团队"和上海市"五一劳模集体"称号。

春华秋实：扎根江河洒青春

吴华林积极参加国际国内学术交流和基础理论课题研究,承担了多项国家自然科学基金、国家973计划、交通部西部科研等项目的研究任务。他十分注重将工程研究成果及时进行理论总结和升华,先后在《泥沙研究》、《海洋工程》、《Geomorphology》、《International Journal Sediment Research》等权威期刊发表和录用论文45篇,参编出版专著2本。作为水利水运工程专家,他还兼任河海大学教授、中国水利学会河口治理委员会副主任委员、中国海洋工程学会理事、上海市建设交通委员会科技委委员、《水运工程》杂志理事、中国水运建设行业协会专家。

吴华林全身心扑在科研工作上,单位最后离开办公室的那个人总是他,有时工作起来甚至不分昼夜,最喜欢的是跑现场、蹲实验室、守着计

算机。回到家,他也是继续工作,经常工作至夜深人静。同事对他的一致评价是——他是真正"将工作当作事业来做,将事业当作生命热爱"的人。

一分耕耘,一分收获。吴华林2005年获交通部"青年科技英才"称号,2006年入选交通部新世纪十百千人才工程第一层次,2009年入选上海市领军人才培养计划,2010年入选新世纪百千万人才工程国家级人选。2010年荣获上海市重大工程立功竞赛十大"杰出人物"称号,并获上海市"五一"劳动奖章。

"人生如同故事——重要的并不在有多长,而是在有多好",古罗马政治家、哲学家塞涅卡一句朴实的话,至今依然是吴华林最为欣赏的座右铭,他正在用默默的行动实践着。

窦一康 研究员级高级工程师,1959 年 10 月生,1982 年获得复旦大学计算数学专业理学士学位,现任上海核工程研究设计院副总工程师、先进核电技术研究中心主任、核电厂技术支持部总工程师。

长期从事反应堆结构力学和核电厂寿命管理工作,是核电厂寿命管理领域、反应堆结构力学领域和计算力学领域的专家,现为国际原子能机构(IAEA)核电厂寿命管理技术工作组中国代表。

多年来,以第一作者或执笔人身份在各种核心期刊或国际会议上发表论文 19 篇,其中 12 篇属核心刊物,7 篇属国际会议。获部级科学技术进步二等奖 4 项、三等奖 5 项,全国优秀工程设计软件金奖 1 项,以上均为集体奖,其中 2 项排名第一、1 项排名第二、3 项排名第三。

人生格言

认真、踏实、果断、细致、诚信

窦一康

猜想·转型·探索

○记上海核工程研究设计院副总工程师窦一康

上海核工程研究设计院(以下简称上海核工院)坐落在美丽的黄浦江畔,是我国为数不多的具备核电研发设计资质的设计院之一,是我国核电研发设计的骨干企业。上海核工程研究设计院牢记国家使命,自力更生、艰苦奋斗、勇于创新,在祖国核电事业的发展中做出了卓越成就,完成了我国第一座自主设计建造的核电站(秦山30万千瓦核电站)、我国第一个出口核电工程(巴基斯坦30万千瓦核电站工程)的设计,以及秦山三期核电工程的技术支持和工程建造管理任务。开创了"三个第一"的辉煌成就,谱写了"国之光荣"的辉煌篇章。目前上海核工院承担着AP1000三代核电消化吸收再创新的国家责任和历史使命。院副总工程师窦一康是我国核电领域有突出贡献的中青年专家,长期献身于核电事业,在反应堆结构力学、核电厂寿命管理等领域做出来了突出贡献。

猜想:核电人生的开端

和那个年代所有的人一样,生于1959年的窦一康不知不觉成为高考大军的一员,作为改革开放后的第一批应届高中毕业生,参加了1978年的高考。也和当时所有文革后初期的考生一样,大学只是个无意识的理想,对专业也没有太多的了解。所以,他一直把考上复旦看成是自己"很幸运",选择的第一志愿——数学系是略带"盲目性"的。

但在盲目之中,他依稀但又坚定地记得当年之所以选择学习数学专业,除了自己中学阶段数学成绩相对较好外,还有一个因素是受到当时很有影响的报告文学《哥德巴赫猜想》中大数学家陈景润的感染。

正是因为这次"猜想"的启蒙,使得窦一康在冥冥之中开启了命运的轨迹之门。四年扎实的计算数学专业打造后,他走进了上海核工院,也找到了真正的用武之地。

如果说人生的第一次志愿选择是知识封闭造成的盲目,那么有点追星意味的猜想悸动却无疑是自主的感性火花。很多故事证明,这种心灵的觉醒正是在某种意义上的人生的开端。

窦一康捕捉到了第一缕灵感,从科学家的猜想开始,他的核电科学之旅扬帆起航,注定他在扎实的脚步中会多些猜想的浪漫,催生智慧的新意,造就富有成果的人生。

刚进入上海核工院的窦一康,投入到自己的专业能发挥特长的领域中,主要从事反应堆结构力学分析软件的编制。当时在研发秦山一期核电站的时期,缺少大型通用有限元分析软件,计算机能力、前后处理能力等都十分有限,很多分析工具需要从确定分析模型、公式推导、编程等基础工作做起,这使得计算数学专业发挥了十分醒目的作用。

1982 年到 1999 年的 17 年间,他深入到反应堆结构力学、计算力学等的钻研之中,在曲家棣、姚伟达等前辈的指导下,编制完成了反应堆压力容器瞬态密封分析程序、控制棒驱动线在地震下的落棒时间分析程序等分析软件,为解决工程中的难点问题提供了工具。其前一项研究于 1987 获部级科研成果二等奖,后一项成果于 1999 年获国防科工委科技进步三等奖,并在 2005 年摘得全国优秀设计软件金奖。

十七年埋头攻关的时光里,窦一康也从一名助理工程师,成长为独当一面的工程师,被破格提拔为高级工程师,修炼成一位博学的研究员级高级工程师,并开始尝试部门的管理工作。1994 年,他以访问学者的身份,远赴法国 Franche-Comte 大学进行为期一年的进修,学习自适应有限元分析技术,包括全自动网格生成和优化技术和有限元分析误差估计技术,留学的成果是若干发表于核心期刊高质量的论文,如 1997 年发表于《计算力学学报》的"用逐点插入法自动生成全四边形的自适应有限元网格"在计算力学领域相当有影响力,至今仍在被引用。

转型:核电事业的奠基

今天的窦一康,更经常地被和核电站老化管理与寿命评估联系在一

起,其策划组织的秦山核电厂定期安全审查中的老化管理子项(2001—2003)是国内首次开展,定期安全审查项目获 2007 年的国防科技进步三等奖;形成核电厂老化管理大纲总体思路并在秦山核电厂开发成功(2006—2008),这在国内是首次开展。他因此被公认为这一领域的专家,2009 年被选拔为上海市领军人才培养对象,2007 年起还代表中国担任国际原子能机构(IAEA)核电厂寿命管理技术工作组成员。

回想起当初从结构力学分析软件向老化管理的转型,窦一康显得很理性,他说主要有两个原因,一是源于需求,秦山一期投入运行后,后续的工作是为核电厂安全运行提供支持。我原来是反应堆压力容器结构完整性课题组的,反应堆压力容器是核电厂不可更换的关键设备,其寿命决定了核电厂的寿命,1994 年曲家棣老师在德国参加国际反应堆结构力学会议后提出以反应堆压力容器为起点开展核电厂寿命管理研究,此后我们的研究方向逐步向寿命管理发展;二是从个人职业发展考虑,90 年代以后,国际大型结构通用结构分析软件开始普及,反应堆结构力学分析在分析工具方面的需求基本得到解决,作为以软件开发为主的研发人员面临着转型的挑战,必须寻找新的方向。经过深入思索的转型,为他赢得了成功的新天地,他驰骋在核电厂寿命管理的疆场,意气风发,带头完成一系列在中国核电具有示范性的项目,每一份成绩都极具分量,使自己的核电事业攀上新的高峰,也为上海核工院的发展打开新的局面。

2001—2003 年,上海核工院受秦山核电公司委托在国内第一次开展定期安全审查,窦一康担任老化管理审查子项负责人,在对 IAEA(国际原子能机构)以及美国 NRC 老化管理相关要求和导则深入学习、消化的基础上,策划并组织院各生产室开展老化管理审查工作,通过项目开展,从无到有开辟了作为设计服务延伸的核电厂老化管理方向,摸索出了开展核电厂老化管理的技术路线,初步建立核电厂老化管理的技术体系和人才队伍。

2004 年 3 月上海核工院成立跨部门跨专业以矩阵式方式运作的核电厂寿命评估中心,窦一康受命担任中心主任。他紧紧依靠各生产室、各专业和各级领导,经过大家的共同努力,在技术积累、市场开拓、国际交流、国内协作等方面都取得较为显著的业绩,使上海核工院在核电厂老化管理和寿命评估方面的地位得到国内外广泛认可。

寿命评估中心成立后,项目接踵而来,积极争取并完成了秦山核电厂的三项重要老化管理项目——反应堆压力容器中期寿命评估方法研究、稳压器波动管温度监测和寿命评估、秦山核电厂总体性老化管理大纲编制;秦山三期的两个项目——核电厂老化管理设备筛选、核电厂设备老化机理分析;恰希玛核电厂的一个项目——核电厂老化管理设备筛选。其中"秦山核电厂总体性老化管理大纲"是国内首次开发总体性老化管理大纲,具有典型性和示范意义。

窦一康还作为项目经理,负责实施"核电厂老化管理大纲的开发(CPR4026)"这一上海核工院与国际原子能机构技术(IAEA)技术合作的项目,通过项目开展,与国际上一流的老化管理专家建立了密切联系,学到了很多先进的理念和实践经验。此后,上海核工院又获邀参与IAEA协作研究项目"反应堆压力容器承压热冲击下完整性分析基准考题和最佳实践手册编制",与 IAEA 联合举办过核电厂老化与寿命管理国际研讨会(2005 年上海)。通过 IAEA 的平台,窦一康化身传播技术的信使,将国际上老化与寿命管理的理念和经验向国内同行推广,又将国内该领域内的技术进步展示于国际舞台。从 2009 年起,为期三年的新一轮 IAEA 技术合作项目"核电厂寿命管理大纲的开发和实施(CPR4029)"又开始了,预示着上海核工院与 IAEA 的合作还将继续延续下去。

以窦一康为首的团队以其科学的管理、精湛的技术和优质的服务赢得了用户的信任,在行业内积累了优秀的口碑,2009 年他当之无愧地被评为全国电力行业"用户满意服务明星"。

探索:管理生涯的主旋律

从 2006 年开始,窦一康从工程设备所调入工艺系统所,作为副所长兼党支部书记全面参与了该所的管理工作,2008 年起正式担纲所长兼党支部书记,成为一个部门的第一负责人。

作为一名技术型的管理者,他除了知识全面,技术精湛,能够及时关心世界前沿技术之外,还有着清晰的逻辑,不断探索新的管理思路。随着核电研发、设计、服务各方面任务的不断展开,近年来工艺系统所的任务更重了,人手更显紧张,他在研究院的 123 战略,做强"研发、设计、服

务"三块主业的相关工作外,还提出了工艺系统所自身的工作思路——面向工程,做强研发,在统筹兼顾中完成年度生产任务;强化培训,关注互通,在学习实践中提高人员综合素质;加强管理,优化绩效,在制度建设中强化部门管理能力;树立榜样,关心员工,在团队建设中提炼三和文化内涵。

在普通员工的眼里,窦所长注重工作实绩,善于凝聚班子成员和部门员工的热情,犹如一名优秀的航船舵手,带领着工艺系统所这支年轻的队伍搏击于浪潮之巅。在他的带领下,工艺系统所的员工们齐心协力,在核电大发展的历史机遇下,愈来愈发挥出的"学、悟、研、创"的巨大潜能。

2011年开始,凭借着生产所的管理经验,以及其在核电厂寿命管理领域的资深研究经历,窦一康被赋予了新的角色,担纲上海核工院先进核电技术研究中心的主任。先进核电技术中心的组建始于2009年,是上海核工院基于战略发展规划的深入考虑而做出的具有深远意义的机构调整,在开辟上海核工院的研发优势,实现可持续发展,进而奠定上海核工院在国内外核电技术领域的引领地位方面,将发挥巨大的功能。

对核电发展的大好形势,窦主任显得格外珍惜,他说,核电发展大好形势来之不易。但核电是脆弱的行业,经不起任何大的闪失。越是形势好,越要以科学的态度认真对待每一件工作,来不得半点马虎。既要扎扎实实做好第三代核电的国产化,又要充分重视运行核电厂的技术支持和服务,关注运行核电厂的老化问题和技术改造。

他结合自己对核电形势的理解,对上海核工院的发展定位和战略加以认识和领会。他认为院的123发展战略立足于国家核电对院的总体要求,将研发、设计和服务作为三大板块做通盘考虑,这是很有必要的,体现了当前和长远、研发和工程、核电厂设计和运行服务等多重辩证关系。作为部门管理者,应在具体工作中将院的定位和发展转化为部门的定位、规划和具体目标,并加以有效实施。任何宏伟目标都是需要分解为一个个具体的目标,分步加以落实。这是部门层面需要努力的着力点。

在窦所长的探索思路中,一个最大的挑战是部门的资源不能很好地满足需求。所以,他很重视调配有限的人力资源,通过帮带、职业生涯导航、谈心等多种方式激发员工的内在动力,促使新人加速成长,更快地独

立承担起核电工程任务。他对年轻新员工的期望,凝结着他自己长期的总结,更值得每一个后来的核电人牢记:

第一,从小事做起,不要小看了制图、建模等基本工作,其中蕴含了很多前人的经验;

第二,经过一段时间的摸索,识别自己的长处和短处,如果短处构成短板的,尽快改变,短处具有个性特征,一时很难克服的,则要扬长避短;

第三,在第二点的基础上树立奋斗目标,制订人生规划,分步加以实施。每一阶段的目标应该是跳一跳能够得到的。没有目标的员工很难成为有用之才;

第四,知识、经验、技能固然是能力的体现,但更重要的是内在动力和主动性,缺乏内在动力和主动性的员工很难成为栋梁之才;

第五,核电工程需要各部门、各专业的集聚优势,靠单打独斗,也许能在某些点上解决一些问题,但很难形成沉淀为企业核心竞争力的产品,因此,要讲团队精神,愿意并善于将自己的经验供大家分享,同时也要善于从别人的经验介绍中获取知识和经验。

　　彭　寿　1960 年 8 月生,中共十七大代表,教授级高级工程师,博士生导师,享受国务院特殊津贴专家。现任中国建材股份有限公司执行董事、副总裁,中国建材国际工程集团有限公司董事长、总经理,国际玻璃协会执委会副主席。

　　作为我国浮法玻璃工程科技领域的领军人物和光电玻璃工程的开拓者之一,他主持完成数十项国内外大型建材项目的工程设计和总承包,完成多项国家和行业重大课题任务,获国家发明和实用新型专利 29 项、国家级和省部级工程技术奖 80 项,发表学术论文 20 余篇。

　　入选首批"新世纪百千万人才工程"国家级人选、曾获全国工程勘察设计大师、全国劳动模范、全国"五一"劳动奖章、光华工程科技奖、上海市劳动模范等一系列荣誉称号。

人生格言

与"巨人"共舞,方能成为巨人。

彭寿

为了中国的民族玻璃工业

○ 中国建材国际工程集团有限公司
董事长、总经理彭寿

2010 年 6 月 9 日,在北京召开的中国工程院第十次院士大会上,中共中央政治局委员、国务委员刘延东亲自向中国建材国际工程集团有限公司董事长、总经理彭寿颁发我国工程科技界的最高荣誉之一——光华工程科技奖工程奖,以表彰他在建材工程科学技术及管理领域取得的突出成绩和做出的重要贡献。

自主创新是企业发展的源动力

"自主创新是企业发展的源动力"——彭寿对此深有体会,这既是他多年奋斗经历的一个浓缩,又成为他孜孜以求的奋斗目标。

从开展浮法玻璃关键技术及系统集成创新起步,在配合料的制备与称量、新型玻璃熔窑、熔化和成形工艺技术、锡槽及全线自动控制系统、玻璃熔窑全氧燃烧技术的应用等方面取得一系列重大突破。

中国新一代浮法玻璃技术及成套装备、太阳能光伏玻璃技术、薄膜太阳能电池用 TCO 导电膜玻璃基板技术、信息显示液晶玻璃基板技术……彭寿带领他的研发和经营管理团队,卧薪尝胆,取得了多项具有自主知识产权的核心技术,填补了中国民族玻璃工业的空白,成功打破国外垄断。

为了攻破烟气脱硫除尘技术难关,仔细研究国内外上千种资料,忍受高达千余度的玻璃熔窑高温,在工厂的车间里、窑炉旁,反复做排气净化脱硫实验,发明了多段喷淋加脱水环的新型脱硫塔……

开展信息产业用超薄浮法玻璃设计,开发超薄浮法玻璃的核心技术、国产化装备和相关控制软件,成功生产出可用于信息产业的 1.1 mm 和 0.7 mm 优质超薄浮法玻璃,使项目总投资比全套引进国外技术装备的投资节省 2/3 以上……

开展太阳能超白玻璃技术与工程化开发,调兵遣将、主持科技攻关、成果转化和项目建设,选派一批科技骨干去攻读硕士、博士,组织完善自主创新体制机制,为科技工作者搭建平台……

"不是大鱼吃小鱼,而是快鱼吃慢鱼",彭寿说,要想做"快鱼",就必须紧紧盯住市场发展的脉搏。只顾眼前吃饱不行,还得为明天、后天谋划。

近年来,中国建材工程集团共获得省部级以上科技奖励 100 多项,国家授权专利 50 多项。公司设计和总承包的东莞南玻太阳能光伏玻璃生产线于 2007 年投产,打破了国际玻璃巨头对这一技术的垄断,满足了国内太阳能光伏产业快速发展的需要。该项目荣获国家工程设计金奖和中国企业新纪录(第十二批)重大创新项目奖,该技术获建材行业科技进步一等奖。利用该技术,公司正在总承包建设目前国内规模最大的太阳能超白玻璃生产线。

凭借优异成绩,2009 年,彭寿当选为新一届国际玻璃协会执委会副主席,成为进入国际玻璃协会最高 5 人管理层的中国第一人。

与"巨人"共舞,方能成为巨人

"志存高远"。彭寿和他的团队的志向,不仅仅局限在国内,他们的目标,是让中国建材技术走向世界,让中国的民族工业在世界的舞台上展示实力,与"巨人"共舞。

2007 年,由中国建材工程集团总承包的印尼日产 900 吨浮法玻璃生产线顺利投产,获得了中国企业新纪录重大创新项目奖和全国优秀工程总承包铜奖,成为中国出口规模最大、技术水平最高的浮法玻璃工程项目,实现了中国浮法新装备和新技术成功走向世界的新突破。

2008 年,中国建材工程集团总承包的土耳其恰那卡莱日产 6 000 吨水泥熟料生产线,全部采用欧洲标准,技术全面达到国际先进水平。

2010 年,中国建材工程集团总承包建设的印度日熔化能力为 600

吨的浮法玻璃生产线产品畅销印度国内外,玻璃质量优于欧美在印度建设的生产线的产品质量,获得了印度各界的好评,为进一步打开东南亚市场奠定了基础。

凭着创新所炼就的金刚钻,目前,中国建材工程集团占领了80%左右的国内高端玻璃技术市场份额和90%左右的用中国技术设计建设的国外玻璃生产线,与近300家跨国公司保持良好合作,与西门子、三菱等世界500强企业建立了战略合作伙伴关系,海外工程由东南亚、中东、非洲发展到全球,创汇数十亿美元。2009年,企业第4次蝉联上海市实施"走出去"战略先进企业,位列第4名。

"创新不仅表现在技术上,观念的创新,精神的求新更重要"。要想成为"巨人",必须用"巨人"的标准要求自己。无论是在运作方式上,还是在竞争实力上,如今的中国建材工程集团已经成为名符其实的国际型企业。

绘就"阳光蓝图",推进可持续发展

"我在欧洲看到太阳能光伏产品已融入建筑的屋顶、幕墙,这使我非常兴奋,我感觉玻璃行业的飞跃期到来了。因此我们要抓住机遇,迎头赶超,去实现这种提升。"

——彭寿是这样说的,也是这样做的。

——彭寿有这个目标,也有这个能力。

——"跟彭寿接触,总给人一种雄赳赳、气昂昂要上战场的感觉。"跟他接触时间长的人都有这种感觉,因此很多人总是称呼他"彭大帅"。

其实,在彭寿的心里,早就有了一幅"阳光蓝图"。

2009年以来,以一贯的雷厉风行,"彭大帅"出手即不凡:国内第一条具有自主知识产权的薄膜太阳能电池用TCO导电膜玻璃基片生产线在蚌埠基地开工建设,建成后将实现年产值25亿元,彻底改变国内非晶硅TCO基板依赖进口的现状。国内第一条0.5 mm超薄液晶玻璃基板生产线在成都液晶玻璃基板基地开工建设,总投资27亿元,年产300万片液晶玻璃基板,合肥高世代TFT-LED液晶玻璃基板项目开工建设,化解平板显示产业发展瓶颈……在国际金融危机的大背景下,彭寿和他的团队以迅雷不及掩耳之势,将太阳能光伏产业和信息显示玻璃产业基

地迅速布点全国多个省份十几个地市，集中全国优势资源，打造光电玻璃产业集群，形成光电玻璃研发、装备制造和推广应用的上下游产业链。

彭寿说："我们已在光电玻璃、薄膜太阳能电池、光伏与建筑一体化材料的研发等方面形成了核心技术优势，欧美国家也请我们给他们建厂，我们的自主创新和核心技术在赢得市场的同时，也给我们创造了丰厚的利润。太阳能和光电显示产业将成为我们未来发展的又一重要支撑。"

2009年，企业的主营业务收入和净利润比彭寿主政前的2002年分别增长了36倍和32倍。

"你们是国内玻璃行业的领军企业，你们的发展思路和方向与国家战略紧密相连，特别是进入了TFT和太阳能产业，还有全氧燃烧、余热发电。你们的创新，为推进玻璃行业的节能减排、结构调整和发展循环经济做出了重要贡献！"刘延东高度评价了彭寿领军的中国建材国际工程集团有限公司。

张其林 男,1962 年7月生,1988 年同济大学毕业,获工学博士学位。现任同济大学教授、空间结构研究室主任、土木工程学院副院长,上海同磊土木工程技术有限公司负责人享受国务院特殊津贴专家。

长期从事空间结构与钢结构、结构工程数值分析、土木工程信息等方面的研究。承担国家自然科学基金、"十一五"国家科技支撑计划、"863"计划专题课题、省部级课题等数十项科研项目研究,参与多项重大工程项目研究。发表论文百余篇,主编多部国家标准、行业规范和地方规程。主持研发并成功推广空间结构与钢结构系列软件 3D3S。

近年来获奖情况:2001 年获上海市十大科技精英提名奖;2002 年获上海市教育基金会曙光杰出人才称号;2008 年获上海市领军人才称号;获多项省部级科技成果二等奖和三等奖。

人生格言

脚踏实地工作,随意快乐生活。

张其林

实干奉献,永不止步

○记同济大学张其林教授

爱徒如子,钻研学术

张其林教授于 1988 年毕业于同济大学土木工程学院,获博士学位,留同济大学土木工程学院任教。

作为教师,张其林教授用其严谨的科研态度影响着学生,用他如父爱般深沉的情感关心着学生,用其浅显易懂的教学风格培养了一批批优秀的学生。他每年承担多门本科生和研究生教学课程,近十五年以来,他年均指导 5—6 位硕士和博士生。他的学生大多从事着土木工程的专业工作,不少承担了国家重要基建项目,部分学生和他一样选择留在学校,继续着专业研究,为我国土木工程的进步和发展做着努力。

作为学者,张其林教授从未停下探究专业知识的步伐。博士毕业至今,他在空间结构与钢结构、结构工程 CAD、土木工程信息等领域中做着不懈地探索。自 1994 年以来,他作为洪堡学者在德国 Braunschweig 工业技术大学和英国剑桥大学工作学习了两年多,作为高级研究员在荷兰 Delft 工业技术大学工作了一年,作为高级访问学者在日本东京大学和澳大利亚新南威尔士大学等进行了短期学术交流,努力学习国际先进的土木工程理论和技术。他的《索和膜结构》是国内最早的该领域的专著,他所主编的国家标准《铝合金结构设计规范》、地方标准《膜结构技术规程》、《建筑结构用索技术规程》、《膜结构检测技术规程》等均填补了国内空白。

因其出色的工作,张其林教授于 1990 年获聘为副研究员,1994 年获聘为教授、博士生导师。迄今为止,张其林教授仍然保持着他那颗爱徒如子、钻研学术的心，为推动中国钢结构和空间结构的进步和发展努力奉献着。

实干奉献，成果斐然

自1996年完成洪堡学者工作回国后，张其林教授凭借优秀的专业素养参与了多项国家、地方重大项目。

张其林教授参与了浦东机场一期新型张弦梁屋面结构的设计研究工作，在通用结构分析未进入国内的条件下，自编程序完成了浦东机场一期屋面结构体系的整体稳定和非线性计算工作，为设计单位提供了技术支撑。他还是北京2008奥运会鸟巢体育场建设承包单位聘请的最年轻的咨询顾问，主持研发了鸟巢钢结构详图制作的三维实体软件，并协助主要钢结构制作单位完成了部分钢结构的详图制作。作为建设单位聘请的结构顾问，他还协助设计和施工单位完成了国内首个大型双曲索网结构——中国航海博物馆的建设。他的科研成果同样为深圳湾体育中心和广州西塔等重大工程做出了贡献。

在世博会建设期间，张其林教授积极参与到世博场馆建设当中，特别是世博轴的建设。世博轴是上海世博会最大单体建筑、五大永久场馆之一，膜屋面是世界最大单体膜结构、阳光谷采用了"自由形态"的新型建筑风格，项目的成功建设必须解决一系列技术难题。张其林教授领导项目组在设计和施工单位的支持下进行了一系列的理论和实验研究，为世博轴建设的顺利完成和安全使用做出了杰出贡献。

除了积极参与上海市和国家重大工程建设外，张其林教授也积极参加国家科技课题的研究。目前，他正在领导其团队承担"十一五"国家科技支撑计划项目"农村住宅规划设计与建设标准研究"、863项目"超高建筑安全施工状态监测与可靠性控制技术"、国家自然科学基金重大计划重点培育项目"膜结构风致灾变"等课题的研究。

张其林教授的实干奉献精神也获得了学术界的认可。他曾获得政府特殊津贴、上海市十大科技精英提名奖、上海市教育基金会曙光杰出人才等称号，科研成果多次获省部级科技进步二等奖和三等奖。他目前担任国际空间与薄壳协会（IASS）执委会委员，并将于今年世博后在上海组织主题为"世博永久和临时建筑"的IASS2010年国际年会。他还

是中国空间结构委员会委员,中国空间结构分会理事,中国建筑工程标准化协会轻钢结构委员会委员,上海市土木工程学会常务理事、计算机应用委员会主任委员等。

产学研结合,服务行业

我国重大公共建筑建设的高潮始于1990年代中。钢结构由于其特殊优势而成为公共建筑的首选形式。当时我国钢结构行业缺少技术储备和技术支撑、制作安装企业弱小。而境外发达国家的钢结构行业拥有发达的软件和先进硬件技术,并自1990年代中期就瞄准中国市场,大有发展垄断之势。张其林教授1996年自德国回国后敏锐地看到了这是一个钢结构与空间结构大发展的起始阶段,立即自费组织并成功研发完成了国内第一个基于三维模型的钢与空间结构设计软件3D3S,对境外软件的高价垄断形成了有力挑战。软件的推广极大地降低了国内钢结构企业发展的成本,连同软件一起提供的技术支撑也推动了国内钢结构企业的发展和壮大。目前,以3D3S作为主业,已经发展形成了由课题组、行业重要企业和同济大学共享股份的股份制企业。目前,企业正在进行大型建筑结构设计软件3D3S各子项目的开发和应用推广,初步形成了各类建筑结构体系的设计/计算/建造系列软件,各系列软件均经专家鉴定,成果达国际先进水平,并已成功应用于众多大型工程中。

3D3S软件的研发和企业的发展依靠的是产学研结合。张其林教授一直坚持脚踏实地、瞄准前沿。脚踏实地地进行学术研究,并跟踪国内外最新动向将研究成果引入软件产品。目前,张其林教授的团队由两个小组组成,一是其领衔的同济大学建工系空间结构研究室的科研小组,二是公司所属的专业研发小组。正是在整个团队的协同工作下,才能攻克重大工程建设项目中的技术难点,才能不断完善主要软件产品的品质。目前,3D3S软件正在推出英语版,争取尽快打入国际市场。

同时从事科教和开发工作比之单纯的教授工作要艰辛得多,有时会引致误解的目光和态度,也会失去一些教授所期盼的荣誉。但张其林教授深信,这个时代,作为土木工程学科的教授,服务行业是教授的重要职责之一,服务行业也更有利于教授更好地进行科研和教学工作。

林卫青　1966年1月生,1993年获华东师范大学理学博士学位,教授级高级工程师,现任上海市环境科学研究院副院长、总工程师,享受国务院特殊津贴专家,上海市领军人才。

长期从事地表水污染控制、水环境数学模型、环境规划等方面的研究,主持了国家863计划课题,承担了国家自然科学基金、上海市科技攻关和国际合作等10多个重大项目。

近年来获奖情况:获国家科学技术进步二等奖1项,上海市科技进步一等奖1项,教育部高等学校自然科学奖二等奖1项,上海市科技进步二等奖5项,上海市科技进步三等奖3项,上海市决策咨询研究成果奖一等、二等、三等奖各1项,全国优秀工程咨询成果奖一等奖、二等奖各1项。

人生格言

科技让环境更美好

林卫青

为了天蓝水清的梦想

○记上海市环境科学研究院
副院长、总工程师林卫青

　　在上海环境保护领域活跃着一个耳熟能详的名字——林卫青。二十多年来,他在地表水环境领域孜孜不倦、乐此不疲地耕耘着;他以务实创新、锐意进取的精神在改善上海环境质量上攻城略地、硕果累累;他用特有的谦逊、亲和、睿智的人格魅力感染和凝聚着他的团队,引领着整个学术队伍的成长和发展。他的行动践行了"天更蓝、水更清"的梦想,也诠释了"科技,让环境更美好"的理念。

学以致用,开拓领域

　　1993年,林卫青博士毕业后到上海市环境科学研究院工作,随即参与了由世界银行资助的"杭州湾环境研究"项目。中外专家成功建立了今天看来仍十分先进的长江口、杭州湾整体水环境数学模型系统。时至今日,这个项目的研究成果仍然是该水域的重要管理工具。在当时全国尚未开展类似研究的情况下,该项目的研究水平走在了全国的前列。善于总结和思考的他,很快就意识到采用环境数学模型来认识和解决地表水污染问题是十分有效的途径。在他的引导下,上海市环境科学研究院建立了水环境数学模型研究团队,由他担任学术带头人。
　　学科建立伊始,林卫青就和团队成员马不停蹄地开展了"上海市河网数学模型开发及水环境治理与保护规划研究"工作。课题研究成果于2003年获得了上海市科技进步二等奖。此后,他带领着他的团队,围绕上海的环境问题,刻苦攻关,解决了一个又一个难题,为上海的环境保护事业作出了重要贡献。

攻难克艰，求是创新

苏州河曾是一条鱼虾绝迹的死河。为消除苏州河的黑臭，1998 年上海市政府批准了"苏州河环境综合整治方案"，设立了苏州河水环境治理关键技术研究与应用课题。林卫青作为课题负责人之一承担了苏州河水环境数学模型系统的研发工作。课题组还研究发现了导致苏州河黑臭的原因，提出了底泥疏浚不是消除黑臭的必要条件等重要结论，优化了苏州河整治工程方案。总课题经专家鉴定，达到国际先进水平，于 2004 年获得国家科技进步奖二等奖。在苏州河一期工程研究的基础上，团队又再接再厉完成了"苏州河环境整治二期工程环境效益研究"、"苏州河底泥污染评价、疏浚与综合利用"等项目，并于 2005 年获得全国优秀工程咨询成果二等奖和上海市科技进步三等奖。

地表水是一个统一的生态系统，但从管理的角度讲，水环境功能区划是水环境保护的基础性工作。林卫青带领课题组对全市河网水系进行了水环境功能区划，形成的成果为上海水环境管理奠定了基础。该项目研究成果获得上海市第五届决策咨询研究成果二等奖。在此基础上，随后又完成了上海河道环境综合整治决策支持系统研究，于 2006 年获得上海市科学技术进步奖三等奖。

饮用水源安全保障是关系到人民生活的重大问题，提供水源地水质安全保障技术支持是团队的使命，也是学科研究的重要方向。在林卫青的带领下，团队先后参与或承担完成了"长江口北支咸潮倒灌控制工程和南支水源地建设"、"上海水源地战略选择和关键技术研究"和"上海市饮用水水源地保护区划定技术"等研究项目，并先后获得上海市科技进步奖一等奖、上海市科学技术奖二等奖、上海市决策咨询研究成果一等奖等。

黄浦江，是上海市重要取水来源，又是交通航运的黄金水道，因此水质安全还受到来自突发性事故的威胁。2003 年 8 月 5 日凌晨，停泊于吴泾热电厂码头的"长阳"号轮船燃油舱受到撞击，造成破损溢油，形成了约 8 公里长的污染岸线，黄浦江上游的几片湿地也被燃油污染，污染带会不会继续上溯到松浦大桥的取水口？关键时刻，林卫青带领课题组

成员迅速开展了油膜在黄浦江上扩散运移的模拟演算,得出了油污染带不会影响到上游取水口的结论,从而在最短的时间内以最小的代价将事故的危害控制在最低的程度,确保了黄浦江饮用水安全。受此事件的启发,林卫青带领团队开展水环境突发性污染事件预测模型研究,建立了黄浦江油品、化学品突发性水污染事故预警预报模型和风险评价系统,鉴于研究成果突出的实用性,该课题于 2007 年获得了上海市科学技术进步奖二等奖。

为寻求新的水源地,上海市政府决定在长江口开辟一个世界上最大的河口水源地——青草沙水库。林卫青再担重任,承担了青草沙水库环境研究系列项目,重点从水质安全的角度考虑水库的设计,提出了通过调控水库水力停留时间控制"水华"的方案,为水库的立项决策、设计、运行和水质安全提供了关键技术支持。该成果对深化人工可调控水体的富营养化防治具有十分重要的科学和应用价值,获得了上海市科学技术进步二等奖。随后,林卫青主持承担了国家 863 计划课题"水库型水源地多目标水质优化调控技术"、上海市重大课题"青草沙水库有毒藻类水华预警模型和底泥营养盐释放控制技术"研究。与此同时,在上海的另一个重要水源地——淀山湖,团队承担了上海市科委重大科技攻关项目"淀山湖蓝藻水华预警监测和预报技术研究与示范"课题。

他还承担了国家科技支撑计划"奥运封闭水体水质保持技术与示范"项目、承担了国家环保部"长江口及毗邻海域碧海行动计划"、上海市环保局"上海市十二五环境保护规划"……

如果说林卫青牵头完成的攻关项目不胜枚举的话,那么有一点则是共同的,那就是在他所有的研究中,都体现着他一贯的思维特色:他的研究成果是要实实在在地解决问题的,既要务实又要创新,达到二者的最佳结合。对一些久未解决的关键性技术难题,林卫青总能准确地找到切入点快速地、创新性地解决问题。他不满足于单个问题的解决,他更注重对一类共性问题的凝炼总结和超前判断。

扶新掖后,铸造团队

林卫青始终是一位敏捷亲和的领导,超前睿智的引领者,无话不谈的朋友。当我们靠近他,会惊叹于他那累累硕果,但更会感叹他身后有一支坚强有力的队伍。他从不把功劳归于个人,总是说事情都是大家做的。他深知没有一批志同道合的同志凝聚在一起,是不可能做成什么有意义的事情的。他特别重视团队和学科的建设,强调团结协作,奖掖后进;他善于发现每个人的特点,确立其在团队中的位置;他一贯加强对年轻人的培养,构建合理的学术梯队。

谈到团队和学科建设,他笑着说:这就像上山打兔子,要有人知道兔子在哪儿,有人会带路,有人会打枪,有人负责善后。作为学科带头人,他要做好的是那个知道兔子在哪儿和带好路的人。

生命科学类

　　朱依谆　1965 年在上海出生,1995 年获德国海德堡大学博士学位。教授、博导、复旦大学药学院院长、国家杰出青年基金、国家重大研究计划(973)首席科学家,上海市领军人才和上海市科委优秀学科带头人,国务院侨办授予其华侨华人杰出创业奖。2005 年 9 月全职回国后,主持国家 973 项目等多个国家和地方重大科研项目,2008 年 10 月主持国家"重大创新药物"新药研究开发技术综合大平台建设,总金额 8 000 万元。有中国药学会常务理事等数个学术兼职。发表 90 余篇 SCI 论文(共被引用 1 200 余次,单篇最高引用 97 次)。2006 年获中国授权专利一项,2010 年获美国授权专利 1 项,申请美国及世界新药发明专利 5 项,有 2 个候选药物获选在国家重大新药创制专项中孵化。

人生格言

做人比做
学问更重要!
　　　　　朱依谆

我国药学研究"新兵"

○记复旦大学药学院院长朱依谆教授

发明创新，青年起步

朱依谆教授1989年毕业于原上海第二医科大学六年制临床医学专业。在学生时代他就显露出发明创新的天赋与才华，担任了校学生科技协会理事长。在医院临床实习时，他看到对病人进行输液治疗中，一般是数天及一周或者二周的疗程，护士每天要给病人扎静脉针，有的病人静脉细，很难一针见血，输一次液往往要扎好几针才能成功，一天两天尚可，天数多了对病人是痛苦，对医护人员也是一件头疼的事。还是学生的朱依谆和他哥哥（当初也是医科学生）一起想到可否发明研制一种针头保留小装置，在整个疗程中只要第一次扎针后可保留在静脉旁，以后每天输液不必再扎针，只要将输液条直接插入针头保留装置即可，直到整个疗程结束才将此小装置去除。1988年，经过不懈努力，他的设想很快获得实现并成功获得了相关专利授权及技术转让（6万元人民币）。此外朱依谆和他哥哥搞了些小发明创造，如充气健身鞋等，分别获得上海市大学生发明一等奖和上海市发明创造二等奖。

出国留学，提升水平

朱依谆大学毕业后在一家附属医院做了半年的普外科医师，顿觉知识局限，遂于1990年远赴著名的德国海德堡大学留学。西方的先进医学技术，日耳曼人出名的严谨认真，留学的经历使他获益匪浅。朱依谆经过5年的刻苦努力终于拿到了博士学位。此时他对药理研究产生了

浓厚兴趣,对创新药物研发更是有着很大的信念,各种顽疾正是需要研制出新药好药才能治疗。他接着又在德国做了两年的博士后。1997 年他在全球 500 强之一的德国赫斯特公司研发部任研发经理。

海外工作,积累成果

1998 年夏,世界名校新加坡国立大学引进了朱依谆,先后聘他为李光耀奖研究员、高级研究员,副教授。在新加坡建立了自己的实验室后,朱依谆的才能有了很好的发挥,他的研究内容主要着眼于对人类健康有着重大威胁的心脑血管疾病,致力于探讨该类疾患的药理学特点的同时,寻找有治疗及开发潜力的相关药物,并将现代的研究方法和理念与传统的中药理论相结合,取得了一定的进展。

在心脑血管药理的研究方面:(1)率先报道了非甾类抗炎药(NSAIDs)—扑热息痛(paracetanel)在动物心肌缺血时能缩小梗塞面积并有促进心肌毛细血管新生的作用;(2)首次在 NSAIDS 加上 NO 基团,并证实新化合物具有较母体化合物更强的心肌保护作用;(3)证明了给予外源性 H2S 或增加内源性 H2S 产量能明显地降低大鼠心梗后的死亡率及心肌梗塞面积。

对天然药物作用于心脑疾病的保护作用方面:(1)发现中药提取物丹参对于心梗面积的缩小是与提高 VEGF;(2)证明了益母草提取物可被用于心功能的保护,并阐述了可能的机制该益母草的提取物已获专利授权并获新加坡药监当局批准作为中药上市。首次证明益母草单体SCM-198 的抗中风效果。

神经焦虑和惊恐应急的分子机制的研究:在研究血管疾病应急过程中,也进行了一部分焦虑和惊恐与心梗的应急研究。发现动物的焦虑是和 CCK2 及 CRF 受体密切相关。

回国投入,渐见曙光

2005 年 9 月,百年名校复旦大学经过全球招聘正式聘用朱依谆教授为药学院院长。在复旦的短短的 5 年里他的天赋与才华得到了淋漓尽致的发挥。成为国家杰出青年基金获得者、国家重大科学研究计划项目973首席科学家、国家重大新药创制综合大平台负责人，国家精品课程主讲人，《药理学》（第七版）全国统编教材主编，上海市领军人才、上海市优秀学科带头人、药学一级学科领军人物、上海市科委浦江人才计划团队带头人，在创新药物研发和心脑血管药理、神经药理和中药药理方面获得多项有价值的新发现，取得一系列阶段性成果。他丰富的组织、领导、协调及跨学科合作的前瞻性、战略性的研究构想和实施经验，在本专业领域有了一定的知名度，为国内外同行所推崇。成为我国分子药理研究很有潜力的年轻专家之一，2008年起任国家重大新药创制综合大平台总负责人，对我国重大新药创制将作出一定的贡献。

朱依谆教授研究成果发表在Nat. Prod. Rep.、Stroke, Mol. Phychiatry, The Faseb Journal、Antioxidant & Redox Singnaling、Am J Physiol.等国际权威杂志上，承担多项科研项目。自1995年以来发表SCI论文近90余篇。他的研究受国内外专家一致好评。其发现的2个单体化合物已被列入国家创新药物候选药物并可能成为我国拥有自主知识产权的一类新药。

在他的领导下，目前药学院综合实力显著增强，国内外影响力明显提升，科研实力大大加强，纵向科研项目和经费、SCI论文和授权专利数连年攀升，在学科方向、科研创新和构建平台等方面实现了跨越式的发展，争取到国家重大新药创制综合大平台及数项单元平台和关键技术平台，2009年药学院总科研经费过亿，尤其是出现质的飞跃：国家精品课程、国家杰出青年科学基金、"973计划"、全国百篇优秀博士论文、国家重点学科和"863计划"项目都实现零的突破，2007年药剂学被评为国家重点学科，药理学被评为上海市重点学科（他本人为药理学学科带头人），他负责的本科课程《药理学》获得国家精品课程，其在教学上有独特的创新如CHIPS教学模式的推进，其率领的药理学教学团队在教书育人等方面卓有成效，在国内高等药学教育中影响深远。

朱依谆教授加大国内外学术交流与合作力度，数十次应邀在国际会议上作学术报告，多次组织国际会议，药学院在2006—2009年期间，成功聘请药学界著名学者等引进人才13位；迅速提升药学院的整体学术水平，组织药学学科国际专家评估，迅速提升药学院在国内外的影响力，2008年教育部学科评比位居全国综合性大学药学院排名第二（仅次于北大药学院）。

　　朱依谆2009年荣获复旦大学普康奖教金、复旦大学优秀研究生导师奖，国务院侨办授予他为"第二届百名华人侨人专业人士杰出创业奖"。在复旦大学对药学院历年综合考评中，药学院排名迅速提升，他本人被学校领导考核连续3次授予"优秀"。他还有中国药学会常务理事、上海药学会副理事长、美国生理学会会员等多个国内外学术兼职，也是著名科学期刊 Biosci. Rep. 的编委，《中国药学》（英文版）杂志副主编和一系列国际著名学术期刊的审稿人。

曾凡一 研究员，博导。美国宾夕法尼亚大学医学/理学双博士。现任上海交通大学医学遗传研究所副所长、上海干细胞研究所副所长、上海交通大学医学院发育生物学研究室主任。国家重大科学研究计划项目首席科学家。

主要从事哺乳动物胚胎工程、遗传学，干细胞和发育生物学研究。承担了"973"计划、"863"计划、国家科技支撑计划、国家自然科学基金、上海市曙光计划和浦江计划以及市科委重点项目等 14 个重大项目，发表 SCI 论文 40 多篇，包括国际著名期刊《Nature》、《PNAS》、《Human Mutation》等。

近年来获得教育部自然科学奖一等奖、首届第三世界女青年科学家奖、第六届中国青年女科学家奖、第十届中国青年科技奖、新世纪优秀人才支持计划和上海市领军人才等奖项。

人生格言

求实 求真 求美

211

科学艺术,相映成辉

○记上海交通大学医学院曾凡一教授

实验室里,度过童年

曾凡一教授出生在一个科学家家庭,父亲曾溢滔是中国工程院院士,遗传学专家,长期从事人类遗传性疾病的防治以及分子胚胎学的研究,母亲黄淑帧是上海交通大学儿童医院的终身教授,"新世纪巾帼发明家奖"获得者和"新中国60年上海百位突出贡献杰出女性"之一。父母这一代人为祖国的科学事业奋发拼搏的精神深深地感染了她,从小就经常到实验室学习做实验,让她树立了用科学解除病人疾苦的理想。

当时年仅8岁的曾凡一,每天放学就穿上白大褂,跟在父母后面晃晃悠悠学做实验,一家3口吃住和工作都在一间没有通风设备的简陋的实验室里,没日没夜地干。吡啶试剂那种难闻的气味把人熏得透不过气来,可就是这种环境造就了曾凡一的顽强性格,为她日后的事业有成打下了坚实的基础。"有一次我在点样时不小心点歪了,没想到这个意外的错误却帮助大人们解决了一个技术难题,责备变成了夸奖。"很多发现都是源于意外,这是年幼的曾凡一第一次感受到科学的美妙。

曾凡一教授不仅从小就受到科学家父母的熏陶,而且很早就参与到科学研究活动中去。读中学时,曾凡一参与了由父母主持的世界上最大规模的血红蛋白病普查工作,涉及29个省、市、自治区,42个民族,100多万人。这项工作填补了我国血红蛋白病在世界上的许多空白。曾凡一跟着父母一起上山下乡,采集血液样品,实验室的发展历程里,幼年的曾凡一同样扮演着不可缺少的角色,这对曾凡一的成长起到了重要作用。曾凡一回忆说:"这些工作让我对科学这个神秘而神圣的世界也产生了浓厚的兴趣，并激励我到美国深造以报效祖国。"

1988 年她到美国留学，在圣地亚哥加州大学就读生物学专业，4 年的课程，她用 3 年时间就修完了。随后，她考取了美国著名的宾夕法尼亚大学，攻读医学、理学双博士，并成为宾夕法尼亚大学第一位获得医学和理学双博士学位的中国留学生。

"10 多年的留学生涯虽漫长，但我觉得完全值得。我的学习和科研经历，丰富了我在生物、医学领域的知识，开阔了我的眼界，也为我以后的工作打下了坚实的基础。"曾凡一如是说。

潜心研究，成绩瞩目

2005 年曾凡一学成回国潜心投身于她向往的科学研究。她被破格评聘为博士生导师，并先后担任上海交通大学医学遗传研究所所长、上海交通大学上海干细胞研究所副所长、上海交通大学医学院发育生物研究室主任。2007 年成为国家重大科学研究(973)计划"干细胞表面分子特征与功能的研究"项目的首席科学家。

曾凡一教授的研究方向是哺乳动物胚胎工程、发育生物学与遗传学，致力于干细胞的体内研究，她所带领的研究团队率先建立了"人/山羊干细胞嵌合体模型"，证实了人源性干细胞在山羊体内长期存活，为研究干细胞体内分化的生物学特征和功能奠定了基础。这一成果被评为"2006 年中国基础研究十大新闻"。

前几年胚胎干细胞的研究成为干细胞研究的热点，但由于涉及医学伦理问题促使科学家另辟蹊径。干细胞在活体模型中的研究方式和结果，给曾教授以启示，2008 年她与中科院动物所周琪研究员的团队合作，在世界上首次成功地用诱导多能干细胞(iPS 细胞)"制造"出具有繁殖能力的小鼠"小小"，有力地证明了 iPS 具有真正的全能性，避开了干细胞研究的医学伦理问题。这首次证实了科学家们的设想，对未来干细胞的应用和再生医学研究有重要的意义。可她却谦虚地说："这只是在这个很大的领域里迈出了小小的一步"。但这小小的一步，却是世界范围内的重要一步，该项研究论文发表在《Nature》期刊上，引起了国内外强烈的反响，被美国《时代》周刊评为 2009 年世界医学十大突破之一。该项成果入选"2009 年中国十大基础研究"和"2009 年中国十大科

技进展"。

她对科学研究从兴趣转为执著的探索,从感性转向理性,由于明确的目标和潜心的研究,使她成果丰硕。2005年回国以来她发表SCI收录论文40多篇,包括国际著名学术期刊《Nature》、《PNAS》、《Human Mutation》等,承担了国家"973"、"863"、国家自然科学基金、国家科技支撑计划和上海市科委重大科研项目等研究课题14项,申请发明专利2项、实用新型专利1项。先后获得了教育部自然科学奖一等奖和二等奖、上海市医学科技奖二等奖等多个奖项,并荣获第六届"中国女青年科学家奖"、"首届第三世界女青年科学家奖"、教育部"新世纪人才支持计划"和上海市领军人才计划、"上海市卫生系统银蛇奖"等多项荣誉。

"学科学就是学做人"

曾凡一的刻苦钻研精神在上海交通大学医学院里是出了名的。无论白天还是黑夜,也无论酷暑或是寒冬,只要你到曾凡一的实验室,总能看到灯火通明,人声鼎沸,好一派热闹场景,大家要么就是在做实验,要么就是围绕在曾凡一的身边,倾听她讲述科学课题或进行学术交流。曾凡一经常对同事和学生们讲,必须将理论与实践结合起来,明白自己的定位,寻找与自己相匹配的目标,勇于并且不断地尝试;学会与社会接触,把握机遇之前定先要付出努力。

曾凡一在美国留学期间的导师曾反复强调的两句话令她印象深刻——"做到99%等于没做"和"没有表述力和对外的亲和力也等于零"。曾凡一解释道,第一句是她的导师对于他们科研的要求,而第二句则是强调他们应将自己所学、自己想表达的思想,清晰而有说服力地送达给他人,这样才能真正做好科学。

受导师的启发,曾凡一对自己、对学生的要求概括起来就是:与人交流要秉承有礼有序的合作精神,实验步骤乃至个人仪容仪表清楚整洁,在科研之外学一点哲学,学会辩证地思考问题,开拓思路并从善于生活中学习。而这一些细节又可以概括为曾凡一的另一句话:"学科学就是学做人"。

曾凡一确实是这样做的,今后仍然会沿着这条道路继续前行!

杨华元 1952 年 12 月生，教授、博士生导师。现任上海中医药大学中医信息科学与技术研究中心常务副主任、中医工程研究室主任、中医工程技术与应用实验室主任。

现主要从事现代中医工程研究、诊疗技术与诊疗设备的研究、针灸器材及针刺手法等研究和教学工作。发表学术论文 80 余篇；主编和撰写"十一五"规划教材及论著 11 部。承担国家"973"子项目、自然科学基金、国家中医行业专项、国家中医药管理局及上海市科委等项目 18 项；获得教育部提名国家科技进步二等奖 2 项、教育部高等学校科技二等奖 1 项、国家中医药管理局科技进步三等奖 1 项、上海市科技发明二等奖 1 项、上海市科技进步三等奖 3 项、获得国家发明专利 11 项。

人生格言

勤奋治学，励志创新，锲而不舍，成就事成。

杨华元

求实探索,无私奉献

○记上海中医药大学杨华元教授

教书育人,严谨的治学

　　杨华元老师热爱教育事业,师德高尚。他以严谨的治学态度、不断创新的精神和先进的教学理念辛勤工作在教学第一线,在课程开设、教材建设和研究生培养等方面表现突出,曾多次获得教学成果奖和优秀博士生导师奖等。在本科教学工作中,他对自己有较高的要求,认真写好教案讲好每一堂课,教风端正,注重分析学生群体特点,坚持因材施教,注重学生实践能力的培养。而且在教学方法上力求新颖多变,寓趣味性、教育性于教学过程中,注重培养学生的分析问题和解决问题的能力,以独具特色、朴实无华、深入浅出的教学方式展现了作为一名优秀教师的人格魅力。研究生教学和科研也是杨老师的主要工作,平时他不仅经常关心研究生的学习情况,而且在科研过程中,要求学生掌握该学科的前沿动态,拓展思路、独立创新。为了能增强学生的科研能力,活跃创新思维,使每一个研究生都能得到锻炼,提高他们解决实际问题的能力。在科研工作中他要求研究生在已制定的研究方向下独立开题,确立研究内容、技术路线,学习和摸索新的实验方法,探求新的科研思路,进而充分发挥研究生在科研过程中的主动性、积极性,同时也激发了研究生的科研思路火花,他在指导研究生的教学过程中既强调课题的先进性,更注重课题的实用性。在每一个研究生开题前,他特别强调基础研究与应用之间的关系,并与学生反复讨论,而且在科研实验中,严格要求学生做好每项数据的测试和统计工作,决不允许半点虚假。也正因为如此,中医工程研究室才能开发出较多的具有中医特色产品和高质量的学术论文并在 SCI 及 EI 源杂志上发表。而这些成就的取得都来自他的精勤不倦,来自他对祖国高等医学教育事业的热爱和责任。

关心和关爱每一位学生,是教师的责任。杨老师就是以挚诚的师生情感和为人师表深受学生的爱戴。作为导师,除了在学业上给予应有的指导以外,尤其关心研究生的生活和人格的培养,积极帮助学生解决生活上的困难,鼓励研究生参加勤工俭学活动,杨老师平时以身作则,生活节俭简朴,作风严谨,勤于治学,诲人不倦,言传身教,他不仅用自己的学识教人,更重要的是用自己的品格育人,杨老师为我们树立了一个很好的楷模。

默默奉献,不断创新

作为一门新兴交叉学科的带头人,他深深地知道中医工程学科面临的首要问题就是如何将科研成果产业化,以产业化带动科研、教学的发展,而中医工程学科在走产、学、研道路过程中有着其特殊地位及作用。为了探索产、学、研一体化和多学科交叉的办学模式,他采用了"走出去,请进来"的方法,与综合性大学进行了学科上的强强联合,优势互补,与上海交通大学成立了中医工程联合实验室,并提出引进资金组建实体,走产、学、研相结合的办学道路,推动学科的发展。实验室的建设是高等学校进行教学和科研工作的基地,也是培养学生动手能力、创造能力的重要场所。多年来,杨老师一直为筹建中医工程实验室到处奔波,作了大量的调研工作,并论证和分析了成立中医工程技术与应用实验室的可行性、必要性。在校各级领导的支持下,经过多方面努力,于2001 年底国内第一个中医工程实验室正式成立。实验室的建设对于杨老师来说是一个全新的挑战,在此后他全身心地投入实验室的建设工作中。实验室成立之初,由于基础差,缺乏经费,又是在杨老师的带领下,争取实验室开办费用,使实验室建设走上了良性发展的轨道,为中医工程学科的实验室建设和发展奠定了基础。经过多年的实验室建设于2008 年成为国家中医药管理局重点三级实验室,并先后承担和完成了国家973 项目、863 子项目、国家自然科学基金、国家中医药行业专项、国家中医药管理局和上海市科委等20 余项科研项目;并于2001 和2002年分别获得度教育部提名国家科技进步二等奖各1 项;2003 和2004 年

度分别上海市科技进步三等奖各 1 项;2006 年度获得上海市科技发明二等奖 1 项及 2008 年度教育部高等学校科技进步二等奖 1 项。在完成各级别科研项目的同时申报国家发明专利 10 余项,有些科研成果为国内首创,其中针刺手法参数测定仪与多媒体教学演示系统已成功转化获得了很好的社会效益和经济效益,受到了国内外中医院校的好评。

中医工程学作为一门新兴的学科,教学工作基础较差,一切均需从零开始。为了完善中医工程学的课程建设,使学生能更好地掌握中医学科和其他交叉学科的知识,多年来,在杨华元老师的带领下,全体教研室老师共同编写了《医学物理学》、《中医工程实验技术与方法》、《中医工程学基础》和《中医生物力学》等 11 门与中医工程学相关的教材及讲义并开设了课程,为中医学的本科生和研究生进一步拓展知识面提供新型的教材。在全体教师的共同努力下,2004 年被国务院学位办授予国内首个中医工程学硕士点。

精诚团结,再创新高

创新精神是团队的灵魂,是团队成员为了学科建设的目标而应具有的相互协作的作风,一个团队有了这种精神才能尽心尽力地投入到团队的工作中去,增强团队合作力。高等学校是进行科学研究、知识创新的重要基地,杨老师非常关注学术团队的建设,经常组织学术沙龙和研讨会,引导青年教师分析中医工程学科的科技创性的特点及发展趋势,认识团队及团队精神在现代科研中的地位和作用,鼓励团队成员对促进学科发展作为共同追求的目标,将献身科学精神作为团队凝聚的核心,使团队精神深化到每个成员,将爱岗敬业无私奉献的精神沉淀于每个青年教师的心中,充分调动每个人的积极性,更好地发挥他们的才能,从而充分发挥集体的潜能。多年来,中医工程学科团队为学科建设付出了辛勤的劳动,使学科得到了迅速发展,去年被国家中医药管理局列为重点学科建设项目,同时还多次获得了学校授予集体荣誉称号和表彰。

杨老师和他的同事们深深的认识到创新是学科发展的动力和源泉,只有励志,时刻怀有创新精神,遇到困境而锲而不舍,爱岗敬业、无私奉献,才能为中医工程学科建设为中医现代化做出应有贡献。

朱正纲 医学博士,教授,博士生导师。现任上海交通大学副校长、上海交通大学医学院院长、上海交通大学医学院附属瑞金医院院长、上海消化外科研究所所长,上海市胃肿瘤重点实验室主任。

先后获得国家科技进步三等奖,卫生部科技进步二等奖,教育部科技进步二等奖,教育部提名国家科技进步奖二等奖、中华医学科技奖二等奖,上海市科技进步一、二等奖,上海市医学科技成果二等奖,共计十项。领衔的"提高胃癌疗效的外科综合治疗基础研究与临床应用"因成绩显著 2008 年获国家科技进步二等奖。

以课题负责人或首席专家身份承担国家"十一·五"攻关重大课题,国家自然科学基金课题、"973""863"课题、教育部、卫生部课题,上海市科委重点课题和上海市卫生局重大课题等十余项课题。已发表学术论文 300 余篇,其中 50 余篇在国际上发表。

人生格言　使病人称心 使职工满意
是我最大的心愿
朱正纲

大爱无疆,医者本色

○记上海交通大学医学院院长朱正纲教授

国家需求,志向所致

朱正纲1991年于上海第二医科大学获得博士学位,曾先后在日本广岛大学医学部、日本昭和大学医学部做访问学者,主攻胃癌的临床与基础研究。在我国,胃癌发病率在所有恶性肿瘤中居第二位,死亡率位于恶性肿瘤之首,已成为严重危害我国国民健康,影响经济发展的重大问题。为了提高胃癌的总体生存率,在临床上首先考虑的是如何彻底根治而降低复发,传统的做法是扩大根治,包括脾脏切除,但是朱正纲考虑脾脏尤其正常的生理功能尤其是免疫功能,肿瘤病人往往是免疫状态失衡,脾脏在其中是什么样的功能呢,到为此,朱正纲对胃癌病人的脾脏功能展开系统研究,指出在一部分病人中脾脏其中抗肿瘤免疫的作用,应予保留,得出了胃癌根治术合并脾脏切除的适应证。随后,朱教授带领团队,对胃癌的临床病理特征进行系统性研究,指出胃癌病人同样患的是"胃癌",但是,肿瘤生长的部位、肿瘤生长方式、肿瘤大小、肿瘤浸润深度、淋巴结转移情况、肿瘤细胞的分化情况等等均各不相同,因此,治疗要区别对待,强调术前术中要对胃癌的生物学行为、病期等做到尽可能的精细判断,以指导实行个体化治疗,从而达到提高胃癌总体生存的目的。

临床上大部分胃癌病人都处于中晚期,这些病人大部分最终死于复发转移,而胃癌复发转移多以腹膜为主,为此,朱正纲教授亲自设计了腹腔热化疗仪,和上海交大老师一起研制出国内第一台腹腔温热化疗仪,以此完成了动物实验,在此基础上,朱正纲教授精益求精,在第一代腹腔温热化疗仪基础上反复改良，先后完成第二、第三代腹腔温热化疗仪的研制，并应用于临床，使得进展期胃癌病人的腹膜复发率从近35%降至10%，6年生存率由38%上升到68%，大大提高了中晚期胃癌病人的治疗效果。

提高疗效，早诊早治

朱教授认为如果要提高胃癌的总体生存率，首先要做的就是要提高胃癌的早期诊断率，于是其率领团队在社区建立流行病学研究基地，对社区居民免费体检、健康调查，建立社区居民的健康档案，从中筛选出病人和高危人群，对病人采取治疗措施，对高危人群进行进一步检查并定期随访，采用先进的技术以精确识别微小病灶，采用内镜下荧光染色、放大内镜等新技术，重点针对胃癌癌前病变患者的定期随访，使早期胃癌的诊断率由原来的10.31%提高至21.61%，显著提高了早期胃癌的诊断水平。

朱教授还带领团队在居民中宣传"防癌"等科普知识宣传，以增强群众的卫生意识，达到早诊早治、未雨绸缪的目的。

引领前沿，硕果累累

朱教授在大力开展临床研究的同时，也非常重视基础研究，如果要进一步认识胃癌，就应该了解其发病机制以及发展规律，为此，朱教授带领其团队系统地研究了胃癌相关基因及其功能，找到14个候选基因，深入研究胃癌发生发展的细胞分子机制，并探索生物治疗的可行性；发现了一批胃癌早期诊断的分子指标，有些已处于临床前实验阶段。引领胃癌研究的前沿领域，承担多个国家级上海市重大攻关课题，每年在国际上发表二十余篇高水平学术论文。通过本系统研究使胃癌总体5年生存率达44.2%（421/790），根治术后5年生存率达64.0%（412/644）。总体水平与日本国立癌中心的数字十分接近，达到了国际先进水平。本项目的研究对进一步提高胃癌的整体疗效具有实际指导价值。有多家医院应用了本研究的成果和经验。随着本课题成果的进一步推广及后续研究的深入，应用推广前景十分广阔。

　　作为全国胃癌专业委员会主任委员,朱教授还通过举办国家级继续医学教育学习班和全国性专题研讨会、发表论文、出版专著、手术演示、远程会诊、技术援助、协助进修及培训、开展多中心协作研究等形式,将本研究成果推向全国;达到技术共享、成果应用覆盖面广的目的。通过应用本研究成果,部分基层应用单位已获当地省市级成果鉴定和科研资助,促进了科室的整体发展和提高了学术地位,一定程度地推动了胃癌的整体研究水平。

　　鉴于朱正纲教授在胃癌领域的研究成果,先后获得包括国家科技进步二等奖、上海市科技进步一等奖在内的科研奖励十余项。

　　王明贵　1964 年 11 月出生,主任医师、教授、博士生导师,1995 年获医学博士
学位,现任复旦大学抗生素研究所副所长、华山医院感染科副主任,为科技部"973"
项目首席科学家、上海市领军人才、上海市医学领军人才、上海市优秀学科带头人、上
海医学会感染与化疗学会副主任委员、《中华传染病杂志》等 9 本杂志编委。

　　长期从事感染性疾病的诊治及抗菌药物的合理应用,开展细菌耐药性及耐药机
制研究、抗感染药物的临床药理研究。在科技部"973"项目、"863"课题、国家自然科
学基金等 10 余项科研项目的资助下,发表论文 70 余篇,其中 SCI 收录 20 篇,发表的
相关研究论文被国际刊物引用 350 余次,其中 2 篇被引用超过 100 次。获上海市科
技进步奖及上海医学科技奖各一项。

人生格言

临床工作常怀是高度的责任心
科学研究常怀是敏锐的觉觉.

223

注重临床医疗,潜心科学研究

○记复旦大学附属华山医院抗生素研究所
副所长王明贵教授

一颗探究的心

不积跬步,无以至千里;不积小流,无以成江海,不断探究是造就王明贵教授成功的重要一环。王明贵教授出生于浙江缙云,从小就树立正确的人生观。在他初中毕业前,班主任老师给每位学生提了一个问题:你认为怎样度过人的一生是最有意义的? 他的回答受到了老师的赞许,他写道:"人的一生是短暂的,不在于一个人活着时取得了多少财富、多少权利和名气,而在于人的一生为社会留下了多少财富,比如爱迪生发明了电灯,照亮了整个世界,虽然他已经离开这个世界这么久,但人们一直在享受着他给人类留下的财富,永远记着他,这样的人生才过得最有意义。"

1987 年,他于浙江大学医学院毕业,此后三年在浙江从事内科临床工作,在工作中,他发现人类对于人体自身尚不了解,许多不解之谜困扰着他:为什么慢性支气管炎每到冬季总要发作? 为什么抗菌药的疗效越来越差? 怀着一颗探究的心,带着对知识追求的欲望,他发奋求学,1990 年考入上海医科大学就读研究生,1995 年获博士学位。

通过上海医科大学(现复旦大学上海医学院)的 5 年学习,他大大地拓宽了视野,深深地体会到了上医大的优良传统,从导师张婴元教授的言传身教中理解了什么叫"严谨、求实"。但在学习生活中,王明贵教授意识到自身的知识结构尚有一定缺陷,所以一直在寻求进一步学习的机会。2001 年,在领导的支持下和"211"经费的资助下,作为青年骨干他被选送至美国哈佛医学院学习。"这次机会一定要牢牢把握住。"王明贵当时暗暗下了决心。正是一直怀着一颗探究的心，王明贵教授通过2年的博士后工作，不仅掌握了分子生物学的基本知识，而且在本领域顶级杂志发表论文多篇。"一直怀着一颗探究的心"坚定了一个人的信念，为克服前进道路上的一个个困难提供了原动力。

一名出色的临床医师

王教授告诉我们，做一名合格的感染病专科医师并不是一件容易的事情。细菌性感染的诊断与治疗涉及感染病学、临床微生物学及临床药理学等多学科的知识，比如同样一个临床诊断为肺炎的病人，可以是由细菌、病毒，也可由真菌引起；就是细菌感染，不同细菌选用抗菌药不同；同一种细菌，耐药性不一样，选用药物也完全不同。而国内目前病原诊断的水平尚有限，许多时候得靠医师的临床经验来治疗。

王教授近20年来一直从事感染病诊治的临床工作，具丰富的感染病诊治经验，对本领域的进展了解透彻；通过对细菌耐药性及耐药机制的研究，对目前国内外细菌耐药现状了如指掌，同时对各类抗菌药的特性滚瓜烂熟。王教授每周有专家门诊、病房查房及承担大量的院内外疑难、危重感染病的会诊，将这些知识应用于临床，提高了感染病的诊治水平，提高治愈率。比如某年春节，有一位中年患者因发热咳嗽从大年三十起一直到医院静脉滴注第三代头孢菌素，一周后仍发热不退，而来到王教授门诊，在认真询问病史、体格检查及看了肺部CT等检查后，王教授认为此患者为肺炎支原体感染（目前此感染尚缺乏及时的实验诊断方法），停用静脉滴注，改用有效的口服药物，第2天患者体温退至正常。王教授说，抗菌药的使用最主要是要对症，什么菌用什么药，而不是贵的就是好，静脉滴注就是好，有时候最简单的青霉素就是最好的。

王教授对临床工作体会是：临床工作需要高度的责任心，责任心会让你工作到半夜或半夜起床也不觉得累，责任心会让你为一个病人的诊断或治疗翻遍所有医学书籍，责任心会让你在一个危重病人得救后倍感快慰。对于一个临床医师来说，科研思维源自临床，科研为临床服务。

一个优秀的研究团队

王教授一直为能在我国一流大学的著名的附属医院工作而感到幸运与自豪，复旦大学华山医院传染病学科为首批国家重点学科及博士点，抗生素研究所为卫生部重点实验室。他认为团队的力量不是几天就能形成的，是靠日积月累，靠几代人的努力获得的。正因为背靠着这些大树，才促使了成功的到来。科研重大项目的申请与攻关就像体育比赛的集体项目，靠的是团队的力量。2005 年，复旦大学华山医院传染病学科准备组织队伍参加 973 项目"人类重要传染病病原体耐药菌机制研究"的申请，王明贵教授被推荐作为牵头人。由于所在学科前期良好的工作基础，有汪复、张婴元及翁心华等著名教授的指导，在各方面的共同努力，最后获得了此项目。

通过近 10 年的努力，王教授已建立了一支充满活力、结构合理的细菌耐药机制研究队伍，目前在读博士生 10 名。在本领域最具影响力的杂志 Antimicrobial Agents and Chemotherapy 上发表了系列的细菌耐药机制研究论文，在国际上报道了 2 个新的细菌耐药基因 *qnrC* 及 *vanM*，引起了国际同行的关注，含新耐药基因的质粒或菌株赠送国内外近 70 个研究机构。发表论文被大量应用，领衔的细菌耐药机制研究课题组在国内外有一定的影响，近年来在本领域规模最大的 2 个国际会议 ICAAC（参会人数每届大于 1 万人）及 ECCMID（每届约 8 000 人）上做大会发言 3 次，在大型国际会议上做专题报告 5 次，壁报交流 7 次。

科研成果"细菌对喹诺酮类抗菌药物耐药的形成机制及防治策略"（第一完成人）获 2008 年上海市科技进步奖三等奖、上海医学科技奖三等奖，"一种介导受体菌对喹诺酮类抗菌药物敏感性下降的质粒"获第 22 届上海市优秀发明银奖。

王教授对科研工作的体会是：做好科研工作决定于多个因素，其中良好的研究者素质特别是敏锐的嗅觉是做好科研的基础，敏锐的嗅觉能让你知道什么值得做，做什么能出成果，科研的创新点在哪儿。

    孙 波 教授,1955 年 3 月生。1993 年获得瑞典皇家医学院 (Karolinska Institute) 医学科学博士学位。现任复旦大学特聘教授,复旦大学附属儿科医院小儿呼吸与危重病实验室主任;曾任教育部长江学者"特聘教授"。

    长期从事小儿肺发育和损伤修复机制及呼吸支持医疗技术的研究,承担国家自然科学基金、教育部学科建设基金、教育部和上海市教委、科委、卫生局人才基金、美国中华医学基金会 (CMB) 等资助的科研与教育项目。在国际医学杂志发表 50 多篇研究论文和综述。

人生格言

求真务实,理论与实践相结合

探索临床医学科学发展的规律

孙波

为提高小儿危重疾病救治水平
而默默耕耘的学者

○记复旦大学附属儿科医院孙波教授

面临提高国内救治小儿
危重呼吸衰竭的挑战

在完成近 8 年的瑞典、美国等国家医学研究训练后,孙波教授1995 年受聘担任原上海医科大学附属儿科医院儿科教授和研究所实验室主任工作。针对当时国内非常薄弱的小儿急救和重症监护医疗专业状况,选择呼吸支持技术作为重点,在新生儿和小儿急性低氧性呼吸衰竭的发病机制、救治技术的建立和推广、治疗效果的判断等方面,采用国际先进的技术理念和方法,与国内临床实际需求和条件相结合,组织实施了长期持久的技术培训与合作研究计划,通过呼吸支持专业技术培训,首先使大批沿海和内地省会城市小儿与新生儿专业医师护士得到提高,能够胜任并发展抢救小儿危重呼吸衰竭的技术。进而逐步建立了覆盖全国大部分地区的新生儿、小儿呼吸衰竭抢救技术的临床协作网,开展了 8 项多中心、前瞻性临床流行病学研究。这些研究结果大部分已经发表于国际儿科、危重医学杂志,反映我国在该专业领域已经能够引用发达国家的技术方法,有效地开展救治小儿及新生儿最危重呼吸疾病。其中,率先在国内组织了针对新生儿呼吸衰竭的多中心随机对照试验研究,促进了肺表面活性物质治疗新生儿呼吸窘迫综合征的普及应用。为探索感染性急性肺损伤导致急性呼吸窘迫综合征(ARDS)的肺损伤与修复机制,在各种模拟临床抢救的动物肺损伤模型上摸索有关救治技术应用安全性和疗效试验,发现联合应用肺表面活性物质和吸入一氧化氮具备最佳肺损伤保护作用,有效调节和平衡肺内抑制炎症感染和促进组织生长发育关系。这些研究发表在国际呼吸、危重医学、药理学(Am J Respir Crit Care Med, Intens Care Med, Pulm Pharmacol Ther 等)杂志,并获得上海市科技进步二等奖。并在此基础上,观察到 2001—2002 年间上海市成人与儿科 ARDS 病死率在 70%;继而于 2003—2010 年间组织全国近 30 家医院小儿危重病房开展了三项前瞻性合作研究,引入肺保护性通气技术应用理念,观察到小儿 ARDS 的病死率分别由大于 60% 逐步降低到 43%,直至目前的 30%,接近发达国家 2000 年初期的水平(部分发表在 Intens Care Med, Act Paediatr 等杂志)。同时对小儿低氧性呼吸衰竭的患病率、发病和死亡风险因素、干预手段的效果和代价等,进行了大量一手数据分析,为进一步开展随机对照干预研究奠定了基础。同时在 2003—2007 年间,在全国 30 多家医院开展了二项新生儿低氧性呼吸衰竭发病状况的前瞻性调查,初步判断出呼吸支持治疗技术应用程度、效果及代价,研究结果在国际权威杂志"儿科学"(Pediatrics)和"新生儿学"(Neonatology)上发表。2008—2010 年间,继续组织开展了二项较大规模的多中心研究判断干预手段的有效性及发展覆盖全国的临床协作网。

研究开发临床适应新技术

自 90 年代中期,自行研制了吸入一氧化氮治疗技术作为在小儿危重抢救中特效呼吸支持技术,以快速改善肺通气灌流失调,降低持续低氧血症导致多脏器衰竭的风险。这一治疗技术已经开始在上海和内地成为救治危重呼吸衰竭新生儿的重要手段,并正在使其向正规临床新药救治技术发展。针对相当一部分严重心、肺衰竭患儿的临床病理生理机制和救治技术的局限性,还引进并建立了体外膜氧合(人工肺)技术支持新生儿及小儿心肺功能衰竭的生命维持手段。在建立这些技术应用中着重解决国产的设备和技术应用标准和安全问题,在国际学术杂志发表了大量研究成果。在极不成熟早产儿如何耐受持续低氧的机制方面,开展了针对高原低氧环境下的呼吸-循环生理学研究,将为极端条件下一氧化氮-血红蛋白介导的机体的代偿机制作出深入判断,从而寻求改

变传统救治极不成熟早产儿呼吸衰竭的模式中对肺、脑发育不利的临床因素,提高极度不成熟早产儿生存质量。

对学科建设和学科人才梯队的贡献

作为学科建设带头人,孙波教授主持了教育部重点学科建设,有关新生儿生命支持技术平台在救治呼吸衰竭方面的主要工作计划,联合新生儿及小儿危重病专业的学科骨干,发展出在国内具领先水平的、接近发达国家的呼吸支持与危重病救治技术和标准,使得所在单位连续得到卫生部和上海市临床重点学科建设的资助支持。先后培养出 20 名博士、硕士研究生,3 名博士后,组织推荐大批年轻医师、护士到发达国家地区专业进修,成为目前医院相关专业的骨干力量。多次主办小儿呼吸与危重医学的国际研讨会,培养锻炼国内中青年学者的专业理论和交流能力,并定期授课指导医院研究生在国际学术杂志发表研究论文。在全国性协作中,培养了许多地区的合作研究团队,使多家省级医院成为当地重点专业学科,获得当地政府重点支持,并形成各地独特的临床医疗教学研究的发展模式。

以国际化水平促进国内专业学科发展

孙波教授以其学术研究成果在国际新生儿与小儿呼吸与危重医学领域获得学术影响力。这包括与瑞典、德国、美国、加拿大、日本等国的专业人员开展了长期合作与交流,在 10 多个国际儿科、呼吸、危重医学、药理学杂志发表 50 多篇研究论文和综述,并担任这些杂志稿件评审人,兼任其中 6 个杂志的编委,并担任早期小儿发育(Early Human Development)杂志的副主编。同时兼任国内儿科杂志的编委,参与编写了 10 多本儿科学、呼吸医学、危重医学专著。曾经担任小儿危重医学学会国际联盟理事,积极促进其与国内小儿急救专业的交流与合作。在世界围产-新生儿大会、小儿危重医学大会、各种国际新生儿、小儿呼吸与危重病专题研讨会上,孙波教授十多次应邀报告在中国的研究成果,并担任大会执行主席、主席团、学术委员会成员。他在小儿、新生儿肺发育病理生理及呼吸治疗学的论著和观点被国际文献大量引用。近年来通

过区域性合作计划,继续与内地医院组织临床继续教育培训项目,开展
国际性学术交流及合作,以提升这些机构及专业人才的学术水平,促进
学科快速发展。

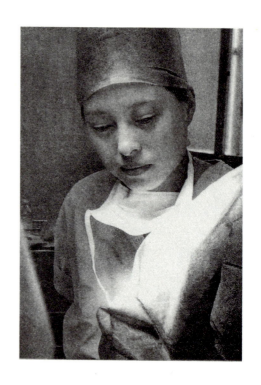

　　郑　珊　教授,1960年2月生,1988年获上海医科大学医学博士学位。现任复旦大学附属儿科医院副院长、外科主任,教授、博士生导师;中华医学会小儿外科分会委员、中华医学会小儿外科上海分会候任组委、上海市高级专业技术职务评审委员会委员,享受国务院政府特殊津贴。

　　长期从事小儿普外科及新生儿外科临床、科研和教学工作;获国家教委优秀青年教师基金、上海科委重点基金项目及国家自然基金面上项目;发表论文100余篇,SCI收入30余篇,副主编《临床儿外科学》。已培养8名硕士,6名博士。

　　近年获奖情况:2001年上海市医疗成果三等奖;2003年获上海市科技成果三等奖和上海市优秀发明一等奖。2006年获教育部高等学校科技进步二等奖。

人生格言

只要路是对的,就不怕路远。

托起明天的太阳

○记复旦大学附属儿科医院郑珊教授

我国第一位小儿外科女博士

郑珊于1977年恢复高考后报考了上海第一医学院医学系。在上医的学习是欣喜和紧张的,但繁重而枯燥的课程从未让郑珊怀疑过自己的选择。当年学校里仅有的几间晚上不熄灯的教室,她总能抢到位子;考解剖学时,她对90%的解剖名词闭着眼就能说出它在教科书的第几页第几行。勤奋的她五年后留在上海医学院附属儿科医院。1984年,医学教育改革的春风再次吹来,学校决定试招临床应用型研究生,郑珊牢牢记得当时石美鑫院长的教诲:"只会看病的医生只是低层次的重复。"她觉得很有道理,于是下决心考取临床医学研究生,硕博连读,师从金百祥教授。1989年,郑珊攻读小儿外科博士毕业,成为我国自己独立培养的第一位儿外科女博士。

抱着做一名好医生简单而纯粹的想法,学生时代的郑珊一直努力勤奋,心无旁骛,潜心钻研。她说,不用问收获,只管去耕耘,根据自己的目标,一直向前走就好。她对自己的学生这样说,多年来,自己也是这样做的。

男人世界里的女外科医生

医学外科,是男人的竞技场,外科医生的成长道路是艰辛而痛苦的,做一名女外科医生,身在其中,获得的一切并不与付出成正比,但郑珊从来没有后悔过。很多人看到郑珊今天取得的成绩,说:"嗨! 你这条路

走得真顺。"她知道这一切的不易。

"医者父母心",面对患儿,作为女外科医师心中有着太多的关怀和柔情,无论病情多么复杂危急,只要存有一线希望,她都不允许自己放弃救治的机会,即使是在孩子父母要求放弃的情况下。

暖箱里,躺着一个因先天性食道闭塞,17天未能进食并引发严重肺炎的婴儿;门外,是一位伤心欲绝彻底失望的父亲。心急如焚的郑珊一把将父亲拉进产房,指着这个瘦骨伶仃却顽强生存着的婴儿,"你没看见他的眼睛在盯着你吗?"她说,"你就忍心不给他一个机会?"父亲在走廊上狠狠抽了一支烟,最后嘣出两个字"救吧!"。一切"为生命着想"的信念,让她坦然面对手术过程中可能承担的巨大责任与风险,没有丝毫的犹豫和耽搁,她一头扎进了这个历时5个小时的高难度手术中……

术后一段时间,孩子开始正常进食,体重一磅一磅的上升,面色也渐渐红润起来。一年后,当再次见到这个已会蹒跚起步的婴孩时,郑珊心中有着难以表述的欣喜。"只要有机会,就一定不能放弃。"

一位来自包头市的患儿要被送到儿科医院抢救,当怀抱婴儿的父亲踏下飞机,看见停在机场草坪上的救护车和一旁守候多时的医生护士时,顿时呆立当场,"到了上海,就不能让孩子有一分一毫的闪失。"这是郑珊的承诺。

遇到家境贫寒的患儿,她就用尽各种方法为他们提供方便,节约费用,即使是那些遭到遗弃的患儿。一个出生即肠穿孔,历经3次手术仍未脱离危险的婴儿,被再也无力承担医疗费的父母弃在了医院,没有犹豫,郑珊一边开始着手准备第4次手术,一边向徐汇区青联发出了资助婴儿手术的呼吁。款到了,手术成功了,生命的通道再次向这个幼小的婴儿打开。每一条生命,无论多么幼小,对她而言都是同样的珍贵。

对郑珊眼中,只有病人的需求,而没有自己的休息,且不说她每年平均要做大小手术300余例,一连十几个小时连续抢救病危患儿的手术也是常有的事。一次,为了抢救一个病危的试管婴儿,她整整忙了18天,没吃好睡好,面对这对年近半百、为了孩子几乎倾家荡产的夫妇,她又怎么忍心让他们失望呢?在她眼中,她所抢救的不仅是一个孩子的生命,还关系到一个家庭的幸福。

经她的手从死神那里救出的小生命太多了,她常常会记不清孩子们的名字,但逢年过节,郑珊总会收到近百张贺卡;走在路上,也常会有孩子叫她"郑妈妈"。

"我是在用心去做每一个手术。"坦白而直率、自信却不张扬,在她眼中一切的荣誉都不如"一名出色的儿外科医生"更让她喜欢。

"做我喜欢的工作。"她说。"我很满足。"

务实创新,攀医学高峰为病人造福

为了使儿科医院小儿外科能进入世界先进行列,1994—1995 年医院派郑医生到美国纽约州立大学布法罗分校进修。回国以后,郑医生结合我们的国情开展了更多的科研创新,为了能让更多人享受更好的医疗服务,她还投身于医学教学,培养了大量硕士和博士研究生,把一身本事毫无保留地传授给学生。

郑医生在翻阅了大量的资料和国外文献,研究了我国小儿外科手术后,就开始想如何给高营养,提高术后患儿的生命质量。自 1984 年起她对脂肪乳剂在小儿体内的代谢和应用进行了一系列实验和临床研究,使国内小儿外科以脂肪乳剂为主要能源的周围静脉营养得以推广。她的这一研究有创造性、有实际应用价值,使许多严重肠梗阻的危重病儿能够维持营养获得痊愈,使患晚期恶性肿瘤的儿童能接受化疗从而使症状缓解。随后她又对新生儿手术前后代谢和激素改变进行了一系列工作,使我院新生儿外科专业位于国内领先地位。她的多项科研为新生儿外科临床工作提供了新的观点和治疗方法。2002 年她的研究成果获上海市科研进步三等奖和第十八届上海市优秀发明一等奖。2006 年获教育部高等学校科技进步二等奖。

郑医生的研究创新通常建立在临床需要的基础上,她常常说,科研是基础,是临床的后盾,有了临床经验和科研的结合,外科工作会有更快更好的发展和提高。例如她带领的团队在国内率先开展针对新生儿严重畸形的各种手术"经肛门 Soave 一期根治术治疗婴幼儿先天性巨结肠"、"非麻醉下一期无缝合肠管回纳治疗先天性腹裂"、"先天性中位无肛新生儿期经骶会阴一期改良根治术"、"婴幼儿亲体活体部分肝移植"等等。新生儿死亡率是国际衡量一个国家医疗水平的标准,降低它就能证明我们国家的医疗水平在提高,她说:身为一个国内一流的新生儿外科医生,不能仅仅依靠临床工作,还需要配套的科研工作,寻找出影响新

生儿生命质量的病因,深入挖掘其中病理的过程,以便能够保证患儿的快速恢复,对于我们每一个临床医生而言,它是一条很长的路。为此郑医生还负责着在我院的"上海市儿外科疑难重症诊疗中心"的主要工作和"十一五计划"及"211工程"的新生儿疾病防治项目,正在为更多疑难病及危重症患儿无私的奉献。

相信在医学的道路上,郑珊医生还将一如既往地走下去,因为她坚信,这条路是对的,无论多远她都不怕。

李大金　汉族,1957 年 4 月生于江苏扬州。1992 年在上海医科大学获妇产科生殖免疫学博士学位。现任复旦大学附属妇产科研究所所长,教授、研究员、博士研究生导师。

主要从事生殖免疫学研究及生殖医学临床医疗及教学工作。先后 8 次承担国家自然科学基金面上项目;2009 年获得国家自然科学基金重大国际合作项目资助;2007 年承担国家自然科学基金重点项目;2006 年起承担国家重大基础研究专项(973)项目。

近年来发表 SCI 学术论文 40 余篇;获卫生部、教育部、上海市及国家中医药管理局等科技进步奖 15 项。主编《临床免疫学》、《生殖免疫学》。2008 年入选上海领军人才;荣获 2007—2008 年度卫生部有突出贡献中青年专家;2004—2006 年度上海市劳动模范;2006 年入选上海市医学领军人才;1998 年获得明治乳业生命科学奖;1995 年获得上海市"银蛇奖"。

人生格言

耐得住寂寞与清贫;
勇往直前,挑战有如科学巨人!
　　　　　李大金

风卷云疏扬帆近，
不抵彼岸勇向前

○记复旦大学附属妇产科医院李大金教授

自我磨砺,殷殷追求

　　李大金教授是我国本土培养出来的生物医学领域人才,1995年和2001年曾两次赴日本大阪大学从事生殖免疫学研究,期间曾收到日本大阪大学医学部的高薪聘请,但他毅然决然地放弃了国外优厚的工作机会,选择回国服务,他立志用自己所学回报祖国的养育之恩,将自己一生奉献给祖国的医学科学事业。回国后,他立足于我国基本国情,在当时相对落后的科研条件下,凭借着对科学事业的执著追求和坚忍不拔的毅力,克服重重困难,艰难跋涉,经过20余年的辛勤耕耘,攻克了一个又一个的科学难题,从无到有,从弱到强,一步一步走向成功。目前,他所领导的课题组在生殖免疫学领域做出的研究成果在国际学术界获得广泛认可,并达到国际领先水平。2006年李教授发起并召开了我国女性生殖健康学科发展高峰论坛,邀请众多国内著名专家出席,起草了生殖医学发展纲要,对我国生殖医学未来发展指明了方向;同年受国家计生委委托,起草有关生殖医学研究"973计划"。2008年和2010年在上海两次成功主办国际生殖免疫学大会。会议特邀近20名国际知名生殖免疫专家学者出席,为促进国内外交流,提升中国生殖免疫学的国际学术地位做出了贡献。

　　李大金教授的突出成就奠定了他作为国际知名学者的地位;作为学科带头人,为我国生殖免疫学和中西医结合妇产科专业的发展及其在国际上的影响力做出了杰出贡献。

天道酬勤，厚德载物

李大金教授所带领的研究团队完全依靠国内现有条件，通过自身刻苦钻研，在生殖免疫领域取得了丰硕的研究成果。回顾李大金教授及其团队的科研历程，凸显"锐意进取，勇于创新"和"不待扬鞭自奋蹄"的精神。在学术研究上，始终瞄准当今国际妇产科学亟待解决的科学难题，不断挑战自我，敢于否定自我。为攻克难关，在寒冷的冬天他会半夜赶到实验室；他办公室的灯光常常从傍晚亮到黎明。几十年来几乎每天工作到午夜；每个节假日都能在办公室看到他的身影。他常告诫学生并勉励自己："耐得住寂寞，耐得住清贫，才能成为真正的科学家，才能走向成功"；"成功在分分秒秒中，成功在每一个细节中"。

他的付出，填补了国内一项又一项空白，学术水平也跻身于国际先进行列。2006年获国家重大科学研究计划项目"973"资助（一级子课题负责人）；作为课题负责人他先后承担国家自然科学基金面上项目7项。2007年获国家自然科学基金重点项目资助；2009年获得国家自然科学基金委国际重大合作项目资助，使复旦大学在这一类项目取得了零的突破。2006年他入选上海市医学领军人才；2008年入选上海市领军人才；2008年获卫生部有突出贡献中青年专家；2007年获得上海市劳动模范荣誉称号。他领导的"母-胎免疫调节机理的研究"获2006年度高等学校科学技术奖二等奖及2006年度上海市科技进步二等奖，获卫生部、教育部、上海市及国家中医药管理局等科技进步奖10余项。"环孢素A在制备保胎药物中的用途"获得国家发明专利ZL03108566.1。近年来他的研究成果和学术论文，频频发表在国际顶尖生殖生物学学术期刊上，如《Blood》《Journal of Immunology》、《Biology of Reproduction》和《Human Reproduction》等。自2001年以来，共发表SCI等学术论文140余篇，其中SCI论文40余篇，影响因子总数高达122.59，单篇最高IF10.55，平均IF3.26，并已经被直接引用近200余次。2010年，他的研究团队的最新研究成果"Thymic stromal lymphopoietin from trophoblasts induces dendritic cell-mediated regulatory TH2 bias in the decidua during early gestation in humans"在国际权威杂志《Blood》正式发表（IF = 10.5），该论文首次揭示母胎界面的滋养细胞表达人胸腺基质淋巴细胞

生成素(hTSLP),活化蜕膜树突状细胞(dDCs),并诱导蜕膜 CD4$^+$T 细胞(dCD4$^+$T)向 Th2 型细胞分化,形成有利于母胎耐受的免疫微环境。这一研究成果对进一步揭示了母胎免疫耐受的确切机制,对人类自然流产等妊娠疾患的防治具有重要意义,并对移植免疫学和肿瘤免疫学的研究将产生重要的推动作用。此外,他受邀担任国际权威杂志《American Journal of Reproductive Immunology》副主编,《The Journal of Immunology》、《Clinical Immunology》、《Journal of Reproductive Immunology》、《Vaccine》等国际著名学术期刊邀请为审稿专家;2008 年应国际生殖免疫学会邀请,在国际生殖免疫学学术会议上作学术报告;2010 年受到第 11 届国际生殖免疫会组委会邀请,出任会议主席,从而奠定了我国在这一领域的国际学术地位。在成功与荣誉的背后凝聚着他辛勤的汗水和无私的奉献!

桃李不言,下自成蹊

作为一名科研工作者,李大金教授同志如醉如痴沉浸在工作的快乐中。而作为一名研究生导师,他高度重视医学教育工作,为培养青年教师及研究生投入了大量的精力,倾注了大量心血,深受广大学生和青年教师的尊敬与好评。他以火热的激情感召学生,以真挚的爱心滋润学生。他始终以身作则,带动广大的青年教师树立和培养强烈的科研意识。他非常注重人才梯队的建设,二十来在妇产科研究所建成了一支具有学科实力的骨干队伍,先后培养了博士研究生 30 名,硕士研究生 18 名,为我国妇产科学等学科发展输送了许多优秀人才。多名研究生在《Blood》、《Journal of Immunology》、《Biology of Reproduction》和《Human Reproduction》等国际著名学术期刊作为第一作者发表优秀学术论文。他培养的研究生已有 9 名作为课题负责人 10 次获得国家自然科学基金面上项目资助。他的学生中不少也已成为各医院的学术骨干或学科带头人。他也因此连续 2 年被评为复旦大学优秀导师。

他同时还担任研究生学位课程《临床免疫学》教学组组长,在教学工作中他编制并不断更新教学计划,遴选授课教授,改革考试方式,主动将传统的优秀教学方法与现代高科技手段相结合,应用于临床医学教育领域,教学实践过程中灵活运用多种教学手段,完善了教学内容,强化了理论知识,并通过灵活多样、生动的教学方式,增强了教师和同学的互动,提高了教学效果,受到学生广泛好评。教学实践中能够不断自我完善和提高,为适应科学技术的高速发展和愈来愈短的知识更新周期,及时调整教学内容,积极介绍本学科前沿理论和技术,注重教学相长。主编并出版了《临床免疫学》、《生殖免疫学》等教科书,参编了《现代医学免疫学》、《分子免疫学》等学术专著。他先后主办了九期国家级继续医学教育项目"生殖免疫学理论与技术学习班",为提高全国生殖免疫学学术水平,为培养我国生殖免疫学专业人才做出了卓越贡献。

医者仁心,大爱无疆

在长期的医疗工作中,他一直坚持基础与临床研究相结合,中医与西医相结合,以自身强有力的研究成果,促进临床医疗技术水平的提高,形成了一整套具有特色优势的医疗技术方案。针对国际上围绝经期HRT面临的挑战,率先启动研究了中西医结合HRT方案的药效机制;并在临床应用中极大呵护了围绝经期妇女的身心健康。在母-胎免疫调节机制的研究获得国际生殖生物学领域广泛认可后,将其应用于临床实践,使反复自然流产患者的再次妊娠成功率高达90%。针对免疫性不孕症容易诊断难治疗的国际现状,他率先应用中西医结合治疗方案,使自身抗体阴转率达85%以上,妊娠率在30%以上。吸引了众多全国各地乃至海外慕名而来的患者。

在复旦大学附属妇产科医院,来自全国各地的患者常常为了得到李教授诊治排起长队。鉴于患者络绎不绝,他每次出诊均通过延长时间不计报酬地超额完成预订诊疗数。曾有多次外地患者连续几个月预约不到他的专家号,李教授听说这一情况后马上利用休息时间免费为这些患者诊治,解决病人痛苦。面对患者,面对疾病,他不仅追求治疗效果,还追求降低医疗成本,节省社会医疗资源。以他基于科学研究成果的高超而独特的医疗技术,得到了患者的广泛好评。

优化管理,凝聚力量

李大金教授对科学事业的贡献,不仅体现在自身医学教研工作上,

更体现在对科学研究机构的管理上。作为妇产科研究所所长,鉴于所属各实验室条块分隔,实验空间及研究设备利用率低,研究设备老化等弊端,从 2004 年起冲破重重阻力,对实验室运转机制进行了大胆改革,在全国率先实行了研究所所有研究设备及实验空间对所有课题组开放及共同利用,使原来仅能容纳 20 名研究人员的研究所,可同时接纳 60 余名研究人员从事各自的研究工作,极大提高了研究设施的利用效率。这种新的实验室开放运转机制,明显增加日常管理难度,李大金教授通过创新意识,并投入大量心血,不断强化管理,使来自院内外各课题组能够顺利完成各自的研究任务。他的辛勤付出,得到全院职工的认可,在连续 3 年的职工对中层干部评议中考核成绩名列前三。

复旦大学附属妇产科研究所在他的领导下,实行对外开放,积极推动青年骨干教师赴国外重点高校深造,加深国际的交流与合作,拓展了科研思路,紧跟科研动态。这些青年教师学成归国后,用学习到的先进技术和理念为研究所的发展壮大添砖加瓦,其中 1 人获得"2010 年上海市浦江人才计划"资助,1 人获得"上海市卫生系统银蛇奖"和"复旦大学世纪之星"荣誉称号。他在为本校妇产科学科建设做出重要贡献的同时,还接纳来自全国的学术同行在该所进行科学研究,为全国多家学术机构培养了一批妇产科及医学学术骨干,这些学术骨干均成为各学术机构的生力军。

陈 楠 1954年10月,教授、主任医师,医学博士。现任上海交通大学医学院附属瑞金医院肾内科科主任,博士生导师。

长期从事肾脏病临床和科研工作,在各类原发性、继发性肾脏病的临床诊治,急性肾功能衰竭的抢救、慢性肾功能衰竭的血液净化治疗等方面积累了丰富经验,并对遗传性肾脏疾病、肾间质纤维化的发病机制和早期干预等方面进行了深入的研究。先后承担欧盟第六框架计划——Asia IT&C项目(中方首席)等国际、国家级、省部级课题20余项。

近5年在国内、外杂志发表100余篇文章。先后获教育部提名国家科学技术奖科技进步奖一等奖,上海市科技进步成果奖一等奖,上海医学科技奖一等奖,中华医学科技二等奖等14项。获卫生部有突出贡献中青年专家称号,国务院特殊津贴,上海市巾帼创新奖,上海市优秀教育工作者,上海市"三八"红旗手。

人生格言

勤学勤问，脚踏实地

陈楠

为中国肾脏病事业发展，
无私奉献

○记上海交通大学医学院附属瑞金医院
肾脏科陈楠教授

恪尽职守，做病人的守护神

陈楠1978年毕业于上海第二医学院医疗系，1983年至1990年在法国巴黎第五、第六大学附属 Tenon 医院肾脏科和 Necker 医院肾脏科临床和实验室工作学习。在法期间获巴黎五大肾脏专科医生，巴黎六大外籍主治医生和法兰西学院外籍住院医生等学位。1990年，陈楠教授毅然放弃了国外丰厚报酬、稳固的临床专科医生工作，回到了祖国。当时，国内的肾脏学科领域仍是一片非常年轻的土地，在前辈的关心、支持下，充分运用自己的专业所长，在国内开展肾脏病的临床和基础研究工作，对原发性肾脏病和继发性肾脏疾病，尤其是遗传性肾脏病进行了深入和有成效的研究工作，1998年获上海市卫生系统百名跨世纪优秀学科带头人（连续二周期），对自己严格要求，对病人无微不至，治学严谨。陈楠教授不仅技术精湛，而且医德高尚，她将自己满腔的热诚倾注于求助的患者。人们已记不清有多少个"生存无望"的病人，被她从生与死的交界线上拉了回来，有多少个对疾病丧失信心的病人，在她的鼓励开导下重新鼓起对生活的勇气。陈楠教授常说："医疗工作的特殊性要求医务人员具有高度责任心和使命感，因为我们是生命的守护神"。在她的带领下，肾脏内科曾多次获得上海第二医科大学文明科室、上海市文明规范服务先进病区、上海市卫生局先进集体等荣誉称号，2004年所领导学科获上海市职工职业道德建设"十佳标兵"和全国总工会评选的"全国职工职业道德百佳班组"。她也因工作成绩突出，2004 年获上海市劳动模范、上海市巾帼创新奖，并先后两次获上海市"三八"红旗手称号。2005 年上海市科技精英和上海市领军人才，2006 年上海市科技创新标兵。2009 年获中国女医师协会五洲女子科技奖-临床医学科研创新奖，2010 年获第三届上海市五一巾帼创新奖。

为人师表，硕果累累

陈楠教授是一位医德师德兼备，德技双馨的好医生、好教师。她认为讲师德首先是要讲忠诚于人民的教育事业，敬业奉献、教书育人。在教学工作中，她非常注意自己的一言一行对学生的影响，更注意用生动的事实去鼓舞学生。她的教书育人的理念是："严在当严处，爱在细微中"。多年来，她甘为人梯，积极扶植年轻学者，在论文的署名问题上她主动让出第一作者的署名，有时甚至将学术交流机会和讲课机会让给科内青年医生，积极鼓励并资助年轻医生参与国内外学术交流，使一批中青年医师成为学术骨干，并将一批中青年骨干推荐给全国各学会，担任学术骨干，提高学科的学术影响。2003 年上海第二医科大学"红烛奖"教育先进工作者，2004 年上海市优秀教育工作者称号。2004 年获国务院特殊津贴和卫生部有突出贡献中青年专家称号。2009 年更是获得新中国 60 年上海百位杰出女教师称号。她先后承担欧盟（Asia IT&C）第六框架计划项目、国家十一五攻关子项目和国家自然科学基金、上海市卫生局、教委、科委等重大科研课题 40 余项，培养博士、硕士研究生 50 名。作为博士生导师，陈楠教授所承担繁重的教研工作。她要求研究生的课题研究要紧紧抓住当前的热点、难点，具有系统性、连贯性、科学性和实用性，在完成课题的同时，其实也为临床开发了一项项实用的技术指标。她的科研成果已获得省部和市级奖 14 项，其中教育部提名国家科技奖一等奖 1 项，中华医学科技二等奖 1 项，上海市科技进步奖一等奖 1 项，首届上海医学科技一等奖 1 项以及临床医疗成果奖等。发表论文 400 余篇，主编、参编专著 11 部。正是在陈楠教授的带领下，全科上下团结，拧成一股绳，充满着朝气和希望。学科一批中青年骨干脱颖而出，学科 18 名医生经国外 1—2 年的相关专业培训后均已回国开展工作，申请并获得国家自然科学基金、上海市启明星计划等的资助。学科

与法国巴黎六大 Tenon 医院肾脏科结成姐妹科室（ISN SRC Program），2007 在全球众多竞争科室中脱颖而出，被国际肾脏病学会破格晋升为 A 级，获得 ISN 的高度赞扬，为学会赢得了荣誉。

乐于奉献，致力中国肾脏病学术水平提高

　　陈楠教授 2001 年担任中华医学会肾脏病分会青年委员，即负责学会年会的学术会务工作，每年均出色地完成年会的学术筹备、组织、实施工作，学术交流顾及基层医生的培养、相关领域的研究进展，丰富了年会的学术内涵，2005 年任中华医学会肾脏病分会副主任委员以来更是极力推动学会的国内外交流、提高边远地区和经济相对落后地区继续再教育工作，资助西北部地区医师免费参加年会学术会议，积极推动各省市肾脏病学会及其兄弟学会的学术活动，多次赴西部和经济相对不发达地区进行学术讲座，普及推广肾脏病的诊治经验。2008 年担任华东地区肾脏病学会主任委员，更是努力推动华东地区各省市的学术活动，利用上海肾脏病学界的优势，扩大华东地区的学术影响，向全国辐射，资助相对边远地区医务人员参加学术会议，提高学术水平。作为上海市医学会肾脏病专科分会主任委员，近年来致力于学会与国际肾脏病学会及各国肾脏病学会的学术交流，多次举办了 ISN COMGAN 继续医学教育会议、中日韩肾脏病学术研讨会、两岸四地肾脏病高层论坛、临床病理和肾脏病国际会议等国际性学术会议，促进了学会与国际肾脏病学界的交流，提升了学会的国际形象和学术水平。

郑民华 主任医师,教授,1963 年 1 月生,博士。现任上海交通大学医学院附属瑞金医院副院长,上海市微创外科临床医学中心主任。兼任亚洲内镜与腹腔镜外科医师学会(ELSA)主席、中华医学会腹腔镜与内镜外科学组组长、中国抗癌协会大肠癌专业委员会常务委员等职。第十届、第十一届上海市政协常委。

长期从事消化道肿瘤的微创治疗与基础研究,在国内开创了多项首例手术。承担国家自然基金项目、上海市领军人才及市科委自然基金、上海市卫生局等多项课题。

发表论文 100 余篇,SCI 收录 20 余篇,获国家专利 3 项。获教育部科学技术进步一等奖、中华医学科技奖三等奖、上海市科学技术进步奖一、二、三等奖、上海市医学科技奖一等奖等。

人生格言

小小微创 大大仁心

郑民华

247

抓住发展机遇,站到时代前沿

○记上海交通大学医学院附属瑞金医院
副院长郑民华教授

1989 年底,郑民华教授作为上海第二医科大学法文班的第一届毕业生,正在法国斯特拉斯堡大学医学院附属医院担任住院医生。那家医院在当年引进了一套腹腔镜手术器械,并决定在住院医生中选择一些人进行摸索,结果郑民华入选了。理由是:他是中国人,拥有一双可以灵巧操作筷子的手。与人们熟悉的外科手术相比,腹腔镜手术的确与众不同:抬着头开刀,目光所及的不是直接的血肉,而是屏幕,手术器械又细又长,看起来有些奇怪。被选中的郑民华自己也有些迷茫,对新兴的"钥匙孔"手术心存疑虑:"能看得清楚吗?"抱着试一试的心态,郑民华就这样进入了腹腔镜的世界。

经过一段时间的摸索,郑民华发现,深入腹腔内部的摄像探头放大了医生的视野,这让手术更加清晰。腹腔镜下的手术不仅能够看清腹腔内的世界,更能减轻患者的痛苦。郑民华见证了腹腔镜外科手术发展的全过程。而当时,了解这项尖端的外科技术的国内医师寥寥无几。那时候,他告诫自己:"一定要沉下心来学,总有一天会用到的。"短短一年之后,他已经完全掌握了腹腔镜手术,在法国主刀了 40 多例腹腔镜疝修补术、腹腔镜阑尾切除术、腹腔镜下食管裂孔疝修补术等等各类腹腔镜手术。

在法国长达 6 年的住院医生经历,让郑民华练就了扎实的外科基本功。他经常需要在急诊室值班,为患者诊疗各种外科疾病。更幸运的是,他的法国导师"胆子"很大,给了郑民华很多处理复杂病例的机会。就这样,六年后,他几乎涉猎了所有的外科领域。

1991年，时任上海第二医科大学附属瑞金医院院长李宏为教授到法国巴黎访问，在与二医大留法学生进行交流的时候，他了解到了郑民华和他的腹腔镜手术。李宏为教授对这项新兴外科技术表示出了极大的兴趣，他敏感地意识到：这必定是外科未来的发展方向。不久后，他写了一封信给郑民华，邀请他回瑞金开创微创外科事业。就这样，郑民华踏上了回国的创业之路。回到瑞金医院后，在医院的大力支持下，郑民华教授不断地创造着瑞金医院、上海和中国的微创外科历史：1991年，开展了腹腔镜胆囊切除术；1993年，率先开展国内第一例腹腔镜直肠癌根治术；2004年，又成功实施了国内首例全腹腔镜下胰十二指肠切除术。

开拓必需无私，创新永不满足

如同郑民华初识腹腔镜时充满着疑惑一样，腹腔镜手术在国内开展的初期，引发争议不断。但是郑民华坚信："让人接受的最好方法，就是让他们看到腹腔镜手术的效果。"在瑞金医院内，他不辞辛劳地向妇产科、泌尿外科、胸外科、小儿外科等多个科室普及腹腔镜知识；在院外，他更是过起了"空中飞人"的日子。1992年，他足迹踏上了一座又一座城市，推广、介绍、演示腹腔镜手术，让中国的外科医生们都认可，都会做腹腔镜手术。时至今日，外科界已经视腹腔镜为常规手术，微创外科也被公认为外科手术的未来方向。中国外科界在这次外科革命中成功地抓住了机遇，在微创时代与国际同行并驾齐驱，这都与郑民华教授当时的无私开拓密不可分。

2001年，瑞金医院微创外科成为上海市微创外科临床医学中心，是上海市政府、上海市卫生局规划建设达到亚洲一流水平的临床医学中心的首批建设单位之一。但郑民华很难对自己满足，他的生活也充满着危机意识。当腹腔镜手术在中国遍地开花时，他又要考虑新的方向。

逆水行舟，不进则退。求全保守的思想必将束缚学科的发展。郑民华认为，微创外科的学科发展重点必将从技术的改进逐渐转移到以疾病为中心的外科综合治疗模式上。于是，他毅然放弃微创技术全面撒网的方式，提出学科自身横向拓宽，相关学科纵向合作的胃肠道疾病微创外科综合治疗的学科群建设模式，联合消化内镜治疗、放射影像及病理诊

断及放化疗综合辅助,将微创外科的学科发展推向新的潮流。如今的瑞金医院微创外科,每年300余例腹腔镜结直肠癌根治手术、200余例腹腔镜胃癌根治手术、近千例腹腔镜胆道外科手术、近千例腹腔镜疝修补术、百余例腹腔镜甲状腺手术,让郑民华的团队登上一个又一个巅峰,中心成员目前分别担任亚洲内镜与腹腔镜外科医师学会(ELSA)主席、世界内镜外科联盟(IFSES)常务理事、亚太疝学会(APHS)创始委员及常务理事、中华医学会外科分会腹腔镜与内镜外科学组主任委员、中国抗癌协会大肠癌专业委员会常务委员、中国抗癌协会大肠癌专业委员会腹腔镜外科学组组长等职务,充分彰显了这支平均年龄只有35岁的年轻队伍的创造力和影响力。

在郑民华的带领下,这支队伍不仅拥有十分精湛的外科实力,还拥有非常的强大科研实力。大量的临床研究之外,他们还积极探索基于腹腔镜技术的新治疗手段,比如他们的原创设计腹腔镜热气腹治疗仪就已经获得了国家专利局授予的发明专利。微创外科的研究生分工合作,将视野拓展到了国际前沿的基因组学、蛋白质组学和代谢组学技术,开展了一系列消化道恶性肿瘤的相关研究,获得许多极具临床应用前景的结果,已有总结发表了专业学术论文百余篇,其中20余篇发表于SCI收录的国际专业学术杂志。正是由于郑民华的永不满足,瑞金医院微创外科的临床与科研,两手抓,两手都很硬。

关注医学教育,培育未来希望

今年47岁的郑民华教授分管瑞金医院教学工作,他知道身上的责任之重。瑞金临床医学院的双语教学特色历史悠久,郑民华深谙巩固特色不仅仅是传承,而是要不断注入新内涵、打造精品。在他的大力推动下,法语外教的医学法语课程使瑞金医院的法语教学含金量日渐提升。通过与法国里昂大学的合作,法文班学生可以接受与法国医学生完全相同的医学教学课程和课件,极大地补充和丰富了医学法语的教学内容。他牵头设计的PBC和PBL课程进一步完善了临床七年制及法文班课程的结构体系。

郑民华是为数不多的坚持每天夜查房的主任医生之一。每天下午四点他都会出现在病房里,带领病房的实习医生、研究生和年轻医生,对当日手术的病人、危重病人、疑难病人进行教学查房。病床边，他言传身教，时间很快就到了晚上六七点，完全忘记了下班的时间。

"对医生而言，不懂可以原谅，但是一定要实事求是。"郑民华要求学生必须诚实，"如果有学生说谎，我对他的批评将是非常严厉的。"他认为，相当一部分医疗差错源于"疏忽"，下级医生明明没有检查过病人，但为了应付上级医生，就想当然地编个"一切正常"的说辞，结果导致病情延误。

郑民华教授明白，医学生是医学事业的未来希望，医学教师承担着重大的责任。传授医学知识只是其中的一部分，作为一名医生、一名师者，更应当将崇高的医德、良好的医风传授给学生，应该让学生明白"健康所系，性命相托"誓言的真谛。只有这样，才能培育出中国医学的未来希望！

夏术阶　1960 年生,医学博士、博士后,教授。

上海交通大学一院临床学院常务副院长、上海交通大学泌尿外科研究所所长、上海交通大学附属第一人民医院泌尿外科主任、博导,《中华医学杂志》副总编辑。

坚持临床与科研并重,临床第一的学科发展理念,擅长泌尿系肿瘤、结石、男性学、前列腺外科、微创泌尿外科等疑难杂症的处理。

长期从事泌尿外科特别是前列腺的临床与基础研究,承担国家自然科学基金等课题,获得国家专利 12 项,国内外杂志发表学术论文 235 篇,其中 SCI 论文 30 篇。主编《微创泌尿外科手术学》等 6 部专著。获得上海市科学技术进步奖一等奖 1 项,省部级科学技术进步二等奖 2 项,三等奖 1 项;上海市医学科技进步二等奖 1 项、三等奖 1 项;教育部科技进步二等奖 1 项;中华医学科技进步一等奖提名及中华医学科技进步二等奖 1 项。获得中国内镜杰出领袖奖,泌尿外科最高荣誉奖吴阶平医学奖。获得上海市优秀学科带头人计划资助,上海市卫生系统先进个人。享受国务院政府特殊津贴。

人生格言

至爱 奉献
执着 创新 卓越

至爱·奉献，执著·创新

○记上海交通大学泌尿外科研究所
　所长夏术阶教授

至爱医学事业，学成回国奉献

　　作为"文革"后恢复高考的第一届大学生，夏术阶 1982 年毕业于山东医科大学毕业，此后一直努力工作在临床第一线，并不断刻苦钻研，先后获得医学硕士、博士学位。对于同龄的一代人而言，能够取得这样的成果，也可算得上是凤毛麟角。而他并不满足于此，在临床与科研领域的探索欲望却日益强烈。幸运而又让他难以忘怀的是，经全国人大副委员长我国泌尿外科界的创始人吴阶平教授口试英语后，他被推荐给了国际著名泌尿外科专家 Blacklock 教授，1991 年夏，夏术阶来到英国，开始了他在曼彻斯特大学和伦敦大学 St. Bartholomew's 医院的学习、工作生涯。

　　留学英伦期间，他先后得到了 Blacklock、Roger Kirby 等国际知名教授的精心指导。他潜心钻研于"前列腺癌的早期诊断与根治"、"膀胱癌的根治与尿路重建"以及"新兴的微创泌尿外科技术"等领域，专业能力得到了进一步的拓展，为后来他在泌尿外科界所取得的成绩进一步夯实了基础。一个偶然的机会让他得到启迪，研究生院导师 Gavin Vinson 发现，雌激素受体亚型与乳腺癌有着密切关系，夏术阶敏锐的提出，既然雄激素与前列腺癌的发生有关，是否它也存在着亚型受体？从那一刻起，他开始了原创性的雄激素受体亚型的科研工作。这马上引起了英国导师和同行们的关注，导师希望他能长期留在伦敦开展科研，并表示将全力支持他的创新性工作。但夏术阶始终不曾忘记，将他培养成为一个研

究型临床人才的是祖国和人民。1993年底,谢绝了导师再三挽留的夏术阶,带着他的课题和家庭回到了祖国。他说,作为医生要热爱祖国、热爱病人、热爱集体、热爱专业,要把精湛的技术和优质服务奉献给社会。

为了寻找一个更好的科研平台,他于1999年进入了复旦大学博士后流动站工作。在我国著名泌尿外科专家唐孝达的悉心指导下,仅用了短短的2年时间,他便提出并论证了前列腺组织中雄激素受体亚型的新概念,阐释了前列腺组织中雄激素受体亚型的分布特征和种属特异性,并且克隆出了雄激素受体亚型基因,为研究阻断雄激素受体亚型的药物奠定了基础。《前列腺组织中雄激素受体亚型研究——基因克隆、蛋白表达、临床意义探讨》的出站报告,引起了海内外的广泛关注,先后获得了国家自然科学基金、卫生部、中国博士后基金会、吴阶平基金会、上海市科委、上海市卫生局等15项课题资助。2008年夏术阶教授和他英国的导师Roger Kirby共同主编AJA杂志,Prostate cancer专刊,在Roger Kirby教授访问上海的时候,他说,"夏教授做了许多我想做而没有做到的事"。

执著探索医学,创新治病救人

2001年,夏术阶博士后出站后担任上海市第一人民医院泌尿外科主任。在他的带领下,仅用了2年时间,这一久负盛名的学科就全面完成了由传统泌尿外科向微创泌尿外科的技术转型。他通过探索比较,发现一种新型微创外科手术激光——2微米(铥)激光,能量极易被水吸收,所以在水中进行组织切割更安全,并具有良好切割和汽化功能。借此他成功地在国际上研究出一种崭新的治疗良性前列腺增生症的手术方法,即2微米(铥)激光剥橘式前列腺切除术,并迅速在国际上首先付诸实施,设计原理是利用激光刀模拟医生手指,把增生的前列腺组织像剥橘一样从前列腺包膜内面剥下,再切割成若干组织瓣,此过程中,前列腺组织块被激光刀汽化变小,较容易经尿道取出,术中极少出血,手术及术后护理时间短,大大提高安全性和有效性。这一创新技术的论文发表在SCI收录国际泌尿外科领域影响因子最高的杂志《European Urology》上(影响因子7.667),并赢得国际权威科技点评机构F1000(千名医学家)高度评价,Stavros Gravas教授,点评认为"这是一篇引领激光治疗良性前列腺增生症走出低谷的重要文献"。该创新方法被写入我国《微创泌尿外科手术学》，乃至我国泌尿外科最权威手术学巨著《泌尿外科学手术学》。

夏术阶带领团队积极推广这一新技术，"除了西藏，国内其他省市我们都跑遍了。"目前，他和团队已为近千例患者成功施行该手术，包括罕见的"前列腺王"病例，一位88岁老人，手术前测算其前列腺大小为320克（正常人是20克±6）。术后，老人拉着夏术阶的手，激动又高兴得说不出话来。对此，他感慨道："执著科学探索最有效的方法用其解除病人疾苦，是我们医生的天职，这样才能让更多老百姓享受到高科技带来的实惠。"

膀胱癌是泌尿系统最常见的恶性肿瘤，夏术阶应用2微米（铥）激光和钬激光，设计出"彻底切除肿瘤所在部位的膀胱壁全层，手术中膀胱镜下隐约可见膀胱外脂肪，同时切除肿瘤基底部周围2厘米膀胱黏膜"的术式，即给膀胱开"老虎窗"，取代了传统的"开刀"，避免了病人长期带尿袋之苦。临床随访表明，经该手术治疗的膀胱癌患者的近期生存率与膀胱全切除患者接近。对此，他的观点是："不会做的要学会做，会做的要做到更好。外科医生必须有艺术家的思维，审视手术的设计以及疗效。"

肾结石治疗方法一直颇多争议。上世纪90年代以来，国外率先采用微创经皮肾镜（PCNL）治疗肾脏结石，即在皮肤和肾脏结石之间建立一个4毫米左右的通道，在通道里取出结石，但有时因结石结构复杂，需建立多个经皮肾通道，对肾实质的损伤很大；同时，因使用镜体直径较粗的肾硬镜，很难处理隐藏肾盏中的结石，强行取石容易造成严重出血。夏术阶仔细分析肾盏特点，他说：肾脏结构可比作一套公寓房，肾脏的肾盂相当于客厅，肾盏相当于开门于客厅的卧室或卫生间，常规肾硬镜到达肾盂容易，但到达每个肾盏很难。他设计出一种如同象鼻般可弯曲的肾软镜，成功实施输尿管软硬镜结合微创PCNL手术治疗复杂上尿路结石，即采用小的经皮肾通道，先用输尿管硬镜取净肾盂结石，然后用输尿管肾软镜配合超软钬激光光纤碎石，从而将藏在肾盏中的结石全部取出。临床实践表明，其效果明显优于传统开放手术，避免硬镜勉强取石可能导致的肾盏撕裂大出血，创伤小、出血少、并发症低，更提高结石取出率。"象鼻"肾软镜这一设计已经获得国家专利。对此，夏术阶认为：

"不怕做不到,就怕想不到。医生必须从患者健康的切身利益出发,感同身受,不断创新才能找到使患者痛苦降至最低的方法。"

输尿管镜下碎石术治疗输尿管结石已广泛应用于临床,但有可能导致输尿管黏膜剥脱的严重并发症,可能使患者丢肾。夏术阶又和他的学生们一起研究,利用游离腹膜、膀胱黏膜和自身被剥脱的输尿管黏膜,紧急修复输尿管黏膜缺损,保证输尿管正常蠕动功能和黏膜完整,避免患者丢肾,这项研究成果发表在美国腔道泌尿外科杂志上。对此,他一直强调:"微创不等于微风险,预防激光治疗并发症的发生尤为重要,生命之托重于泰山,外科医生必须牢牢记住这一点。"

夏术阶特别重视团队建设,他有一套执教带教的科学方法,努力把年轻人推到前面。临床上与美国哈佛大学、休斯敦大学合作,基础研究与美国罗彻斯特大学合作,夏术阶教授提出的泌尿外科学科 5 名博导、10 名硕士导师的目标已经基本实现。鉴于夏术阶带领的学科在微创外科领域所取得的瞩目成绩,2002 年他本人被授予"吴阶平泌尿外科医学奖",2004 年上海市第一人民医院泌尿外科再次被评定为上海市医学领先重点学科,2005 年成立了上海交通大学泌尿外科研究所,夏术阶任所长,"至爱、奉献、执著、创新"定为所训,以此激励和鞭策所人。由此,他带领着他精心打造的团队在一个崭新的平台上开始了新的征程。

张长青　主任医师,1962 年 9 月生,1996 年获上海医科大学医学博士学位。现任上海交通大学附属第六人民医院骨科主任、上海市四肢显微外科研究所所长、上海交通大学创伤骨科研究所所长。曾先后入选上海市卫生系统百名跨世纪优秀学科带头人培养计划、上海市科委优秀学科带头人培养计划、上海医学领军人才和上海市领军人才。

张长青同志长期从事股骨头坏死的临床与基础研究、复杂骨折及骨不连的诊治、生物材料等方面的研究,先后承担了国家自然科学基金、科技部十一五科技攻关公益项目、上海市科委科技攻关重大专项等 10 多个重大项目,发表论文 100 多篇(SCI 收录 28 篇),出版专著 5 部,获得专利 7 项。近年来先后获得上海市医学科技二等奖(2004,2010)、上海市科技进步三等奖(2005)、中华医学科技三等奖(2005,2007)和教育部高等学校优秀科学研究优秀成果三等奖(2008)等多项奖励。

人生格言

以己不欲 勿施于人

张长青

大医精诚，博极医源

○记上海交通大学附属第六人民医院
骨科主任张长青教授

移花接木，死骨新生

张长青同志于 1996 年以优异的成绩完成上海医科大学骨科学博士学位，为进一步提高科研能力和研究水平，他博士毕业后进入第二军医大学博士后流动站从事研究工作，并于 1998 年作为高级访问学者赴日本童操骨科医院开展合作研究，回国后来到上海交通大学附属第六人民医院从事骨科临床与科研工作。

在工作过程中，他针对国内外在股骨头缺血性坏死治疗方面存在的不规范、不科学现象，充分发挥上海市第六人民医院骨科在显微外科方面的优势，展开了系统、深入的研究，采用吻合血管的游离腓骨移植术治疗股骨头坏死获得了理想的临床效果。针对国际上认为的此手术技术复杂、手术时间长的这一治疗缺陷，他在多年的治疗中不断探索总结，创造性的改良了原有手术技术，从根本上突破了此限制瓶颈。首先，他解决了切取腓骨的手术技术难点，将传统的由后侧入路先找血管，变为前侧分离、血管自然显露的方式，使以往熟练医生需 30—40 分钟才能完成的腓骨切取过程缩短到 10—15 分钟，并使初学者在短期内即可掌握。同时，改传统的髋外侧大切口入路为髋前内侧微创切口，大大方便了清理股骨头内的坏死组织及血管重建，增强了该手术的可靠性及安全性。在此基础上，他们在国际上率先开展了双侧股骨头坏死一期手术的治疗方式，明显缩短了双侧股骨头坏死恢复时间并节省了治疗费用。至今，他们已对 1 200 余名的股骨头坏死患者进行了吻合血管的游离腓骨移植治疗及术后跟踪随访，总有效率在 85% 以上。目前，年手术量可达 300 余例，已与美国杜克大学医学院相当，此项手术技术获得国内外同行的高度评价，并受邀到欧美一些国家的骨科临床治疗中心进行手术展示。

勇于创新，造福患者

张长青同志一直深入临床治疗与科研第一线，先后承担了国家自然科学基金"富血小板血浆促进骨缺损修复的机制研究"，科技部十一五科技攻关公益项目"富血小板血浆复合骨髓间充质干细胞修复早期股骨头坏死的研究"，上海市科委科技攻关重大专项"骨质疏松性骨折内固定的选择及其改进"、"纳米硼酸盐玻璃载药缓释系统治疗骨髓炎的研究"、"外固定技术治疗四肢骨折的临床应用研究"等多项国家级和省部级重点项目，在复杂骨折、骨不连、骨髓炎的治疗方面取得了突出的成果，出色地完成了各项攻关项目，并对各项治疗技术进行推广应用，有效提升了各级医疗机构在相关领域的治疗水平。

通过与同济大学材料科学与工程学院、创生医疗器械有限公司（江苏）、山东威高集团医用高分子制品股份有限公司等单位的紧密合作，先后开发出具有良好生物相容性的人工骨植入材料——硼酸盐生物活性玻璃、抗菌涂层钢板以及制备富血小板血浆的离心管等一系列产品。其中富血小板血浆在临床上治疗慢性骨髓炎、炎性创面、糖尿病足导致的溃疡等方面具有良好的效果，制备富血小板血浆离心管的实用新型专利已成功实现专利转让（专利费 200 万元），目前已经通过国家药监局的审批，即将实现产业化，为医工结合研究以及产业化提供了一条切实可行的道路。

以身作则，精益求精

2001 年，张长青同志开始吻合血管的游离腓骨移植治疗股骨头坏死的临床与基础研究，最初，他面临着科研经费紧张、实验基础条件差的难题，在院领导的支持下建起了一个简易的平台，带领同事和研究生开始了拼搏奉献的研究历程。他每天 7 点就到医院，且总是走得最晚，这

种忘我的工作精神和习惯一直保持至今,一直激励着同事和研究生以他为榜样努力工作,在最大程度上解决患者的难题。

在股骨头坏死的研究中,张长青同志领导的课题组通过模型的构建、病因学分析以及治疗方法的探索研究,已形成一整套理论和应用体系,在国际上创新性地应用改良的吻合血管游离腓骨移植术治疗股骨头缺血坏死,极大地提高了治愈率,目前已完成手术千余例,使大批股骨头坏死病人恢复了功能,重新走上工作岗位,国内多家媒体电台对此进行了关注和报道,其成果受到国际同行的高度赞扬。

近年来,由张长青同志领导的研究团队对富血小板血浆(PRP)进行了全面和深入的研究,率先开展有关 PRP 抗菌活性的探索工作,在临床应用 PRP 治疗难愈合伤口和骨髓炎窦道取得了良好的效果,并积极推动 PRP 产业化,自行设计了 PRP 制备套装,获得了国家专利,极大地方便了临床应用。此外,根据临床骨感染的高发病率和高复发率,张长青对其发病机制进行了深入研究,开发研制了新型生物玻璃材料,作为抗生素缓释系统,摒弃了传统材料的各种弊端,大大提高了骨感染的治愈率。

注重个人发展的同时,张长青在团队建设上也颇有建树。由他领衔的股骨头坏死治疗中心已成为国际上著名的骨科临床中心之一,处于国际先进水平,他先后多次应邀到国内外参加会议并发言,受到同行的广泛关注和高度评价。他参与授课的国际 AO 培训班是国内外骨科专业领域中高级人才培养的基地,每年为国内外相关单位输送了大批的优秀骨科医生。目前,中心拥有病床 401 张,门诊量 203 871 人次,急诊量 49 282 人次,完成手术 23 000 台次(2009 年)。中心技术力量雄厚,共有 103 名医生,其中博士生导师 8 名,硕士生导师 12 名。近年来(2002 年至今)获国家级、省级科技成果奖 8 项,发表学术论文 420 篇,其中 SCI 收录 125 篇、核心期刊 330 篇,承担科研项目 36 项,授权专利 6 项。此外,该学科还是国家继续医学教育的重要基地,目前拥有国家级继续医学教育 6 项,举办全国各类骨科新技术、新进展学习班 50 余期,进一步推广了骨科新技术、新成果,为促进我国骨科事业的发展起到了积极的促进作用。

"感觉到在充满竞争的今天,如何做好工作,关键在于是否抓住了一个'小'字。我们普通人，大量的日子，都是在做一些小事，假如每个人能把自己所在岗位的每一件小事做好、做到位，就已经很不简单了。救死扶伤的工作是个全方位的系统工程，我们作为医生，需要各方面互相配合。认真对待每一位病人的主诉，详细观察病情，把他们当自己的亲人，从各方面去关心。"张长青如是说，"小事成就大事，细节成就完美。联系到科室的管理，细节的宝贵价值更在于它是创造性的，独一无二的，无法重复的。在工作中，如果我们关注了细节，就可以把握创新之源，也就为成功奠定了一定的基础。"

李青峰　教授、博士生导师、主任医师,1964 年 10 月生,1994 年于上海医科大学获医学博士学位。现任上海市交通大学医学院附属第九人民医院整复外科主任。国家杰出青年基金获得者,教育部长江学者奖励计划"特聘教授",国家卫生部"有突出贡献中青年专家",上海市"领军人才"。

长期从事整复外科临床治疗和研究,先后承担了国家自然科学基金重点项目、国家中长期科技计划公益性行业基金、上海市科技创新基金等 20 余项科研项目,发表论文 180 余篇,其中 SCI 论文 30 余篇,获得中华医学科技奖、上海市科技进步奖等。

李青峰教授从医二十余年,关心、体恤患者,施治不辞辛劳,医术精湛,医德高尚,深受广大患者赞誉。

人生格言

医者,以救治为己任,
必心仁、德馨,方成杏林。

李青峰

开拓创新,德才双馨

○记上海交通大学医学院附属第九人民医院
整复外科主任李青峰教授

聚焦前沿,开拓创新

整复外科,又名整形外科,是一门以创伤修复、畸形矫正和功能重建,甚至更添美丽为特色的学科。随着能源、交通等行业的发展,严重毁形性创伤成为学科前沿难题,为此李青峰教授重点开展了"严重颜面创伤修复与重建"的研究。

近年来,国际上有医生热衷于"异体脸面移植",治疗全面部损毁伤。以九院整复外科的实力完全可以施行这类手术,但"异体脸面移植"目前还存在免疫排异、心理排斥、供体缺乏等问题,并非患者的最优选择。因此,李青峰密切关注学科前沿,潜心完善相关基本问题的研究,同时,另辟蹊径,力求在现代外科学和新医学手段结合上寻求突破,以建立常规、有效的治疗方法。

经过多年努力,李青峰项目组创新性地提出严重颜面创伤修复的MLT原则,并建立了相应的系统治疗方法,使严重颜面毁形性创伤的治疗效果得到了质的提升。同时,针对异体脸面移植,开展了系统的探讨性研究,提出了独特的、有影响力的观点。李青峰在该领域的研究成果,获得国际同行的积极评价,先后以封面文章(附主编述评)、附发特邀讨论文章和主编推荐文章等形式,在本专业领域国际权威学术期刊上(*JPRAS*, *PRS*, *APS* 等),发表多篇有影响的重要论文,并以"首页述评附编者按"形式在国内顶尖杂志《中华外科杂志》等发表 2 篇文章,并在美国、日本等国际整形外科大会上作专题发言。

自体脂肪移植因其组织同源性,将是治疗软组织缺损的主流方法。但长期以来,该领域多种方法并存,良莠不齐,亟需研究明确其中的基本科学问题,并对治疗流程、方法予以定型。作为早期研究中心之一,李青峰项目组致力于自体脂肪移植的标准治疗方法建立与完善。针对脂肪组织的独特移植规律和机制,建立并首次报道了脂肪颗粒活性的检测方法,提出了"3L3M"的移植技术和方法。该成果在半面萎缩和乳房重建这两类代表性疾病的治疗上,取得重要进展,并以附发特邀评论形式,在《美国整形外科杂志》(*Annals of Plastic Surgery*)等杂志发表代表性论文。李青峰课题组发现的"脂肪第二次移植现象"和"脂肪移植受床微环境改善现象",被国际同行誉为"令人兴奋的发现,为进一步研究,提出了新的方向",并受著名专家 Dr. Siffman 教授邀请,参加国际脂肪移植专著《自体脂肪移植》第二版的编写。

在周围神经损伤修复的研究中,传统的外科缝合疗效有限。李青峰创新地提出"周围神经损伤生物学修复"的治疗方法和理念,通过对"神经再生趋化特异性机制"和"再生微环境在体调控方法"等的研究,初步分离了关键神经生长调节因子,研制了新型神经导管复合材料,并创建了新型的"周围神经干的在体基因治疗模型"。国际权威 *Microsurgery* 杂志主编 Lineaweaver 教授对此积极评价道:"这一原创性成果和学术思想,必将对相关研究起到重要而积极的推动作用。"相关成果获得中华医学科技奖和上海市科技进步奖。

李青峰认为,作为我国整形重建行业的龙头学科,须以对接国家科技战略为己任,关注社会发展的重大问题,凝练临床中的基本科学问题,进行创新性研究,提高疗效,切实指导临床。以国家战略为导向,以救治患者为目的,不惧艰难,勇于创新,使得李教授成为引领所在学科不断进步的领军人物。

行业领军,国际定位

第九人民医院整复外科由中国工程院院士、中国整复外科创始人张涤生教授创建。经五十年努力,已经成为国际上临床规模最大、亚专业设置最为齐全的整复外科医教研中心之一。作为张院士亲自指点,也是惟一的博士后,还是青年才俊的他就是张院士眼中的"帅才"人选。在担任多年学科常务副主任之后，李青峰教授于 2008 年被正式任命为整复外科主任。

整复外科经数十年快速发展，目前成为拥有颅面外科、显微修复、血管瘤、淋巴水肿、手外科等众多亚专业，年手术 4—5 万例，门诊近 14 万人次，和近百位医师的超大型学科，也迫切需要一位具有宽广国际视野、睿智而富有创新力的领军人物。李青峰教授在长期负责学科建设的工作中，提出要在学科内涵和亚专业群的构建上，将学科建设成为"具有一定国际优势的整复外科医教研中心"，并以青年与骨干医师培养、优势专业培育、核心文化建设等为落实点，陆续推出相关有力举措，取得显著效果。

学科先后与美国密歇根大学医学院、杜克大学医学院等世界一流医学中心展开深度合作，近三年先后选派了 10 余位医师赴美、法等国家进修学习，极大增强了学科发展的人才优势。同时，每年有十余人次参加国际学术会议，如国际显微外科协会、美国整形外科协会等的学术活动，在国际学术平台宣传九院整复外科，为学科赢得崇高的国际学术声誉。

行业领军、国际定位，是李青峰教授对学科发展的定位。以张涤生院士为代表的一代整复外科创建者，奠定了学科的行业龙头地位。今天，处于竞争白热化和科技飞速发展的年代，只有不断创新，以国际化的标准引领学科发展，才能保持学科的龙头地位。

教书育人，德才双馨

已经成为"长江学者特聘教授"和"国家杰出青年基金获得者"的李青峰，依然热衷于医学本科生教育。他曾经说："普及学科知识，吸引更多优秀人才加入学科，是学科发展的关键"，这也是其精心备课，细致讲解，耐心启发，致力于本科教学的深层次动力。

对于研究生和各级医生，李青峰也要求甚严。在繁忙的工作中，他总"惦记"着学生们的工作和学习，关心学生综合能力和素质的提高。"他们能否成才，关键取决于这几年的培养"，他常如此说。正因为如此的责任心，他曾为学生修改同一篇论文达二十余次，也曾因一项科研思路的启发，引导学生连续实验、反复论证近半年。学生们从他的言传身教中，学习到了更多的从业精神和思路。在他带教的学生中，涌现了一

批优秀人才,有的发表了有影响力的论文,有的被国际同行邀请合作研究,也有的获得了上海市优秀毕业生等荣誉称号。

对待每位病人,李青峰都要求给予关心、细心和热心,用他自己的话说:"许多患者的救治机会只有一次,且往往决定了患者的一生。"正是这份对患者的尊重与对生命的敬畏,使得每一例经他之手医治的病例,都得到了细致的讨论和精心的治疗。良好的疗效和精湛的手术得到了患者和社会的一致认同。

无论是对医学后进人才的提携关爱,还是对患者细致周到的关怀,都蕴涵着李青峰教授对整复外科行业发展深切感情。正是这份热忱、热爱和超越常人的勤奋,使得他得以超越一名普通行医者的视野局限,成为行业领军人物。

刘建民 主任医师,教授、博士生导师。现任第二军医大学附属长海医院临床神经医学中心主任,神经外科(国家重点学科)主任、中国人民解放军脑血管病诊断治疗中心主任,第二军医大学神经介入中心主任、上海市血管病临床医学中心副主任。中华医学会及中国医师学会神经外科学会委员,中国脑血管病专家委员会副主任委员,中国神经科学学会理事,中国介入工程学会常务理事,上海市神经外科分会级上海市卒中学会副主任。《中华脑血管病杂志》和《中国介入及影像杂志》副主编、《中华医学杂志》和《中华神经外科杂志》等10余本杂志编委以及《Stroke》杂志审稿专家等职务。2007年被评为上海市优秀学科带头人,2008年入选上海市领军人才计划,2009年获军队育才银奖。担任2011年世界颅内支架大会(ICS)主席。

在脑血管病的基础与临床研究方面积累了丰富的经验,尤其是脑血管病的介入治疗形成了鲜明的特色,治疗各类颅内动脉瘤、动静脉畸形及头颈部动脉狭窄等脑血管病5 000余例,率先开展了颅内支架成型术及微导丝瘤颈成型术等11项新技术。定期主办"东方国际脑血管病介入治疗大会 OCIN""颈动脉狭窄论坛""颅内动脉瘤论坛""中韩神经介入论坛"及卫生部神经介入高级进修班。主持国家自然基金项目、上海市重大医学课题及军队重大基金等项目共13项。先后获国家、军队及上海市科技成果一、二等奖十余项。主编和参编专著7部,发表论文200余篇,在《American Journal of Neuroradiology》、《Neurosurgery》、《Interventional Neuroradiology》、《Journal of Clincial Neuroscience》等国外著名杂志发表论文10余篇。

人生格言

责任 感恩 积极 快乐

规范创新,勇攀高峰

○记第二军医大学附属长海医院
神经外科主任刘建民教授

严于津己,病人第一

出生于军人家庭的刘建民1984年以优异的成绩毕业并分配至长海医院神经外科工作,自从踏上医生工作岗位的第一天起,就被神经外科深深吸引,倾注满腔激情于工作。他在临床实践中注意神经外科知识的积累,白天承担了大量的临床工作,晚上陪伴在手术病人边上认真观察病情,深夜还要秉灯苦读,及时从国内外文献中了解神经外科的最新进展,把握学科发展的方向。为了磨砺自己,更好地为广大病患者服务,1997年和1998年刘建民两次远涉重洋,分别赴日本大阪市立医院神经外科和英国牛津大学医学院放射科学习工作,他以勤奋扎实、谦虚谨慎的作风赢得了同行的高度评价。在刘建民国外留学期间,正逢神经介入技术蓬勃发展,学成归来的他对国内外神经介入技术的巨大差距印象十分深刻,基于为国人提供最好医疗技术的深刻认识,刘建民决心要为我国神经介入的发展贡献自己毕生精力,这种精神也成为激励刘建民阔步前进的不竭动力。

把"病人第一"的服务理念一点一滴落实到一切为病人着想、一切从病人利益出发的具体行动上,体现"以人为本"的思想,尊重病人,关爱病人,方便病人,服务病人,维护病人的切身利益。精心救治每一个病人是他的责任,追求完美是他坚持的目标;加班到半夜、参与急诊病人的救治是他的家常便饭。多年来他的诊室内外一直围满了病人,他总是认真细心耐心地为每一个病人看病,为了满足病人的需要,经常牺牲吃饭和休息时间，却从不马虎敷衍，替患者和家属分析方方面面的利弊。

规范创新，勇攀高峰

在奋斗的征途上，刘建民教授没有满足于当一个"开刀匠"，没有满足于自己所取得的成就，凭借顽强的创新意识和不懈的拼搏精神，他在神经外科领域创造了一个又一个"第一"，奠定了长海医院脑血管病诊治在国内乃至国际的领先地位。

高举规范大旗，推进脑血管病介入治疗发展。神经介入是一门发展迅速的学科，从事人员具有年龄多样化、职称多样化和各分科医师多的特点，对脑血管病的认识和诊治水平参差不齐，刘建民教授针对以上这些特点，在国内率先提出重视介入规范化治疗，并开展正规操作。在国内成功的应用血管内支架成形术治疗颅外颈动脉狭窄600余例，通过对支架选择、输送、定位、释放及回收技术的改进，在支架植入血管成形的手术成功率、围手术期安全及中短期疗效方面走在国际前沿，研究成果获得上海市医疗成果二等奖。基于刘建民教授在脑供血动脉狭窄介入治疗方面所取得的显著成就，他被邀请作为牵头人，负责中国颅内动脉狭窄介入治疗标准的制订与修改。

颅内动脉瘤破裂出血后病程凶险，残死率极高；是唯一可以导致正常人立即死亡的神经系统疾病。刘建民教授自90年代初率先开展脑动脉瘤的介入治疗，提出超早期栓塞治疗理念将脑动脉瘤的治疗时机前移，使动脉瘤再出血率由2周内的20%将至1%以下；创用了动脉瘤填塞技术7项，成功解决了脑动脉瘤介入治疗的难题；并在国内率先尝试应用基因治疗手段预防脑血管痉挛的发生，获得国家自然科学基金的资助；作为大会主席成功举办第九届国际脑血管痉挛大会，所展示的研究成果得到国内外同行认同。目前共成功治疗颅内动脉瘤患者1 500余例，病例数及疗效均处于国际领先水平。因所采用的技术简单易行、安全有效，已在国内外得到了推广应用，成果分别获得上海市医疗成果三等奖和军队医疗成果二等奖。

率先开展血管成形术在脑动脉瘤治疗中的应用研究，改变神经介入治疗理念。宽颈或夹层动脉瘤曾被认为是介入治疗的禁忌症，刘建民教授在完成大量动脉瘤介入治疗的经验积累后，采用多导丝辅助输送技

术,于 2000 年成功实施亚洲首例血管内支架治疗结合弹簧圈栓塞治疗颅内动脉瘤。并针对支架成形术治疗颅内动脉瘤的困难,创用了颅内动脉分叉处支架植入术、颅内血管内支架侧孔成形术以及重叠双支架成形等 6 项技术,填补了该领域的空白,并提出脑动脉瘤治疗的目标应从瘤内栓塞转为载瘤动脉血管重建的理念。在此基础上,开展支架对血流动力学影响的数值模拟研究,设计发明了具有自主知识产权的低孔率血流导向装置,获得国家自然科学基金、上海市优秀学科带头人项目和科委重点项目资助,该新型支架即将进入临床试验,为脑血管病治疗开阔了一个全新的领域。

创建团队,培养人才

刘建民教授常说,博大的胸怀和战略眼光是学科带头人的必备品质。如何在最短的时间内迅速理清头绪、确定学科发展的方向,使学科在原有的基础上更快发展,是他在 2007 年接任科室主任后所面临的一大工作重点。恰在此时,对他一生影响最大的、给予他无限关爱和对他工作给予极大支持的父亲病危。刘建民教授带着只顾工作没能照顾好父母亲的自责,继续与全科同事一起分析目前科室发展存在的问题和解决的方法,确定了"突出特色、以点带面、全面发展"的理念,在扩大特色专业的领先优势同时,带动和影响其他亚学科的发展。

刘建民教授长期以来非常注重人才队伍的建设,在他的领导下,神经外科构建了完备的人才梯队,聚集了一批同行业知名、特点鲜明的专家。尤其重视年轻人才培养,共有 8 人先后赴美国、日本、英国和法国等国外知名院校进修学习国外的先进理念和技术,他们纷纷在学成归国后各领风骚,成为每个专业领域中的佼佼者,2009 年刘建民教授也因此获得军队院校育才银奖。基于多年的耕耘和其出色的团队领导能力,长海医院神经外科在国内外声名鹊起,刘建民教授主办的东方脑血管病介入治疗大会、中韩神经介入联合会已具有很高的国际影响,成为国内外互通有无和交流的平台,更成为中国神经介入团队向世界展示的窗口;并成功获得 2009 国际脑血管痉挛大会和 2011 年世界颅内支架大会的举办权。

作为学科带头人,刘建民教授在脑血管病介入治疗及癫痫外科治疗方面作出突出贡献。2006 年荣获神经外科最高奖项——王忠诚神经外科医师奖称号,2007 年被评为上海市优秀学科带头人,2008 年入选上海市领军人才计划。经过积极努力,打破学科壁垒,成立第二军医大学长海医院临床神经医学中心,对脑血管病、癫痫、帕金森病等进行联合攻关,使治疗效率大大提高。这种新的诊疗模式显著地加强了学科协作,提高临床效率,成为成功的重组范例在业界引用和推广。刘建民教授正和他的同事们一起瞄准世界神经外科的最前沿,在务实中求发展,在发展中图创新,为造福更多的患者而不懈努力。

谢渭芬 教授,主任医师,博士生导师,1964 年 6 月出生,1985 年毕业于第二军医大学。现任第二军医大学附属长征医院消化内科主任,兼任中华医学会消化病学分会委员兼秘书,上海医学会消化病学分会副主任委员。

长期从事临床一线工作,在慢性肝病、肝纤维化基础及临床研究,肝癌诱导分化治疗研究、胆胰疾病内镜介入诊疗等方面成绩突出。先后承担国家杰出青年科学基金、国家自然科学基金面上项目、上海市青年科技启明星及跟踪项目等基金项目 20 余项;发表论文 150 余篇,其中以第一及通讯作者发表 SCI 收录论著近 30 篇,其中影响因子 10 以上 3 篇,最高影响因子 11.4。入选教育部"长江学者奖励计划"特聘教授、新世纪百千万人才工程国家级人选、总后勤部"科技新星"、上海市领军人才和上海市优秀学科带头人。以第一完成人荣获上海市科技进步一等奖等奖项 4 项。

人生格言

真诚待人,踏实做事.

谢渭芬

真诚待人,踏实做事

○记第二军医大学附属长征医院谢渭芬教授

在病人眼里,他是悬壶济世、充满爱心的白衣天使;在同行眼里,他是目光敏锐、兢兢业业的学术专家;在同事眼里,他是锐意进取、勇攀高峰的学科带头人;在学生眼里,他是淡泊名利、求贤若渴的伯乐,温暖和煦、诲人不倦的长者。他,就是第二军医大学附属长征医院的谢渭芬教授。

矢志悬壶,艰苦求学

谢渭芬教授1985年毕业于第二军医大学海医系,毕业后一直从事一线临床工作。谈起如何选择了消化内科作为毕生的专业,谢教授至今也记得当初选择专业时的情景。当年,大部分学生喜欢在外科、骨科等学科上一展身手,而在长征医院消化内科实习期间,谢教授被当时的消化内科主任李石以及前主任张国治的敬业精神和大师风范深深折服。毕业留校后,他坚持要求分配到消化内科工作,最终得以如愿。他说:"要当就要当他们那样襟怀坦荡、兢兢业业、悬壶济世的医生。我就是冲着李主任和张老两位大师级的人物才选择了消化内科。至今我仍然庆幸当初的选择。"在两位大师带领下,谢渭芬在医学知识海洋里徜徉,为日后的临床和科研工作夯实了基础。

1995年,谢渭芬教授作为访问学者来到德国马普协会生物化学研究所进修学习,一年后,转到美国华盛顿大学进行博士后研究。在这段日子里,他胸怀一颗报效祖国的赤子之心,把全部心思放在了科研上,在国际性的学术期刊上发表了多篇高质量的论文。出色的能力使他脱颖

而出,导师非常希望他能留下帮助自己管理实验室,甚至想要为他申请美国的居住证,但谢渭芬都回绝了。为尽快让自己所学到的知识得到发挥,谢渭芬1998年底就想赶回中国,但苦于机票紧张,未能实现。几经周折,最终在圣诞夜——一个西方人的传统节日里,回到了上海,回到了祖国的怀抱。

2001年,从美国深造回国3年后,年仅37岁的谢渭芬升任科主任。此后,消化内科在谢渭芬教授带领下,脚踏实地,不懈进取,一步步迈向学术的高峰。他担任科主任后,消化科面貌焕然一新。2001年成为国家临床药物试验机构消化专业组,2002年被评定为国家重点学科。科室目前开设床位50张,年收治病人1 800余人,年门诊量愈8万人次。设有消化内镜室、消化超声室、胃肠动力室和消化实验室等功能单位,拥有国际先进、种类齐全的电子内镜等仪器设备,总价值近3 000余万元。

全面发展,突出特色

继承老一辈专家的志向,将长征医院消化内科发展成为上海市、全军的肝病乃至消化病中心,是谢渭芬教授一直以来的心愿。为了实现这一目标,谢渭芬教授带领消化内科这一富有朝气的团队,开始了漫漫的攀登路。经过多年的努力,长征医院消化内科已成为技术全面、服务上乘的先进集体,先后获“总后勤部先进党支部”、“第二军医大学先进党支部”等称号;多次被评为“第二军医大学基层建设先进单位或标兵单位”、“达标优胜科室”;荣立集体三等功3次。

慢性肝病临床诊治一直是消化内科的特色,居于国内领先水平。谢渭芬教授领衔课题组分析了慢性肝病发展为肝癌的重要致病因素——HBV和HCV感染的协同作用,为肝癌的病因学研究提供可靠的临床依据;此外,还在国内较早地系统开展了原发性胆汁性肝硬化(PBC)的基础和临床研究,证实了抗线粒体抗体及其分型对PBC的诊断价值,提出了我国PBC患者的临床特征和自然病程,形成并确立了以熊去氧胆酸治疗为基础,部分患者联合中药或免疫抑制剂等治疗的个体化诊治方案,明显改善了患者的预后和生活质量。

内镜介入诊治是消化内科学发展最迅猛的领域之一。谁能占领这一制高点,谁就把握了学科发展的先机,谢渭芬教授深谙这点。谢渭芬教授不怕承担风险与责任,鼓励大家事事以解决病患痛苦着眼,带领科室业务骨干不断挑战医学难题。在他的组织和支持下,消化内科目前已常规开展内镜逆行胰胆管造影术(ERCP)、乳头括约肌切开取石、鼻-胆和鼻-胰管引流、胆胰管支架置入、曲张静脉套扎及硬化剂治疗、贲门失弛缓症内镜治疗、组织黏合剂注射、消化道狭窄扩张及支架置入、内镜下黏膜切除(EMR)、胃镜下胃造瘘、小肠镜检查等内镜检查和治疗技术。

经过近十年的努力,目前长征医院消化内科已逐渐形成慢性肝病(脂肪肝、原发性胆汁性肝硬化、肝硬化及其并发症等)诊疗、疑难腹水诊治、胆胰疾病的内镜下诊疗、胃肠激素和动力、消化道肿瘤诊治等学科特色。尤其近年来,在肝纤维化的发病机理、诊断和治疗等方面进行了大量探索研究,对原发性胆汁性肝硬化临床诊治、肝硬化腹水、食管曲张静脉破裂出血等并发症的治疗积累了丰富的经验,慢性肝病的基础与临床研究达到国际先进水平。

潜心钻研,默默耕耘

科研能力是学术水平的直接体现,也是学科可持续发展的动力。谢渭芬教授十分重视科研工作,想方设法创造有利条件,优化科研环境。在他的努力下,消化内科实验室实现了从无到有、从简陋到逐步完善的转变。在学校和医院的支持下,消化内科先后在实验室投资数百万元,购置各种先进仪器设备。目前的消化内科实验室包含分子生物学研究室、细胞生物学研究室、蛋白质研究室、细胞培养室和病理检查室等功能单位,配备有深低温冰箱、低温高速离心机、双色红外激光成像系统、实时 PCR 扩增仪、荧光显微镜、流式细胞仪、CO_2 培养箱等先进实验设备,可完全满足独立开展消化系统疾病基础研究的需要。

谢渭芬教授很早就明确了"以临床需求为导向,以基础带动临床,基础研究和临床研究比翼齐飞"的科研规划,要求全科工作人员要杜绝浮躁、耐得住寂寞,全心投入,潜心钻研,勇于挑战难题。

"宝剑锋从磨砺出,梅花香自苦寒来",经过几年的艰苦努力,消化内科在慢性肝病研究、肝癌诱导分化治疗、内镜介入诊疗等方面都取得了深入进展,进一步阐明了肝纤维化发病机制,明确了 MAPK 信号通路、PDGF、PAI - 1 和 uPA 等基因在肝纤维化发生中的作用,并为肝纤维

化治疗提供新的靶点和潜在药物；发现肝星状细胞在肝脏损伤修复中的双向调节功能，指出传统肝纤维化治疗策略的不足；发现肝细胞核因子4α（HNF4α）可抑制肝细胞和肝星状细胞的 EMT 过程，显著减轻肝纤维化并改善肝功能，克服传统治疗的缺陷，提出利用转录因子分化治疗肝纤维化的新策略，具有很好的临床应用前景。率先利用转录因子 HNF4α 诱导分化肝癌细胞，促进其向成熟肝细胞分化，在体内外实验研究中取得了抑制肿瘤生长的良好效果，提出了肝癌诱导分化新策略。相关研究成果发表于《Hepatology》、《Gut》和《Journal of Hepatology》等 SCI 收录期刊。

近年来，消化内科共获国家自然科学基金 20 余项，上海市科委重点项目等省部级课题 20 余项，总金额一千余万元。在国内外核心期刊发表论文 200 余篇，其中 SCI 收录论著 30 余篇，最高影响因子 11.4 分，出版专著 8 部，参编著作 30 余部。研究成果先后获上海市科技进步一等奖 1 项、上海医学科技二等奖 1 项、全军科技进步二等奖 2 项、全军医疗成果二等奖 1 项，全军科技进步三等奖 5 项，上海市优秀发明一等奖和全军重大科技成果推广扩试项目各 1 项，获授权专利 6 项。

坚持传统，勇于创新

消化内科对于长征医院来说是一个传统的优势学科，如何进一步深化特色，拓展学术影响力是长期萦绕在谢渭芬教授心头的问题。成立至今 30 余年，慢性肝病一直是长征医院消化内科的研究方向和特色之一。但是近 10 余年来，国际上在这方面少有重大成就。很多专家委婉地劝说"肝纤维化很难"，甚至断言"肝纤维化研究没有前途"。但谢渭芬教授组织全科人员反复探讨，认为这么多年积累的宝贵财富不能浪费，最后下定决心，"咬定青山不放松"，一定要将这一特色学科传统坚持下去。凭借着几代人的坚持不懈、矢志不移的努力，近两年终于见到了曙光。谢渭芬教授领导的课题组在研究中率先发现肝星状细胞可以直接促进肝细胞再生，这与传统观念大相径庭，国外评审专家认为，"这一研究成果对传统肝纤维化治疗策略提出了挑战，对今后肝纤维化治疗具有重要指导意义"。目前，在肝纤维化、肝硬化、慢性肝病研究领域，无论从研究深度、广度，长征医院消化内科均居于国内领先、国际先进地位。

同时，谢渭芬教授也深知要促进学科健康发展，就必须目光敏锐，紧抓稍瞬即逝的发展机遇，大力鼓励创新，敢于探索。在移植肝细胞治疗慢性肝病的研究过程中，科室的科研人员发现肝细胞核因子可诱导肝肿瘤细胞向肝细胞分化。谢教授立即联想到全反式维甲酸诱导白血病细胞分化治疗早幼粒细胞性白血病的经典范例，迅速组织力量进行相关研究。经过近2年的努力，证实肝细胞核因子这一肝脏发育中的关键转录因子可诱导肝肿瘤细胞及其肿瘤干细胞向肝细胞分化，并在动物实验中抑制肝癌生长，相关研究结果发表在《Hepatology》和《Cancer Research》等SCI期刊，并被王振义院士评价为"迄今为止在实体瘤分化治疗中取得的最好结果"，并认为如果将来在临床证实有效，将是肿瘤治疗领域的重大突破。

甘当人梯，诲人不倦

人才是学科可持续发展的核心和动力。多年来，谢渭芬教授一直甘为人梯，鼓励和提携后辈学生。他坚持以身作则，无论临床、科研、学习、生活，都是学生的楷模。

他提倡岗位成才，注重因材施教，鼓励科室人员经常参加学术活动，积极为科室的医生们创造学习深造的机会，使消化内科大批优秀人才在开放的学习环境中脱颖而出、健康成长。他知人善用，敢于大胆启用新人，整个消化内科科室共16名医生，30岁以下的住院医生就有7名。每人至少有1至2项专长；每个学术方向，至少组成了3至5人的学术团队，这让科室特色明显，人人专长突出。在他的带领下，消化内科2人先后入选上海市青年科技启明星计划及跟踪计划，3人分别入选上海市浦江人才计划和上海市晨光人才培养计划，1人获上海市卫生系统"银蛇奖"二等奖，1人获得"上海市青少年科技创新市长奖"、"上海市新长征突击手"、"明治乳业生命科学奖优秀奖"及"全军优秀文职人员"荣誉称号；培养的研究生中，2人获上海市优秀硕士学位论文，1人获上海市优秀博士学位论文。

立足长远，注重发展

"智者存高远。"面对科室的进步，谢渭芬教授谦虚谨慎，也深刻认

识到长征医院消化内科与其他国内领先学科之间的差距,不断制定更高的奋斗目标。目前,长征医院消化内科继续将肝脏干细胞、肝纤维化发病机制及治疗和肝癌诱导分化治疗等作为学科主攻方向。他敦促全科上下要齐心协力,拓宽思路,勇于创新,立足长远,力争在3—5年内使学科发展更上一层楼。

谢渭芬教授获此殊荣和成就,是在不懈的努力下实现的,是在不断坚持和勇于创新中实现的。"全面"、"严格"、"诚信"是谢渭芬的同事和学生对其评价,"谢主任无论是基础研究还是临床技艺都非常全面,对待科室里的医生很严格,对待病人讲究诚信"。我想,"德艺双馨、悬壶济世",谢渭芬教授的人生追求,也是医者所应展现的风范。祝愿谢渭芬教授和他的学科、团队蒸蒸日上。

　　江　华　教授,博士生导师,1962 年 9 月生,1999 年获得新加坡国立大学硕士学位。现任第二军医大学附属长征医院整形外科主任、复旦大学附属华山医院整形外科主任、闸北区中心医院副院长。

　　临床工作 25 年,积累了丰富的临床经验,针对晚期面瘫治疗,在国内外首次提出并应用了吻合血管神经的足拇展肌游离移植一期治疗晚期面瘫的方法。先后在国内核心期刊发表论文 70 余篇,另有 10 余篇文献发表于整形外科权威杂志 PRS(Plastic and Reconstructive Surgery 等),作为第一完成人获国家发明三等奖和军队科技进步二等奖各一项。

　　荣获上海市"银蛇奖"、上海市"新长征突击手"、全军"科技新星"等荣誉称号,被上海市人民政府行政记大功和荣立军队三等功一次,因在"5·12 汶川地震"中的优秀表现荣立军队二等功一次。入选上海市"百名学科带头人",上海市"启明星",2008 年入选"上海市领军人才"。承担军队"十一五规划"重点项目一项,上海市科学与社会发展基金重点课题六项。

　　人生格言

　　天道酬勤

天道酬勤,大爱无疆

○记长征医院整形外科江华教授

天道酬勤,勇攀医学高峰

1985年,江华同志以优异成绩毕业于第二军医大学,毕业后师从我国著名整形外科专家郭恩覃教授。临床医生的培养是一个长期的过程,需要在临床工作中不断的学习积累,多看、多问、勤跑、勤查房。临床工作中江华同志一丝不苟,每天最早到、最晚走,掌握每个病人的病情变化,治疗力求精益求精。晚期面瘫的治疗一直是一个世界性的难题,有什么方法带给患者痛苦最小,却能最大程度的恢复患者容貌功能呢?偶然的一次手术中,江华教授发现足部的一块肌肉最有可能替代晚期面瘫患者面部肌肉的功能,即使这块肌肉缺损也不影响患者的行走。为了完成这一设想,他全身心地扑在足部的肌肉解剖研究上面,每天除了吃饭睡觉,其他时间都在实验室里做研究。他这种忘我的工作精神和习惯一直保持到现在。1992年在国内外首先提出了"足拇展肌游离移植一期治疗晚期面瘫的方法",终于利用吻合血管神经的足拇展肌游离移植一期治疗晚期面瘫的方法获得了成功。该方法发表于整形外科权威杂志PRS(Plastic and Reconstructive Surgery),并被该领域内的后续研究大量引用,也作为第一完成人获国家发明三等奖和军队科技进步二等奖各一项。

古罗马著名哲学家西塞罗说过:"天才是勤奋造就的。"1997年江华教授作为访问学者前往新加坡国立大学进行研究。新加坡国立大学的实验室、图书馆都留下了他勤奋工作的身影。他以勤奋谦虚、求实严谨的工作作风赢得了新加坡国立大学同行们的高度评价。由于研究成果丰硕，成绩优异，江华教授获得了新加坡国立大学硕士学位，研究成果也发表于 Muscle and Nerve，Microsurgery 等国际知名杂志，江华教授先后荣获上海市"银蛇奖"、上海市"新长征突击手"、全军"科技新星"等荣誉称号，入选上海市"百名学科带头人"、上海市"启明星"计划、"上海市领军人才"。

2000 年，作为长征医院的引进人才，江华教授来到长征医院整形外科工作，担任科主任。十年磨一剑，长征医院整形科在几十年积淀的基础上，跨上了一个崭新的台阶，发展成为今天令全国同行瞩目的学科，取得了"国内领先、国际上有一定影响"的优势地位。

一切从患者的立场出发，精心设计科学、合理的个性化治疗方案；把患者求美的理想通过精细的柳叶刀——体现。通过改进服务，增加术后康复和生活美容项目，引进光子、激光、除皱、面部轮廓整形等新技术、新疗法，整形外科患者门诊就诊量、住院病人量、手术台次、患者满意度都有了明显提高。患者们口口相传，长征整形的知名度不断提高。

江华教授心里始终装着病人，他以自己独特的人格魅力营造着良好的医患关系。作为科室主任，江华教授的病人总是最多的，可每次查房时，他对每个病人的病情都了如指掌，不仅管床医生汇报的情况他知道，连管床医生没有汇报的他也清楚。江主任每次查房时都会认真倾听患者病情倾诉，解答病人的疑问。对这样一位给许多患者带来美丽和重生的专家，患者们内心充满着感激之情，常常有病人和家属要给他送红包，可是江华主任从来没有收过一个红包，护士长说："江主任经我手里退还给患者的红包，我是数也数不清了。"

慕名来看江华主任专家门诊的病人很多，要求江华主任手术的患者也很多，一些病人常常是从上午等到中午甚至下午一两点。江主任总是想病人之所想，急病人之所急，顾不得疲劳，顾不得吃饭，每次都给这些患者加号、加班进行手术，他说："患者很不容易，大老远跑来请我看病，是对我的信任，我一定要尽我的能力尽量满足患者的要求。"患者一次次向江华主任表示谢意，而江主任"应该的"、"谢谢信任"、"善待每个患者是我们医生的责任"、"不客气，尽力治病是我们分内的事"之类的回答更让患者感动。江华教授忘我工作的精神影响着整形外科的每一个工作人员。长征整形的每个医生都是以科室为家，注重从方方面面服务患者，长征医院整形外科的患者问卷调查满意率长期维持在 98% 以上。

华山医院是全国著名的三级甲等医院,长期以来华山医院却没有成立整形外科。一个科室从无到有,从有到出名,需要经过一个长期的不间断的努力,需要治疗好每一个患者,不断地培育科室的知名度和美誉度。江华教授接到建立华山整形外科的重任后,首先结合华山医院的临床科室特点,提出一定要突出整形外科的临床特点。他从科室布局设置,就诊流程安排,人员配备等多个方面精心设计仔细研究,力求来华山整形就诊的每个患者都能够得到最迅速、最好的治疗,开设整形外科特色的微创腋臭等专病门诊,与华山乳腺病专科合作开展乳癌术后一期乳房再造,华山整形的治疗范围不断扩大,建立了一个稳定的患者群体。

他领导自己的团队继续夜以继日地努力工作,果断引入国际先进的管理理念,他提出"要发展,必须要有特色,我们必须要在整体发展的基础上寻找科室发展的突破口,集中力量重点突破。"江华教授承担上海市级基金重点课题六项,承担军队"十一五规划"重点项目一项。研究结果发表在 Surgical and Radiologic Anatomy, British Journal of Oral and Maxillofacial Surgery 等杂志上,江华教授现任中国医师学会整形与美容外科分会副会长、中华整形外科学会委员、全军整形烧伤外科专业委员会常委、华东六省一市整形外科学会秘书长、上海市整形外科学会副主委等学术职务。凭着其对现代医学的前沿进展和最新动向的敏锐洞察力,经过积极的探索和艰苦的努力,江华主任带领着长征医院整形外科科以坚实的步伐一步一步向前迈进,终于在相关学术领域走到了全国前列。

言传身教,桃李满天下

江华教授在工作中雷厉风行、一丝不苟,十分热爱临床教学工作。他常说:"'养不教,父之过;教不严,师之惰。'作为老师我对你们一定要严格要求,这样你们才会在生活中少走弯路。"每次上课前,讲课的教案幻灯都是改了又改,上课的内容都是反复斟酌过的。江华教授敏锐的思维,精确的剖析,流畅的语句都给听过他讲课的同学留下了印象深刻。江华教授是第二军医大学最早一批入选"A级教员"的教授。在临床工作中,江华教授对待研究生和年轻医生小到临床换药、一针一线手术缝合,大到待人接物、为人处世都密切关注悉心指导。在他孜孜不倦,海人不倦的教导下，一批批优秀的医生由长征医院整形外科毕业。由于他出色的教学工作，被第二军医大学授予"育才奖"。"个人和学科的发展离不开团队和医院提供的强有力的支持。我们要培养人才，打造一支'创新明星团队'。"在人才培养方面，江华主任思路鲜明：一是在实际工作中根据个人特质来培养；二是引进不同院校具有不同学科特色的人才；三是要求人才具有国际视野，时刻关注学术前沿，并立足高端选题研究。作为中国新一代整形外科专家，江主任乐于培养、提携比他更年轻的新人在学术上施展才华、发挥才干。他经常鼓励年轻人在学术上超过自己，并以他们取得的成绩为荣。他选派科里年轻优秀的医生到长海医院、华山医院轮转学习，让年轻医生多走走，多看看，学习兄弟单位的优良传统和经验。通过国家自然基金委资助项目，还选派优秀研究生赴新加坡、日本公费留学，通过学习交流，他们了解到了本学科的先进技术和前沿动态，学成后为科室的发展发挥了重要作用，学科发展因此蕴藏着很大的潜力。他常说："学生优秀才是老师的骄傲。"正是他这种爱惜人才的广阔胸襟，使得长征医院整形外科人才梯队建设日趋合理。

江华主任能抓住每个人的特长，放大每个人的优点，满足你的个性发展需求。只要你有一点研究思路，他都会创造条件鼓励你做下去，他把大家的积极性都调动起来了，让大家感觉在这里有良好的事业发展环境和个人发展空间。

大爱无疆，地震中显大医精诚

2008年5月12日汶川大地震使生灵涂炭，人民军医的责任感和使命感驱使着我们去灾区，去挽救受伤者的生命。作为第二军医大学抗震分队的副领队，在震后第一时间赶到了四川江油地震灾区。医疗队抵达后在短短三个小时之内迅速展开，开始接收从灾区运送来的伤员。截止2008年5月28日，第二军医大学抗震医疗队共收治伤病员2 026人，开展手术499台，后送伤员1 031人。"救死扶伤、大爱无疆"是人民军医的责任。被埋172小时的矿工彭国华，19岁解放军战士"钢铁战士"严情勇，野战外科条件下断指再植手术，7个"长征宝宝"都是第二军医大学抗震医疗队救死扶伤，辛勤工作的结晶。在汶川的日日夜夜，江华教授时刻把灾区人民的病痛放在心上，想尽一切办法减轻他们的痛苦。通

过精心的治疗一个个鲜活的生命得以保全。长征医院整形外科在江华教授的领导下接收地震伤转移后送病人35人，通过整形外科的精心治疗使得35个患者痊愈出院。由于在抗震救灾中的突出工作表现江华教授荣立军队二等功一次。

事业成功的背后是辛勤的付出，江华主任的日程表上从来就没有休息日，常人的休息日通常是他泡在办公室里孜孜不倦地阅读文献、钻研课题的时间；晚饭常常在办公室里泡一碗方便面就打发了。他总是觉得时间不够用，为此，他推却了太多太多的应酬，他说，医学发展日新月异，国际上整形外科技术更新也特别快，他必须紧密跟踪关注。对江华夫人来说，江主任平时晚上七八点、八九点下班回家都是正常的，夫人和儿子已经习惯了他不在家的生活。时间对他是那么重要，他甚至连到食堂吃饭都嫌浪费时间，而一埋头手术、工作他又没有准时吃饭的概念，不放心的夫人就每天在他的包里放进牛奶、面包、饼干之类的，心想，给他储备点干粮才不至于让他挨饿吧……日复一日，年复一年，江华主任就是这样把全身心的精力和心血倾注在事业上，终于换来了今天整形外科在全国的显著地位，换来了充满朝气和活力的科室发展局面。

"桃李不言，下自成蹊。"江华主任已经成为人们心目中的一个标杆，他的可贵之处在于他以国际化的视野和开拓创新的精神带领一个团队不断奋进、科学发展；他的身上传承着老一辈专家的自律、谦虚、严谨、敬业的优良作风：他以敬业、精业、勤业的工作作风率先垂范感染他人，他以执著的精神追求引领大家走向学术前沿，他以宽广的胸怀培养人才形成科室合力，他以朴实善良的品质全心全意地服务患者；他以他的学术成就和人格魅力赢得了所有人的敬重！

梅长林　教授,主任医师,博士生导师,1954年3月出生,1979年毕业于第二军医大学。现任第二军医大学附属长征医院肾内科主任兼内科学教研室主任,解放军肾脏病研究所所长,中华医学会肾脏病分会副主任委员,全军肾脏病分会主任委员,上海市医学会肾脏病学分会前任主任委员。

长期从事临床一线工作,在多囊肾病的诊疗以及慢性肾衰的防治等方面成绩突出。先后承担了国家自然科学基金、863计划、上海市科技攻关及国际合作等27个重大项目,发表论文300余篇。

先后荣获上海市卫生系统"银蛇奖"一等奖,"高尚医德奖",军队医疗成果一等奖,上海市科技进步一等奖,上海市医学科技一等奖,中华医学科技奖二等奖,国家科技进步二等奖等,荣立军队个人二等功2次和三等功1次。国务院政府特殊津贴获得者,上海市卫生系统百名优秀学科带头人培养对象,上海市领军人才,总后科技银星,2009年度上海市十大人物。

人生格言

用一生的精力,
认认真真地做好一件事
梅长林

285

展医者风范,扬学者精神

○记第二军医大学附属长征医院梅长林教授

有这么一位医生,对待医术,如海绵吸水,孜孜以求;对待患者,如阵阵春风,温暖和煦;对待学生,如指路明灯,诲人不倦;对待名利,如清竹幽兰,高雅淡泊;对待人才,如昔日伯乐,求贤若渴。这位求真务实、不断进取的肾脏病学界领头羊,就是第二军医大学附属长征医院的梅长林教授。

艰苦求学,归国佳绩

梅长林教授1979年毕业于第二军医大学军医系,毕业后一直从事一线临床工作。1993年至1995年,他远赴美国南加利福尼亚大学内科系读博士后。学业有成之际,面对国外研究所的高薪挽留,他毅然带着科研新技术回到祖国的怀抱,全身心投入到肾脏病的事业发展中。与妻子一起回到工作岗位的他,只向领导要求给一间能做实验用的屋子。带着30万元的启动基金,他立刻进入申请"208"计划的奔忙状态中。

2000年至2001年,梅长林教授作为高级访问学者远赴美国耶鲁大学医学院多囊肾病中心学习。留学异国他乡,他胸怀一颗报效祖国的赤子之心,克服生活上的一切困难,创造条件做学问、搞研究。

回国以后,梅长林教授带领全科上下,求实进取,不懈努力,使得长征医院肾内科一步步迈向学术的顶峰。他担任科主任后,基本上是一年一个大变样地展开科室建设。科室1995年成为博士学位授予点,2001年被批准为中国人民解放军肾脏病中心,2006年被批准为中国人民解放军肾脏病研究所,2009年被批准为上海市肾脏病临床质量控制中心。目前长征医院全军肾脏病研究所已在急、慢性肾衰竭与急、慢性肾炎的诊断、治疗及研究方面获得了长足进步，尤其对多囊肾病的分子发病机制及干预措施的研究已取得较大突破，形成了学科特色，跃居国内领先、国际先进水平。

科室目前用房总面积达到 3 500 m²，开设病床 70 张，年门诊量愈 8 万人次，年收治病人 2 400 余例；血透室拥有各种血液净化仪 65 台，年完成血液透析 57 000 余例次，是全国最大血透中心之一；在实验室开展了多项肾病专科临床检验项目，创立了肾脏病研究所病理诊断中心，建立了多囊肾病基因诊断及肾脏细胞分子生物学研究。

全面规划，重点建设

发展上海市规模最大的血液净化中心，着力打造血液透析医疗品牌服务，一直是梅长林教授的愿望。他率先提出血液净化中心 24 小时无间断透析，积极提倡"以时间换空间，以院外空间拓展院内空间"的工作理念，经过多年的努力，长征医院肾内科血液净化中心已成为技术全面、服务上乘的先进集体，2009 年被评为世博优秀服务品牌。

对尿毒症长期透析并发症的研究是长征医院肾脏病研究所的另一特色，处于国内先进水平。梅长林教授是国内最早研究尿毒症患者肉碱缺乏症的学者，他牵头与常州三维工业研究所合作生产的左旋肉碱口服液及注射液获国家新药证书及生产许可证，应用左旋肉碱进行治疗，使有效率达 100%，较好地防治了尿毒症患者肉碱缺乏症。

长期血透患者的血管通路问题也是梅长林教授着力突破的重点。他设身处地为病人着想，不怕承担风险与责任，带领科室业务骨干不断挑战医学难题，使无数血液透析的病患绝处逢生。现在长征医院肾脏病研究所不仅能独立进行各种动静脉造瘘手术，且率先开展深静脉长久留置导管植入术及人造血管植入术，长期通畅率达 95% 以上，有效解决了长期透析的血管通路问题。长征医院肾内科的名字早已深深刻在了肾病患者的心目中。

创新求实，勇攀高峰

"科学技术是第一生产力"，科研是学科建设的核心，代表着学科建

设的水平。回国以后,梅长林教授十分重视科研工作,想方设法创造条件,优化科研环境,提高整体科研水平。他先后在实验室规划投资了数百万元,购置各种先进仪器设备。在梅主任的带领下,长征医院肾内科实验室从无到有,从一张桌子一个板凳,成为设施齐全的、能满足绝大部分基础科研需要的现代细胞分子生物学实验室。

他呕心沥血加强实验室建设,积极开展新技术、新疗法,引进变性高效液相色谱仪(DHPLC)开展了 ADPKD 基因诊断的实验研究及临床研究,建立了运用 DHPLC 进行中国汉族人多囊肾病基因突变检测体系,完成 94 个 ADPKD 患者家系 239 人突变检测,检测出 PKD1 基因 11 种突变,PKD2 基因 6 种突变,其中 14 种为国内外首次报道。

通过梅长林教授的积极沟通联系,肾内科实验室制备的多囊蛋白抗体已受到美国 Johns Hopkins 大学及 Yale 大学多囊肾病专家的认可,建立了合作关系。临床诊治方面,梅长林教授制定了一体化诊疗方案及标准,开设多囊肾病门诊,对患者及其家系进行长期随访,联合泌尿外科、普外科、妇产科、超声科和放射科等组成了诊疗协作组,实现了多囊肾病症状前和产前诊断,并根据患者病情,选择内科治疗、超声介入治疗或者外科手术治疗,切实将多囊肾病研究的新进展应用到临床。

梅长林教授很早就在科室确立了"三管齐下,逐步深入"的科研规划,在进一步深入研究多囊肾病发病机制、分子诊断及治疗的基础上,开展急性肾损伤早期诊断及防治研究,并着手慢性肾脏病及长期透析并发症发病机制及干预研究。在这一规划指导下,全科同志积极创新、全心投入、潜心研究,在多囊肾病发病机制和防治研究中获得突破性进展,找到了新的增长点;在急性肾损伤和慢性肾脏病研究方面,也获得了阶段性成果。

仅 2009 年一年,长征医院肾内科就获得 9 项科研基金,总计金额达 187.5 万元。其中梅长林获国家自然科学基金面上项目 1 项、上海市国际科技合作基金项目 1 项和瑞士政府 SSSTC 科研机构伙伴基金 1 项。同年全科以通讯作者或第一作者发表文章 73 篇,较 2008 年增长 46%,其中论著 51 篇,SCI 收录论文 14 篇,总影响因子 35.93 分,单篇最高影响因子5.29 分,其中梅长林教授作为通讯作者发表 10 篇。

立足长远，注重发展

"智者存高远"，"不进步就是落后"。面对诸多的成绩，梅长林教授总是十分谦虚，不断制定更高的奋斗目标。他教导全科上下要拓宽思路，放眼世界。

他提倡岗位成才，鼓励科室人员经常参加学术活动。主治医生每两年去参加一次国际会议，负责人每年参加一次国际会议。他甘为人梯，积极为科室的医生们创造学习深造的机会，肾内科大批优秀人才在开放的学习环境中脱颖而出、健康成长。他因材施教，重点培养，用心发掘年轻医生们潜在的闪光点。近年来，科室人才素质不断提高，人才结构得到改善，在肾脏病人才队伍建设中取得显著成绩，实现了他的夙愿。

梅长林教授获此殊荣和成就，是在不懈的努力下实现的，是在与时间赛跑中完成的。回顾几十年从医的经历，他说："在不同的阶段，我为自己制定了不同的目标，我必须十分努力才能上到这个台阶，达到这个目标。"看着梅长林教授深邃的目光，我想，这就是一位德艺双馨的医者展现的风范，一位孜孜不倦的学者富有的精神。愿这样一位肾脏病学界的领头羊能百尺竿头，一往无前。

陈建杰 主任医师,教授,博士生导师,1952 年 6 月生。1988 年获上海中医药大学硕士学位。现任上海市临床医学中心(中医肝病)主任,上海中医药大学附属曙光医院肝病专科医院院长,上海市浦东新区传染病医院院长,上海中医药大学肝病研究所副所长,上海中医药大学附属曙光医院大内科主任。

长期从事中医、中西医结合治疗慢性肝病等方面的研究,曾先后荣获上海中医药大学肝病学术带头人、曙光医院名中医、浦东新区名中医等荣誉,2 次入选上海市卫生系统"百人计划",荣获上海市医学领军人才,上海市领军人才。承担、参与包括国家"六五""七五""八五""九五""十五""十一五"在内的科研课题 20 项。目前系国家十一五重大项目第一负责人,已获国家级科技成果奖 2 项、市级科技成果奖 12 项。发表论文 205 篇,参与专著编写 16 本。

人生格言

一份耕耘,一份收获

陈建杰

岐黄之术的传承者

○记上海中医药大学附属曙光医院
陈建杰教授

继承发扬,融贯中西

1977 年毕业于上海中医学院的陈建杰,曾师从著名中医专家夏德馨教授、张鸿祥教授和王灵台教授,从事中医、中西医结合防治肝病的临床、教学和科研工作。1997 起担任上海中医药大学附属曙光医院主任医师,1998 年担任博士生导师,1999 年起担任上海中医药大学附属曙光医院教授。1994 年—1995 年,作为访问学者前往澳大利亚悉尼大学皇家阿尔弗雷德亲王医院 AW MORROW GASTROENTEROLOGY AND LIVER CENTRE。1999 年—2000 年以高级访问学者再次前往澳大利亚悉尼大学皇家阿尔弗雷德亲王医院 AW MORROW GASTROENTEROLOGY AND LIVER CENTRE,他以勤奋扎实、谦虚谨慎的作风赢得悉尼大学同行的高度评价。1998 年作为中医客座教授在台湾长庚大学纪念医院工作。1999 年赴英国英中了解协会讲学。

立足临床,中西结合

在肝病学科不断发展的同时,陈建杰接触到了许多疑难杂症。但他把"一分耕耘一分收获"作为自己的座右铭,中医为主,中西医结合,在老一辈的指导下,在医疗工作中不断创新,进一步拓展中医、中西医结合治疗肝病的新领域。个人每周门诊量 250 人次,年门诊量 1.25 万人次,

每周两次主任医师查房,参与院内外、市内外会诊。

慢性乙型肝炎。在著名中医专家夏德馨教授和王灵台教授指导下,应用补肾为主,清化为辅的方法治疗乙肝,参与从"温肾"到"益肾",到"补肾",以及"补肾冲剂"(院内制剂),以国家"六五""七五""八五""十五"攻关项目为平台,为中医中药治疗慢性乙型肝炎提供了一种新的治疗方法,且在全国各地进一步实践推广,发表文章43篇。在中医理论的指导下,提出慢性乙肝中医治疗兼顾中州。依照循证医学原则,制定中医药或中西医结合治疗慢性乙型肝炎的临床路径,已在上海市曙光医院、浦东新区传染病医院推行。慢性乙型肝炎中医辩证规范及疗效评价体系的研究得到上海申康公司资助,已发表文章38篇。单味药/提取物抑制乙肝病毒,苦味叶下株治疗慢性乙型肝炎,苦参素联合补肾冲剂治疗慢性乙肝,苦参碱、槐角碱抑制乙肝病毒,得到上海市卫生局、上海市科委自然基金资助,发表文章12篇,获得上海市卫生局中医药科技进步奖二等奖及上海市卫生局医疗成果奖二等奖。

慢性丙型肝炎。首次提出慢性丙型肝炎的中医辩证分型和客观标准,已被上海市中医药肝病学会作为标准,并在全国进行推广,所参加研究的清肝冲剂、丙肝冲剂,根据慢性丙型肝炎的病因、病机提出"伏邪"观点,扶正祛邪是慢性丙型肝炎的主要治法。通过大样本、多中心临床研究,发现了慢性丙型肝炎中医辩证规律。得到国家"十一五"资助,发表文章11篇,获得国家教育部二等奖、中华中医药学会科学技术奖三等奖及上海市科学技术进步奖。

亚临床肝性脑病。制定亚临床肝性脑病动物模型,为中医中药开展研究提供依据。提出"解毒开窍法"治疗亚临床肝性脑病,研制清开冲剂(院内制剂)已推广。获上海市卫生系统"百人计划"、获中华中医药学会科学技术奖三等奖,发表文章8篇。

慢性肝病外治法,参与"王氏"舒肝贴的临床研究,开展的胁痛的外敷治疗。参与柔肝冲剂抗肝纤维化的临床研究。侧重清肝化湿方治疗非酒精性脂肪肝;凉血清化方治疗自身免疫性肝病;扶正化瘀法治疗肝炎后肝硬化。

新发、突发传染病。

SARS:主持、实施上海市SARS患者的排查方案,参与制定中医药治疗 SARS 的上海市方案,培训上海市中医师防治 SARS,制定清瘟方(清瘟败毒饮)治疗患者,控制体温,改善症状。

人禽流感:主持上海市人禽流感的排查,应用中成药治疗人禽流感的患者。

甲流:2009 年 3 月,"甲型 H1N1 流感"肆虐全球,中国也提升了防控级别。作为国际化大都市的上海严阵以待。由于距离浦东机场较近,曙光浦东肝病分院被指定为上海市首家口岸"发热病人医学观察点",从那时起,陈建杰作为院长就带领全院职工开始了不分昼夜的战斗。截止到 2010 年 2 月肝病分院的隔离病区先后收治了全球各大洲 39 个国家和地区的 2 021 位发热病人,其中确诊甲型 H1N1 流感 275 例。同时承担上海市甲型 H1N1 的排查,获得澳大利亚领事馆的感谢,制定了《上海市中医药防治甲型流感的诊疗规范》参与国家中管局甲流中医药防治方案的起草,培训上海市中医师防治甲型 H1N1 流感,参与上海市第一例发热、疑似患者的会诊,参与上海市第一例甲流重症患者的会诊及上海市公共卫生中心甲流患者的中西医结合治疗,应用清解方治疗疑似发热患者 200 例,为进一步救治打好基础。参与制定市、区各级感染性疾病科建设标准、不明原因发热病人登记管理和报告流程、甲型 H1N1 流感防治工作要求、流感样病人接诊流程、甲型 H1N1 流感确诊病例出院标准及程序、甲型 H1N1 流感诊疗方案等文件。这些规范性文件为全市各级医疗机构发热隔离病区医疗流程和操作规范提供了切实有效的保障。

艾滋病:应用中医中药治疗艾滋病,在参考古文等文献的基础上,指导研究生在海外运用中医中药治疗艾滋病。

辛勤耕耘,桃李芬芳

作为博士生导师,已指导硕士研究生、博士生二十九名,其中二十名已获硕士学位;八名已获博士学位;一名博士后已出站。编写《中西医结合传染病学》、承担本科生中医内科部分课堂教学;指导本科生毕业论文;临床带教七年制大学生;开设研究生、本科生中医肝病选修课,曾两次荣获优秀博士生导师,培养的学生分布在祖国各地,发挥骨干作用,其中有正高级职称 2 名,副高级职称 6 名。

科技创新,硕果累累

目光敏锐,抓住机遇,在临床工作的基础上,寻找科研突破点,在老一辈的带领下,经过努力创新和孜孜追求,已形成多个研究小组,上海市曙光医院肝病科被确定为国家教育部重点学科、国家中医药管理局协作组组长单位、上海市临床医学中心(中医肝病)。参加包括国家科委、市科委、市局的科研项目20项,目前研究经费共5 244万元。已获上海市科技上海市科学技术进步奖三等奖(1990),上海市卫生局中医药科技进步奖二等奖(1990),上海市科技上海市科学技术进步奖三等奖(1992),上海市科技上海市科学技术进步奖三等奖(1992),上海市卫生局中医药科技进步奖二等奖(1996),上海市卫生局医疗成果奖二等奖(1995),上海市科学技术进步奖三等奖(2001),上海市科学技术进步奖二等奖(2003),国家教育部二等奖(2003),第五届上海市临床医疗成果奖三等奖(2003),上海市医学科技成果奖三等奖(2007),中国中西医结合科技奖二等奖(2007),上海市医学科技成果奖三等奖(2009),中华中医药学会科学技术奖三等奖(2008)。发表论文205篇,参与专著编写16本。

何立群 浙江宁波人,医学博士,博士研究生导师,主任医师,教授,现为上海市中医药研究院中医肾病研究所所长,上海中医药大学附属曙光医院肾内科主任,上海中医药大学肾内科学科带头人。1996 年以来获中华中医药学会、中国中西医结合学会和上海市及上海市医学会科技进步奖二、三等奖共 11 项。

人生格言

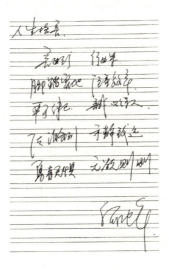

固先天之肾,创研究新路

○记上海中医药大学附属曙光医院肾内科
何立群教授

慢性肾病是一种临床常见的系统疾病,以慢性肾炎、慢性肾功能衰竭、慢性尿路感染最为多见。由于反复发作,在治疗上颇为棘手。何立群教授在临床工作已二十余载,精勤不怠、积验甚丰,在应用中医药治疗慢性肾病的长期临床实践中总结出一套行之有效的方法和方药。

善用风药,知常达变

治疗慢性肾炎蛋白尿,另辟蹊径,善于从风论治,奏效甚捷。肾炎蛋白尿多起于外感风邪之后,初期宜祛风解表,驱邪外出;风性善行数变,肾炎蛋白尿患者不但常易感受风邪,且每因外感风邪而致病情反复或加重。又肾炎蛋白尿病人初期多以面目浮肿为特征,即使后期出现全身浮肿,也往往是从面目渐及四肢以致胸腹。《素问·平人气象论》云:"面目浮肿,也因风性升散,高颠巅之上惟风可到使然"。

风邪鼓荡,气机壅遏,三焦气化不利,肺脾肾三脏功能失调则水湿痰浊易生,湿浊内阻,血行不畅则瘀血内停,风邪盘踞不散,日久入络,血脉失和,再加痰湿瘀浊留内,气血瘀滞更甚。而肝藏血,"为风木之脏,因有相火相寄,体阴用阳,其性刚,主动主升,全赖肾水以涵之,血液以濡之,"(《临证指南医案》)。血脉瘀滞,肝无所藏,阴血不足,肝失濡养则肝风易动。内风与外风同气相求,肝风上扰,故肾炎蛋白尿病人又常见眩晕、耳鸣、血压偏高等表现。除此之外,肾炎蛋白尿病人小便多有大量泡沫,也为风动之象;即使该病进一步发展到肾衰尿毒症晚期阶段,除浮肿、血压持续偏高等表现外，也常见有肌肤瘙痒、四肢抽搐、痉厥等风彻表里及肝风内动之表现。

典型病例：患者，任某，男，41 岁，因反复泡沫尿、血尿半年，而于 2001 年 9 月 22 日来诊。患者年幼时，经常患扁桃腺炎，半年前又有类似发作，治疗过程中发现有血尿、蛋白尿，住外院作肾穿刺示：IgA 肾病，系膜增生性肾炎型，查 24 小时尿蛋白定量：3.6 g，D-二聚体2.5 mg/L。尿相差显微镜：变型红细胞 71%，肝肾功能正常，半年前曾服强的松 60 mg/日，目前减至 30 mg/日，反复泡沫尿，咽喉不利，腰酸。查体：激素面容，向心性肥胖，咽略红，双下肢轻度浮肿，舌质淡胖苔白腻，脉紧滑。辨证：脾肾气虚，风邪未尽。治疗以益气健脾，祛风胜湿。方药：党参 30、丹参 30、黄芪 30、生地 12、山芋肉 10、怀山药 15、蝉衣 6、僵蚕 12、蚕茧壳 9、蚕沙 12、白茅根 30、石苇 15、米仁根 30，服药 10 贴后，泡沫尿减少，尿色较清，便硬。复查 24 小时尿蛋白定量：1.8 g，尿 RBC 减少。舌质偏暗，苔薄白，脉濡。上方改党参为太子参 45 g，去石苇、米仁根加丹参 30、土大黄 30 继服 14 帖，诸症逐渐好转，随访半年，激素逐渐撤退，服医院自制制剂消白冲剂，24 小时尿蛋白定量 0.53 g。

按：在上方中，除用健脾益气收敛之品外，并给予祛风除湿之四蚕汤：蝉衣、僵蚕、蚕茧壳、蚕沙，方中蝉衣、僵蚕祛风利咽，蚕沙祛风胜湿，黄芪、党参甘温益气，云茯苓、蚕茧壳利水消肿，全方共奏祛风胜湿、利水消肿之功。后期加用丹参、土大黄以活血化瘀之品，取得满意之功效，正是上述之理。

巧用凉药，融汇贯通

在治疗早中期慢性肾衰中，何立群教授认为宜标本兼顾，如邪壅三焦，重在降逆泄浊，肾络痹阻，贵在祛瘀生新；新感外邪，急宜祛邪为先。三焦壅滞，易致肾络痹阻，瘀血内生，加之水湿浊毒内停，阻滞气机而使气血不畅，瘀血阻滞更甚。又慢性肾衰多病程较长，久病入络，瘀停于内，而使病情更加顽固。且久病多虚，正气不足，气无以帅血，也可进一步加重症状。由此可见，除水湿浊毒内停，壅塞三焦气机外，瘀血阻滞，气血不畅也是慢性肾衰的主要病机之一。主张应将活血化瘀法贯穿在疾病治疗的始终，并据此而研制了抗纤灵冲剂，量大力宏，活血通络，祛

瘀生新。

典型病例：金某，男，62岁，发现肾功能减退两年半。患者于两年半前，出现恶心呕吐频繁，头痛，多尿，外院查肾功能：血肌酐430 μmol/L，服包醛氧淀粉，保肾康等治疗，血肌酐降至238 μmol/L后，持续1年余未见继续下降。而于2002年1月22日来就诊，就诊前二周，出现鼻塞、咽痛、咳嗽、咯吐黄痰。查体：神清，T：37.3℃，咽红，充血，双侧扁桃腺无肿大，两肺呼吸音清，双下肢轻度水肿。实验室检查：肾功能：尿素氮12.8 mmol/L，肌酐238 μmol/L。B超：双肾略偏小。舌淡苔黄腻，脉滑，中医辩证为本虚标实，脾肾亏虚，湿浊内蕴，复感风热外邪。治以先祛风清热利咽，继则健脾补肾，扶正降浊。处方：苏叶10 浮萍10 防风10 桑白皮10 淡竹叶10 桑叶10 蝉衣6 银翘各12 大玄参12 紫苏15 制大黄15 云茯苓12 川连6 茵陈30。服7帖后，热退，咳止，无咽痛，便结，舌暗苔薄黄，脉濡，继则给予党参30 黄芪30 怀山药15 丹参30 云茯苓12 山芋肉10 紫苏15 制大黄30 当归12 牛膝12 桃仁15 制首乌15 川连6 赤白芍各15 碧玉散30 仙灵脾12 肉苁蓉12 炒川断仲各15，服药7贴，并给予生川军30 后下丹参30 煅牡蛎60 浓煎后，高位灌肠，日一剂，一周后复查肾功能：尿素氮10.2 mmol/L，肌酐176 μmol/L，上方继服10贴，复查肾功能：尿素氮：7.8 mmol/L，肌酐：126 μmol/L，继则改服自制"肾衰冲剂"三月，目前肾功能恢复正常。

按：慢性肾功能不全者，一般多为脾肾亏虚，湿热内蕴，且患者多病程较长，极易感受风寒、湿热等外邪，故在治疗上，主张必须急则治其标，祛邪为先，常用辛凉辛温合方，将疏散解表，清热解表，宣肺止咳三方，汇于一炉，药宏力专，以期迅速控制疾病。待标急缓解后，再针对其原有病机进行治疗。除了给予健脾益肾，清热解毒标本兼治之外，另重用清热化湿通便之品，并加用活血祛瘀之品，如当归、牛膝、桃仁，以期改善肾功能，保护肾脏残余的功能，延长患者生存期。

突出动药，事半功倍

在治疗慢性尿路感染中，探求病机，守机依法，"谨守病机，按机施治"在临床上所力倡。根据多年的临床经验积累，何教授认为：病随机变，治从机出。临床上能否准确地把握疾病的病机，守机施治则事关疾病治疗的成败。故唐·王冰有"得其机要，则动小而功大，用浅而功深"之说。辩病动静，重用清解，动则慢性尿感急性发作期，静为慢性尿感的休止期，或亚急性轻度活动期，其发作期临床辩证特点是邪毒炽盛，热毒可从肌表内陷深入，邪在卫分，旋即进入气分，继而内窜入营，甚则深入血分。擅长重用清热解毒之剂，以清气分热毒，并力倡不论有无营分证候，皆应佐以通热凉营之品，以气营两清，迅速截断扭转病势。急性活动期已经控制，进入亚急性轻度或休止期，则标实之热毒渐逝，而本虚之证较为突出，由于体质之阴虚质燥，复因热毒伤津灼液导致阴虚加重，或壮火食气，而出现气阴两虚的症候，治虚以滋阴养液或益气养阴为主。但清热解毒仍不可废，恐炉烟不熄，灰中有火，治当辅以清解之剂，以防死灰复燃，导致病情反复，而泻浊化瘀，贯穿始终。同时中西药治疗，互资其衰，小剂量抗菌素长期服用一般3个月，根据药敏选择抗菌素。

典型病例：周某，女，45岁，因反复尿路感染三年，加重一周，于2001年11月5日来诊。患者于三年前，无明显原因下而有尿频、尿急、尿痛，肉眼血尿，少腹拘急，有发热，体温：38.6℃。当时尿常规检查：WBC：+++，RBC：++++/HP，中段尿培养：大肠埃氏菌生长，曾自服氟哌酸5天后，症状好转，热退，而未继续服药，但以后经常有尿后不适感，排尿不畅，尿常规检查：WBC：+—++/Hp，RBC：+—++/Hp。一周前无诱因下上症加重，伴有尿频、尿急、无尿痛，尿检：WBC：15—20/HP，RBC10—15/HP，中段尿培养为大肠埃希菌生长，菌计>10^5，舌暗红苔薄黄腻，脉滑带数，中医辩证为膀胱湿热，血热妄行。治疗以益气清热化湿凉营，方药：太子参45、怀山药10、山芋肉15、赤芍15、生地15、粉丹皮15、扁蓄15、瞿麦15、地丁草30、白茅根30、黄柏15、大力子15、半边莲15、蛇舌草15、生蒲黄9，服药10帖后，尿频、尿急症状明显减轻，排尿通畅，但仍有尿后不适感。舌偏暗苔薄，脉濡。实验室检查：尿常规：WBC8—10/Hp，RBC3—5/Hp。上方去黄柏、大力子、大玄参、半边莲、蛇舌草、生蒲黄，加桃仁10、牛夕12、红花6丹参30鹿含草30，服10贴后，复检尿常规，WBC2—3/HP，RBC 0—2/HP，中段尿培养：无细菌生长。随访二月未发。

按：患者曾服用西药抗生素治疗，但因为不规则治疗，而易产生耐药，病邪未尽，导致尿感反复发作，迁延不愈，时发时作。方中太子参、山药、山芋肉、生地益气健脾而治本，丹皮、赤芍、地丁草、白茅根，半边莲、

蛇舌草、生蒲黄清热凉血,扁蓄、瞿麦、黄柏、清热利湿,大力子、大玄参滋阴养液,益气养阴。慢性尿路感染者,病久生瘀,在清热利湿方中加以理气化滞散瘀药,如:牛膝、桃仁、红花、丹参,每每取得较好的疗效。

慢性肾脏疾病,临床中医辩证多为脾肾亏虚,在健脾补肾原则上,根据病情的不同创立了他自己独特的治疗方法,以祛风除湿治疗蛋白尿,以清热化湿、活血去瘀治疗早中期慢性肾功能不全,用清热凉血、活血去瘀治疗慢性尿感等,遣方用药采用中医辩证与辨病相结合,因而运用于临床,效如桴鼓。

何教授长期从事中医药防治慢性肾脏疾病的临床和基础研究,在治疗慢性肾炎、肾病综合征、蛋白尿、血尿、早中期慢性肾功能衰竭、慢性尿路感染、肾盂肾炎肾小管间质病变等方面取得显著的成绩,根据自己的临床经验研制出治疗肾病综合征蛋白尿的经验方"四蚕汤"和治疗慢性肾衰的中成药制剂抗纤灵冲剂在治疗肾病综合征蛋白尿和改善肾功能及肾纤维化方面已取得明显的临床及实验疗效,首创的一种治疗慢性肾衰的药物复合物和治疗高尿酸血症和尿酸性肾病的矢志方获国家知识产权局专利,首创的从湿热、淤血和热毒的角度治疗早中期慢性肾衰而研制系列方药取得显著的临床疗效,

(1)创制抗肾纤维化系列方药,取得慢性肾功能衰竭治疗和理论的重要突破。慢性肾衰是临床危难重证,很多慢性肾衰患者由于疗效欠佳而进入透析,作为一个肾病医生责任重大,他带领研究团队夜以继日地在浩渺的中医宝库中吸取营养,进行大量的临床动物和体内外研究,首创治疗早中期慢性肾衰的系列方药,抗纤灵冲剂从瘀血、肾衰冲剂从热毒和健脾清化合剂从湿热的不同角度取得显著的临床疗效,体现了古老的中医辩证施治与现代医学辨病论治的完美结合,提高广大肾病患者生活质量也减轻他们的经济负担,研究成果获中华中医药学会和上海市科技进步二、三等奖等8项。

(2)提出和论证中医内外同治早中期慢性肾衰伴大量蛋白尿的优化方案。随着研究进展,发现大量蛋白尿是慢性肾衰进展的独立危险因素,而目前又缺乏有效的治疗方法,带领他的团队又一次迎难而上,他们放弃了休息,经常可以看到他们研究室的灯光彻夜,终于创立了治疗伴有大量蛋白尿的慢性肾衰的新兴临床方案,应用中医内外同治的方法,在益气温阳活血的抗纤灵2号基础上,配合针刺,穴位注射显著的降低

大量蛋白尿从而改善肾功能,获中国中西医结合学会和上海市科技进步三等奖2项。

(3)慢性肾病研究硕果累累。积极进取,不断创新,研究成果不断涌现。2006年以来完成和中标各级课题30项,其中包括国家十一五支撑课题、国家科技部重大专项和国家自然基金重点和面上项目,各类研究经费达千万。以第一或通讯作者在《JASN》、《Nephron Clin Pract》、《Neth. J Med》、《J Ethnopharmacol》等国内外核心刊物上共发表论文40余篇,SCI收录9篇,IF:26.8,临床专著8本。以第一发明者获发明专利授权:"一种治疗慢性肾衰的药物复合物"和"治疗高尿酸血症和尿酸性肾病的矢志方"。

(4)狠抓医疗、人才、管理的学科发展三要素,特色明显,成绩斐然。作为肾科的学科带头人,深谙做大医疗、培养人才和人性化管理是实现科室新一轮大跨越的三要素,经过不懈地努力肾科已成为教育部重点学科、国家中管局重点学科和专科,上海市卫生系统先进集体,上海市卫生局中医特色专病专科。在肾科辛勤耕耘二十余载,培养了众多硕士和博士,这些人目前已成为所在医院和科室的学术骨干或学科带头人。由于在国内外肾病研究领域有较高的知名度和影响力,很多患者都会慕名而来,尽管门诊量居高不下,但是无论有多忙,都会热情接待,细心解答,深得广大患者的信任和爱戴。近3年肾科每年的年门诊量逾8万人次,出院患者达2 000余人次,位居上海中医系统肾内科年出院病人数第一位。

张静喆 1955 年 8 月生,主任医师,教授,博士生导师。1987 年获上海中医药大学硕士学位。现任上海中医药大学附属龙华医院普通外科主任、上海中医药大学中外研究所副所长。

长期致力于中西医结合防治急腹症及胆胰疾病的临床与基础研究。主持及参加国家、市部局级课题近 20 项,先后获 2003 年上海市科技进步三等奖、2004 年上海市医学科技二等奖、2004 年教育部提名国家科技进步二等奖、2004 年中华中医药科技成果二等奖及 2007 年度中国中西医结合学会科学技术二等奖等 10 多项。发表论文 60 余篇,主编、副主编专著共 3 部,参编专著 10 余部。

人生格言

亦中亦西,兼蓄并进,
精诚悬壶,仁术济世。

张静喆

中西为"墙",借力而上

○记上海中医药大学附属龙华医院
普通外科主任张静喆教授

一西一中,相得益彰

张静喆教授先学西医,再学中医,从医三十多年来,一直全身心致力于中西医结合防治急腹症及肝胆胰疾病的临床和基础研究,带领龙华医院胆道外科成为国家中医药管理局全国中医胆石病重点专科、肝胆管结石病协作组组长单位,坚持学科前辈倡导的"胆病从肝论治"理论,采用"辨病与辩证结合、手术与非手术结合、传统手术与微创手术结合、预防与治疗结合"的综合诊治手段,在急慢性胆道感染、胆囊结石、胆管结石、难治性肝内结石和胆道术后残余及复发结石、急慢性胰腺炎、肝胆胰系统肿瘤等疾病治疗上积累丰富经验,取得良好临床疗效,在全国保持领先地位。在他的从医生涯,张教授始终坚持中医西医两手都要硬,既中又西,总是这样教导他的学生:"犹如我们面前有一面墙,要徒手爬上去很困难,倘若能有几个附着点事情就会变得容易得多。我们中西医结合的优势就在于拥有中医西医两个强有力的附着点,我们要借助其力,产生最大化优势效应。"数十年如一日,张静喆教授带领他的团队一直踏实地探索着、实践着,作为中医医院的普通外科,既有西医医院精良的外科技术、微创技术,也有富于中医特色的外科专病治疗规范,在沪上乃至全国均有很强的影响力,堪称为中西医结合之路上探索钻研的典范。

中西结合，以人为本

在患者眼里，张静喆教授始终都是一名好医生。"在疾病面前，应该只有患者，没有中医和西医之分，没有内科和外科之分。"经过近三十年的肝胆胰及其他外科疾病的临床和基础研究实践，张静喆教授坚信，无论是中医与西医治疗，还是外科与内科治疗，都仅仅是疾病治疗过程中的一个环节，"这几方面都不能偏废，只有适时相互结合，才能达到最好的效果"。其实施的出发点就是以人为本，以患者为本，以减轻患者痛苦为根本目的。

目前许多医生（包括一部分外科医生）认为"外科治疗就是手术"，术后的事情就抛之脑后。在张静喆教授看来，外科医生的职责远远不是这么简单。手术前后（围手术期）患者的身心状态等因素对于手术成败、术后恢复以及预后将产生重要影响。而中医在调整患者机体状态上的作用十分突出。他总是不厌其烦地对每一位需要手术的病人进行严谨而全面的术前评估，对一些因机体不能耐受手术创伤而不得不放弃治疗的患者，他及时积极地通过中医整体调摄，使机体功能改善到耐受手术再进行治疗。他总是这样教导他的团队"对于需要手术治疗的患者，有条件的患者要手术，没条件的患者创造条件也要手术。中医就是创造条件的强有力武器"。就是这种严谨的态度和执著的干劲，张教授和他的团队不知为多少病患解除了痛苦，挽救了多少生命。在病患眼里，张静喆教授就是集精湛医术和高尚医德于一体的白衣天使，因此在他的办公室里总是挂满了锦旗和寓意于"悬壶济世"的葫芦。每当患者互相交流谈起张教授时，说得最多的话是"他是一位让人感动的医生"，还喜用一副对联来形容他："一双慧眼识沉疴，满腔热忱待病患。"横批："大医精诚"。张教授的行医境界由此可见一斑。

新药研发，硕果累累

张静喆教授所在的团队从上世纪五十年代即开始了中医药防治胆胰疾病的临床与基础研究，先后研发出了一系列防治胆石病的中药新药（包括胆宁片、升清胶囊和芍杞颗粒）。张教授认为这一系列防治胆石病中药新药,都是在老前辈临床常用处方的基础上加以精简、提炼而成的,其初衷源于为了推动中医药能够走向现代化,造福于更多的病患。"中医要被现代医学所接受,就必须做到定量化和客观化。精简处方,提炼其中的有效成分是一条必由之路。"从 1991 年的胆宁片,到 2003 年的升清胶囊以及 2009 年的芍杞颗粒,研发中药新药的历程并不是一帆风顺的,可谓历尽艰辛。从经得起临床考验的疗效总结到扎实而系统的基础研究,从各类材料的精心准备到层层评审的筛选,不知经过了多少个通宵达旦,但他们迎难而上,克服一切困难,凭借着自身的努力和对中西医结合事业执著的追求取得了成功,初步探索出了一条以中医理论为指导,用传承和创新的科学态度去实践,将产学研用结合于一体的科技之路。因此,该团队也获得了 2003 年上海市科技进步三等奖、2004 年上海市医学科技二等奖、2004 年中华中医药科技成果二等奖及 2007 年中国中西医结合学会科学技术奖二等奖等 10 多项奖项奖励。今日转化医学已经从概念发展为热门的研究模式,而张静喆教授的团队多年来的探索恰是中西医结合转化医学的精彩演绎。

目光敏锐,引领导航

近年来"快速康复外科(fast track surgery,FTS)"这一崭新理念应运而生,即"为了减少手术应激和术后并发症、降低病死率、加快患者术后恢复及缩短住院时间而采取的一系列围术期多学科综合运用措施",其宗旨是为患者提供最优质的服务、最大的益处和最少的损伤。张静喆教授坚信中医药在 FTS 发展的时代同样有它的使命与生命力,因为中医药是围手术期多学科综合运用体现之一。如何在围手术期积极应用中医药发挥其优势,以加速患者机体恢复、减少并发症相信是中西医结合外科的发展趋势之一。因此张教授瞄准这一研究方向,带领他的团队从临床到基础研究,选择最佳切入点,积极采用中医药干预,收到良好的临床效果。张教授所在科室目前比较成熟的围手术期中医药应用技术有腹部术后应用大承气汤肛滴或针刺促进胃肠功能恢复、术前术后分别采用穴位按压减轻患者的焦虑状态等。相信再经过一段时间的努力和积累,在张教授这一舵手的导航引领下,中西医结合在围手术期的应用系列会凸显它独特的价值,又将成为中西医结合道路上的另一奇葩。

　　可喜的是,张静喆教授受聘于新近成立的上海中西医结合学会围术期专委会的副主任委员,该委员会的主要成员由长征医院、新华医院等上海知名三甲西医医院的外科主任组成。而自己能担任该专委会的主要职务,在张教授看来,这对我们中西医结合事业是一种激励和鞭策,即西医外科在围手术期的诊疗康复领域,越来越希望能与中医交流,形成中西医融通的医疗新理念。

　　目前在张教授的带领下,已形成以上海市名中医领衔,上海市医学领军人才、上海市后备人才为中坚的学科带头人挂帅,及博士后、博士、硕士为骨干的学术研究团队,是集临床与基础、现代医学与祖国医学于一体的研究梯队。张教授爱他的中西医结合事业,更爱他的团队,他常常对他的团队说"用现代科学技术发展中医,用传统医学精粹补充西医,这是一条既困难却又充满希望的道路,值得我们几代人去为之奋斗"。

卢 伟 主任医师,1961 年 8 月生,2006 年获复旦大学医学博士学位。现任上海市疾病预防控制中心副主任兼上海市预防医学研究院常务副院长,同时担任复旦大学和东华大学硕士研究生导师。

长期从事疾病预防和控制的科研和管理工作,涉及肺癌、胃癌等肿瘤及职业性疾病和环境相关疾病等方面的研究,承担了上海市科技攻关、市科委重点项目、市公共卫生重点学科和国际合作等 10 多个项目,发表论文 50 多篇。

近年来先后获上海市新长征突击手、上海市卫生系统银蛇奖、市卫生系统青年管理十杰、市预防预防医学会施思明金奖、中华预防医学会先进科技工作者、上海市科技进步奖、上海医学科技奖等称号和奖项。

人生格言

勤奋缘于责任
灵感源于实践

卢伟

奋战在疾病预防和控制战线上的领军人才

○记上海市疾病预防控制中心副主任卢伟

控制慢病，造福人民

    1998 年本市组建疾病预防控制中心后，作为中心副主任，卢伟同志积极探索新形势下卫生防病的新任务、新方法，在不长的时间内就领衔起草了全国第一部由地方人民政府转发的《上海市慢性非传染性疾病防治中长期规划》，首次将慢病防治工作纳入到了本市的社会和经济发展的总体规划中。为了保证慢性病规划提出的以推进高血压、糖尿病和肿瘤等慢性非传染性疾病社区综合防治为先的总体目标和行动措施，卢伟同志还组织制定了《上海市恶性肿瘤登记管理办法》、《上海市糖尿病社区综合防治工作指南》、《上海市高血压社区综合防治工作指南》，积极探索慢病社区综合防治模式，推广社区慢性病防治适宜技术，极大有效地推进了全市慢性病防治工作的进程，目前全市已在社区规范管理高血压患者 84 万，糖尿病及前期患者 20 万，肿瘤患者 19 万。目前上海是全国唯一的将肿瘤现患病人生存随访管理纳入社区卫生服务项目的地区，有效地提高患者生存率和生存质量。如今，社区高血压管理已经取得一定的成效，但卢伟同志并不满足于所取得的成绩，他吸取部分国家和地区取得的经验，在国内首次采用针对人群的社区型健康管理专员的模式，在患者和社区服务团队之间架起了相互沟通的桥梁，指导患者在家庭的支持下开展患者自我管理，既提高了患者对社区卫生服务的依从性，也促进了良好的医患关系形成，经第三方评估，患者的平均血压降低，心脑血管危险因素水平下降，减少了其发生心脑血管疾病的危险，另

308

外还获得了较高的满意度和成本效果比。

为建立和完善慢病监测系统。卢伟主持开发的"上海市恶性肿瘤病例登记报告管理系统"在技术上使上海肿瘤登记从市区人口扩展覆盖到全市人口,上海肿瘤登记处是我国唯一的以人群为基础的肿瘤病人数据库,是世界上覆盖人口最多的单个城市肿瘤登记处,肿瘤登记报告和死亡登记数据质量全国领先,达到国际标准。在中国率先实现利用三级疾病预防和控制网络,建立了中国唯一的恶性肿瘤病例数据库,提供现患病例的流行病学资料,恶性肿瘤报告数据质量达到全国领先水平,同时建立了全世界第一个中文版的恶性肿瘤疾病编码检索系统。完善的肿瘤登记系统推动了上海整体肿瘤防治工作的决策、规划和评估,也使上海在全国率先实施了肿瘤现患生存随访、社区肿瘤综合防治工作,并取得明显成效。上海市恶性肿瘤病例登记报告管理项目获得了2006年上海科技进步奖。根据近年来上海死亡谱的变化,伤害已位居全死因的第4位,青壮年人死因的首位,为此卢伟同志率先提出在我中心建立伤害防治科,这也是全国第一个成立伤害防治科、开展伤害防治工作的疾控中心,目前已在本市初步建立了伤害监测体系,为全面开展伤害防治工作,制定相关策略措施提供了依据。

积极开展病人早发现工作。2000年起卢伟同志就积极推进在社区卫生服务中心一级医院开展35岁以上人群首诊测压工作,在首诊中发现并最终确诊的高血压患者中的大多数人又纳入了社区管理,由于及早发现病人,及早治疗,减少了病人发生和死于心脑血管疾病等并发症的可能性。卢伟同志主持开展的社区乳腺癌和大肠癌筛查工作取得了显著效果,发现了一批癌症早期患者,形成了可推广的社区癌症早筛适宜技术,并获得了提高人群乳腺癌和大肠癌筛查的顺应性、可行性、卫生经济学和初步效果的数据,为人群癌症筛查列入公共卫生服务提供了政策分析、经济学测算的依据。

身体力行,投身科研

除了扎扎实实做好政府所赋予的公共卫生服务等业务工作外,由于卢伟同志还具备极强的科研工作能力,他做了大量的科学研究,承担多项国际合作课题和市级课题。其研究的病种既包括慢性非传染病,也包

括传染病;研究的领域既有人群层面的,也有分子和基因层面的;研究方法既有流行病学、统计学等预防医学的,也有形态学、分子生物学和免疫学等基础医学的。

卢伟主持开展的包括病例对照和生存队列方法的上海女性肿瘤系列研究,研究中国妇女的乳腺癌、子宫内膜癌和卵巢癌的病因和预后影响因素,探索了一直是中国肿瘤流行病学关注热点的乳腺癌病因,研究结果将对中国女性乳腺癌发病的危险因素提供更多更全面的证据。

卢伟同志还特别注重科研工作成果应用和开发,促进慢性病防治工作科学持续发展。2002—2005 期间,卢伟作为上海市卫生局重大项目《糖尿病社区人群计划防治适宜方案的研究及其推广应用》技术负责人,研究社区内开展系统的社区诊断和大规模的糖尿病流行病学调查;探索可能导致糖尿病的相关危险因素;并首创了适合社区人群特点的糖尿病高危人群筛查模型,首次确定了适合上海人群特点的社区糖尿病高危人群筛查方案,目前已广泛应用,通过项目建立并验证了《上海市糖尿病社区综合防治工作指南》,已由上海市卫生局 2005 年作为文件颁布推广实施,并被中国疾病控制中心制定的《社区糖尿病防治规范》所引用并在全国得以推广。为此,获得 2007 年上海市 2 型糖尿病社区防治研究获中华预防医学会科学技术奖二等奖和上海市科学技术进步二等奖。肺癌早期血清特异蛋白及其应用于 2005 年和 2007 年先后获两项国家发明专利,这一诊断技术一旦实现临床应用,将可大大改变我国目前所有对肺癌临床检测手段,都要待病灶形成后才能检测出来的状况。此研究结果不仅对发展肺癌的早期诊断技术有重要价值,同时也表明我国在利用蛋白质组学技术筛选疾病的生物标志分子方面与国际先进水平同步。

SARS 和禽流感以后,在第三轮医学重点学科建设上,上海市首次设立了公共卫生专业的重点学科,鉴于病原微生物的研究和检测技术在传染病的监测、预防、应急突发事件中,具有非常重要的作用,和卢伟同志在 SARS 等传染病的防控、流行病学调查等方面的杰出贡献,通过全市的公开擂台竞赛,由卢伟同志领衔的病原微生物学科被入选为上海市第三轮公共卫生重点学科建设项目,目的是建立不明原因病原微生物的检测和鉴定技术不同水平技术平台的综合应用。

目前,他已在国内外专业杂志上发表论文 40 余篇。2006 年入选上海市医学领军人才计划。由于卢伟在预防医学领域的杰出贡献,他被聘为中华预防医学会、上海市预防医学会等多个学会的理事和副主任委员,2005 年被评为了上海市医学领军人才。

在取得个人成就的同时,卢伟不忘培养公共卫生事业的接班人。自2002 年以来,已培养硕士研究生 3 名,目前带教在读研究生 1 名,参与培养博士 2 名。

救灾援建,亲临一线

2008 年 5·12 汶川地震后,卢伟主动请缨赴灾区参加灾后防疫工作,5 月 12 日以领队身份,带领受卫生部委托、由上海市、区两级公共卫生机构的 16 名精兵强将组成的本市首支援川救灾防疫队到四川省汶川县威州镇和雁门乡执行应急防疫任务。救灾防疫队到达成都后,在不能及时空降到目标灾区的情况下,立即绕道 900 多公里,翻越 2 座海拔4 000 米以上的积雪高山,冒着随时被地震震松的滚石砸中的危险,赶到受害较重的汶川县县城所在地。到达救灾现场后,在缺粮少水的情况下,卢伟同志将队员们分成 2—3 人一组深入到山村、学校、指挥部、临时安置点和临时医疗点等一线进行消毒、杀虫工作和疾病传播危险因素的流行病学调查。为了落实乡不漏村、村不漏户的山寨灾后防病工作,卢伟带领队员们克服重重困难,多次翻山越岭,即使是住居在无路可走的大山的村民也一一访到。尽管卢伟同志腿关节不好,仍身先士卒,哪里有危险哪里就有他的身影,在他的带领下,所有救灾防疫队队员齐心协力,毫不畏惧,英勇抗灾,科学防疫。经过初期全覆盖的灾后防病工作后,卢伟同志意识到必须建立灾后防病的长效机制,通过当地政府帮助灾区建立基层防病网络,建立简易防疫评估模式,制定灾区安置点十条适宜性防疫措施并通过当地政府在阿坝州灾区推广,日后被称之为"雁门模式",即在当地政府协调下,帮助恢复重建了社会组织体系,推进防病工作责任制;建立村级基层防疫队伍,完善灾后乡村两级防疫网络;明确灾后防病工作措施及灾民安置点震后防病长效管理基本标准。21 天坚守抗灾防疫第一线,直面困难,顺利取得了"大灾之后无大疫"决战首胜,也为日后当地建立预防疾病的常效机制打下了基础。

为了贯彻落实党中央国务院关于对口支援灾后重建工作的要求,

2008 年 12 月 23 日卢伟主动请缨赴上海市对口支援灾后重建的地区
——极重灾区都江堰市。受上海市卫生局派遣,他被任命为市卫生系统
对口支援前方工作组组长,负责管理上海各对口支援医疗卫生队,负责
都江堰市医疗卫生事业的灾后恢复重建前方工作,这一去就是离家 6 个
月。由于卢伟同志在都江堰对口支援工作中的出色表现,2010 年上半
年,卢伟同志又受上海市卫生局派遣,作为市卫生系统对口支援前方工
作组组长,再赴都江堰。卢伟两赴都江堰,带领医疗防疫团队圆满出色
地完成了上海市委市府、市卫生局和市对口支援指挥部交给的医疗卫生
援建任务。期间他走遍都江堰市 19 个乡镇,带领近 500 人的队伍,评估
医疗卫生体系和灾后重建方案,引入先进医院管理理念和灾区医疗卫生
适宜技术,加强灾后防病体系建设,在灾后重建的关键时期坚守岗位,加
强队伍建设,为灾区医疗卫生体系恢复重建作出了贡献。上海市医疗卫
生对口支援都江堰市的科学援建模式得到广泛赞许。在党和国家需要
的关键时刻,卢伟同志起到了"领军"的作用。

时玉舫　研究员,1960 年 10 月生,1992 年获加拿大阿尔伯塔大学免疫学博士学位。曾任美国新泽西医科齿科大学罗伯特·伍德·约翰逊医学院终身教授,为该大学首席教授,现任中国科学院上海生命科学研究院/上海交通大学医学院健康科学研究所所长。中央组织部"千人计划"首批入选者,973 重大研究计划项目首席科学家,中科院上海生命科学研究院首席科学家。

　　主要致力于免疫学和干细胞的研究和应用,包括不同 T 细胞群体的 AICD 过程、骨髓间充质干细胞的免疫抑制和肿瘤免疫学三方面的研究。承担了卫生部重大专项,973 计划,科技部国际合作,国家自然基金委国际合作项目,上海市"浦江人才"等多个重大项目。荣获上海市"领军人才"称号,以及首届上海市华侨华人专业人士"杰出创业奖"。已在国际顶尖学术杂志 Science, Nature, Nature Medicine 和 Immunity 及其他 SCI 杂志发表论文 110 余篇,被引用 4500 余次。

人生格言

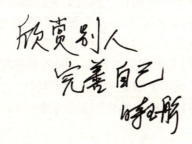

欣赏别人
完善自己
时玉舫

313

探索求真,谋求转化

○记上海交通大学医学院健康科学研究所
  所长时玉舫研究员

　　时玉舫研究员于 1988 年和 1992 年在加拿大阿尔伯塔大学先后取
得免疫学硕士和博士学位。1992 年至 1995 年间在加拿大多伦多大学
完成博士后工作。1995 年起在美国红十字协会 Holland 医学生物研究
所任助理教授组建自己的实验室,并同时任职于美国乔治·华盛顿大
学;1999 年晋升为终身副教授。2001 年起在美国新泽西医科齿科大学
罗伯特·伍德·约翰逊医学院任终身副教授,2003 年晋升为终身教授,
并成为该大学五位首席教授之一(University Professor);其间,同时担任
了美国新泽西癌症研究所研究员和美国航天生物医学研究所感染学、免
疫学和血液学专家组成员。

　　时玉舫研究员作为著名免疫学家和干细胞免疫学的倡导者,建立了
激活诱导淋巴细胞凋亡(activation-induced cell death, AICD)的概念,同
时发现了 c-myc 对 AICD 的调节作用。目前,AICD 已成为免疫学研究前
沿的热点,为相关肿瘤免疫调节治疗和药物研发奠定了重要基础。其早
期证明的 Rapamycin 促进化疗药物引起的癌细胞凋亡的研究结果目前
已成为癌症治疗领域中的新方向。时玉舫研究员首先证实了 Fas 介导
的淋巴细胞凋亡与应激反应或鸦片所致的免疫抑制有关,这是神经免疫
调节领域的重大发现;证明了 CD4$^+$ T 细胞在哮喘中的决定性作用,为
过敏性哮喘的治疗提出了新的方向;在颗粒酶主导 Th2 细胞 AICD 的研
究中,首次证明了不同 T 细胞亚群具有不同的细胞凋亡途径。时玉舫研
究员近期研究发现的成体干细胞的免疫调节特性,为干细胞在自身免疫
性疾病的治疗和在器官移植上的应用提供了重要科学依据。迄今为止,

时玉舫研究员已发表 SCI 收录的研究论文 110 余篇，包括国际知名学术期刊 Nature，Science，Immunity，Nature Medicine，Cell Stem Cell，Journal of Experimental Medicine，Journal of Immunology，Cancer Research，PNAS，Stem Cells 等，其研究成果对探讨干细胞调控、癌症、传染病、过敏及自身免疫病病理机制具有重要意义。

2008 年 7 月起，时玉舫研究员担任中国科学院上海生命科学研究院／上海交通大学医学院健康科学研究所所长。时所长自上任以来，全力以赴组织、动员全所科研人员积极申报国家、院以及地方重要项目。2009—2010 年度健康科学研究所新增各类竞争性项目 89 项，新增项目经费两亿余元。时玉舫研究员作为首席科学家领衔了国家科技重大专项——"重大新药创制"新药研究开发关键技术研究项目：优化干细胞治疗及抑制移植免疫排斥的新策略；国家 973 发育与生殖研究重大科学研究计划：组织干细胞的干性维持、分化控制和免疫调节研究；科技部国际科技合作项目：肿瘤基质干细胞的免疫调节作用及其临床意义研究；国家自然科学基金委国际合作项目：间充质干细胞与免疫系统的相互作用：基础及应用研究；中国科学院知识创新工程重大项目：癌症重大科学问题及防治新策略的研究；中国科学院院长基金项目：成体干细胞免疫抑制机制的研究及临床应用；上海市科委"浦江人才"计划项目：肿瘤基质细胞对肿瘤发生和发展的影响等重要科研及人才项目。

随着科学技术的不断更新，与疾病相关的生物医学调控理论和靶向治疗研究正以空前的速度发展。但绝大多数基础研究的成果仍滞留在实验室的动物和细胞模型上，与临床实际需要相差甚远。医学基础研究和临床实践呈现相互隔离的态势，造成了许多研究成果未能或无法向实际应用转化，使得科研领域巨大的投入与疾病防治方面应有的效果不相对应，无法对人类健康产生有效的直接影响。面临生物医学科研的新机遇和挑战，在时玉舫所长的带领下，中国科学院上海生命科学研究院／上海交通大学医学院健康科学研究所凝练了以干细胞的医学应用、免疫机制和防治新策略研究、重大疾病机制和防治新策略研究为核心的三大研究方向，继续致力于推动我国生物医学转化型研究的发展。目前，中国科学院上海生命科学研究院／上海交通大学医学院健康科学研究所已接管了中国科学院干细胞生物学重点实验室，并将负责中国科学院干细胞研究上海中心的组织和建设，致力于干细胞转化型研究的深入探索。

时玉舫所长在任职期间,针对我国"医学转化型研究"这一薄弱环节,带领中国科学院上海生命科学研究院/上海交通大学医学院健康科学研究所充分利用各方资源,广泛与地方医院及其他研究单位建立合作,切实把健康科学研究所生物医学的转化型研究提升到一个新的水平。首先,在上级单位和领导的大力支持下,时所长带领相关科研人员创建了"中科院肿瘤生物学样本库",旨在收集、鉴定、贮藏和供应各种肿瘤生物学样本,建立相应的电子化的肿瘤生物学信息库;同时创立一套标准运作体系,包括提出符合国际规范的我国肿瘤生物样本库的具体标准。高质量、标准化的肿瘤生物标本库必将为我国肿瘤研究达到国际领先水平提供坚实的平台,为实现"医学转化研究"及生物医药技术自主创新的重要保障。与此同时,健康所目前已与常州市第一人民医院/苏州大学附属第三医院合作成立了中国科学院上海生命科学研究院健康科学研究所生物医学转化研究常州基地医院,迈出了医学转化研究道路上坚实的一步;与苏州大学附属第一医院、附属第三医院及和泽生物公司开展合作,共同探索产学研医疗联盟新模式。另外,时玉舫研究员组织开展的间充质干细胞治疗研究也已在临床开展试验,利用间充质干细胞治疗慢性肝病/肝衰竭、造血干细胞移植后 GVHD 以及运用间充质干细胞组织工程修复骨骼。

时玉舫研究员以生物医学转化研究为己任,踏实做事,真诚做人。他那严谨的科研作风,乐观的生活态度以及锲而不舍、饱含热情的科研精神已成就其成为一位成功的科学家;他也以无私的奉献精神,示范性的引领作用以及真诚的合作态度成为该领域卓越的领导者。

林 旭 1957 年 1 月出生,1998 年获康奈尔大学营养学博士。2003 年起,任中科院上海生科院营养科学研究所研究员,研究组长,所长助理,中国科学院营养与代谢重点实验室主任。现为多个国际杂志编委和审稿人。荣获上海生命科学研究院"重大慢性疾病发生发展的营养与遗传机制的研究"首席科学家,上海市领军人才和三八红旗手称号。主持了 863 重点项目《2 型糖尿病的全基因组关联分析和药物基因组研究》和基金委重点等多个项目。在中国人群慢性代谢性疾病相关的营养遗传因素,以及营养干预方面取得了系列原创性重要成果。2007 年以来作为通讯作者在国际心血管、糖尿病、遗传和营养等领域权威刊物发表论文 30 多篇。入选中科院 2008 度主要科技进展和中科院建院 60 周年成果展。

人生格言

通过科学合理的营养增进人民的健康,

是营养科研院的最高境界,

也是我最大的心愿!

端尽全力做到最好,而不要问此时

得到什么!

Try your best, but don't ask what you

could obtain!

林旭.

317

为人民的营养健康辛勤奉献

○记中科院营养科学研究所林旭研究员

　　随着我国经济的快速发展和居民膳食结构和生活方式日渐西化,与营养相关的慢性代谢性疾病,如肥胖、2 型糖尿病、心脑血管疾病和某些癌症发病率急剧上升,严重地威胁了人们的健康。通过改变膳食和生活方式,预防和控制慢性疾病是目前国际上公认最有效的方法之一。然而,迄今为止多数研究都在西方白种人中进行,而有关中国人群研究数据十分缺乏。现有的研究表明:亚洲人特定的遗传背景与肥胖、糖尿病和心脑血管疾病等代谢性疾病在亚洲国家的迅速流行有一定的联系。因此,确定导致我国慢性代谢疾病发生发展的主要营养和遗传危险因素以及相关机制,发现早期预测、预防和有效的干预方法,是遏制这类疾病在我国进一步蔓延的关键所在。面对的公众的营养和健康需求,林旭研究员自 2003 年回国后,将在美国以细胞动物模型为主的研究方向转为与中国人群相关的研究。

　　通过几年的努力,她领导的研究团队克服了重重困难,在中科院、上海市科委,以及北京和上海 CDC 的大力支持和帮助下,并通过与国际一流大学多位著名教授广泛的国际合作,目前已在中国人群与肥胖、代谢综合征和 2 型糖尿病等慢性代谢性疾病相关的营养和遗传因素、代谢表型和营养干预研究等方面,取得了多个原创性的成果,主要包括:

　　(1)遗传因素:在中国汉族人群中发现和证实了多个与肥胖、2 型糖尿病和高血压相关的易感基因如 *CDKAL1*、*CDKN2A/B*、*IGF2BP2*、*SLC30A8*、*GCKR*、*KCNQ1*、*PCSK1*、*MTNR1B*、*FGF5*、*CYP17A1* 和 *MTHFR* 等,并首次发现了中国和西方人群之间在肥胖、糖尿病相关的基因结构、基因效能方面的差异;多个 2 型糖尿病易感基因变异位点对胰岛细胞功能的影响,以及易感基因位点之间的相互作用。最近,通过遗传风险分数(genetic risk score,GRS)对 2 型糖尿病易感基因变异位点进行关联研究,发现每增加一个危险等位基因,2 型糖尿病风险约增加 18%,而具有高遗传风险个体(GRS≥19)比低遗传风险个体(GRS≤11)罹患疾病风险增加 4.58 倍。

(2)环境因素:在中国人群中新发现了多种与慢性代谢性疾病相关的危险/保护因素。例如,发现超过 72% 的中老年人存在维生素 D 缺乏,且代谢综合征风险显著提高,尤其对于肥胖个体危害更大;与此同时,人群的铁过量(血浆铁蛋白升高)能显著增加代谢综合征和 2 型糖尿病的风险;而大豆蛋白对代谢综合征的影响则因性别而异。此外,还首次在国际上发现体力活动能有效地减少代谢综合征、2 型糖尿病和心脑血管疾病的风险是与改变炎性因子和脂肪细胞因子水平有关;而且抑郁症在中老年人群中的患病率约为 10%,是胰岛素抵抗的独立风险因子。最近还在全球第一次发现血液内毒素结合蛋白 LBP 升高能增加患代谢综合征、胰岛素抵抗和 2 型糖尿病的风险,提示了菌群产物—内毒素作为一种外源性的诱导物通过激活慢性炎症通路,继而引发代谢性疾病。

(3)代谢表型:首次在中国人群中揭示了代谢综合征和 2 型糖尿病风险与体成分(脂肪组织,非脂肪组织)和脂肪分布(腹部肥胖和全身肥胖)、多种脂肪细胞因子和炎性细胞因子水平之间关联关系和相应的机理。同时也首次揭示中西方人群在炎性因子之间的差异。例如,C 反应蛋白目前已在西方国家作为临床筛选心血管高危个体的常用指标,但中国人群 C 反应蛋白水平比西方人要低,而且 50% 的代谢综合征个体的水平在美国心血管学会推荐的"低危标准",提示了国外的标准有可能会低估中国人患病风险。

(4)代谢性疾病营养干预:在国际上首次发现我国盛产的可食性谷物亚麻子成分能改善 2 型糖尿病患者血糖控制和炎性反应水平;并通过荟萃分析研究证实了亚麻子具有降低总胆固醇和低密度脂蛋白水平的作用。最近通过另一个干预研究发现:亚麻子和核桃膳食干预能改善代谢综合征个体的腹型肥胖。

总之,这些研究成果为今后在中国人群中开展慢性代谢疾病的预测、早期预防和干预提供了大量宝贵数据,同时也为开发利用我国丰富的食物资源预防疾病提供了全新的思路。作为通讯作者,林旭研究员自2007年以来已有30多篇论文发表在国际心血管疾病、糖尿病、内分泌、肥胖和营养领域权威期刊上如 *Circulation*、*Diabetes*、*Diabetes Care*、*Diabetologia*、*JACC*、*JCEM* 和 *AJCN* 在内的。其系列研究成果入选为"中国科学院2008年度主要科技进展"(共15项)和中科院建院60周年成果展。与此同时,林旭研究员团队的工作也受到国际同行的关注和好评。以2008年在 *Diabetes* 发表的两篇文章为例,其中一篇在发表后的一年多时间内被包括 *Cell*,*NEJM*,*Nature Reviews Genetics* 等国际著名杂志引用65次,而另一篇则被包括 *JAMA*,*Lancet*,*PloS Genetics*,*Trends in Genetic* 等国际著名杂志引用43次。此外,2009年,林旭研究员作为中国特邀代表在泰国举行的第19届国际营养大会上做专题报告。她还应世界癌症研究基金(WCRF)邀请成为亚洲地区科研顾问,并担任了 Annual of Nutrition and Metabolism 杂志编委,最近她还作为唯一的亚洲编委应邀成为国际营养界最具影响力的杂志 Annual Review Nutrition 的编委。

作为最早回国参加营养所创建的研究员之一,林旭研究员为营养所的建设和发展倾注了大量的心血。她以一个营养学家高度的责任感,积极向政府建言献策,呼吁增强对营养科学的投入和支持。为营养所申请举办"营养科学发展与国民健康"的香山科学会议、撰写中国科学院《中国至2050年人口健康科技发展路线图》中营养和慢性病相关的章节做了大量工作。为改变我国营养科学研究基础薄弱的局面,她积极筹办"中科院营养与代谢重点实验室",并为实验室的发展壮大作出了突出贡献。针对目前国内外高水平营养科学人才紧缺的现状,她积极推动营养所与国内外一流营养科学研究机构广泛的交流和合作,争取了多位国内外著名营养学家成为营养所学术顾问;并为营养所成为"联合国大学附属研究所"和争取到"国际营养基金的奖学金"牵线搭桥。今年四月,在她的不懈努力下,中科院营养与代谢重点实验室与中华医学会糖尿病学分会和英国医学研究理事会共同主办了"第十一届国际糖尿病预防研究学术研讨会",该研讨会的举办大大增进了国内外专业人才培养与交流合作,在人群糖尿病研究领域引起了强烈反响。此外,在繁忙的科研和工作之余,她还积极通过会议、新闻媒体等向公众宣传营养和健康的生活方式,以便为推广健康膳食和生活方式,控制和减轻营养相关疾病对百姓健康的危害作贡献。

由于近年来出色的工作,林旭研究员先后获得"上海市领军人才"、"上海市三八红旗手"、和上海生命科学研究院"重大慢性疾病发生发展的营养与遗传机制的研究"首席科学家等荣誉称号。

孙祖越 研究员,1964 年 8 月生,1997 年获中国科学院上海药物研究所博士学位,现任上海市计划生育科学研究所药理毒理学研究室和中国生育调节药物毒理检测中心(世界卫生组织人类生殖研究合作中心)主任,复旦大学博士研究生导师,中国毒理学会常务理事兼副秘书长,国家"重大新药创制"科技重大专项基金获得者,2008 年上海领军人才。

长期从事前列腺药理毒理学和新药临床前安全性评价方面的研究,承担了国家"重大新药创制"科技重大专项、上海市科技攻关和国际合作等 10 个重大项目,发表论文 140 余篇,出版主编专著 2 本。

近年来,荣获两项上海市科学技术进步二等奖,申请 8 项科技发明专利,开发出 5 项科技产品,并投放市场。

人生格言

仁义诚信为人
勤快好奇做事

怀抱感恩，爱国荣所

○记上海市计划生育科学研究所孙祖越研究员

奋战三昼夜，一稿定乾坤

药理毒理学研究一直利用动物实验获得科研数据，前列腺药理学研究也不例外。这不仅耗费大量科研经费，而且拖延研究进程，同时不利于动物保护。所以，在学术界，科研人员提出"3R 原则"，即减量化（reducing）、再利用（reusing）和再循环（recycling）。

为了执行这一原则，孙祖越研究员于 1995 年开始了《替代前列腺疾病动物实验方法规范技术平台的建立及应用》探索性的研究。记得是在那年炎热的夏季，他立题建立一个简捷的甾体 5α-还原酶抑制剂体外筛选模型，用于代替前列腺增生药效学大鼠模型。为了降低甚至避免仪器设备反复重新开启所带来的系统误差和随机测量误差，他带领一位师弟挑灯夜战，从周五一早开始到下周一上午结束，连续工作 70 几个小时，获得数以百计的数据，经过严谨的统计分析整理，撰写了长达 2 万字题为《A novel in vitro model to screen steroid 5α-reductase inhibitors against benig prostatic hyperplasia》的学术论文，1988 年发表在西班牙 Methods Find Exp Clin Pharmacol 杂志上。

从此，在国内开启了前列腺增生体外药理学研究的先河，也奠定了他在前列腺增生替代模型研究上的学术地位。

发展订战略，要打特色牌

科研管理和其他管理一样，要想发展好，必须制订战略。孙祖越研

究员长期从事前列腺药理毒理学和药物生殖毒理学的研究,这是他的专业特色,在国内同行中是公认的具有代表性领先人物,同时还时常主持新药临床前安全性评价和生殖健康产品的开发。

他曾经对我们讲:"科研工作如同打牌,打大牌,打特色牌,才能大赢多赢。以打麻将为例,可以专打'清一色一条龙'。可是,这不好打,也不易打,弄不好,没打完四圈牌,彩头输尽,早就被淘汰出局了。所以,不时也要打些'垃圾和'(最小成牌),博些小彩,维持抓牌权,同时,怀揣志向,时刻准备,等待良机再出手"。"科研发展的战略制订,如同打麻将。我们开展研究,要多出成绩,为人类社会多作贡献,就要打出特色,力争'打大牌'。做出我们的专业特色,打出我们自身品牌。平时做些零星工作,如小小的技术开发,或为其他机构做些杂乱的技术服务,只是为了维系着一个团队的日常开销,积聚人才,留住人才,同时必须立志做大做强或'小有特色',一旦天时已到,便能一展宏图,更好地服务社会"。

他是这样说的,也是这样做的。虽然,他所带领的课题组时常忙于新药临床前安全性评价和生殖健康产品的开发,却没忘记前列腺药理毒理学和药物生殖毒理学的研究。通过这十几年的努力,他已系统地创建了前列腺药理学和前列腺疾毒理学,他所从事的前列腺药理毒理学和药物生殖毒理学研究水平在国内已处于领先地位,做出了有口皆碑的特色。

三万元之恩,三千万回报

孙祖越研究员,1999年8月博士后出站,作为人才引进,单身一人来到上海市计划生育科学研究所,在所领导和党委的支持下,3万元、20平方米实验室开始创业。目前部门人数发展到近40人,研究室面积约3 000平方米,争取科研经费逾3 000万元。同时还制定了1 000多条管理制度和标准操作规程(SOP),规定了科研人员的工作行为,要求他们操作尽善尽美,严谨规范,追求卓越。

他曾主持过包括国家级和省部级项目在内的大小科技项目约400多项;荣获两项上海市科学技术进步二等奖(如:主持《前列腺增生药理毒理学研究及其应用》),一项中国高新技术、新产品博览会科技新产品银奖和一本国家级科学技术成果证书（新型消毒洗涤用品—清洁精研制开发及转让投产）；作为第 1 发明人，取得 7 项科技发明专利，即《消避灵阴道栓》、《丙酸睾丸酮引起 Beagle 犬前列腺增生法》和《治疗前列腺疾病的靶向药物》等研究开发出诸如新型消毒杀菌洗涤用品—清洁精、民用消毒洗涤剂和人畜生活环境多功能洗消剂等 5 项科技产品，并都投放市场；发表了以《The mechanism of epristeride against benign prostatic hyperplasia》和《Long-term toxicity of epristeride on Beagle Dogs》为代表的论文 140 余篇，其中收录英文 SCI 论文 15 篇，中文核心期刊 89 篇；主编了《前列腺疾病百问》和《常用实验动物解剖病理取材图谱》专著两部。

长期以来，他一直重视和关心学术交流，同时担任了中国毒理学会（拥有大约 5 000 名会员）常务理事兼副秘书长、国家食品药品监督管理局药品（SFDA）审评中心专家、国家食品药品监督管理局（SFDA）GLP认证专家、中国毒理学会生殖毒理专业委员会常务副主任委员、中国药理学会生殖药理专业委员会副主任委员、中国实验室国家认可委员会委员和中国药理学会毒理专业委员会委员之职。

他一直从内心里感谢研究所领导的培养，感谢所内外各方人事的支持，不忘当年 3 万元启动费的滴水之恩，在各方面以报效国家为目标，以贡献研究所为己任，放弃许多出国深造的机会，在国内生殖药理毒理学界时刻不忘提高研究所的学术地位，随时准备着为祖国和研究所作出更大的贡献。

肖华胜 博士,1968 年 5 月生,1999 年在第四军医大学获医学博士学位,现任上海生物芯片有限公司副总裁,生物芯片上海国家工程研究中心执行主任/副研究员,同时兼任中国科学院上海生命科学研究院功能基因组研究中心主任/副研究员。

肖华胜博士 2001 年在国家人类基因组南方研究中心博士后出站后,一直在国内的研究机构从事科学研究和技术开发工作,主要研究方向大规模基因组和基因功能研究技术及其应用研究和神经损伤的分子机制,已经发表论文 60 余篇,代表性论文发表在 PNAS,Genomics, BMC Genomics Euro J Neuroscience,APS 等. 参加编写专著 4 本,共申请专利 13 项。

肖华胜博士还积极申请和承担国家,上海市的科研项目,以第一负责人共承担研究项目 5 项,参加 7 项,主要有国家自然科学基金,上海市科委重大攻关项目,上海市优秀学科带头人,十一五"863"重点项目,共获得研究经费 1 300 多万元。先后获得上海市科技进步奖二等奖、上海市科协第九届青年优秀科技论文二等奖、Leica 神经科学奖一等奖、上海市优秀学科带头人、明治乳业生命科学奖杰出奖等奖项。

专心,专业,专注

○记上海生物芯片有限公司肖华胜博士

注重具有自主知识产权技术的
创新和集成创新

　　肖华胜博士从 2002 年开始参加了生物芯片上海国家工程研究中心的建设,已经是该中心的技术核心和主要领导之一,主要的方向是生物芯片技术及其应用研究。主持建立了具有自主知识产权的 cDNA 基因芯片和寡核苷酸基因芯片技术平台,积极开展创新性研究,获得了一批生物芯片的专利,申请专利 13 项。利用这一技术平台,开发了 20 余种基因芯片产品,其中一个产品获得国家重点新产品证书,两个产品获得上海市重点新产品证书,已经投放科研市场。利用建立的技术平台还在组织开发临床疾病的分子诊断和分子分型的产品,已有两个产品正在进行临床试验和药证的申报。在建立自己的技术平台的同时,积极跟踪国际上最新生物芯片技术,引进、消化和建立了国际上广泛接受的 Affymetrix, Agilent 和 NimbleGene 芯片技术平台,并建立了这些芯片平台的应用体系和利用这些技术进行集成创新和二次创新开发。通过 8 年的建设,在生物芯片上海国家工程研究中心建立了国际上最为全面,多样化和灵活性的基因芯片技术平台,建立了规模化的质量控制体系,通过了 ISO9001 2008 质量技术体系的认证,获得了中国第一个 Affymetrix 认证的技术服务中心,中国第一个,也是目前唯一的 Agilent 认证的技术服务中心,2007 年获得了 Agilent 授予的亚太地区最佳技术服务供应商奖。通过这些认证,提高了技术和管理水平,规范了操作体系,保证了提供数据的质量,为客户提供高质量和高水平的数据和技术支持。

加强市场宣传，
推广生物芯片技术的应用

近几年肖华胜博士负责上海生物芯片有限公司的市场工作，加强市场调研，用调研的信息和结论来指导产品的研究与开发，开发市场上急需的产品，更好地拓展市场。注重技术的推广，由于生物芯片技术是一项比较新的技术，较多的科研人员对这一技术不是十分了解，需要专业的技术指导，针对这一情况，通过多种渠道或方式组织了市场活动，加强技术的推广，交流和培训，主要的市场活动有覆盖全国的巡回讲座，大型的技术研讨会，小型的技术培训班。通过几年的努力，取得了较好的效果。到今年为止，已经为全国的大学、研究机构、医院做技术报告超过 200 场，报告会参加人员逾万人，参加培训班数百人。非常有效地推动了生物芯片技术的普及，使更多的研究人员了解了生物芯片技术并用于自己的研究项目，通过合作的方式开展生物芯片产品的研究与开发项目越来越多。

具有良好的服务意识，
获得较好的社会和经济效益

生物芯片上海国家工程研究中心是由国家投资建立的国家级生物芯片的研究与开发基地，其中的一项职能是利用建立的技术平台和体系，为全国的科研人员提供技术支持和服务。肖华胜博士负责这一项工作已经 6 年，在对外服务工作中表现出良好的技术服务意识，积极与客户进行交流和沟通，为科研人员提供课题设计和数据分析，帮助他们解决课题中遇到的困难和问题。在服务中特别注重服务流程的控制，确保较低的技术服务数据出错率，强调提供高质量的数据和稳定，持续的技术支持。技术服务的满意率达到 95% 以上，在生物芯片的技术服务这一领域中，树立了较好的服务形象，赢得了客户好的口碑，处于全国的领先水平。已经完成了 1 000 余个技术服务合同，获得经济收入 1.5 亿元。通过技术服务和合作研究，客户已经发表高水平的研究论文数十篇，如 Science, Cell Stem Cell, Journal of Clinical investigation, PNAS, Blood, Cancer Cell 等。

注重学术研究，
积极承担国家和上海市的研发项目

肖华胜博士是国内较早建立基因表达谱芯片技术和开展相关研究的人员之一，在国际上首次建立了大鼠背根神经节的基因文库，共克隆基因 11 229 条。构建了大规模基因芯片技术平台，并用这一技术系统地研究了外周神经损伤后背根神经节中基因的表达改变和部分重要基因的功能，发现了一批潜在的药物靶点，解释了临床上药物的作用机理，为今后疼痛药物的治疗手段和药物的开发提供了依据。在疼痛领域是第一次尝试用大规模的研究手段系统地研究基因的表达改变，一系列研究论文发表后，得到同行的较高评价，在国际上处于领先水平，比国外的同类工作提前了半年时间。国际疼痛界权威 Clifford J. Woolf 推荐肖华胜以第一作者在 PNAS 发表的论文为 1 000 篇重要的生物学论文，这一系列的研究结果被教科书《疼痛学》收录。该成果获得上海市科技进步二等奖，上海市科协第九届青年优秀论文。目前还在基因表达的调控，药物作用的机制和疼痛相关的信号通路方面开展系统研究。

在生物芯片技术方面积极跟踪和发展新的技术和方法，已经组织建立了 3 项新的生物芯片技术。正在组织表观基因组学系统技术平台的建立，为我国的表观遗传学的研究提供技术和平台支持。

积极申请和承担国家，上海市的科研项目，以第一负责人共承担研究项目 5 项，参加了 7 项，主要有国家自然科学基金"外周炎症诱导的基因表达谱的建立和功能研究"，上海市科委重大攻关项目"基于 DNA 甲基化的肝癌分型、预后标准的建立及检测芯片的研发"，上海市优秀学科带头人，"无需样品放大和标记的新型基因芯片技术研究"，十一五"863"生物芯片与仪器重点项目"系统生物学和功能基因组研究芯片"。共获得研究经费 1 300 多万元。

加强人才培养，形成了一支较强的
生物芯片技术的研究开发队伍

肖华胜博士在几年的工作中，加强人才队伍的培养，共培养了博士

后3名,已出站2名,在站1名,博士毕业1名,硕士8名,4名已经毕业,4名在读。带领了一支充满活力和创新精神的研究队伍,现共有研发人员68人,其中海外归国人员3名,具有博士学位8名,博士后4名,硕士学位的21名,在读研究生8名,本科实习生14名。其中从事技术研发和项目研究的32名,生物信息学研究的8名,基因芯片的生产和技术服务的28名。还带领了一支从事生物芯片技术服务的市场和销售队伍共15名。这支研究队伍集中了生物学、医学、医学工程、计算机、生物信息学等专业人才,涵盖市场、销售、技术研发、技术服务。

加强国际合作和交流

在建立自主知识产权的技术平台的同时,与国际上从事生物芯片技术研究与开发的机构或公司建立了良好的合作关系和技术交流的渠道。如与美国的 Agilent 公司在一些新的技术和产品的开发中有合作研究。与 Merck 公司在2006年建立了基因表达谱芯片的技术合作,转移了部分基因表达谱芯片技术,并对技术人员进行了交流和培训,已经在美国培训了两批技术人员,提高了我们的技术水平,使我们的基因表达谱芯片水平达到国际先进水平。与俄罗斯、古巴等国建立了良好的合作关系,与俄罗斯的合作项目已经成为中俄总理会晤的项目之一。与古巴的合作项目得到了科技部的支持。

先后到美国、芬兰、日本等国进行学术和技术的交流,应邀在芬兰 Kupio 大学的生物芯片技术培训班上做报告。

韩建生　教授级高级工程师，1960 年 2 月 14 日生，1982 年 7 月华东理工大学有机化工专业本科毕业；1988 年 7 月华东理工大学生物工程专业研究生毕业并获硕士学位。现任上海医药集团科研发展部总经理兼中央研究院常务副院长。

从事生物高新技术以及化工医药领域的研究，成功地将化学工程与生物化工专业知识融会贯通并且综合应用，努力将科研成果转化为现实生产力。他承担了国家九五、十五重点科技多项课题并任项目负责人，且项目成果荣获上海市科技进步一等奖、国家科技进步二等奖；他曾获吴蕴初专项基金、入选国家百千万人才（第一、二层次）计划、国家有突出贡献中青年专家称号，获国务院特殊津贴等。近年来，他致力于创新药物的研究与开发，目前承担了国家科技重大专项"上药集团创新药物研发体系建设"及其有关课题研究。

人生格言

努力干事求真，踏实做人书上

韩建生

脚踏实地为理想，
追求卓越作贡献

○记上海医药集团教授级高级工程师韩建生

夯实基础，奋力拼搏

　　韩建生是80年代毕业的硕士研究生。他大学本科读的是"有机化工"专业，参加工作3年以后，于1985年9月他又考入了母校华东理工大学，攻读"生物工程"专业的硕士研究生课程，并在第二年光荣地加入了中国共产党。虽然重修一门专业课程的学习，使他在学习上付出了许多，但是化学与生物不同专业学科的学习，使他极大地拓展了视野，开阔了眼界，夯实了知识基础，提升了学习能力，为以后获得交叉学科知识运用的成功奠定了基础。

　　从有机化工到生物工程专业知识的学习，再从化工向医工领域的研发转型，韩建生将"化工"与"生工"技术知识融会贯通和综合应用，他在承担微生物法生产丙烯酰胺这一国家"九五"、"十五"重点科技项目时，运用了触媒能加速化学反应的原理，提出了诱导育种的方法，并同步研究出了与之相适应的微生物发酵工艺、固定化细胞及产品分离技术，使产酶活性提高了400倍，成功地将生物技术应用于化工生产领域，开创了该项目研究的重大转折，使该项目得以产业化。在该项目工业化装置开发研究中，他解决了逐级放大生产中各专用设备的设计、调试及工程放大中出现的一系列问题，目前该项目的生产能力已达年产万吨规模，国家科委是这样评价此项科研成果的："这一项目是我国生物高技术应用于精细化工产品生产的第一个成果，将带动我国化工产业的改革和发展，填补了我国研究领域的一项空白，达到国际先进技术水平。"该项目被评为上海市科技进步一等奖、国家科技进步二等奖。

为了工作、事业的需要,韩建生告别了旁人看来成功后的辉煌,根据工作安排,他在 1999 年 3 月到中美合资企业东浩生物医药公司工作,并任中方常务副总经理,在东浩公司期间,他主持了有关药物和新药联合开发研究的合成及中间体生产,开展了对固相组合化学的研究及以模块合成技术手段组建化合物库来进行新药筛选,开展了一系列创新药的研究及研究管理。

为了提升科研及科研开发的综合竞争力,2003 年上药集团开始组建集团研发中心——中央研究院,韩建生时任集团技术质量部部长兼中央研究院常务副院长。他努力发挥其从事科研及科研管理的优势,与班子成员团结一心,使中央研究院通过自主创新,或者通过自主创新与技术引进、委托开发及合作研究相结合的方式,成功组织了一系列的药物创新研究。另外,中央研究院与某些跨国公司合作,从源头上开发创新药物,共享知识产权的研发工作正在稳步推进之中。目前,在重点医药创新项目、重大工艺技术进步及两次开发的研究中,有的项目正向产业化转化;有的已经进入临床研究;有的正在进行临床前研究;有的即将组织项目论证和申报。

默默奉献,再创辉煌

韩建生对党忠诚,与人为善,为人十分真诚、低调。近年来,他作为集团科发部总经理兼中央研究院常务副院长,以坚韧不拔的毅力和不断创新的精神,积极投身于医药科技进步领域,他努力探索新药开发体系,致力于创新药物的研发,精心组织项目实施,工作兢兢业业、任劳任怨,在科研开发及其管理中取得了突出的成绩。

作为上药集团科技发展部总经理,韩建生面对的是集团的产品开发、技术进步、科研管理及项目实施的工作思考和管理,中央研究院作为上药集团科技创新的中坚力量,承担了新药创制、开发需求提供技术支撑和科研转型的职责。韩建生同志与团队一起,经过短短的 7 年时间,在创新药物的研究开发方面,已建立了缓控释、脂质体、微乳等新药制剂技术平台,其中 1 项已完成临床研究,3 项正在进行生产工艺研究,准备申报产业化;在创仿结合制药的研究方面,已完成了 1 项抗

有关流感药物等项目科研任务并上市;有 10 多个项目获得上海市及国家各类科研项目资助,中央研究院于 2005 年被评定为上海市技术中心。

韩建生同志与团队一起,团结一心,积极工作。对内加强管理,强调制度建设,在中央研究院科研队伍的建设中,他们从部门的设置、科研流程的建立及其考核体系建设等方面下工夫并取得了一定的成效;对外为了多、快、好地展开新药研究,他带领他的团队努力探索合作创新药物体系,积极与中科院上海药物所、交通大学、浙江大学、沈阳药科大学、中国药科大学、吉林大学、中科院有机所等合作,开展新型靶向抗肿瘤药物、镇痛药物、抗高血脂药物的创新药物的发现研究,目前部分课题已获得了较好的 hit 化合物。

目前中央研究院已形成了一支专业、高效的创新技术团队,具备了较高的科技创新能力,已拥有自主化合物知识产权专利 2 项,申请国际专利 2 项,其他专利 3 项,新药创制处于国内制药企业领先行列。目前,中央研究院在研科技项目 20 多项,其中,在原创新药研究方面,与日本田边制药公司的原创药合作取得了阶段成果,共同申请国际专利 1 项,有 2 个一类新药在进行临床研究,另外已有 2 个一类新药完成临床前研究,正在申报临床应用。

韩建生同志平时在工作中,认真领会和贯彻执行集团的战略思路和方针政策,尽心尽职,将任务分解到研究院的各部室和研究人员中,并努力加以推进和实施。在各类项目的实施操作中做到宏观上积极把握,微观中准确切入,努力做好各项科研及科研管理工作的推进、分解和落实。

按照有关工作要求,韩建生同志及他的团队积极确立项目,拓展市场,争取经费,为科研立项及项目实施呕心沥血和废寝忘食,他在工作中做到率先垂范,深入一线,在科研项目申请和攻关的关键阶段,他与他的团队常常一起通宵达旦、夜以继日地开展工作,为上药集团申请"国家重大新药创制专项"撰写、制作和送审全套科研材料,并与国家有关部门积极汇报项目申报和实施进程,目前已成功获得"国家重大新药创制专项"、"军口"国家重大专项等多项科研项目经费,为我国新药创制、为科学技术转化为生产力奠定基础。

韩建生同志全身心投入于医药科技进步领域的工作,精心组织各类项目实施,在多个项目的科研及其开发中,他既是项目负责人,又是项目实施者,常常在关键时刻,为项目研究中碰到的问题排忧解难,扫清障碍,韩建生同志身先士卒,始终站在工作的最前列,始终是项目参与和组织实施者。

陈曙辉 1963 年 7 月生,1990 年获美国耶鲁大学博士学位。现任药明康德新药开发有限公司科研总裁。入选"863 计划专家库";上海市科协代表;入选"上海市科学技术专家库"。

陈曙辉博士是药物化学领域资深科学家,3 个创新药物的主要发明人,拥有十多年国外大型制药企业的丰富科研工作经验,在国际一流期刊上(如国际权威期刊 *Drug of Future*, *Tetrahedron Letters* 等)发表论文百余篇,编纂著作 4 部,拥有 90 余项专利和专利申请,应邀会议报告 30 余次,是业内享有盛誉的科学家。

近年来获奖情况:2004—2010 年获得客户多次嘉奖;2005 年获得上海市浦江人才计划资助;2006 年获药明康德专利杰出贡献奖和药明康德科技之星;2008 年入选上海市领军人才;2009 年获得上海市科技进步二等奖。

人生格言

在磨砺中挑战自我,
超越自我,创造辉煌!

陈曙辉

超越自我,创造辉煌

○记上海药明康德新药开发有限公司
科研总裁陈曙辉博士

人才培养,梯队建设

作为药明康德的科研总裁和首席科学家,陈曙辉博士凭借深厚的科研背景和出色的管理能力,从国内外集聚了一大批优秀的研发人才,使科研团队从 100 余人激增到 3 400 余人,其中 60% 为硕士博士,包括 100 多位具有丰富国际新药研发经验的高层次海外留学归国人员,形成了以技术副总裁和高级主任为高层研发管理、博士为项目负责、硕士为研究主体、本科为支持的多层次企业技术创新体系;公司的专利申请也从 6 项增加到 124 项(其中 120 项为发明专利),并获得 16 项专利授权,获得了"上海市专利试点企业"的荣誉称号,使药明康德在人才梯队建设、知识产权保护等方面均取得了突破性进展,从一家名不见经传的小公司,一跃成为全球规模最大、发展最快、服务种类最为齐全的医药研发服务企业。

拓展研发服务,屡获高度评价

陈曙辉博士带领团队不断拓展研发服务范围。目前,公司的研发服务链已从单一的化学服务拓展到包括药物靶标研究、药物分子设计及虚拟筛选、化学合成及工艺研究、生物分析、临床测试、API 生产、制剂研究、药物安全评价等多个新药研发的关键环节,并进入了大分子和医疗器械服务领域。

2006 年 7 月,在陈曙辉博士带领下药明康德顺利通过了国家科技部等三部委的层层严格筛选,入选首批"国家级创新型企业试点单位";2007 年 7 月,药明康德进一步被科技部批准进入首批"企业国家重点实验室"的建设单位,进入了科技创新的"国家队"。这既是药明康德的巨大荣誉,也标志着药明康德的创新能力和创新模式得到了国家的认可!

陈曙辉博士带领的研发团队,以高效、优质、国际化的研发服务,获得了客户的高度赞扬,公司与客户合作开发的 4 个一类新药先后进入临床研究。凭借出色的研发能力,药明康德被默克誉为"世界一流的化学研发机构",先后获得默克"杰出战略合作奖"、"化学品研发最佳合作伙伴奖"、礼来"全球供应商奖"、诺华"特殊荣誉奖"及多个研发里程碑奖。

在陈曙辉博士的带领下,100 多家国际客户已与药明康德建立了研发合作关系,使公司与客户的研发合作关系从简单的化学合成定制加工发展到深层次、多元化的稳定的战略合作关系,公司业务在化学、生物、API 生产、制剂研究、药物安全性评价等方面取得了突破性进展。公司 2009 年度的研发服务收入达 9.82 亿人民币,较 2003 年陈曙辉博士加盟药明康德前增长了 30.7 倍!目前,全球排名前 20 的制药公司及全球排名前 10 的生化公司都已成为公司的优质客户。

投身国家医药建设,提高自主创新能力

陈曙辉博士积极投身国家医药事业建设,担任"863"计划等多个评审专家,及国家重点实验室重要职务:陈曙辉博士不仅全面负责公司科研工作,还积极投身于国家科技事业的发展,先后入选"863 计划专家库"、"上海市科学技术专家库"、上海市科协代表,担任"药物先导化合物研究国家重点实验室"常务副主任及学术委员会副主任、"上海市生物医药重大科技攻关项目论证专家"等,并参与了上海市生物医药重大项目的论证。

主持多项国家、地方重大、重点科技项目:留美期间,陈曙辉博士参加并主持了多项重大医药研究项目,如曾两次承担美国国立卫生研究院(NIH)研究项目(Inhibitors of Ribonucleotide Reductase 的二、三期研究)等;归国后,他利用其丰富的国际一流科研经验,积极承担多项国家和地方重大、重点科研项目,如首批企业国家重点实验室、国家级重点新产品

计划项目、国家高技术产业化示范工程、国家级火炬计划、上海市重点科技攻关项目、科技兴贸项目、浦江人才计划等。

陈曙辉博士的领军能力，大大提升了药明康德的科研实力和国际知名度，同时也引领着中国医药研发服务产业的蓬勃发展！新药研发服务将中国纳入到全球创新药的研发链条当中，积累了中国药企的自主创新能力，树立了中国新药研发的国际品牌！本着变革新药研发模式的宏伟理想，药明康德"优质、高效、高性价比"的服务大大缩短了制药企业的新药开发周期，降低了研发成本，使"多、快、高、省"地研发新药成为可能，帮助提高人类健康水平！

社会科学和
文化艺术类

　　谢佑平　教授,1964 年生,法学博士。现任复旦大学司法与诉讼制度研究中心主任,博士研究生导师。兼任中国刑事诉讼法学会副会长,最高人民检察院专家咨询委员会委员。

　　长期从事程序法学教学与科研工作。主持完成国家哲学社会科学重点项目和一般项目共 3 项、司法部科研规划项目 2 项、上海市哲学社会科学基金项目 2 项。在《中国法学》、《北京大学学报》等权威刊物发表论文近 200 篇。

　　近年来获得的主要奖项有:"刑事诉讼法学教材与教学方法改革"1998 年获司法部优秀教学成果一等奖,《刑事诉讼法学》(上、下)2001 年获国家教学成果二等奖,2002 年获上海十大杰出中青年法学家称号,2004 年入选教育部"新世纪优秀人才计划"。

人生格言

法佑天下

谢佑平

342

为司法公正与依法治国摇旗呐喊

○记复旦大学司法与诉讼制度研究中心主任
谢佑平教授

三尺讲台,传道授业解惑

谢佑平1988年以优异的成绩完成西南政法大学诉讼法学硕士学位,之后留校任教;并于1994年破格晋升西南政法大学诉讼法学科副教授。继而又于1998年完成西南政法大学诉讼法学博士学位,并破格晋升该校教授;1999年起担任诉讼法学专业的博士生导师。2001年作为杰出人才,谢佑平教授被复旦大学引进。

谢佑平教授一直认为,人民教师是自己最为根本和崇高的职务。因为高校法学教师不仅为祖国培养高端人才,而且肩负着传播法治这一根本治国方略之理念的重任。法治的理念需要制度的支撑,同时需要民众的信仰。作为祖国未来的建设者,青年大学生对法律理念与制度的学习,是法治信仰生长的重要园地。谢佑平教授20多年来培育了大量的法学研究生,他们都成为法治战线上杰出的高端人才。与此同时,他认为:法治理念的培养需要从早期着手,因此长期坚持为本科生主讲《刑事诉讼法》课程。为了培养学生,谢佑平教授专门编写的教材获得学界普遍赞誉,像《刑事诉讼法学(上、下)》等,荣获司法部优秀教材一等奖和国家优秀教学成果二等奖。

谢佑平教授始终坚持国家和人民利益至上,坚持国家制度设计必须遵守公共理性。他认为知识分子的使命不仅在于防止国家制度设计的偏私,还在于将这些公共担当感和使命感传播到力所能及的社会群体中

去。因此他积极在全国范围内开展学术交流,经常出席国内外各大院校举行学术讲座,同时邀请国内外著名学者来沪座谈。近年来,以复旦大学司法与诉讼制度研究中心为平台,谢佑平教授广泛联系华东地区的高校、检法、律师等法律部门和行业,以及日本、韩国等国的著名院校和知名学者,就重大和热点法治问题开展深入多元的交流,并且积极传播研讨过程和结果,为法律职业共同体的交流与发展做出了有目共睹的贡献。2008 年,谢佑平教授荣获中宣传部、中国法学会"百名法学家百场报告会"优秀奖。

方寸书斋,阅读思考创新

20 世纪 90 年代初,法制建设取得初步成绩的中国法学界发现,我国法治建设之所以举步维艰,关键原因在于程序法理念与制度的缺失。我们不仅缺乏法律,我们更缺程序和机制。现实当中大量的违法违规事实表明,只有通过法律程序与机制的研究与设计,才能够精确实现体现于法律当中的人民意志。然而,由于我国法治实践的欠缺以及研究资料的匮乏,早期的程序法研究可谓困难重重。正是在这样的背景下,谢佑平教授迎难而上,全心全意地投入程序法与司法制度这一关涉国家政治文明建设的科研事业中去。经过 20 多年的勤奋思考与潜心钻研,谢佑平教授在这些领域取得了相当丰硕的成果。

面临新的学科领域,社科研究的首要任务在于:探索基本原理、确定基本规则。基本学理的研究本来就非易事,程序法基本原理和规则的研究更为困难:重情理、讲实效的中国传统文化,很难兼容重法理、讲程序的诉讼法理念。从经济基础到上层建筑、从社会实践到大众理念,程序意识的欠缺是面临的最大困难。谢佑平教授克服种种困难,开拓视野、大胆创新,从全球范围内刑事诉讼制度自身演绎进化的规律和人类社会的共同价值选择出发,兼顾法律制度和诉讼文化的多元化与差异性,为刑事诉讼国际标准框定了普适性价值和包容性价值;并强调刑事诉讼国际准则是现代刑事诉讼最基本、最优先的规则,为社会正义的实现提供不可突破的底限标准。谢佑平教授的著作:《刑事诉讼国际准则研究》与《刑事诉讼法原则——程序正义的基石》等,为我国程序法的纵深发展明晰了方向,并且提供了基本的判断模型与分析框架。他创造性认为,我国法律应确立"程序法定原则",这些观点引起了学界广泛的认可与重视。

随着 1996 年《刑事诉讼法》的修改,我国的刑事诉讼程序建设取得了长足进展。然而,侦查程序方面的不足,以及由此形成的侦查中心主义,使得我国刑事诉讼程序的运行明显不畅。由于许多侦查措施的强制性,现实当中公民权利因此受到侵犯的事件屡禁不止。面临这些状况,谢佑平教授首次从侦查程序制度的各个角度出发,定位了侦查程序与起诉、审判程序的关系,揭示了侦查程序的特质和功能,界分了侦查权性质和侦查权配置的规律。谢佑平教授的《刑事侦查原理论》等书,因此深受法学界好评;与此相关,谢佑平教授从维护人权、保障程序公正的角度,较早、充分地研究律师制度;从诉讼经济和程序公正角度提出"一事不再理"和"控审分离"原则。这些研究深化了我国刑事诉讼程序的研究,为我国《刑事诉讼法》再次完善提出了深具影响的建议。

广阔舞台,理论联系实际

法学理论价值的"试金石"莫外乎法治实践,谢佑平教授始终将促进我国司法公正和依法治国作为自己理论研究的出发点和落脚点。正因如此,他的研究路径明显地反映我国法治实践的轨迹,也因而为我国的法治进步作出了重要贡献。

随着司法改革的深入和刑事程序研究的成熟,人民检察院的法律地位以及检察权的本质属性等检察基础理论,成为法学界重大理论热点和实践难题。西方法治国家是检察制度的发源地,悠久的法治历史和经验使得国外检察理论研究远远超越我国。谢佑平教授长期关注检察理论和实践的动态,创造性地提出了中国检察监督权政治性和司法性兼容的观点。这一观点既吸收了西方检察理论当中的普适性规律,又严格坚守了我国政党制度与人民代表大会制度。该项研究成功申报 2007 年国家哲学社会科学基金重点项目,并且引起人大和检察系统的关注和重视。

法治实践不光是法学理论价值的"试金石",而且是法学理论研究的"源头水"。作为我国律师制度的先发研究者,谢佑平教授与身处实践一线的律师界联系紧密。他经常出席上海各区县的律师年会、律师辩论赛等行业活动。此外,谢佑平教授还与检察院、法院等司法机关保持

着紧密联系。由其担任主任的复旦大学司法与诉讼制度研究中心,在上海以及周边省市的多家司法机关成立了研究基地。日常性的合作既为司法部门解决了业务难题,又为理论研究收集了珍贵的一手材料。与实务部门的深入交流,使得谢佑平教授以及该中心在华东地区和全国刑事司法研究领域的地位日益上升,并在全国形成重要影响。

王振忠　1964年生，1992年复旦大学历史学博士，1998年晋升教授，1999年起任博士生导师。现为复旦大学中国历史地理研究所教授、副所长。主要学术兼职有：中国地理学会历史地理专业委员会委员；安徽大学徽学研究中心学术委员会委员、兼职教授；安徽师范大学皖南历史文化研究中心学术委员会委员；上海师范大学中国近代社会研究中心学术委员会委员、客座教授；中国社会史学会常务理事；明史学会理事；上海市史志学会理事；曾任武汉大学兼职教授。美国哈佛大学哈佛燕京学社2003—2004年度访问学者。曾任香港城市大学客座教授。2007年入选教育部"新世纪优秀人才支持计划"，2008年入选"上海市领军人才"。

人生格言

進取不忘其初

王振忠

潜心学术,追求卓越

○记复旦大学历史地理研究中心王振忠教授

立足前沿,开拓进取

1982 年,王振忠考入复旦大学历史系。芸窗十年,于 1992 年荣获博士学位,并留校任教。此后,因表现突出,于 1995、1998 年先后破格晋升副教授、教授,1999 年起担任博士生导师,时年 35 岁,是当年国内历史地理学界最年轻的博士生导师。目前,作为复旦大学历史地理研究中心教授,他还兼任该校历史系明清社会文化史方向博士生导师、上海社会科学院历史研究所研究生导师。

1997—1998 年,作为访问学者,王教授赴日本从事学术访问。其间,他流连于东洋文库、东京大学、早稻田大学、庆应义塾大学等著名研究机构及相关图书馆,收集域外汉籍资料,并由此展开对中外文化交流的探讨。近十数年来,他参加了多项国际合作项目,其中之一是由日本国文学研究资料馆渡边浩一教授主持的"历史档案的多国比较研究",该项目汇聚了日本、中国、韩国、英国、法国、土耳其等国相关领域的一流学者,集中探讨东亚诸国、伊斯兰世界以及欧洲各国的档案文书。作为文书研究的佼佼者,王教授成为该国际合作项目中的"海外研究者",也是唯一的一名中国学者,与日本"徽学"专家臼井佐知子教授一起,负责研究徽州文书。其间,他先后赴韩国首尔、法国巴黎和日本东京参加该研究项目的系列国际学术会议,做了多次大会报告,并曾于 2005 年在上海与该研究机构及东京外国语大学合作,成功主办了第二次国际学术大会,获得了很好的学术评价。基于其在相关研究领域所取得的卓越成就,法国著名汉学家劳格文(John Lagawey)教授邀请他,参加"徽州传统社会研究"的国际合作项目,该项目以田野调查所获的石碑和地方文献,客观描述1949年以前徽州的传统经济、民俗与宗教。在迄今三年多的田野调查合作中,劳格文认为,在徽州研究方面,王教授是目前该领域最为杰出的学者。

2003年,应杜维明教授的邀请,王教授赴美国哈佛燕京学社访问,其间,他每日以阅读珍稀文献为课,在哈佛近一年的时间里,研读了大批朝鲜汉籍史料,力图从域外汉籍的角度,重新审视明清中国的社会文化。在域外汉籍研究中,他较早利用到《燕行录全集》,先后在韩国、中国发表了多篇有关燕行录研究的学术论文,从而开辟了一个新的研究领域。在他的建议下,哈佛燕京图书馆和香港城市大学,都先后采购了一百册的《燕行录全集》。如今,此类的新史料,成了"从周边看中国"(由复旦大学文史研究院葛兆光教授倡导)的重要史料,正日益受到海内外学界的重视。

学术原创,独具特色

王教授主要从事历史地理及明清以来中国史的研究,关注地域文化差异及区域社会之变迁。早在上世纪八九十年代,他就在田野考察中发现,大批的第一手文书资料留存民间,这批资料,是历史学研究的潜在宝藏。而随着民间收藏热的升温,大量珍贵史料被人为分割乃至破坏。凭借着长期积累的深厚学术功底,他对新史料有着高度的敏感,此后,王教授便以满腔的学术热情,展开了对民间珍稀文书的抢救、整理和研究。迄今,该项工作已持续了十数年,平均每年前往皖南多达十数次。新安江畔,黄山白岳之间,在青山绿水掩映的古老村落,粉墙黛瓦之间,处处都留下了他孜孜不倦的身影。这种深入历史现场的调查研究,以及对大量原始文献的判读,最终让他获得了文字研究之外的鲜活经验,也使得大量经手的史料从平面化身为立体,从片断连缀成系统,最终形成生动的历史观照。这一长达十多年的工作,需要投入大量的时间、金钱和心力,但这也让王教授领略到"审美的愉悦和发现的欣喜"。不少被他人当作垃圾的故纸,在他手里被化作学术研究的珍稀文献。到目前为止,王教授精心挑选、收集的徽州文书多达一万数千件(册),这是历史学界研究价值最高、最具特色的个人文书资料档案库,无论是就规模还是学术质量,较之国内最专业的研究机构亦毫不逊色,其中不少为孤本珍藏,

受到了海内外学界同行的高度关注。2001年,王教授在上海某处冷摊购得一册1949年前后的少年日记,后来竟在一次无心插柳的旅途中,遇见日记的主人……。昔日的英姿少年,如今的陇亩老农,时光的交错令人感慨万端。他以这部解放前后徽州少年的日记为素材撰写、出版的《水岚村纪事:1949年》,受到学界内外的广泛关注。在此过程中,香港凤凰卫视、上海电视台、安徽电视台等均以此为线索,先后拍摄过电视片、纪录片,主人公的命运遭际,曾感动过不少观众。王教授认为:史料绝不是冷冰冰的一堆文字,历史学者可以透过看似枯燥的资料,理解乡土中国的人事沧桑,认识传统时代的浮云变幻。

脚踏实地,成果丰硕

王教授在学术研究中重视原创,善于发现新史料,从原始资料的收集、整理开始,从事细致的实证性研究,迄今已出版了多部学术专著。1996年,他出版了《明清徽商与淮扬社会变迁》,这部收入"三联·哈佛燕京学术丛书"的专著,是国内最早的一部有关徽商与区域研究的著作。对此,澳大利亚学者安东尼(Antonia Finnane)在其所著的 *Speaking of Yangzhou: A Chinese City, 1550–1850* 一书中,高度赞誉该书所具有的"开创性研究"。2002年,王教授利用个人收藏的民间文献,出版了《徽州社会文化史探微——新发现的16至20世纪民间档案文书研究》,该书将文书研究从以往狭义文书(即契约)的研究转向全方位民间文书的探讨,在研究理路上具有创新意义。对此,国内徽学奠基者之一叶显恩教授,盛赞作者的"学术使命感与全情投入",指出:"王振忠先生的研究不仅在深挖与扩大徽学研究资源方面作出了贡献,而且他推出的这部著作也是别开生面,富有开拓精神的。"徽学权威唐力行教授也认为,该书"利用档案文书研究徽州的民众生活和社会文化,资料翔实,分析入微,内容十分丰富,重构了徽州宗族社会生活的历史画卷。"

近二十年来,王教授成果丰硕,这与他脚踏实地的研究态度是密不可分的,他在诸多研究领域提出了独到的见解,体现了中青年学者的学术高水准。王教授所承担的国家社会科学规划基金资助项目,两度获评优秀,并受通报表扬。2007年,他入选教育部"新世纪优秀人才支持计划",2008年入选"上海市领军人才"。

江晓原 1955 年生,1982 年毕业于南京大学天文系天体物理专业,1988 年毕业于中国科学院自然科学史研究所,是中国第一个天文学史专业博士。长期在中国科学院上海天文台领导中国唯一的天文学史研究组,1994 年由中国科学院破格晋升教授。1999 年调入上海交通大学,创建了中国第一个科学史系。现任上海交通大学特聘教授、博士生导师、科学史系主任,上海科学技术史学会理事长,中国性学会常务理事,上海性教育协会副会长。曾任上海交通大学人文学院首任院长,中国科学技术史学会副理事长。

1992 年获中国图书奖一等奖,1993 年获国务院政府特殊津贴(终身享受),2001 年获国家科技部、财政部、国家计委、国家经贸委联合颁发的"九五国家重点科技攻关计划优秀科技成果奖",2002 年获上海市第六届哲学社会科学优秀成果奖二等奖、台湾首届吴大猷科普著作奖佳作奖,2005 年获"国家图书馆文津图书奖",2008 年获第四届吴大猷科普著作奖翻译类佳作奖。

人生格言

年轻时读书就是建立你的精神账户,以后要一辈子从中支取的。

江晓原

献身于科学文化事业

○记上海交通大学江晓原教授

献身学术，勤于著述

　　江晓原教授已在海内外出版了学术专著、学术论文集、学术随笔集、书评集、译著、主编文集等 60 余种，在英、美、德、韩、台、港及大陆著名学术刊物上发表了论文 130 余篇。同行对江晓原有"功力深厚，思想激进"、"写的学术专著象侦探小说一样好读"等评语。他还长期主编学术丛刊《我们的科学文化》。迄今为止，江晓原的学术研究工作可以细分为六个方面：

古代中西方天文学交流

　　涉及古代巴比伦、埃及、印度、欧洲和伊斯兰天文学与中国的交流及相互影响。这方面江晓原曾两次主持国家自然科学基金项目《中古时期中国与西方天文学交流与比较研究》、《中国古代数理天文学体系在世界天文学史上的地位》，并主持国家社会科学基金项目《汉译佛经中的中西天文学交流与比较研究》。

运用古代天文学资料解决当代天文学课题

　　运用中国古代资料解决了困扰国际天体物理学界百余年的"天狼星颜色问题"。论文《中国古籍中天狼星颜色之记载》在《天文学报》发表后，次年即在英国杂志上出现了英译全文。以研究天狼星颜色问题著称的 R. C. Ceragioli 在权威的 *Journal for the History of Astronomy* 杂志上述评此文，认为是"迄今为止以英语发表的对中国文献最好的分析"。席泽宗院士评价此文"解决了困惑着西方天体物理学家近百余年的'天狼星颜色问题'，是我国天文学史'古为今用'的传统研究方向上又取得的一项重要成果"。

对古代中国天学之性质与功能研究

江晓原在这方面的代表作《天学真原》二十年来在天文学史、科学史和人文学术领域中知名度和引用率都很高。国际科学史研究院院士、台湾师大教授洪万生,在淡江大学"中国科技史课程"中专为《天学真原》开设一讲,题为"推介《天学真原》兼论中国科学史的研究与展望",认为此书"开了天文学史研究的新纪元"。多年来北京大学、清华大学的相关专业研究生科学史经典选读课程中,所选惟一的中国人著作就是《天学真原》。此书已经多次重印再版:1991 年初版,1992、1995 年重印,1995 年台湾繁体字版,2004 新版,2007 年中国文库版,最新的修订版由译林出版社于 2010 年出版。

利用天文学方法解决历史年代学问题

江晓原在国家九五重大科研项目"夏商周断代工程"中负责《武王伐纣时的天象研究》和《三代大火星象》两个专题。确定了两千年来聚讼不已的武王伐纣年代问题,并且重现了这一重大历史事件的日程表。后又推算出了孔子诞辰的准确日期。该两项工作都在海内外引起了巨大反响,得到很高评价,新华社为此两次播发了全球通稿。2001 年获国家科技部、财政部、国家计委、国家经贸委联合颁发的"九五国家重点科技攻关计划优秀科技成果奖",学术专著《回天——武王伐纣与天文历史年代学》2002 年获上海市哲学社会科学优秀成果奖二等奖。

对科幻的科学史研究

这是江晓原近年首先在国内倡导进行的一个新的研究领域,主要是对科学幻想与现代科学前沿的相互作用进行科学史研究。江晓原和他的团队已经在《自然辩证法通讯》、《上海交通大学学报》、《中国国家天文》等刊物发表学术论文多篇,论证了一些重要的观点(比如人类不应主动与可能存在的外星文明联系,2008),并已产生了国内这方面的第一篇博士论文(穆蕴秋:《科学与幻想:天文学历史上的地外文明探索研究》,2010 年 6 月 23 日以优秀成绩通过答辩)。在科学史研究领域中,这已经成为一个非常富有学术活力和拓展空间的新生长点。

中国性文化史研究

江晓原是文革结束后国内最先发表性学史研究成果的学者。他还是中国性学会(1994 年正式成立)的发起人之一。在《汉学研究》、《中

国文化》等著名国际学术刊物发表多篇论文,专著《性张力下的中国人》是这方面的代表作,多次重印和再版,并被视为性文化史研究的经典作品。2003 年出版的《性感:一种文化解释》也颇有影响。《性张力下的中国人》的最新修订版由华东师范大学出版社于 2010 年出版。

为建设中国第一个科学史系呕心沥血

1999 年初,江晓原从中国科学院上海天文台调入上海交通大学,创建了中国第一个科学史系(上海交通大学科学史与科学哲学系),并担任系主任至今。经过 11 年的辛勤建设,上海交通大学科学史系已经成为全国高校中实力首屈一指的科学史研究教学基地,拥有科学技术史博士点、硕士点和科学技术哲学硕士点,博士研究生已经招生 10 届,毕业生获博士学位者 20 人,其中 4 人已经晋升教授。

2002 年,科学史系成功主办了"第 10 届东亚国际科学史会议"(10th ICHSEA),这是中国大陆高校首次主办此一系列的会议,当时属于规模较大的国际学术会议,江晓原担任大会组织委员会主席。此次会议被国外学者评价为"这个系列最令人满意的一次"。

江晓原主编的科学史教材《科学史十五讲》,2006 年由北京大学出版社出版后,年年重印,被全国许多高校用为本科生或研究生的科学史课程教材,成为国内这一领域中唯一广泛通用的高端教材。

在科学史系建设的方方面面,江晓原教授都付出了极大心血。

通过科学文化服务社会

江晓原教授在献身学术研究的同时,又致力于科学文化传播工作,多年来发表了大量文化评论、书评、影评、随笔等,并在北京、上海、广州等地多家报纸杂志长期撰写个人专栏。他的长篇文章、评论和专访,经常出现在《南方周末》、《人民日报》、《中华读书报》等具有全国影响的报刊上。他还经常应邀在中央电视台、凤凰卫视、东方卫视、东视、上视及各地电视台和各种公众媒体上接受访谈或进行演讲,发表他对相关社会文化问题的个人见解。

近十年来,江晓原通过持续而大量的跨文本写作,大大提升了科学史学科在公众中的知名度,由于他在理论和实践上重新建构科学史学科在当代科学文化中地位的不懈努力,在全国文化界赢得了巨大影响。九年前即有江晓原的传记出版(《交界——江晓原的思想轨迹》,2001),他还经常被媒体列为国内最有影响的公共知识分子之一。

王立民　教授、博士研究生导师和博士后合作导师,1950 年 4 月生。1993 年获华东师范大学史学博士学位,现任华东政法大学副校长。享受国务院特殊津贴,全国优秀教师。

长期从事法律史特别是中国法制史教学与研究。已出版个人著作《上海法制史》、《唐律新探》、《古代东方法研究》、《法律思想与法律制度》和《上海租界法制史话》等。主编了 30 余部著作,参编了近 30 部著作。在《法学研究》、《中国法学》、《法制日报》和《曙光》(日本)、《法学论集》(韩国)等中外报刊上发表论文 280 余篇,其他文章 200 余篇。参加、主持了 3 个国家项目、10 余个省部级项目、2 个福特基金项目。

人生格言

勤奋,勤奋,再勤奋!

王立民

356

精心呵护国家精品课程

○记华东政法大学副校长王立民教授

　　华东政法大学的《中国法制史》是一门国家精品课程,负责人是王立民教授。它是法学专业的核心课程,在法学教育中举足轻重。王立民教授自 1985 年任教以来,坚持从事中国法制史的教学与研究,与同事们一起努力建设这门课程,也取得了可喜的成绩。2004 年此课程成为上海市精品课程,2007 年建成国家精品课程,2009 年《中国法制史精品课程建设》获上海市第六届高等教育教学成果二等奖。2008 年至 2009 年王立民教授与他的同事们继续精心呵护这门国家精品课程,使其又有发展,又添光彩。

以身作则,精心呵护国家精品课程

　　王立民教授是国家精品课程《中国法制史》的负责人,担负着继续办好、发展这门课程的主责。他以身作则,努力工作,精心呵护这门国家精品课程,还取得了新的成绩。除每年都坚持为学生开设这门课程外,这一呵护还体现在主持新的课项研究、出版新的著作、发表新的论文等方面。在这近 2 年中,他已完成了主持的国家社科基金子项目"中国传统侦查和审判文化研究"(05BFX008)和最高人民法院的项目"人民法院工作指导思想与人类法治文明"(GFB007);主持了司法部项目"中国租界的现代法制研究——以上海现代化法制为主要视角"(09SFB5006);主持了上海市教育科学研究项目"中国研究生招生制度完善研究"(B08042)和上海市教委科研创新项目"上海租界法制研究"(09ZS179)等。这些项目的承担和研究都有利于推动中国法制史学科

的发展。他还主编、出版了《法文化与构建社会主义和谐社会》、《中国传统侦查和审判文化研究》、《中国法制史》、《中国法律思想史》等著作7部。在《中国法学》、《社会科学》、《法学》、《政治与法律》、《法学杂志》、《华东政法大学学报》、《东方法学》和《法制日报》、《文汇报》等报刊上发表了独著的论文《中国的租界与法制现代化》、《唐律与唐朝的刑事司法制度》、《论东方法的三大问题》、《唐律与中国传统法制论纲》、《也论马锡五审判方式》等论文30余篇。这些论文都有助于深入研究中国法制史。王立民教授的努力得到了国家和学生们的肯定。在这2年中,他先后获得国家级、省部级等奖项6项,被在校大学生评为"我心目中的十佳教师"。

发挥团队作用,精心呵护国家精品课程

《中国法制史》能够成为国家精品课程是王立民教授和他的同事们共同努力的结果,也是这一团队的贡献。这正如2007年申报时就认可的:"课程团队成员共有7名教师,老中青结合,年龄职称结构合理,教学经验丰富,既各有侧重又相互补充,科研能力强劲。""拥有丰富教学经验的师资队伍和科学的教学方法,课堂讲授与图片展示、专题讨论以及网上论坛等相结合,形式多样,成效显著。"这两年来,这一团队仍然在精心呵护这门国家精品课程中积极发挥作用。大家从自己的特点和优势出发,形成合力,共同聚焦于《中国法制史》课程。这两年来,大家取得的成绩包括了这样一些方面。第一,出版了新的教材和相关著作。其中,有徐永康教授主编的中国政法大学出版的成人高等法学教育通用教材《中国法制史》;有丁凌华教授独著的两本相关著作《艰难与希望:中国法制制度史讲课实录》和《中国法制史新谭》。它们的公开出版丰富了中国法制史的教材和相关内容。第二,召开了关于中国法制史课程建设的研讨会。这两年中,每年都召开与这一课程建设相关的研讨会,其中有2008年3月召开"法制史学科建设"学术研讨会和2009年6月召开的"加强中国法制史课程教学科研工作"研讨会。会上,大家对加强《中国法制史》课程建设献计献策,展开研讨,效果较好。第三,建成了多媒体、全方位的资料库。其中包括有图片、论文数据库、电子书等资源的中国法制史多媒体资料库,还对广大师生开放,为《中国法制史》课程

的教学与科研提供了很大的便利。第四,主持了新的科研项目。其中,有王沛讲师主持的国家社科基金项目"早期中国的法秩序研究"。这大大推动了中国法制基本理论和问题的研究。第五,出版、发表了一批学术著作和论文。其中,有高珣讲师的《隋朝法制与统一秩序研究》,王沛讲师的《黄老"法"理论源流考释》等著作;还有,在各种刊物上发表的论文 50 余篇,其他文章 50 余篇。这些都厚实了《中国法制史》课程的基础,进一步推进了这一课程的建设。《中国法制史》课程团队的作用功不可没。

扩大课程影响,精心呵护国家精品课程

王立民教授负责的《中国法制史》是国家精品课程,应为中国的《中国法制史》课程建设作出贡献,有必要通过各种途径扩大它的影响,传授经验,共享这一资源。这也是一种对这一国家精品课程的呵护。为此,王立民教授和他的团队也作了一些努力,主要是以下这几个方面。第一方面,出版在全国范围内使用的教材和相关辅导资料。2008 年北京大学出版社出版了王立民教授主编的《中国法制史》教材及其《中国法制史自学考试指导与题解》。这是全国自学考试的指定教材和配套的辅导资料,在全国都有较大影响,出版和使用后的反响也较好。另外,王立民教授主编的"21 世纪法律教育互动教材"《中国法制史》和"国家级教学团队精品教材"《中国法制史》两本教材也在全国范围中有一定影响。第二方面,召开了由外校教师参加的有关中国法制史课程建设的研讨会。2009 年 6 月召开的"加强中国法制史课程教学科研工作"研讨会就邀请了沪上高校 20 余位从事中国法制史教学工作的教师共同参加。会上研讨的内容主要围绕对中国法制史课程建设的研究而展开,即通过教学科研来促进这一课程的建设。会上的发言和交流都使大家有一定的收获。第三方面,更新网站内容和开放资料库。《中国法制史》课程的网站已建立多年,其中的内容丰富,集中反映了《中国法制史》这门精品课程的一些情况。随着这一课程建设的发展,网站的内容也不断更新,能及时反映建设的相关情况,特别是其中的教学、科研情况。另外,在资料库建设的同时,其开放、服务也随之跟上,校内外教师、学生都可来使用,许多外校的教师、学生从中受益。

　　王立民教授所负责的《中国法制史》国家精品课程在近两年中又有长足的进步。展望未来,在扩大教师的国内外交流、召开规模更大的研讨会等方面还有许多事情要做,总之,还要把这一课程建设再提升到一个新的高度。

束定芳 教授,1962 年 9 月生,1996 年获上海外国语大学英语语言文学博士学位。现任上海外国语大学教授、博士生导师、科研处处长、外语类权威核心刊物《外国语》主编、中国认知语言学研究会会长、中国高校外语学刊研究会秘书长、Journal of Pragmatics 编委、国际认知语言学研究会(ICLA)常务理事会成员。

长期从事语言学和外语教学理论研究,承担国家社科、教育部人文社科、上海市哲学社会科学等项目多项,出版《现代外语教学——理论、实践与方法》(1996,2008)、《隐喻学研究》(2000)、《现代语义学》(2000)、《外语教学改革:问题与对策》(2004)、《认知语义学》(2008)等专著,发表论文 100 余篇。

2001 年入选上海市教委、上海市教育基金会"曙光学者"计划,2004 年入选教育部高校优秀青年培养计划,2006 年入选"教育部新世纪优秀人才培养计划",2008 年入选"上海市高校领军人才"计划。

人生格言

要么不做. 要做就做到最好!　　束定芳

全心致力于外语教育与改革

○记上海外国语大学束定芳教授

为外语教学改革鼓与呼

束定芳同志在 1993 年至 1996 年攻读博士学位期间,不但高质量地完成了博士学位论文"隐喻研究的新视野",开创了国内认知语言学研究的一个崭新领域,而且利用长期的外语教学理论和实践经验的积累,撰写了《现代外语教学——理论、实践与方法》一书,并于 1996 年 10 月出版。该书首次建构了一个由本体论、实践论和方法论组成的完整的外语教学理论体系,引进了国外外语教学理论的最新成果并结合中国的外语教学实际对外语教学的各主要环节和主要方面,如听、说、读、写等提出了具有重要指导意义的原则和方法。该书出版后迅速成为国内外语教学领域的"畅销书"。至 2006 年,该书已 10 次重印,被多所大学选为外语教学或对外汉语教学方向研究生入学或课程选修的必读参考书,同时也成为外语类学术著作被引用次数最高的著作之一。

2004 年,束定芳教授在广泛调研和教学实验的基础上,出版了《外语教学改革:问题与对策》,对中国外语教学的现状、存在问题以及改革方向进行了深入的讨论,提出了许多符合中国实际情况、符合外语教学规律的外语教学改革建议。外语界知名学者、中山大学王宗炎教授以 94 岁高龄亲撰题为"为开路先锋喝彩"的书评,高度评价该书对中国外语教改的启示意义。2006 年,国际知名学术刊物《应用语言学》刊登该书书评,称其为"了解中国外语教学现状的必读之书"。

2008 年,束定芳教授与他人合作,对宁波诺丁汉大学的英语教学情况进行了深入调查,发表了《大学英语教学成功之路——宁波诺丁汉大学"学术英语导向"教学模式调查研究》一文,为中国大学英语教学改革提供了一个重要的参照目标。

2009年,束定芳带领其博士生团队,在江苏省某实验中学启动一项中学英语教学教改实验,从需求分析、课程设计、教材编写、课堂教学、教学评估和教师培训等各方面调查和研究中国中学外语教学存在的问题,结合国内外最新外语教学理念探索目前环境下进行综合改革的可行性和可能路径。目前,实验已取得令人瞩目的阶段性成果,获得有关教育管理部门和业内专家的高度肯定。

束定芳教授近年来还多次就我国的外语教学改革发表论文和演讲,为推动外语教学改革不断地鼓与呼。他发表的《呼唤具有中国特色的外语教学理论》、《外语课堂教学新模式刍议》、《从国家战略高度看外语教改》等文章引起了广大外语教师的强烈共鸣和积极反响。束定芳教授指出,外语教学涉及一个国家的语言政策,涉及国家安全和经济发展,涉及国家的国际形象,更涉及亿万学生的前途和命运,涉及社会和千万家庭在时间、精力和金钱上的巨大投入,我们应该本着对社会负责的精神,认真研究中国外语教学的需求和特点,有效地开展外语教学,慎重地推出相关的改革举措。"失之毫厘,差之千里。"任何仓促、不科学的决策,任何盲目、不负责任的教学行为都可能对整整一代人、甚至几代人的命运,还有可能对国家的发展造成难以挽回的损失。

束定芳教授认为,作为一名外语老师,身处上海外国语大学这样一个专业的外语教育机构,面对中国外语教学存在的诸多问题,自己有责任为中国的外语教育事业,特别是具有中国特色的外语教学理论体系的建立,竭尽自己的全部学术积累和努力,以报答国家和学校的培育之恩。

除此之外,束定芳教授还长期致力于认知语言学研究,是我国隐喻学研究的开拓者之一,出版过多部认知语言学的专著:《隐喻学研究》、《认知语义学》等,在我国语言学界产生了重要的影响。他担任主编工作的《外国语》是我国外语学术界的一流刊物。10多年来,他与编辑部同仁一起积极开展高层次学术交流,邀请国内外一流学者撰写并发表前沿学科领域文章,在国外学术界也产生了积极而广泛的影响。他还担任了国外多家重要语言学刊物,如Journal of Pragmatics 的特约审稿人。

束定芳教授在我国语言学研究工作者和外语教师及博士研究生中有良好的口碑。他学风严谨认真,不断创新,在认知语言学和外语教育

研究等多方面都有一定建树,对我国这些方面的研究产生了重大的影响和积极的推动作用。他担任中国认知语言学学会会长,具有学术研究的战略眼光和前沿意识,团结和带领学会的其他工作人员,在组织我国认知语言学研究、加强与国内外同行的学术交流、推动中青年学者的创新研究、开展国际合作等方面做了大量的卓有成效的工作,极大地推动了我国认知语言学研究的发展,扩大了中国认知语言学研究在国际上的影响,表现出他在科研工作中很高的团队意识和领军能力。

张文宏 教授,1963年3月生,2004年获香港中文大学哲学博士学位,现任上海大学学科建设办公室副主任、文学院副院长。

长期从事社会分层与社会流动、社会网络与社会资本、社会转型与社会组织等领域的研究,主持承担了国家哲学社会科学基金一般项目、上海市和天津市哲学社会科学基金项目、教育部新世纪优秀人才项目、上海市浦江人才项目和国际基金会项目等20余项科研项目,发表论文100余篇。

代表作《中国城市的阶层结构与社会网络》于2008年获上海市哲学社会科学优秀成果专著一等奖。

人生格言

教书育人,无怨无悔。每当学
生完成学业和取得进步的时候,就是
我最快乐的时光

张文宏

爱岗敬业，拼搏进取

○记上海大学张文宏教授

瞄准国际前沿，引领学科发展

张文宏于 1980 年代中期获南开大学社会学硕士学位以后，一直在南开大学、天津社会科学院等教学科研机构从事社会学的科研和教学工作。早期的研究领域包括社会分层与社会流动、婚姻家庭社会学和组织社会学。1991 年，通过与美国著名社会学家林顿·弗里曼（Linton Freeman）、谢淑丽（Susan Shirk）等开展合作研究，将欧美社会学界发展成熟和居主流地位的社会网络分析的理论、模型和分析技术引入到国内，是国内较早从事社会网络与社会资本研究的学者之一。1993 年，作为访问学者，赴美国加州大学尔湾分校社会生态学院开展《中国城市的社会网络》的合作研究，在《中国社会科学》（中、英文版）、《社会学研究》等期刊上发表的成果，发挥了引领社会学学科发展的作用。

张文宏 2004 年取得香港中文大学哲学博士学位，并在香港科技大学完成博士后研究以后，加盟上海大学社会学学科。通过上海高校社会学 E-研究院、上海普通高校人文社会科学重点研究基地"中国社会转型与社会组织研究中心"、上海社会科学调查中心、上海社会建设研究院等平台，将社会网络与社会分层研究方向打造成国内知名的社会网络研究重镇。倡导将社会网络分析与阶级阶层分析结合起来分析转型时期的中国社会结构变迁，作为主要发起人之一组织成立了中国社会学会社会网络专业委员会并担任副理事长，组织召开中国社会网络与关系管理第一至第五届年会，组织了 2006 至 2010 年连续五届的中国社会学会学术年会社会网络分论坛。代表作《中国城市的阶层结构和社会网络》是中国第一部运用阶层分析的视角研究城市居民社会网络结构及其变迁的专著,获上海市第九届哲学社会科学优秀成果著作类一等奖;《城乡居民的社会支持网》,获中国社会科学院《社会学研究》创刊百期优秀论文奖;《社会网络资源在职业配置中的作用》,获中国社会学会2006年学术年会优秀论文二等奖。

张文宏教授积极关注国家和地方经济社会发展的重大需求,努力将科研成果转化为服务国家和地方需要的应用成果。例如,张文宏近年承担的《网络社群的社会特征及其社会影响》课题,受到了上海市有关领导的肯定;《宁波外来工的社会生活状况及其社会融合》和《宁波外来工评估指标体系》等研究成果,受到宁波市主要领导的高度评价并已经转化为完善外来工服务于管理的相关政策。

打造学科平台,提升学科影响力

在社会学学科建设中,作为学术带头人和核心骨干,张文宏教授协助社会学学科带头人制定社会学学科的中长期发展规划,在社会学学科建设中取得了重大突破。上海大学社会学学科先后被评定为上海市第二期优势重点学科(2005)、人类学博士点(2005)、国家重点学科(2007)、上海普通高等学校人文社会科学重点研究基地"中国社会转型与社会组织研究中心"(2007)、211工程第三期重点学科(2008)。这些学术平台为社会学学科的可持续发展奠定了坚实的基础。

同时,作为文学院主管学科建设和科研工作的副院长,张文宏教授积极领导文学院的学科点建设,近年来文学院新增设中国古代文学博士学位授予权点、中国近现代史博士学位授予权点和中国语言文学博士后流动站、社会工作专业硕士(MSW)学位点、汉语国际教育专业硕士学位点;近年来文学院每年获得的国家社科基金立项项目占学校立项项目总数的一半以上,2009年国家社科基金立项数更是高达10项;在2008年上海市第八届邓小平理论宣传优秀成果和第九届哲学社会科学优秀成果评选中,文学院获一等奖3项、二等奖4项、三等奖7项,获奖成果数居上海大学文科学院之首。

教书育人，成果突出

张文宏教授近五年主要讲授《社会学研究方法》(博士生)、《社会网络分析》(硕士生)和《社会结构与分层》(本科生)等课程。其中在《社会学研究方法》的讲授中，将国外最新的研究方法和经典成果介绍给学生，以课堂讲授、学生参与和社会实践相结合的创新方式，激发博士研究生的创造性思维和参与意识，为学生严格遵循社会学研究的专业规范设计研究项目提案、撰写高质量的专业论文、参与和独立主持研究课题打下了坚实的基础；《社会网络分析》是国内最早开设的面向研究生的社会网络专业文献阅读课程。该课程将社会网络分析领域的最新文献（其中英文文献占文献总数的80%以上，每年的文献更新率在1/3以上）介绍给学生，并且鼓励研究生就该领域的研究文献做出专题评述和讨论，以点评、讨论的形式促进研究生把握学术前沿问题，在授课方式和教授内容方面与国外一流大学保持同步；同时，张文宏教授注重本科生的培养，主动承担本科生导师和本科生学年论文和毕业论文的指导工作。每年担任3—4名一年级新生和5—6名本科生学年论文和毕业论文的指导工作。张文宏教授指导的部分本科生考取本校研究生，有的被"985"高校的社会学系免试录取为硕士研究生。

张文宏教授近五年来指导博士研究生14名、硕士研究生12名，其中2名博士生成功入选教育部留学基金委的联合培养项目，分别赴美国杜克大学和密西根大学留学1年。先后有2名博士和2硕士研究生的科研项目获得上海大学研究生创新科研基金资助，有1名博士生获得"光华奖学金"。有1名硕士研究生获得上海市社会学会2006年学术年会优秀论文二等奖。在指导研究生的过程中，以言传身教的方式注重他们的职业道德、科学素养和独立研究能力的培养。

拓宽学术视野，促进国际交流

在张文宏教授和社会学系同仁的积极努力下，社会学学科目前已经与法国国家科学研究中心、美国密歇根大学、杜克大学、芝加哥大学、哈佛大学、明尼苏达大学、天普大学、田纳西大学、怀俄明大学，德国不来梅大学,日本东京大学、神户大学、成城大学、日本体育大学,韩国国立釜山大学、国立首尔大学,香港中文大学、香港科技大学、台湾中央研究院等20余所海外大学建立了长期的合作交流关系,在推动社会学学科向国际化方向发展做了实质性的工作。

　　张文宏教授领导的社会学学科在最近几年之所以取得比较突出的成绩,有几点经验值得总结和思考:找准国家和社会需求、瞄准国际学术前沿、学科发展方向定位准确、团队协作、借助外脑、优秀人才引进。当然,在学科发展从外延发展转向内涵发展的情况下,要实现"立足上海,依托长三角,引领学科发展,培育学派风格"的上海大学社会学学科的长远发展目标,还需要我们继续坚持"自强不息"的上大精神,不断开拓、锐意进取。

唐海燕 教授,1962 年 7 月生。1984 年本科毕业于华东师范大学经济学专业并留校任教。1992 年、1996 年分别破格晋升副教授、教授。1999 年起担任博士生导师。历任华东师范大学金融学系主任、商学院院长等职。现任上海立信会计学院院长,华东师范大学博士生导师。曾任澳大利亚 Curtin University of Technology 访问学者。主要学术兼职有上海市国际贸易学会副会长、中国世界经济学会理事、上海市世界经济学会常务理事等。曾主持国家社会科学基金、教育部人文社科规划等项目,在《经济研究》、《世界经济》等重要学术期刊发表过有影响的研究论文。研究成果曾获商务部优秀成果奖、上海市哲学社会科学优秀成果奖等。先后获得曾宪梓优秀教师奖、宝钢优秀教师奖荣誉。2008 年入选上海领军人才。

人生格言

业精于勤荒于嬉

行成于思毁于随

唐海燕

亦将亦帅,止于至善

○记上海立信会计学院唐海燕教授

厚积薄发,成果卓越

唐海燕教授长期从事国际贸易、世界经济等领域的教学和研究工作。他先后主持国家社会科学基金项目,教育部人文社会科学规划八五重点、九五、十五项目,上海市哲学社会科学规划项目等国家和省部级研究项目10余项,承担国家商务部、中国保险监督管理委员会、国家知识产权局、上海市政府等决策咨询及委托研究项目10余项。

唐海燕教授在《经济研究》、《世界经济》、《中国工业经济》、《财贸经济》、《国际贸易问题》重要学术期刊上发表学术论文60余篇,论文被《新华文摘》、《中国社会科学文摘》、《高校文科学术文摘》、《人大复印资料》、《China Economist》等转载20余篇,被ISTP、ISSHP全文检索的论文4篇。在上海人民出版社、三联书店、华东师范大学出版社等出版学术著作6部。研究成果受到学术界的关注,累计被学术界同行引用500余次。

唐海燕教授的学术成果曾获得国家商务部优秀成果奖、上海市哲学社会科学优秀成果奖等。

学术创新,独树一帜

"问渠哪得清如许,为有源头活水来。"唐海燕教授在学术研究上的贡献源于他的学术创新和钻研精神。他在国际贸易创新、中国对外贸易创新系统构建、国际贸易环境论等方面的开拓性和创新性研究,得到了

同行的广泛认可,丰富了国际贸易和中国对外贸易理论研究成果,推动了国际贸易理论与政策的研究,共同为国家对外贸易的科学发展提供了理论支撑和决策依据。

唐海燕教授在国内学术界最早提出了"国际贸易创新"命题和"中国对外贸易创新"命题,对国际贸易创新的基本理论和国际贸易创新实践进行了开创性的研究,提出了新的解释框架和科学方法。对中国对外贸易创新的内涵、目标、路径、模式进行了创造性、系统性的研究,特别是基于部门创新系统理论与方法对中国对外贸易创新系统构建的研究,具有鲜明的开拓性和显著的创新性。他还在学术界最早提出了"国际贸易环境理论",并进行了系统的展开与论证。在经济全球化日益深化与复杂化、中国成为世界第三大贸易大国,以及转变对外经济发展方式的时代背景下,该研究具有重大的理论意义和实践价值。

唐海燕教授主编的《中国经济运行风险研究报告》是国内第一种专门研究开放经济条件下我国经济运行风险的年度研究报告,该研究报告从 2007 年起每年出版一部。目前,《中国经济运行风险研究报告》已基本形成了独特而稳定的研究框架,研究方法也在进一步完善,开放性的研究团队日趋成熟。

在此基础上,以季度风险分析为主题的《中国经济运行风险指数》从 2010 年第一季度起由上海人民出版社定期出版。这也是国内第一种分析我国季度经济运行风险指数的研究报告,同样受到学术界高度评价。

高屋建瓴,服务国家

唐海燕教授将学术研究与国家和上海社会经济发展的重大现实问题紧密结合,以科学的理论来解决中国经济发展中的重大问题,为政府决策提供科学指导和政策方案。

唐海燕教授是国内第一份关于上海建设国际金融中心的决策咨询报告《上海建成国际金融中心的发展目标和实施方案》的起草者之一,并担任金融中心国际比较研究与经验借鉴部分的执笔。该研究课题由著名经济学家陈彪如先生 1994 年领衔,课题研究报告被政府部门采纳。而如今,当年的咨询报告所设计的蓝图已经成为了现实的国家战略。

　　唐海燕教授一直以来都在促进上海高端服务业发展方面，为上海市人民政府提供决策咨询研究和服务。他主持完成的"促进上海高端服务业发展的体制制度环境研究"，对"高端服务业"进行了新的界定，指出强化高端服务业的体制制度环境建设是主要国家（地区）和一些国际化大都市促进和加快高端服务业发展的共同的和最根本的经验，并系统地提出了上海率先发展高端服务业的体制与机制创新的突破口与路径。

　　唐海燕教授还承担了决策咨询研究课题《促进上海服务经济的税收政策与体制研究》，提出了主要服务行业对税收政策具有不同敏感度的课题，建议上海应在运用税收政策促进生产者服务业特别是商业服务、金融保险、信息服务等领域的流转税制、优惠税制安排等方面大胆探索。

亦将亦帅，培养团队

　　作为上海市重点学科、上海市教委重点学科带头人，唐海燕教授不仅在学术研究和决策咨询一线开展研究，而且在学科建设中切实发挥带头人作用培养学术团队。在上海市重点学科和上海市教委重点学科的建设中，在上海市高校高水平特色项目建设中，亦将亦帅，构筑起稳定的高水平的学科团队。

　　唐海燕教授带领学术团队在激烈的竞争中使上海立信会计学院的"开放经济与贸易"学科入选上海市重点学科（第二期）。该重点学科的学术团队在科学研究、人才培养、服务社会等各方面取得了显著成绩。在上海市重点学科验收考评中，该学科各项关键指标均名列前茅，并被评定为优秀等级（上海市重点学科参评 67 个，共 6 个优秀）。目前，作为上海市教委重点学科"国际贸易学"（第五期）学科带头人，唐海燕教授正在带领他的学科团队继续努力攀登。

　　唐海燕教授带领他的团队创造出了多个"拳头产品"，尤其是在风险管理领域形成了鲜明特色和优势。唐海燕教授依托上海市高校高水平特色发展项目"风险管理研究"平台，从我国经济进一步改革开放的实际需要出发，围绕风险管理组建学科群，系统研究中国当前经济运行的风险识别、风险度量、风险预警与风险防范。唐海燕教授主编的《中国经济运行风险研究报告》成为定期出版的年度报告，得到学术界和政

府部门的广泛关注和重视。《中国经济运行风险研究报告》(2008)获华东地区出版社优秀著作教材一等奖以及上海市优秀图书提名奖,《人民日报》、《解放日报》、《文汇报》等媒体对此给予了高度评价。经上海市新闻出版局批准,风险管理研究院创办了《风险管理研究》杂志,唐海燕教授任主编。这是国内第一本风险管理研究方面的专业期刊。为了更好地发挥社会服务功能,在唐海燕教授的带领下,立信风险管理研究院推出了我国经济运行风险季度指数,并由上海人民出版社出版,向社会公开发布,受到各方关注,人民日报、解放日报、文汇报、新华网、经济学教育科研网等多次报道评论。

印海蓉 1968 年 10 月出生,一级播音员,上海广播电视台电视新闻中心首席主持人。任《新闻报道》主播 22 年,曾主持香港回归、上海 APEC 会议、上海申博投票揭晓、伊拉克战争、抗战胜利 60 周年、青藏铁路试通车、唐山抗震救灾 30 周年、5·12 汶川地震、上海长江遂桥通车等重大和特别节目的直播,是上海电视荧屏的代表人物之一。出版论文多篇,参与编写的教材入选"十一五"国家重点图书出版规划项目和上海市教育高地项目。曾获"中国新闻奖"和"全国播音主持作品"一等奖。荣膺上海市十大杰出青年、全国"三八"红旗手、上海市韬奋新闻奖、上海市新长征突击手标兵等称号。上海市第九次党代会代表。

人生格言

守静方能致远

印海蓉

坚守荧屏,追求卓越

○记上海广播电视台电视新闻中心 首席主持人印海蓉

印海蓉 1988 年考入上海电视台,不到半年就坐上了《新闻报道》的主播台。22 年、5 000 多天、累计近 20 万分钟的直播主持,扎实的基本功和过硬的心理素质,使印海蓉在新闻播音主持领域里充分施展才华,帮助《新闻报道》收视率常年名列上海地区前三甲。

业务精湛,勇担重任

作为业务上的标杆,职业精神上的典范,印海蓉的播音大气、沉稳、亲切、明快,风格独树一帜,尤其是直播关键时刻能顶住压力、勇挑重担,专业水准在业内和观众中有口皆碑。长期以来,领导和同事们已形成了一致的看法,重要新闻稿件的播音,非印海蓉莫属。一位领导同志说,"碰到紧急的重要新闻,一看是印海蓉当班,心里就踏实"。1995 年 2 月 24 日,中央召开农村工作会议,《新闻报道》要在头条位置抢发国家领导人重要讲话全文。临开播不到 1 分钟,印海蓉才拿到字迹不清的传真稿,热乎乎的第一页只是其中一部分,剩下的还在传真途中,随着片头音乐响起,印海蓉没来得及预读一遍就开始播音……3 000 字,足足 9 分钟,印海蓉硬是把整篇稿子一气呵成播完,滴水不漏。观众看到的是她气定神闲、播出自如,但只有她自己知道,那要承受多大的压力!在场的同志都为她优异的心理素质和过硬的业务能力所折服。2007 年 10 月初,《新闻报道》在直播"上海召开全市党员干部大会,坚决拥护中央决定"这条重要新闻时突遇设备故障,眼看要酿成事故。关键时刻,印海蓉再一次经受了考验，镇定自若、准确无误地在第一时间把这条 5 分钟的重要消息口播了出去，避免了一次重大播出事故。相比第一次遇险的惊心动魄，如今的印海蓉更自信、沉着、从容，但她依然把每一次直播当成第一次，内心始终保持战战兢兢的紧张感，22 年来历经无数紧要关口，承受无数重压和考验，但都出色地完成直播任务，保证了《新闻报道》在业内和观众中的良好声誉。

勤勉学习，敬业钻研

印海蓉学的专业并不是播音，好在她从未动摇"是金子总会发光的"坚定信念，勤奋地钻研学习。研读专业书、请教前辈同行、观摩作品、播音实践，哪怕是录音师的几句反馈意见也不放过。每周五天的播音印海蓉从不耽误，周末则去学校听课，有时一天要在单位和学校间往返好几次，晚上下了节目还要完成作业。功夫不负有心人，多年来她陆续修完了播音学、新闻学、电视节目制作、电视编导、传媒管理等专业课程。同时，积极参加专业领域的研究，曾发表《电视新闻播音的表达模式》、《新闻传媒人的培养》、《电视节目主持人品牌要素构建及发展研究》等多篇研究论文。作为国家级普通话水平测试员，1996 年参与研究制作的《上海市普通话水平测试朗读教材》被评为上海教育出版社优秀读物，发行量达 10 万余册，沿用至今，同时也是 2007 年出版的《朗诵水平等级考试纲要》的编著者之一。2003 年起，担任省级科研课题"现代汉语 6 万条词语轻重格式"主干部分的研究，合著的《普通话简明轻重格式词典》作为主要研究成果之一，于 2010 年 3 月正式出版，填补了几十年来我国在这一研究领域的空白，入选"十一五"国家重点图书出版规划项目和上海市教育高地项目。

以身作则，引领团队

尽管有那么多奖项、荣誉在身，但难能可贵的是印海蓉始终淡泊名利，保持一颗平常心。面对市场经济带来的各种利益诱惑，她始终坚守职业道德，从不参加商业性的活动和演出，保持了新闻主持人的良好形象。对于成绩她从不刻意提及，不张扬地执著在播音岗位上。为了使自

己的播音创作更贴近生活、贴近群众、贴近实际,印海蓉带头推出"夏令热线"栏目主持人体验户外工作系列报道,在38℃的高温酷热中,印海蓉体验送水工走街串巷为居民送水、体验环卫工人顶着烈日在苏州河上打捞垃圾……一经播出引起很大反响。在她的带领下,其他播音员主持人也积极响应,纷纷到各行各业参加体验。现在,这种体验式报道已经成为节目的一个特色,深受观众喜爱,很多观众提起印海蓉时还会亲切地称她为"扛水桶的播音员!"

作为上海广播电视台电视新闻中心首席主持人,印海蓉还带领着一支35人的播音员、主持人团队,承担东方卫视、新闻综合频道每天22档新闻节目的直播和11档电视专栏节目的主持。印海蓉在完成每周5天新闻直播的同时,着手团队业务管理和培训,牵头首席和资深人员组成两个频道的评审小组,定期审看评估各自频道播音员、主持人的工作状态和专业水准,并在中心内网上撰写评估报告;每月召开团队业务研讨例会,由首席和资深人员作专题讲座。这样的例会和评估机制已坚持4年多,在团队内部形成了良好竞争和交流探讨的氛围,使团队成员受益匪浅。

22年来,印海蓉曾获1993年"中国新闻奖"、1997年和2001年两次获"全国播音主持作品"一等奖、2004年获上海新闻奖。并荣膺2008年上海市十大杰出青年、2007年全国"三八"红旗手、2006年上海市韬奋新闻奖、2003年上海市新长征突击手标兵等称号。

　　秦　朔　高级编审,1968 年 12 月 29 日出生。现任第一财经传媒有限公司总经理、《第一财经日报》总编辑。1990 年毕业于上海复旦大学新闻系,到广州《南风窗》杂志工作。1997 年起担任总编辑,领导《南风窗》成为全国影响最大的政经杂志。2000 年在美国加州州立大学(北岭分校)学习,获得公共管理硕士学位,所著《中美杂志比较研究》一文已经成为期刊界引用最多的论文之一。2001 年后在中山大学攻读在职博士研究生,2009 年获企业管理博士学位,博士论文为《中国企业家的驱动力研究》。秦朔曾出版过《大脑风暴》、《传播成功学》、《感动中国》、《美国秀》、《大变局》、《告别 GDP 崇拜》等著作,编著、策划了数十种图书的出版。1993 年获广东省优秀期刊工作者称号,1997 年获广州十佳青年及广东省劳动模范称号。自 2004 年起服务于第一财经,2005 年荣获中国十大新锐传媒人物,2006 年荣获上海市韬奋奖,2009 年被评为上海市宣传系统优秀共产党员。

人生格言

　　我们追求的任何知识,只是为了更充分地
证明自己的无知是无限的

　　　　　　最好的沉默是谋以自处

　　　　　　　　　　秦朔

身先士卒，勤勉工作

○记《第一财经日报》总编辑秦朔

　　《第一财经日报》从2004年11月创刊至今，已经步入第六个年头。无论发行量、广告创收、业界影响力，积极探索的《第一财经日报》已经找到了一条立足上海、影响全国的财经大报的成长之路。在这五年多的发展道路上，报社最劳心劳力的，要数总编辑秦朔。他自担任《第一财经日报》总编辑以来，坚持以一名党的新闻工作者严格要求自己，坚持贯彻执行党的路线方针政策，坚持正确舆论导向，立足本职，坚定办一张"主流、专业、权威、大气"的财经大报。

积极学习和思考

　　作为总编辑，秦朔同志酷爱学习。他博学慎思，治学严谨，日常阅读量极大。首先他坚持理论学习，比较注重对中国特色社会主义理论体系的认识和理解。人民日报发表社论《六个为什么》，他率先认真学习并要求全体采编人员仔细领会，切实深入把握社会主义核心价值体系。2009年3月和6月，他分别两次把自己的学习心得《关于经济危机和中国经济》和《中国"企业家经济"的特征与企业家驱动力》，通过第一财经党委中心组联组学习和SMG公开课的系列讲座形式和大家分享。在深入学习实践科学发展观活动中，他撰写的"以科学发展观为指导，守正出新"的办报体会，提出了"科学发展观对于第一财经日报的指导作用体现在导向上，坚持主流化，在方法论上坚持唯物辩证法，在工作态度和作风上坚持专业化"的观点，在传媒集团党委中心组联组学习交流会上，得到与会者的一致赞同和好评。秦朔同志还坚持两手抓两手硬，积极思考并推进本报队伍建设的新方法和新载体。他的《创建工作是"双跨"成功的内在保证》一文，获得传媒集团 2008 年度"思研会"第二次优稿评选二等奖。

其次，秦朔同志最推崇的学习方式是阅读，阅读已经成为他生活的一种习惯。他每天浏览各类报刊十余种，在他的办公桌上，各类新出版的经济学、社会学、营销学、管理学著作频繁更换。

此外，秦朔同志还非常注意带动整个团队的学习。在报社的内部管理平台网站上，他要求开设了三个与学习型团队建设有关的栏目：CBN 网上学校、CBN 知识库和总编手记。在"网上学校"栏目中，秦朔同志经常把自己阅读过程中感到有价值的部分与员工分享，比如《中国内地工资上涨压力增大》、《当前宏观经济条件下的政策和调控思路》、《图解中国经济：贸易顺差过大根源在于国内结构失衡》等。日报创刊五年多来，他推荐给采编同仁分享的内容已达百多篇。2008 年末，秦朔同志又提出在 EIP 上开设"CBN 知识库"栏目，率先把自己近年学习、积累的资料提供全员分享。"总编手记"栏目创始于 2006 年，秦朔同志把《第一财经日报》创办和运行中遇到的各类问题、办报心得以及如何搞好财经新闻的报道等写成文章，供全体采编人员学习、分享。截至目前，这个栏目的文章已达 45 篇。

勤勉工作和笔耕

作为总编辑，秦朔同志坚持带头钻研业务，关注新闻事件、研判财经大势，积极发挥内容生产的引领作用。日常所有的评论版稿件秦朔都亲自看亲自改，重要的新闻报道他还亲自采访和写作。例如中宣部表扬阅评《第一财经日报发表社论阐述商务部否决汇源并购的战略意义》（2009 年 4 月 1 日），该篇社论题目是秦朔亲自布置，并提出了文章的主要思路；而《第一财经日报突出宣传自主创新应对危机》（2009 年 4 月 21 日），在这系列报道中，秦朔同志值班时布置了以"温总理三次考察广东均关注自主创新"为主题的一组新闻和社论，并亲自从"中国知网"下载了有关创新的一篇研究论文，交给评论员将主要结论写入社论，以体现社论的知识厚度。美国财经官员把金融危机的责任推给中国的高储蓄，他决定亲自写一篇反驳文章。通过大量研究阅读文献，他逐步深化

自己的思考,提出美国金融危机的实质是股东资本主义和金融资本主义不加节制地发展的结果,写成《美国危机的必然和中国财经界的使命》一文,文章引证充分,摆事实,讲道理,也得到了中宣部《新闻阅评》的表扬。

无论是两会报道,还是农民工失业的个案,秦朔一如既往,事必躬亲地策划和指导。综合新闻中心主任牛智敬说:"作为值夜班的部门主任,我们经常遇到一些把握不准的报道,随时请示秦总,总能得到最及时的回复,哪怕已是深夜12点多。"甚至有部门负责人深夜一二点发邮件,也能很快收到秦朔回复的电邮。勤奋、亲力亲为,待人真诚友善,富有执行力,敏锐而富有家国观,创新而不离正道,使得秦朔在许多编辑记者眼中,成为"新闻人的标准"。

秦朔同志还注重加强报社编委会建设,坚持把严格宣传管理,加强职业道德建设放在重要位置。每年进行全员主题培训,通过组织的力量促进员工的学习。2006年,采编部门开展了"新闻是真实的生命"主题培训、2007—2008年,结合实际开展了"导向、作风、纪律、专业化"主题教育活动,起到了统一思想、建立标准、提高队伍战斗力的作用2008年,由他提议的本报"立信奖"的评选活动,得到了报社上下全体采编人员的积极响应和参与,是一次很好的发扬优良传统、弘扬职业精神、恪守职业道德的采编全员活动。

努力贡献和开拓

秦朔同志不仅注重采编工作,对报社的经营工作也是亲力亲为。2009年,由于金融危机,报社的经营创收出现了较大的困难,秦朔同志积极应对,亲自出面支持广告业务的开展。仅华东区域而言,一半以上的大客户都由他出面拜访或接待,如:永乐电器、陶氏化学、吉盛伟邦、海立集团、汇丰银行、交通银行等,几乎是没有双休日和节假日。秦朔还主导牵头各类大型主题策划,如为月星家居、上海合生地产、金地上海、金光纸业APP等客户提供策划思路,甚至亲自动手帮助广告部给大客户做策划方案提出思路等。他还经常主持广告部主办的各类中小型客户答谢会以及总编餐会。

秦朔同志始终有很强的危机感,面对越来越多的赞扬,他并未失去清醒。他不仅着眼于财经报刊的竞争，还着眼于未来更大的变化浪潮——互联网对整个传媒产业的影响。目前，作为整个第一财经的负责人，他正在努力地为第一财经的数字化建设和整体整合贡献着自己的心和力。

强　荧　高级记者,1957 年生,现任文汇报经济部主任。新闻从业 30 年,走过南极和北极,攀登过高山,探险采访 10 余次,新闻类著书 10 余本。

先后在青年报、劳动报、新民晚报、文汇报工作,发表新闻作品 880 万余字。曾任上海市总工会团委书记、报社新闻部主任、特稿部主任、经济部主任。曾任全国青联委员、市青联常委和副秘书长,为上海市第八次党代会代表。

1995 年获首届"全国百佳新闻工作者"称号,1998 年获中国报刊月报评选的"中国报刊之星"称号,2001 年获上海第三届"范长江新闻奖"。30 余次分获中国新闻奖和上海新闻奖。他带领的新闻团队曾多次荣获上海新闻奖一等奖和中国新闻奖特等奖和一等奖。

人生格言

只要有心
就可創造

强荧

用生命和激情创造新闻的奇迹

○记文汇报经济部主任、高级记者强荧

用 心 去 创 造

"只要有心，就可创造。"这是强荧的人生格言，更是他的行动指南。他说，很多东西，原来与自己毫不相干，有了心，那东西便千里万里的自动跑来找你。于是，人生的历程就改变了。

强荧在《新闻记者》杂志上写他十余次探险采访的感受，标题是《用"心"去创造》，此言极好！这就是我们时代的中国记者的职业精神。当新闻事业需要的时候，当编辑部发出召唤的时候，他们就是全身心地投入，用自己的"心"去酝酿出激情和灵感，完成这"惊险的一跃"。强荧的这种职业精神，在他的新闻生涯中表现得比较突出，关键时刻拉得动、拉得出。由于他的努力，使得报纸的版面常有波澜起伏。

强荧同志曾写过 6 封遗书，为了他的探险采访，为了他钟爱的新闻事业。他九死一生，靠着超人的胆略和勇气，用生命和激情，创造了一个又一个的新闻奇迹。

很多伟大的事情，都是由"冲动"开始，这"冲动"，缘于他对新闻事业的无比热爱。请看：1986 年，强荧偶然在广播中听到洛阳男儿要去漂流长江的消息，便热血沸腾，义无反顾地冲上第一线，数个月实地采访长江漂流，著书《最后的征服》。

1990 年，他带着 18 个日本人，骑摩托车沿丝绸之路探险，撰写《摩托西行 5 000 里》；1993 年，他再一次写下"遗书"，和 4 位英国探险家一起，在 60 天中徒步 1 500 公里，冒死穿越"死亡之海"塔克拉玛干沙漠，完成了人类历史上的伟大壮举，并用通讯卫星传送发表 79 篇"死亡之海探险手记"。

　　1994年,他带着12个记者去广西九万大山原始森林寻找野人,发表很有影响的《九万大山找野人》系列报道;1999年,他和香港探险者一起,冒着暴风雪攀登海拔6千米的博格达雪山,连续发表了《博格达夜话》、《跨越博格达》、《博格达风格》等;2001年,为了北京申奥成功,他参加北京——莫斯科中国志愿者申奥远征车队,在34天的时间内,驾车跨越欧亚大陆和西伯利亚,行程1万2千公里,著书《远征俄罗斯》。

　　2003年,强荧参加中国南极科考队,横渡太平洋,历经4个多月,行程4万多公里,著书《茫茫南极路》。他还在南纬72度56分30秒、东经75度16分39秒亲自发现一颗火星陨石,成为中国发现南极陨石第15人,国家极地办和中国极地研究所命名这块陨石为"强荧GRV021604",现放在中国极地博物馆常年展示。

　　2004年7月,他作为中国科学考察队正式成员,冒险去北极,参与建立中国政府在北极的第一个考察站——北极黄河站,国家主席胡锦涛特地发了贺电。同时,强荧在文汇报上发表《北极特快》系列报道,为这段辉煌历史写下见证。

　　此外,强荧2005年驾车穿越丝绸之路、罗布泊、帕米尔高原,发表《新丝绸之路》系列报道;2005年4月到8月,为纪念中国人民抗日战争暨世界反法西斯战争胜利60周年,策划并参与了"重走抗战路",合著《文汇号重走抗战路》;2007年6至7月,带领采访组去香港,深入报道香港回归祖国十周年庆典,发表一系列有历史影响的新闻报道。

　　读强荧的探险报道,就可以知道,途中颇多艰难险阻。南极考察行前,他写下生死文书,志愿要求乘坐直升机去采访埃默里冰架综合考察活动,保险公司因此拒绝作保,他们被"机毁人亡"的丰富想象吓呆了。茫茫南极路,"雪龙"号考察船在"魔鬼西风带"遭遇航行10年来最大的风浪,船体倾斜20度以上,多数队员和船员尝尽了晕船的苦痛。强荧不幸而真的趴下了,但他又爬起来,可是坐不稳,只能用绳子把自己绑在椅子上,再用铁钩子把椅子固定住,坚持写稿、发稿,完成了南极远征中一次次惊险的飞跃。

扎 根 于 民 众

　　强荧同志富有献身精神,坚持深入民众采访,常年埋头于采访第一线,新闻报道的根基深深扎根于民众之中,读者们亲切地称他为"平民记者"。他亲身体验出租车司机、巡警、殡葬工、卖报人、保险推销员等普通劳动者生活,近年来发表了一系列关注民生、关注社会的有影响的体验式报道。他的这些民生报道在社会上产生了广泛的影响:出租车司机要选他当行业工会主席,让他终身免费坐出租车,殡葬工为他的报道热泪纵横,卖报人称他是知心兄弟——还有,不法分子包围报社,要置他于死地。因为强荧的报道,让他们无处躲藏。

强荧很有新闻头脑,他明白,新闻报道有一个良性循环的内在艺术要求,新闻报道的轰动效应可转换为经济形式,再转换为新闻事业服务,强荧对此深入探索,孜孜以求。1994 年,市记协在上海美术馆举办《强荧"死亡之海"纪实摄影展》,8 天中有 10 万人次参观。如何把新闻的社会能量集聚起来,强荧颇费思量。此后,上海拍卖行为他的作品举行专场义拍,他将义拍所得人民币 10 万元,捐赠给上海市记协,创立"强荧风险新闻奖",定期表彰一批敢冒风险的新闻记者。至今,上海已有 12 位记者获"强荧风险新闻奖"。

2002 年 1 月,他率领一些年轻记者,沿长江三角洲十几个城市采访,为上海和周边城市共同发展热情地鼓与呼。

强荧同志长期担任新闻业务部门的领导,工作中他注重对年轻记者、编辑的培养和锻炼,"传帮带"作用发挥明显,不仅带出了一批新闻业务骨干屡获各类新闻奖励和市级劳动模范、市三八红旗手等荣誉,而且还培养了一批新闻管理人才,不少团队成员已成为新闻单位的负责人,走上了领导岗位。他带领的新闻团队曾多次荣获上海新闻奖一等奖和中国新闻奖特等奖和一等奖。

2006 年 7 月 1 日,青藏铁路开通了!从 6 月 1 日到 7 月 3 日,文汇报由强荧带队,他和青年记者一起,持续进行了为期一个多月的"天路巡礼"亲历青藏铁路系列报道,记录了让人激动的历史时刻,生动描画了天路建设者的艰辛。在整个报道过程中,高原反应的"苦"一路与记者相伴,由于缺氧、头疼、口腔溃疡、流鼻血等等症状一直困扰着记者,他和青年记者一直保持着最高的热情,写下了共计 36 篇情真意切、内容翔实的报道。

强荧同志注重学习,他是中国南极大学首席教授,复旦大学新闻学院兼职教授。曾发表两篇很有见地的关于浦东开发开放的论文。近年

来,他从中共上海市委党校第16期中青年干部培训班和复旦大学新闻学院研究生班圆满完成进修任务后,政治思想、新闻业务有较大提高,他的人品和文品俱佳,得到广大读者和新闻界的普遍认同。

举世瞩目的上海世博会筹备和开展期间,他担纲成立"世博新闻人才培养"课题组,积极培养世博新闻采访报道创新人才,为世博新闻采访报道探索开拓新的理念和方法,积极跟踪国际新闻前沿理念和采访方法,认真培养世博新闻报道知名记者和编辑。

"天空未留痕迹,鸟儿却已飞过。"强荧重视所有新闻采访的过程,那是用心血、理想、信念和毅力串起的。要把新闻报道写得有特点,有新意,确实要花费很大的心血。每天必须保持高度敏感,强荧说,他每天象狗鼻子一样到处乱嗅,找到一点素材,象捡到一个大宝贝,冥思苦索,绞尽脑汁地制造出一个个漂亮的新闻产品。他就像穿上了新闻红舞鞋,着了魔一样,疯狂地旋转,好像精力永远不会枯竭。

徐锦江 解放日报报业集团高级记者,1962 年 6 月生。1984 年复旦大学中文系毕业。现任《申江服务导报》主编,上海市记者协会理事、上海市报业协会理事、上海市作家协会会员。2004 年被评为上海市十佳新闻工作者,2007 年被评为中国十大创新传媒人物,2009 年被评为中国传媒创新年度人物。

徐锦江参与了《申》报从无到有,从小到大,从成为上海周报市场第一品牌到荣登全国同类周报综合竞争力之首,直至作为集团优质资产之一注入新华传媒上市公司的创业发展全过程。在其担任主编期间,《申》报连续五年实现利税 5 000 万元以上,人均创利连续多年保持在百万水平。其解密《申》报成功密码的媒体研究集《〈申〉报关键》及论文《品牌价值高于一切》在业界产生广泛影响。

人生格言

一切皆有可能

锦

上路了，就不怕路远

○记《申江服务导报》主编徐锦江

"上路了，就不怕路远，回首走过的路，做过的事，爱过的人，我无怨无悔，因为：热爱永远是对的，唯有热爱，才不惧付出，勇于坚持。"正像徐锦江所说的那样，从35岁开始参与创办《申》报，他已经在所热爱的《申》报岗位上不停奔跑了十多年。

在这十多年里，他完成了从一个文人到一个报人再到一个媒体企业经营者，从传统报人到现代报人的多次转型，见证了《申》报从无到有，从小到大，从创业到上市的全过程。

报人本色，内容为王

徐锦江从1997年初起便参加《申江服务导报》筹备组，是《申》报最早的决策班子成员，在进行大量调研的基础上，筹备小组成员一起确定了新报纸的办报思路、市场、读者定位和具体操作原则。《申》报从酝酿筹备，到试刊创刊，多次升级改版，无论是影响遍及海内外的百岁老人章克标征伴求侣报道，还是《发现上海》、《让爱作主》、《博客江湖》等特色版面，徐锦江都是积极的创意策划者。电视相亲节目现今广受欢迎，而说起报纸开设征婚版面，《申》报是第一家，1997年最早提出创意的正是徐锦江。最早将关键词的报道方式见诸报端的也是徐锦江。徐锦江是位作家，早在《申》报创刊前，他就热衷于"发现"上海，曾在《解放日报》上写有"上海马路十记"，《申》报创刊后，他更是将此转化为报纸风格，发动编辑记者抓住"申"字大做文章，不遗余力地推动本土化，力求报纸做出地道的上海味道。"发现上海"栏目最终荣获上海市委宣传部第一批媒体优秀品牌。在"苏州河母亲河"、"上海开埠160周年报道"等重大主题报道中，徐锦江都亲自领衔组织专家后援团并加以细化。徐锦江提出"月月有策划，年底大策划"的办报思路，随着竞争激烈，又提出了适应市场需要的"年度主题春秋发布制"。他还和广告公司一起把《申》报的品牌核心价值观概括为"让眼光比生活高一点"。作为一份城市周报，《申》报由此建立起了自己所倡导的生活态度和生活方式。他还把《申》报的编辑理念概括为三个关键词：上海、时尚、白领。他提出新闻报道的"8度说"，提出"高举低打、深入浅出、大题小做、举重若轻"等具体的报道和编辑理念，运用于《申》报的实践。

创意为先，领跑市场

徐锦江一直强调：市场是无情的。只有成为行业的领跑者才能立于不败之地。《申》报创刊以来，一直注重以创新为引擎，努力开掘创意资源。从封面大彩照、发行量公证，到铜版纸印刷豪华版，报纸包袋化销售，徐锦江主持工作后，继承这一传统，先后推出手机版、《申》报系列丛书、新概念别册，首创媒体年度春秋发布制，推出读报闻香的"香水报纸"和上海话原创Rap CD"有声报纸"概念，打造"影响力制品"，把报纸办得有声有色，把传统的平面媒体办到了立体化的极致，从广告载体的角度看，别册、海报、包袋、CD封套等也先后作为产品的延伸，得到了存量中的增量拓展。

春秋季发布，是徐锦江借鉴时尚界做法，在报纸领域提出的整合营销方式。比如2005年，是中国电影百年。以此为由，《申》报推出了"恋恋影像·上海"系列活动，把影像作为《申》报春季乃至延续全年的主题。4月20日，突遇陈逸飞先生逝世，《申》报春季推广藉"陈逸飞电影专映活动"拉开序幕。该期《申》报率先推出中国电影百年纪念别册上海卷·申江版：《迷上电影爱上青春》。下半年又出版了"中国电影百年终极版"别册，加上12月份将陈凯歌执导的年底最引人注目的巨献《无极》全球首映礼与《申》报八周年庆典合为一体的"无极盛典、申情无限"活动和历年保留节目"申江-环艺之夜"，两本别册，三大活动圆满完成了以"影像"为主题的全年推广。世博年，《申》报又以"世博会"为契机，推出了以"世博服务信息专递"为内涵，从1.0版到6.0版持续半年

每月更新升级的"世博开心地理口袋书",由于内容和形式独特,广受世博参观者好评。

登高观景,发现规津

在"学实"活动中,徐锦江向领导班子谈了三点想法:一是要通过学习科学理论形成科学思维;二是要集中科学民智实现科学决策;三是要通过科学实践获得科学检验。在工作实践中,他也注意这么去做。

《申》报不仅有内容报道上的"红皮书",在《申》报十周年时,徐锦江还和报社的同伴们一起制作了《申》报未来发展的"蓝皮书"。徐锦江总结《申》报作为一个现代媒体的经营模式,是以品牌为核心,包括采编、广告、发行、印务、推广五位一体整合营销的一个系统工程。通过春秋季工作会议和广泛发动,徐锦江向全体报社员工明确了《申》报下一轮"跨媒体、跨行业、跨地域"的蓝海发展战略,明确了以《申》报作为母舰,《申周刊》作为副品牌,包括申活馆、申报网、申连锁、申活剧、申活沙龙、申报卡、申江电影盛宴、申报全媒体、畅(申易)读在内的"申"字头九大品牌拓展项目。体现了一个领军人物的战略思维和符合《申》报定位的策略。

工作像蚂蚁,生活像蝴蝶

徐锦江十多年来一直锐意开拓、充满感情而又兢兢业业地工作战斗在第一线,工作作风上他总是让记者在前台而自己运筹于幕后,做到高调办报,低调做人。以此赢得了大家的信赖。他十分注重团队建设和企业文化,强调科学发展和报业发展结合,和谐文化和企业文化结合,理想信念和职场规划结合,互动交流和数码传播结合,员工教育和主体意识结合,以人为本和职工福利结合。强调报业发展、企业文化、支部工作、精神文明和综合治理五位一体开展工作。弘扬"工作像蚂蚁——兢兢业业,生活像蝴蝶——绚丽多姿"和"场上比赛第一——讲游戏规则,场下友谊第一——讲真诚相待"的企业文化,并从战略管理和人力资源管理出发,把有明确且可行的发展思路和目标,培养一支能接盘让《申》报可持续发展的团队作为《申》报领导班子的两大共识。建立了拓展项目联席会议、《申》报普利策奖评选、青年记者深度访谈年轻读者制度等。结合发展项目，探索建立员工非行政职务拓展晋阶平台。徐锦江在积极从事新闻实践，办好《申》报的同时，还十分注重自身修养的提高和与时俱进的学习探索。他认为，建立学习型组织重点在于学习动力和学习能力的培养，故经常借员工讲坛、新员工入门谈话的机会传递业务理念，出版了总结《申》报创办经验的专著《〈申〉报关键》和《品牌价值高于一切》等一系列业务论文。

他常引用孙子的话说：先为不可胜，以待敌之可胜，不可胜在己，可胜在敌。在无情的市场目前，我们所能做的，就是先努力做好自己的事情。自己不倒，别人永远打不倒。并把锐步、耐克和阿迪达斯的广告语连在一起，鼓励员工们面对金融危机和报业寒冬奋力拼搏：我——就是我——尽力去做——一切皆有可能。

潘 涛 汉族,1964 年 10 月生于北京,江西婺源人,1986 年毕业于华中工学院生物工程系。中共党员,博士,编审。现任上海辞书出版社总编辑、党委副书记,辞海编纂处总编辑,《辞海》编委,中国辞书学会副会长,中国科普作家协会科普翻译委员会副主任委员,中国系统工程学会理事,中国科学技术史学会理事,北京大学科学传播中心兼职研究员。

近年来,具体主持《竺可桢全集》《技术史》《剑桥世界人类疾病史》等多项大型国家重点出版工程;参与主持《辞海》(第六版)编纂修订工作。策划、编辑的多种图书、丛书屡获中国图书奖、中华优秀出版物奖、中国出版政府奖、上海图书奖特等奖;2007 年获首届"科学文化出版人奖"。

发表学术论文多篇,译著有《相跃》、《从摆钟到混沌》(合译)、《上帝掷骰子吗》、《湍鉴》(合译)、《自然之数》等。

人生格言

士不可以不弘毅,
任重而道远.

潘涛

以出版推动学术，
以学术提升出版

○记上海辞书出版社总编辑潘涛博士

　　1998 年 7 月，时年 33 岁的潘涛从北京大学科学与社会研究中心毕业，获得哲学博士学位。这时，他有两个选择：留在北大任教；去上海做编辑。对于读博士前已经做过 9 年大学教师的潘涛而言，在高校做学问，不仅轻车熟路，而且也能发挥专长。再三考虑，他还是选择了到上海科技教育出版社工作，从一名普通的科技图书编辑做起。这也许是因为，"走向未来丛书"之一的《大变动时代的建设者——张元济传》对他影响至深。

　　博士做图书编辑，在那时可是个稀罕事儿。然而，只要浏览一下潘涛进入出版界 12 年的"成绩单"，人们就不能不感佩当年上海科教社领导引进人才的魄力，和潘涛对自己准确定位的眼光了——依托自身在科学哲学、科学社会学、科技史方面的专业训练和知识积累，潘涛十余年来策划、编辑了大量兼具知识含量、思想深度与学术水准的科学文化类书籍，为提升国民科学素养，为推动我国相关学科的研究、教学，也为提高科普出版物的品质与档次，做出了扎扎实实的贡献。

　　作为一位成功的出版人，如今已是中国工具书出版重镇——上海辞书出版社总编辑的潘涛，也是一位不折不扣的学术圈里人。以出版推动学术，以学术提升出版，是他的成功之道，也是他的奋斗目标。

十载砥砺"哲人石"

　　国内爱读科普书的人，很少有没接触过"哲人石丛书"的。这套被

连续列入"九五"、"十五"、"十一五"国家重点图书出版规划的丛书,因其品位高雅、译笔谨严、装帧精美,在同类图书中脱颖而出,受到专业和普通读者的普遍喜爱。它包含"当代科普名著"、"当代科技名家传记"、"当代科学思潮"、"科学史与科学文化"等四个系列,迄今已译介了近百部国外优秀科学文化著作,成为响当当的科学人文书籍品牌。其中一本《隐秩序》,受到了新闻出版总署领导的肯定。

"哲人石丛书"和潘涛有着不解之缘。凡事预则立,还在北大就读期间,潘涛就为拟议中的这套书想出了现在这个总题——"哲人石",用这个中世纪欧洲炼金术士幻想的点金石来冠名一套书,韵味隽永,内涵丰富。1998年夏,潘涛是带着亲手加工好的译稿进入上海科教社工作的;当年年底,"哲人石丛书"首批图书——《确定性的终结》、《PCR 传奇》、《虚实世界》、《完美的对称》问世,这几种都是由潘涛本人担任责任编辑的。下面这个数字也许能说明潘涛为"哲人石"付出的心血——据统计,在这套丛书的前 75 个品种之中,潘涛本人加工、发稿就达 28 种,同时指导青年编辑加工及审稿 30 余种。

作为总体策划人之一,潘涛和同事合作,从确定选题、洽谈版权、选择译者、加工整理、宣传推广各个方面,殚精竭虑,呵护和培育"哲人石"。首先,由于他保持直接阅读 NATURE、SCIENCE 等国外科技文献的习惯,又经常参加学术会议,故能了解到最新的科技动态,从源头上保证了选题的新颖性和重要性。第二,他熟悉版权交易实务,"哲人石丛书"中相当一部分选题的引进,是他在法兰克福书展上跟国外出版社的版权经理谈判解决的。第三,他在学术界广交朋友,跟一批专业素养、文字功底俱佳的译者保持着稳定的联系,这就从根本上保证了译稿的质量。第四,他对加工整理书稿的要求很高,特别是对他本人担任责任编辑的译著,他都逐字逐句认真比对原著和译文,这自然增加了许多工作量,为此他十年如一日,长年累月地坚持每天工作十几个小时,被称为"工作狂"。不过,由于他在进入出版界之前,已出版过多部译著,深知翻译的个中三昧,所以常常提出很中肯的修改意见,使译稿增色不少。此外,自 2000 年始,以丛书为依托,他又组织了"'哲人石丛书'科普系列讲座",邀请多位院士、科普名家担纲演讲,不定期在上海图书馆举行,引起良好社会反响。

潘涛对引进国外科普佳作,可谓情有独钟,他把"哲人石"的成功经验进而复制到其他引进类图书。2002 年,他带领版权部的青年团队,推出自美国普林斯顿大学出版社引进的《普林斯顿科学文库》(共 10 种),其中《相对论的意义》、《对称》、《怎样解题》为爱因斯坦、外尔、波利亚等世界顶尖科学家精心撰写的经典科普读物。潘涛团队慧眼独具地引进的这套极具学术品位的大家之作,获得国家图书奖提名奖。

原创选题亦精彩

在打造引进版科技图书品牌的同时,潘涛还致力于国内原创选题的开拓。他策划的原创选题虽然总数不及引进版多,但同样质量很高,广受赞誉,这或许可以归功于他以敏锐的眼光,在以下这两方面下功夫:

贴近时事。比如,1999 年适逢中国科学院建院 50 周年,由潘涛策划、组稿,《中国科学院编年史(1949—1999)》于当年适时推出,为科学家们献上了一份节日厚礼。该书由中科院院史专家编写,客观、清晰地记述中科院这支"科研国家队"的发展历程,具有较高的科技史学价值。再如,2003 年"非典"肆虐时期,潘涛带领两个团队,兵分两路,不分昼夜地奋战两周,及时推出了《非典防治手册》等多种读物,为抗"非典"斗争贡献了一份力量。《上海年鉴2004》中对此有生动的描述:"上海科技教育出版社通宵加班编辑《非典防治手册》(中小学读本),新华书店紧急征订,科教社出 6 套菲林,分别安排市印十厂等 8 家印刷厂连夜印刷,新华书店上海发行所仓库 24 小时值班,对印刷厂送来的书随送随收。"

填补空白。这方面的一个典型例子是,由潘涛担任责任编辑,2000年推出《系统科学》、《系统科学与工程研究》两部力作。这个选题有着深刻的学术背景。自 20 世纪 70 年代末以来,在著名科学家钱学森的大力倡导下,我国对系统科学这门新兴交叉学科的研究蔚成风气,各学科积极应用系统科学思想和方法,取得了丰硕的理论和实践创新成果。然而,由于学科跨度大、发展快,这方面的著作相对零散,特别是没有全面、准确、权威的教材,一定程度上制约了学科的规范发展。有鉴于此,中国系统工程学会对这两部书的编写极为重视,由许国志院士担任主编,系统学界著名学者组成阵容强大的编写组和评审组,还将《系统科学》的编写大纲预先在多种学术期刊上公开征求意见。潘涛在京求学期间曾参加系统学讨论班,得到朱照宣、姜璐等名师指点,由他这样一位对系统

科学训练有素的内行编辑,跟车宏安教授等共同策划这两部书,真可谓因缘际会、出色当行。《中华读书报》以"聚专家之努力,纳学术之精华——系统学界喜获集大成之作"为题,对这两部填补空白的著作给予充分肯定。在潘涛看来,主动策划并亲手编辑《系统科学》这样的典范之作(获得第 13 届中国图书奖),正是出版和学术水乳交融、互为推动的愉快实践。

大型工程膺重任

在引进和原创选题两方面都积累了丰富的实战经验之后,近年来,潘涛的工作重点转移到一批大型出版工程项目上来。他担任《竺可桢全集》、《技术史》、《剑桥世界人类疾病史》等多个国家重点项目的编辑(编译)委员会副主任,抓大不放小,统筹、主持了这些项目的运作。

这些大型出版项目的特点可以用"三大两高"来概括,即篇幅大,作者(或译者、整理者)队伍庞大,编辑出版工作量巨大,社会关注度高,学术价值高。《竺可桢全集》共 22 卷(目前已出 17 卷)、1800 余万字,不仅收录了这位中国近现代杰出的科学家、教育家的全部中外文著述,还首次刊载了他数十年间记下的全部日记,整理、辨读工作量之大可想而知。潘涛带领一支青年编辑团队,与全集编纂组专家通力合作,在编辑规范、出版质量等方面,保证这一作为当代科学文化基本建设的出版工程的顺利、按时实施。在工程实施中,潘涛对团队悉心培养,要求甚严,他强调要修旧如旧,维持原貌,确保这部全集的学术性——《竺可桢全集》的著作部分无疑是气象学、地理学学术瑰宝,其日记部分更具有科技史、教育史、社会史等方面的学术价值。用弘扬学术的标准做出版,最后呈献给读者的这部全集,无论装帧、体例、内容,都恰如其分地体现了竺可桢严谨、求真的科学作风。作为出版人对产品的学术价值的亲身体认,他本人还撰写了一篇题为《从"雪中送炭"到"架设桥梁"——竺可桢 20 世纪 40 年代日记中的李约瑟》的论文。

《技术史》,这部七大卷、八百万言的皇皇巨著,包含 3 000 余幅图片,原著由 200 余位专家撰稿,牛津大学出版社耗时 30 载才全部出齐,中文版的翻译由清华大学、上海交通大学、东北大学、大连理工大学、北京科技大学、哈尔滨工业大学的 6 支团队、上百位译者共同完成。由潘涛领衔，组成了一支专业素质强、富有敬业精神的队伍，负责推进这个项目。他们克服了旁人难以想象的重重困难，一方面，协调 6 支翻译团队的进度；另一方面，在统一体例、规范"行话"等角度，反复推敲，精雕细琢。为了保证译文的准确性，他们还在上海市科协的支持下，邀请上百位相关专业的专家对译稿进行了审读把关。从组织翻译到正式出书，整整 4 年的打磨过程，个中甘苦，唯有潘涛自知。2005 年初，巨著正式亮相书市，轰动学界，有学者认为，《技术史》一书移译为中文，"足以撑起一个学科，一举改变国内技术史研究和教育、普及的面貌"，"其对中国学术界的价值绝不亚于李约瑟的《中国科学技术史》。"出版项目对学科建设的推动，由此可见。

善于"啃硬骨头"、运作大型出版项目的潘涛，于 2008 年 8 月调任上海辞书出版社总编辑，从辞书界前辈巢峰同志手上接过了《辞海》编委的聘书。这时距《辞海》(第六版)的预定出版日期 2009 年 8 月，仅剩一年时间。这部 2 300 万言、百科全书式的大型工具书，自改革开放以来，一直坚持"十年一修"，及时反映科学文化、社会生活的变迁。

"三分编写，七分组织。"此乃巢峰的名言。《辞海》编纂时间紧，任务重，要求高——此前没有做过大型辞书编辑出版工作的潘涛，刚刚履新，便投入到《辞海》编纂的最紧张的收官阶段中，头绪繁多，压力不小。他经常向巢峰、严庆龙、徐庆凯等老同志请教，并运用自己多次主持大型科技出版工程的经验，从容不迫地转换着角色。作为《辞海》(第六版)编辑出版事务的主要负责人之一，他不仅在宏观上，严格把握时间进度，做好协调工作；而且在微观上，精心掌控内容质量，做好把关工作。他领会中央有关精神、政策，逐条认真审读重点条目，提出了不少改进意见。例如，在他的建议下，《辞海》(第六版)增收了中共"十五大"以来党中央重要全会的专条。这样，《辞海》对中国特色社会主义理论体系形成过程的反映，更为清晰、翔实，这一建议得到老同志的好评。

《辞海》(第六版)于国庆 60 周年前夕如期推出，取得了社会效益和经济效益的双丰收。潘涛也成功实现了从科技出版人到辞书出版人的"无缝衔接"。眼下，他正和辞书社同仁一道，积极推进另一项国家重点

学术出版工程《大辞海》——这套预计收 25 万词条、凡 5 000 万字、达 38 卷的特大型综合性辞书,按学科分卷编排,较之《辞海》,其篇幅、广度、深度都大幅拓展,学术色彩更浓厚。"路曼曼其修远兮",潘涛在矢志追求的融合出版与学术之路上,又要面对新的更大的挑战……

　　陈鸣华　编审,1964 年 2 月生,1985 年 7 月毕业于华东师范大学中文系,历任上海文艺出版社文化生活编辑室主任、《HOW》杂志主编、上海文艺出版社副社长、上海文化出版社总编辑,现任上海文化出版社社长、党支部书记。

　　近年来荣获了"上海出版新人奖"、"上海出版人奖"、"上海领军人才"、"上海市宣传系统优秀党支部书记"等称号,策划编辑的图书获得了中华优秀出版物奖、新闻出版总署向全国青少年推荐的百种优秀图书、"三个一百"原创图书,上海市优秀图书奖、"银鸽奖"等数十项荣誉。

人生格言

我在他人中
我在世界中
我在我之中

创新机制,打造品牌

○记上海文化出版社社长陈鸣华

创新理念,勇于突破

陈鸣华在学生时代就打下了良好的文化功底,1985年7月华东师范大学中文系毕业后,分配至上海文艺出版社从事编辑工作。他很快就熟悉了整个流程,从策划、组稿到编辑加工,都显示了良好的发展潜力。他策划和参与责编的"实用文化"丛书、"围棋一月通"丛书、"金闹钟"丛书、《外国现代派文学辞典》等分别获得了华东地区和社内的优秀图书奖。在他担任文化生活编辑室主任后,提出了"原创 + 书籍形态革命"的理念,提倡不跟风、不重复、注重原创和图书美学。这种"做图书"的方式在当时的出版界给人以耳目一新的感觉。

1994年,陈鸣华接受了新的挑战,受命参与创办《HOW》杂志。当时,时尚类杂志在国内可谓屈指可数,他根据流行时尚杂志的特点,提出了"开放式"销售的新模式:即通过遍布全市的个体报摊,让《HOW》以第一速度与读者见面。他亲自带领发行人员送刊到全市几百个书报摊,使《HOW》的发行大获成功,最高时印数达到每期18万册,出版社门前出现排队等待提货的盛况。

1999年6月,陈鸣华被任命为上海文艺出版社副社长,分管出版及发行工作。当时,上海文艺出版社还有上海文化出版社、上海音乐出版社、上海文艺音像电子出版社等几个副牌社,出版发行工作业务规模较大。他一上任就着手解决历年来由各种销售产生的应收账款问题,对各类遗留的复杂债务一一梳理,并制定详细的收款方案,落实到人,分别予以解决。在图书营销方面,陈鸣华通过边实践边总结,逐渐形成了一套独特的营销理念。他对特殊渠道的图书销售十分重视,狠抓读者俱乐部和单位团购的购书服务;对重点图书的市场运作,都会制定明确的营销方案,策划组织了几十场富有创意的营销活动,为文艺社重点书和品牌书的发行实现了两个效益的双丰收。他还与音乐社领导一起策划推出了国内首个"音乐图书联合订货会",目前这个订货会已吸引了国内最强的6家主营音乐图书的单位参与,发展势头喜人。

创新机制,增强活力

2004年,上海文艺出版总社成立(后更名为上海文艺出版集团)。陈鸣华先后任上海文化出版社总编辑、社长、党支部书记。任职以来,他理清思路,明确发展方向,将文化建设的使命感与出版社的发展目标有机结合起来,在用人机制、分配机制、管理机制等各方面进行探索和实践。首先,在全社的部门设置和人员安排方面进行了调整,将原先的文化教育编辑室和文化创作编辑室合二为一,成立生活图书编辑室;把出版制作、校对、美术设计等人员归为一个部门管理,成立设计制作部;配备销售和市场企划的专门人员,成立市场营销部;设立合作编辑室。同时,相继引进了各类人才,形成了一个和谐、竞争、公平、激励的发展环境;其次,大胆探索图书项目制,尝试以项目制和跨团队组合方式连接生产和经营诸环节,这样既突破了人力局限,又尽可能释放出骨干和人才的热情与能量。年轻编辑在项目的具体运作中锻炼了自身的统筹能力、营销策划能力和分析研判能力,文化社逐步形成了一支会编书、懂经营、善管理、一专多能的新型团队;第三,对人才的培养进行了大胆的尝试,建立了编辑轮岗制度,让相关编辑人员去市场营销部锻炼3至6个月,从而提高了编辑的营销意识和对市场的灵敏感;第四,把开展对外合作当作是文化社的一个战略任务。陈鸣华一上任,就专门设立对外合作编辑室,并充分调动各种社会资源,鼓励编辑人员积极利用社会资本,增强创新能力,开展全方位合作。在最近的两年里,文化社已先后与上海京剧院、上海昆剧团、上海市人民政府新闻办、外宣办、徐汇区文化局、上海大剧院艺术中心、上海社会科学院、大众点评网等政府、社会团体、民营文化机构进行出版合作;第五,重视"引进来"和"走出去"并重的方针,充分把握时机与国际上的一些强势媒体结成战略联盟,目前已与韩国、

香港等出版机构合作,成规模输出了几十种图书的版权。上海文化出版社也在 2007 年度被评为"上海市优秀版权输出单位"。

自主创新,打造品牌

陈鸣华始终坚持自主创新的原则,加强自身品牌的打造。由他总策划并主持的"人文书房"系列,先后入选了第一届"三个一百"原创图书、国家新闻出版总署向全国青少年推荐的百种优秀图书,并获得了国家图书馆"文津图书奖"、"上海市优秀图书奖"、"上海市优秀科普作品"、"上海市优秀输出版图书"等多项荣誉,同时向香港联合集团所属万里机构实现了版权的成规模输出。他组织策划推出的"十一五"国家重点图书——《民俗上海》丛书首批面世便引起了广泛的社会关注,多家主流媒体争相报道,中共上海市委宣传部领导特作专题批示。在陈鸣华同志带领的团队努力下,文化社也逐步确立了在"上海专题"方面的出版品牌,《话说上海(19卷)》、上海市国家级非物质文化遗产名录项目丛书,"俗上海"系列、《城市记忆》、《上海电影100年》等一系列图书推出后均获得了良好的市场反响、媒体评价和读者反馈。

为庆祝中华人民共和国成立 60 周年大庆,文化社精心策划,全力投入,推出了以《和谐中华——中国 56 个民族剪影》、《血脉中华——老区60 年》、《风范中华——60 位时代楷模的人生》为代表的"中华系列"图书,向世界展示中华民族文化的博大精深、源远流长,讴歌中华民族时代楷模的大写人生。在北京召开的国务院第五次全国民族团结进步表彰大会上,中共上海市委宣传部向全体与会代表赠送了《和谐中华》,受到了代表的一致好评。同时,《和谐中华》顺利入选新闻出版总署评选的70 种促进民族团结重点出版物。《血脉中华——老区 60 年》也入选了庆祝新中国成立 60 周年百种重点图书书目,并被评为上海图书奖二等奖。

面对 2010 上海世博会这一机遇,文化社迅速组成一支由社长陈鸣华带队,骨干编辑为主的编辑团队,围绕参与世博、服务世博,深入挖掘上海本土出版资源,精心打造了一批世博精品图书。历时三年推出的大型画册《东方之冠,鼎盛中华——中国 2010 年上海世博会中国馆建筑设计方案征集作品集》,向公众首度公开了中国馆建筑设计方案的诞生经

历，并生动展示出优秀方案的设计理念，以及所蕴含着的中国传统文化
精髓。该书荣获了2010年上海图书奖二等奖和第六批"迎世博贡献
奖"。另外，《世博看馆》、《世博看榜》、《世纪丰碑——世博集团世博会
场馆建设纪实》、《上海100地标》、《世界艺术家在上海》、《上海非物质
文化遗产》等一批世博图书，也深受读者好评。在市新闻出版局公布的
首批世博会特许经营书目中，文化社有30个品种入选。

　　陈鸣华2003年获首届"上海出版新人奖"，2008年获第五届"上海
出版人奖"、"上海领军人才"、"上海市宣传系统优秀党支部书记"等称
号。其策划编辑的图书获得了中华优秀出版物奖、新闻出版总署向全国
青少年推荐的百种优秀图书、"三个一百"原创图书，上海市优秀图书
奖、"银鸽奖"等数十项荣誉。

魏　松　著名男高音歌唱家,国家一级演员,1954 年 11 月生,毕业于上海音乐学院,师从周小燕、王维德、李维勃、杜玛等教授。现任上海歌剧院副院长,上海市政协常委,农工党中央委员。曾出任法国巴黎国际声乐比赛评委,CCTV 电视大奖赛评委,上海市艺术系列高级职称评委等。

魏松属于戏剧性男高音,演唱有着与众不同的特质与风格,高音具有金属般的穿透力,中低音浑厚圆润,音色优美明亮,语感准确,吐字清晰,给人以纯朴而不失华彩,优雅而不见轻浮的音乐感受。曾主演过的歌剧包括:《托斯卡》、《卡门》、《蝴蝶夫人》、《茶花女》、《奥赛罗》、《楚霸王》、《雷雨》、《苍原》等。

曾获全国少数民族声乐比赛美声唱法第一名,"白玉兰"戏剧表演艺术奖,"宝钢杯高雅艺术"奖等多项大奖,以及文化部优秀专家等称号。

人生格言

永远为人民歌唱

魏松

为艺术奉献终身，
用音乐传递爱心

○记上海歌剧院副院长、
著名男高音歌唱家魏松

目标明确，努力实践文化使命

上海歌剧院副院长魏松是当今活跃在中国和世界歌剧舞台上的著名男高音歌唱家。作为一名领导和艺术家，他时刻明确自身的文化使命和社会责任，围绕目标建设开展工作。

按照科学发展观的要求，上海歌剧院的目标方向是"中国一流，亚洲领先，推动和引领中国歌剧事业不断繁荣发展，力求促进舞剧事业进步"。魏松从观念上与时俱进地与剧院目标方向相统一，与社会文化需要相统一，树立了"锐意改革，开拓创新，面向市场，全心全意为剧院服务"的宗旨，长期以来坚持"永远为人民歌唱"的信念，更高度、更全面、更深入地进行思考。面临深化文艺体制改革的新时期新任务，他从根本上认清剧院的发展目标和文化责任，从实际上了解剧院的现状情况和存在问题，着力转变不适应不符合科学发展观的思想观念，坚定不移地把科学发展观贯彻落实到自身发展和剧院建设中，为剧院和文化发展做出了积极的贡献。

学习先行，全面提升自身素质

观念更新，学习为先。领导干部言行一致，身先士卒，带头苦干，自觉实践自己所提倡的道德标准和价值观念，是做好各项工作的关键，也

是调动广大党员群众工作积极性的力量源泉。

魏松对自身严格要求，永无止境地学习各方面知识，提高思想认识，增强综合素质。他认真学习"三个代表"的重要思想、科学发展观、全面建设小康社会的基础知识。同时，贯彻理论与实践相结合，把马列主义的理论指导、民族的优良传统与主流价值观，渗透到事业发展和文化建设。凭着对艺术的执著追求，对剧院的无比热爱，孜孜以求，不断努力，提高自己的执政能力和业务水平。在党的十七大胜利召开后，他作为农工党中央委员，增补市政协常委，更是抓住这一契机，结合工作实际，以党的十七大精神武装头脑、指导实践、推进工作。在深入学习实践科学发展观的活动中，他认真参与各项学习活动，分析查找了制约科学发展存在的问题及其原因，制定相应的整改措施，取得了一定的成效。在提升思想理论水平基础上，魏松也不断加强业务文化水平，在文艺体制改革的进程中，逐步确立了责任意识、品牌意识和市场意识；在舞台艺术实践的过程中，更加提升了语言技巧、表演技巧和歌唱技巧，全面提高了自身的综合素质。

艺术生产，精益求精打造品牌

魏松是当今活跃在中国和世界歌剧舞台上的著名华人男高音歌唱家，是剧院、上海乃至全国的著名人才品牌，在国内外具有广泛的影响力。近年来，他参与了《奥赛罗》、《托斯卡》、《雷雨》、《楚霸王》、《西施》等多部大型歌剧的演出，充分体现日益精湛的演唱水平。

上海歌剧院坚持实践以"创排世界经典和打造民族原创并举、以民族原创为重点"的方针，坚持以项目带动社会化合作的方法，坚持以艺术风格多元化为创作思路，积极探索和建立起具有艺术影响和市场运作潜质的创作机制。在艺术原创方面，以原创歌剧《雷雨》为重点，努力实践精品战略，实现历史性突破。歌剧《雷雨》两度入围国家舞台艺术精品工程，先后荣获全国歌剧、舞剧、音乐剧优秀剧目展演二等奖，文华剧目奖，多次上海市文艺创作"优品"等奖项。魏松作为该剧男主角的扮演者，每一次都全力以赴投入演出，每一次都出谋划策修改完善，使该剧取得了良好的社会反响。尤其是在遇到车祸后，他仍坚持轻伤不下火线，赶赴武汉，忍着剧痛，高质量地完成了两场演出，受到各界广泛好评。

2009 年对歌剧院来说是一个原创年,和国家大剧院联合制作的大型歌剧《西施》以及我院重新打造的原创歌剧《楚霸王》于 10—11 月轮番上演。在时间紧、任务重的情况下,两部歌剧同时排练,在近一个月的时间里从早上九点半一直排到晚上九点,作为两部剧目的主要演员和副院长,魏松坚持在第一线,身体力行,集中精力创作角色,并为导演提出许多意见和建议,克服了重重困难,高质量地完成了演出,取得了圆满成功。在经典作品方面,魏松主演了被称为世界歌剧"第一难"的男高音主角奥赛罗,把他的演唱水平推上了一个新的高度。上海各大媒体及中外专家,对他的演出评价为"是世界上最好的奥赛罗扮演者之一"。他还参演了国家大剧院版《图兰朵》、普契尼《三联剧》等经典歌剧。魏松同中外著名的交响乐团与合唱团合作,在诸多中外大型声乐作品中,担任男高音演唱。如:威尔第的《安魂曲》,贝多芬的《第九交响曲》之《欢乐颂》以及 2006 年赴维也纳金色大厅与奥地利格罗兹交响乐团合作演出《魅力东方》音乐会等,多次参加中央电视台的新年文艺晚会,春节联欢晚会等国内重要庆典及文艺栏目的演出。魏松在国内外参加和举办了许多大型交响音乐会和独唱音乐会。曾应中国驻法国大使吴建民之邀,在巴黎举行独唱音乐会。在美国马里兰大学音乐厅及华盛顿举办两场独唱音乐会,在名古屋举办独唱音乐会,参加第 33 届香港艺术节举办独唱音乐会,当地音乐界称其演唱为"世界华人的骄傲"。

奉献爱心,积极参与公益事业

为了更好地回馈社会,服务市民,体现城市精神,魏松积极参与各项公益活动,并作为上海歌剧院副院长,又担任了志愿者服务队的队长,身先士卒带领全院同志,用音乐传递爱心,用歌声让生活更美好。

上海文艺界首支志愿者服务队——"上海歌剧院志愿者服务队"成立,魏松担任了志愿者服务队的队长。在他的号召下,全院就有 258 名干部员工一一签名,加入志愿者服务队,自觉参与率占在职总数的 96%以上。之后,魏松带领我院歌剧团、合唱团和交响乐团等志愿者在黄金周期间放弃休息,推掉商业活动,专门为市民举办"迎世博、树新风"义务宣传演出,实践和传播先进文化,让更多人走近高雅艺术,赢得了市民热烈的掌声。

　　长期以来,魏松都始终坚持积极参加社会公益事业,发挥个人艺术品牌的优势,不仅在剧院的表现突出,而且在其他各大慈善晚会和活动上都能见到他的身影,听到他的歌声,展现他的风采。同时,在每一次的"献爱心,送温暖"活动中,魏松总是带头捐钱捐物,还资助了两名西部学生上学,鼓励他们不断努力,成为祖国的栋梁之才。在同创共建活动中,他积极参与了山西昔阳的音乐援助行动、空军十八师的慰问演出、航天空间技术部的庆祝演出等,魏松曾多次参加本市及国内的各项重大社会活动,如节日的庆祝活动,建军、建党等纪念演出,各级领导接待表演任务,作为文化使者出访国外的外事项目等,促进我国文化建设,构建和谐社会贡献力量。

　　魏松还先后出访了美国、意大利、芬兰、日本、香港及澳门等国家和地区,表现出良好的精神面貌和业务水平,用艺术缔结友好,为上海乃至中国争得了声誉。他曾代表国家赴俄罗斯、朝鲜、意大利等地参加"中国年"的重要活动,展现中国艺术家的风采。

　　总之,作为一名德艺双馨的艺术家,魏松在社会中取得了广泛影响,树立良好的榜样。

辛丽丽 国家一级演员,1963 年 10 月生,1979 年 7 月上海市舞蹈学校中专毕业,现任上海芭蕾舞团艺术总监。

辛丽丽长期从事舞蹈表演、创排工作,她曾多次在国际芭蕾舞比赛中获奖,为祖国赢得了荣誉,她还多次担任国际芭蕾舞比赛评委。担任上海芭蕾舞团艺术总监后,她培训多位演员在国际比赛中累获佳绩,在剧目建设、人才培养和对外交流演出方面做出了显著成绩。1992 年被评为文化部优秀专家,首批获得国务院特殊津贴;2003年 8 月当选为上海市舞蹈家协会副主席;2008 年列入上海领军人才"地方队"培养计划;2008 年当选上海市十三届人大代表;2009 年 11 月被确定为全国宣传文化系统"四个一批"人才。

获奖情况:1987 年,辛丽丽参加第二届纽约国际芭蕾舞比赛,获得女子组银奖(金奖空缺);1988 年,辛丽丽参加第三届巴黎国际芭蕾舞比赛,与舞伴杨新华一起获得芭蕾青年组双人舞大奖。1990、1994 年度被评为上海市"三八红旗手",1993 年她荣获首届上海"十佳青年演员"称号;1994 年荣获上海市"巾帼英雄奖";2002 年被评为上海市劳动模范;2009 年被评为上海市 2007—2008 年度"三八红旗手标兵";2009 年 9 月被授予全国三八红旗手荣誉称号;2009 年 11 月荣获中国舞蹈家协会授予的中国舞蹈艺术"突出贡献舞蹈家"称号。

人生格言

踏实做人 踏实工作

从明星到园丁

○记上海芭蕾舞团艺术总监辛丽丽

　　辛丽丽是一位出色的芭蕾舞蹈家,她以自己的勤奋和努力为中国芭蕾登上世界芭蕾艺术的殿堂迈出了坚实的步伐,获得了世界芭蕾舞界的瞩目。走上艺术管理岗位后,她在剧目建设、人才培养、芭蕾普及和对外交流等方面做出了显著成绩。

潜心从艺三十多载,获累累硕果

　　1973 年,辛丽丽踏进了上海市舞蹈学校,从此,她与芭蕾结下了不解之缘,1979 年毕业进入上海芭蕾舞团工作,开始了她的舞台艺术生涯。作为一名出色的芭蕾舞演员,她基本功扎实、表演细腻传神,在众多的芭蕾舞剧中演绎过不同性格特点的人物,形成了自己细腻、抒情、典雅的艺术风格。她几乎参加了团里所有剧目的排演,并在其中领衔主演或担任重要角色,尤其是独舞《天鹅之死》使她一举成名并成为久演不衰的保留节目,深受国内外观众的喜爱。1987 年,辛丽丽参加第二届纽约国际芭蕾舞比赛,获得女子组银奖(金奖空缺),这是中国芭蕾舞演员在国际比赛中拿到的第一块高含金量的奖牌。1988 年,辛丽丽参加第三届巴黎国际芭蕾舞比赛,与舞伴杨新华一起获得芭蕾青年组双人舞大奖,成为第一对在国际芭蕾舞比赛中荣登榜首的中国芭蕾舞演员,在西方人引以为傲的芭蕾艺术殿堂刻上了中国人的名字。她曾多次担任国际芭蕾舞比赛评委,1992 年度被评为文化部优秀专家;2003 年 8 月当选为上海市舞蹈家协会副主席;2008 年列入上海领军人才"地方队"培养计划;2008 年当选上海市十三届人大代表;2009 年 11 月被确定为全国宣传文化系统"四个一批"人才。1990、1994 年度被评为上海市"三八红旗手",1993 年荣获首届上海"十佳青年演员"称号;1994 年荣获上海市"巾帼英雄奖";2002 年被评为上海市劳动模范。2009 年被评为上海市2007—2008 年度"三八红旗手标兵";2009 年 9 月被授予全国三八红旗手荣誉称号。2009 年 11 月荣获中国舞蹈家协会授予的中国舞蹈艺术"突出贡献舞蹈家"称号。

呕心沥血打造精品力作,创上芭品牌

2000 年初辛丽丽担任了上海芭蕾舞团副艺术总监,翌年又任艺术总监,芭蕾舞团的艺术发展重任瞬间便落到了她的肩上,她以宽广的艺术视野和敏锐的艺术触觉,带领舞团在艺术风格和审美取向方面做出了新的探索,使得舞团的艺术走向逐步的多元化,紧跟国际芭蕾舞发展的趋势,在国内五大芭蕾舞团中独树一帜。担任上海芭蕾舞团艺术总监后,为了尽快丰富上海芭蕾舞团的节目库,她积极引进与积累外国版本的芭蕾舞剧,先后引进了英国版本《天鹅湖》、《罗密欧与朱丽叶》,法国版本的《葛蓓莉娅》和《仙女》,巴兰钦的《小夜曲》、《大华尔兹》等剧目。引进与积累外国版本的芭蕾舞剧,不但学到了国外古典芭蕾的纯正风格,而且在很大程度上提高了演员的舞台表演艺术水平,提升了舞团的整体水平和实力。

芭蕾艺术作为一门西方的舶来品,如何同中国的文化、审美相结合始终是中国芭蕾工作者们探索和思考的问题。在引进和吸收国外优秀剧目的基础上,她还注重芭蕾的多样化发展和创作,大力推进民族芭蕾的创排,同时积极探索现代芭蕾的融入。2001 年由她编创的四幕芭蕾舞剧《梁山伯与祝英台》首演于中国上海国际艺术节闭幕式,受到业内好评。2006 年,辛丽丽参与策划组织了现代芭蕾舞剧《花样年华》的创排工作,该剧上演后获得了全国"歌剧、舞剧、音乐剧"展演三等奖,并在舞蹈界和新闻界引起了极大的关注,被称为中国芭蕾舞新的尝试。2010年,与皮尔·卡丹共同策划制作的大型时尚芭蕾舞剧《马可波罗——最后的使命》排演成功,该剧上演后获得业界一致好评,并被指定为2010年上海国际艺术节开幕式演出。在她十年的艺术总监工作中,从《白毛女》一枝独秀到十多台剧目轮番上演,取得了自主创排剧目达三部的不

凡业绩。

甘当园丁，悉心培育芭蕾新苗，枝繁叶茂

在抓创作促发展的同时，辛丽丽也深知优秀的舞蹈演员对于舞团发展的重要性。在她担任总监以来，她精心挑选有潜力的年轻演员，针对各人的特点，进行培养。多少个日日夜夜，她放弃节假日，冒着严寒酷暑，严格地对演员进行训练，足尖上的梦想和执著在这些年轻人身上得到延续。经过几年的努力，由她培养的多位演员在国际比赛中获得大奖，为国家争得了荣誉。她亲自培训的青年演员范晓枫、孙慎逸在2000年7月瓦尔纳国际芭蕾大赛双双获得青年组金奖；季萍萍、傅姝在第九届巴黎国际芭蕾大赛又各获金银奖；孙慎逸、范晓枫、柯达在第二届上海国际芭蕾舞比赛中荣获青年组男、女金、银奖和最佳双人舞奖；柯达、余晓伟参加第三届上海国际芭蕾舞比赛双双获得男女金奖；2007年吴虎生在第九届纽约国际芭蕾舞比赛中获男子组第一名（银奖获得者，金奖空缺），同时获得依戈·尤可科维奇奖；并在第四届上海国际芭蕾舞比赛中获得男子青年组金奖；2009年，郭虹妤、张文君参加第七届赫尔辛基国际芭蕾舞比赛，郭虹妤获女子组银奖，郭虹妤、张文君获最佳双人舞奖。国外的舞蹈评论家不禁惊呼"上海真成了芭蕾明星的生产基地了！"可他们又岂能知道这背后的艰辛？几年中，辛丽丽付出了许多许多……但看到那些演员成功了，她比谁都高兴。

普及芭蕾、奉献爱心，回报社会

作为一个明星和社会公众人物，她时刻把回报社会，奉献社会的责任记在心上。她热心公益事业，不仅组织策划芭蕾公益场演出，使普通市民能欣赏到高雅艺术。她还经常放弃休息时间，在学校、机关、企事业单位、东方讲坛等开办芭蕾讲座，为真诚关心芭蕾、热爱芭蕾的观众讲述芭蕾的美妙、芭蕾的艰辛与快乐，在她的努力下，上海芭蕾舞团还建立了芭蕾之友俱乐部，她不断地以自己特有的专长为群众了解芭蕾、欣赏芭蕾不断地努力着。她不仅在上海组织芭蕾普及活动，还在外地巡演时积极地为当地观众开展普及活动，成为芭蕾的宣传大使。她不断地呼吁要关注芭蕾事业的发展和芭蕾人才的培养,要发挥好上海芭蕾舞团这个上海名片的作用,为上海在加快实现"四个率先"过程中提高城市的文化影响力。

"我会离开芭蕾舞台,但一辈子也不会离开芭蕾",离开芭蕾舞台对一个演员来说是难舍的,而对芭蕾的热爱却是她工作的力量源泉。为此,她可以废寝忘食地泡在排练厅和演员们一练再练,可以一边掉眼泪一边继续工作,可以既当老师又当保姆地为参赛演员培训……她为演员们的进步而自豪,为芭蕾事业的发展而骄傲,芭蕾是她生命中的真爱。作为芭蕾界最年轻的艺术总监,她以扎实的芭蕾功底、忘我的工作热情、出色的艺术领导才能,为世界芭蕾界所瞩目。同时她也以自己对于芭蕾事业忠贞不渝的追求,谱写了人生的美丽篇章。

    谷好好 国家一级演员,艺术硕士,中国戏剧·梅花奖、上海白玉兰戏剧表演艺术主角奖获得者。现任上海昆剧团党总支副书记,上海市领军人才,上海市青联委员,上海文学艺术青年联合会理事。

    代表作品为新编昆剧《一片桃花红》、《白蛇后传》,折子戏《挡马》、《扈家庄》、《昭君出塞》,在新编历史剧《司马相如》和国家舞台精品获奖剧目《班昭》中有上佳表现。

    曾获得首届全国昆剧青年演员"兰花优秀新蕾奖"、全国昆剧优秀中青年演员"促进昆剧艺术奖"、首届"中国戏曲演唱大赛"红梅大奖、全国昆剧优秀青年"十佳演员奖"、法国塞纳大奖、上海文艺家荣誉奖、第四届中国昆剧艺术节"优秀表演奖"、上海文艺人才奖。

    荣誉称号有首届上海文化新人、上海市"十大杰出青年"、上海市"三八"红旗手、上海市宣传系统优秀共产党员、共青团十四大代表、第八届、第九届上海市党代会代表。

人生格言

梅花香自苦寒来

谷好好

416

她在丛中笑

○记上海昆剧团刀马旦演员谷好好

提高业务，完善自我

谷好好现在是上海昆剧团年轻演员中的一面旗帜，业务标兵，她对自己严格要求，其刻苦拼搏的精神和出类拔萃的业务水平是武戏演员乃至所有演员的杰出榜样。

谷好好对自己的业务从不懈怠，她深知"台上一分钟，台下十年功"，为了能出成绩，她勤学苦练，每天她第一个到练功房，又最后一个离开练功房。每天到团上班的时候她像手机的电池是充着满格电，认真"折腾"了一天，到晚上回家时，往往是累得够呛，电量不足了。她不仅要求自己业务提高，还要通过自己的身先示范，营造出一种不怕苦不怕累的气氛，以自身作榜样来引领大家，把昆曲艺术发扬光大。

为了适应舞台人物的需要，谷好好夏天故意穿上厚厚的衣服练功，冬天却只穿薄薄的单衣，从而练就自己的强健体魄和顽强毅力，使得台上一招一式都显得那么得心应手，干净利落。谷好好曾为练功断过手臂，为排演京剧《宝莲灯》的沉香累得患上血尿，在排练折子戏《守门杀监》练习甩发时，脖子疼得连吃饭都难以下咽，但她都能坚持下来，剧组同行都叫她"累不死的谷好好"。

除了能演武旦戏、刀马旦戏外，谷好好还超越自己，拓宽戏路，不断追求艺术上的更高境界。她在《司马相如》中饰演书童墨香，在《守门杀监》中她成功地扮演了一位正气凛然的小太监，用小生的表现手法，小嗓唱念，有甩发、僵尸等高难度动作，又在新编历史剧《班昭》中饰傻姐一角，年龄跨度从十几岁的少女到六十八岁的老妇，行当跨越小花旦、彩

旦、老旦等等。前几年,她主动邀请著名编剧罗怀臻为她度身定"著"昆剧《一片桃花红》,力争展示她文武兼备的多面手风采。在此剧开排之初,她患了严重的颈椎病,但她没有退缩,仍然带病上阵,坚持在排练场上,为剧组同志树立了爱岗敬业的好榜样,并且发挥剧组青年党员的积极性。该剧于2004年10月在上海首演,并参加上海国际艺术节演出,获得好评。

由于她的勤学苦练,技艺出众,赢得了内行专家的肯定,也为自己赢得了各种大大小小的专业殊荣和肯定。2007年,谷好好喜获"中国戏剧梅花奖",实现上昆第三代传人"梅花奖"零的突破。2009年6月出演昆剧《红泥关》荣获第四届中国昆剧艺术节优秀表演奖。2009年入选上海市领军人才,其主演的《目莲救母》获2009年上海市小节目评选展演优秀作品奖。2010年荣获第20届上海白玉兰戏剧表演艺术主角奖。

21世纪,是综合人才的竞争时代,需要各方面的知识。谷好好在业务水平提高之际,她还不断在综合文化素质上提高自我,完善自我。她利用自己的业余时间完成了上海戏剧学院艺术硕士(MFA)专业的课程,2009年,她以优异的成绩顺利毕业。

推广昆曲,不遗余力

作为国家一级演员,谷好好从不以自己是"角儿"自居,她积极地进校园、下基层、去社区、赴海外用演出来做直接的推广,为推广昆曲这项寂寞的事业不遗余力。

她积极参加上昆自1999年开始的"昆曲走向青年"的演出、讲座活动(目前已演出近300场),2010年5月,在文化部主办的第九届中国艺术节活动中,谷好好带着武戏下基层去推广昆曲,很多第一次接触昆曲的观众看完以后都非常喜欢。今年在上海举办"2010上海世博会",谷好好也参加了一系列的重要演出,还为世博会拍摄了一套宣传海报。近年来她还随中国文联、中国剧协梅花奖艺术团、上海文联艺术家演出团多次下乡、下基层、赴灾区慰问演出。曾随团赴北京、甘肃、内蒙、河南、湖南、湖北、云南、江苏、福建、海南等省市以及美国、法国、中国香港等国家和地区演出,2007年她参加演出的《白蛇传》获法国塞纳大奖,她为继承、发展、振兴昆剧,弘扬民族文化,作出了突出的贡献。

昆剧的推广演出多是在户外举行,条件十分艰苦,常常没有地毯,没有空调。谷好好是武戏演员,她得全副武装披挂上阵,重重的行头让她觉得很热很闷,没有地毯,就缺少了重要的保护就有着受伤的危险,但她无论到哪里演出都是全心全力地投入,不因条件的艰苦而打折扣,那一丝不苟的演出赢得了观众发自内心的尊敬和欣赏,也赢得了同行的尊重和爱护。

源于对昆曲普及推广工作的深入思考,谷好好结合昆曲观众的变化不断地在调整自己的策略和方针。近年来,她主要做一些有针对性的讲座,试图将昆曲的普及推广和高雅艺术进校园、进课堂结合起来,2008年10月,她带领团队到香港城市大学中国文化中心讲座,她深情朴实真实生动的讲座,获得了大学生的爱戴。2009年9月,她又在京昆艺术中心创设的"天蟾京昆讲坛"开讲,再次拉近了她和观众的距离。2010年4月8日晚上风雨交加,谷好好到上海外国语大学讲座,由于下午还在排练,赶到上外时已快到讲座时间了,谷好好没顾得上吃饭,又冷又饿,她不顾身体的疲劳,全情投身讲座。她说,只要年轻的观众能喜欢昆曲,我吃这点苦受这点累根本不算什么,她想通过她自己的个人魅力来影响青年观众朋友们,让他们喜欢昆曲。

投身管理,以身作则

谷好好的管理工作同样做得有声有色。除了担当党总支副书记外,由于她的专业特长,还分管上昆的武戏训练和建设。

谷好好认为,昆曲作为一个世界级的大剧种,它应该文武兼备,文戏武戏全面发展。为此,她和创研部、业务科、演员队等管理部门反复探讨关于武戏演员的培养、练功、剧目积累等迫切的问题,给他们聘请老师,制定科学的训练计划,并积极创造演出机会。在她的积极建议和参与下,团里成立了技导组,由专门的技导带领大家有步骤有计划科学地练功。如今,全体武戏演员无论是台上还是台下、基训中还是演出中,都保持着昂扬的精神状态,使得演员的思想素质和业务素质都有显著提高,武戏的整体面貌也有了极大改变。上昆自今年开始,每月的某个周末,在逸夫舞台专门开辟了一个公益演出场,专演折子戏,武戏是其中的一个必演剧目,这一举措改变了武戏演员没有主戏演的被动局面,让武戏

演员觉得除了在团跑龙套外,也能演上主戏,找到一种做武戏演员的尊严和自豪感。近年来,她指导的上昆武戏演员贾喆、娄云啸、赵文英等人都先后获得了全国、上海等的专业奖项。

　　谷好好作为党总支副书记,她关心每一位同志,特别是青年同志的进步与成长,与他们谈心,带大家一起练功,在排练场上摸爬滚打,帮助大家克服生活和业务上的困难。"等到全世界观众都喜欢昆曲的时候,我做梦也会笑醒的……"这就是我们的谷好好,她不停地引领着青年人在昆曲世界中快马加鞭地奔跑。

李　莉　一级编剧,1955 年 10 月 1 日出生。现任上海越剧院院长、编剧。

长期从事戏曲编剧工作,主要作品曾获中国戏剧奖·曹禺剧本奖戏曲组第一名;国家舞台艺术精品工程剧目;国家"五个一工程"优秀作品奖;全国少数民族戏剧汇演优秀编剧奖;中国京剧节一等奖榜首;云南省文化精品工程奖、新剧目展演剧作一等奖;金孔雀优秀编剧奖;广西省第七届桂花金奖、优秀编剧奖。并获上海市委宣传部特别嘉奖及上海优秀文艺人才特别奖。

2009.9 独著的《历史剧创作困惑之点滴》出版于《历史剧创作学术研讨会论文集》

近年来获奖情况:2007 白剧《白洁圣妃》获首届全国少数民族戏剧汇演优秀编剧奖,2007 京剧《成败萧何》获第十届中国戏剧节优秀剧目奖,2007 白剧《白洁圣妃》获云南省第四届文化精品工程奖,2007 滇剧《童心劫》获云南省第四届文化精品工程奖,2008 京剧《成败萧何》获中国京剧节一等奖榜首,2008 京剧《白洁圣妃》获中国京剧节一等奖,2008 京剧《白洁圣妃》获云南省新剧目展演剧作一等奖,2008 京剧《白洁圣妃》获金孔雀优秀编剧奖,2009 桂剧《灵渠长歌》获广西省第七届桂花金奖、优秀编剧奖,2009 京剧《白洁圣妃》获云南省第五届文化精品工程奖,2009 京剧《成败萧何》入选 2008—2009 年度国家舞台艺术精品工程初选剧目,2009 京剧《成败萧何》获第十一届"五个一工程"优秀作品奖。

人生格言　海纳百川 有容乃大 璧立千刃 无欲则刚。

李莉

专业领域成绩卓越，
培养青年落到实处

○记上海越剧院院长、一级编剧李莉

感悟生命，守望传统

　　上海越剧院院长李莉，虽然出身苏州水乡，但从硬朗大气的做派来看，的确看不到江南女子与生俱来的妩媚，倒是明晰地感受到她作为一名曾服役十余年的退伍军人的干练派头。李莉曾在海军部队服役十多年，转业后入上海戏剧学院戏剧、影视函授班及高级编剧班学习。1986年调入上海越剧院，历任创作室编剧、创研中心主任、副院长、院长等职，获上海市领军人才称号。其作品多次获得全国及省市级的各类奖项。

　　她的作品并非传统的"才子佳人"，但她写人情感的唱词却也同样能写进情感之深邃处，引人落泪。李莉以大气的选题、犀利的笔锋著称。先后撰写了《深宫怨》(《血染深宫》)、《疯人院之恋》、《蔡锷与小凤仙》、《成败萧何》、《千古情怨》等十几出越剧作品。她关注人性，尤其关注知识分子的命运，关注个人命运与外部环境的碰撞。李莉以自身的体悟去感知生命的启示，并把这种思索以剧本的形式陈述自身的道德理念。《成败萧何》、《秋色渐浓》中每个人的命运都被大势所趋，个人在大势面前是非常渺小的，生命的脆弱令人感叹，个体想逆大势而动需要具备坚毅的意志。

　　作者不再以是非观念塑造人物，塑造有缺点的人物是作者创作的倾向。《秋色渐浓》中的吴仕达，满怀憧憬投身辛亥革命，却在血腥的杀戮和世事的变化无常中迷失了方向，倒塌了信仰。《凤氏彝兰》中的赵师爷不够坚毅，带着这种缺点营造了一场他不可推卸的悲剧。《成败萧何》中的韩信居功自傲、缺乏政治手腕的性格缺点被中国的官僚制度剔除，在人才加奴才的双向能力中沉没。《千古情怨》纳兰信德徘徊在卢云和梦萦之间，一生做着痛苦的抉择，带有俄狄浦斯氏的悲剧色彩，在犹豫中丧失机会，在选择中迷失方向。

生活中善恶没有明显的界限，舞台上善恶分明的人物形象，与现代人的审美是有距离的。李莉以其敏锐的生命体验把握住时代的脉搏，从更广泛的视角和更深的层次上领悟大时代的特点。将这些感悟与传统文化相结合，在时代精神的肌理中流淌着传统文化的血液。她是一位多产的女作家，从出道至今已有三十多部剧本。这三十多部作品中大部分还是越剧，越剧是她的精神归属，是她的扎根之所。她坚守在传统文化的领域里。即使面对戏曲编剧的困境，也没有过多的埋怨，却更加积极地创作。思考时代和生命，思考社会历史，主动地承担起对时代、对生命的责任。追求社会历史的真相，追求人类情感的真相，以每一个生命背后的不同情感样式，打动观众，激发观众对人生永恒价值的追寻。

由其编写的历史革命题材《秋色渐浓》已入选上海市重大题材创作剧目，向今年的国庆和明年的辛亥革命 100 周年、建党 60 周年献礼！

扶植青年，培养人才

"人才兴则剧院兴"！李莉自上任以来一直把培养青年越剧人才作为全院工作的重中之重。在她的带领之下剧院上下一条心，各部门通力合作扶植新星。

2008 年继续花大力气完成了"越苑青春风"的 6 位优秀青年演员系列专场活动。她利用剧院有限资金，想尽一切办法借助媒体平台，扩大青年影响，营造市场效应。2009 年由中央电视台和上海文广新闻传媒集团共同举办的"越女争锋"第二季电视挑战赛，青年演员们不负众望一路摘金夺银，成绩斐然。面对骄人的成绩，李院长没有满足，她始终把培养人才作为一项长期的、漫长的事业来完成。不断设定目标，调整方案，每经过一个项目总要审时度势，在总结培养青年工作经验的基础之上再"加把火"找到更适合年轻人艺术成长的项目。

通过传承经典大戏、新创新排小戏，进一步调动院内院外的名家名师力量进行传、帮、带，推出培养"越剧新星"的新举措。第一二期深度

打造上海越剧院二团的七位不同行当的优秀青年演员,集中传承五台越剧经典大戏《红楼梦》、《西厢记》、《梁祝》、《珍珠塔》、《孔雀东南飞》和五台新创剧目《韩非子》、《虞美人》、《紫玉钗》、《梅龙镇》、《断指记》。第三期以上海越剧院一团的四位优秀青年男女主演为主,集中打造《花中君子》、《红楼梦》、《沙漠王子》、《千古情怨》、《杨乃武》、《状元打更》。在李莉的总体思路下,剧院还聘请了院外数位专家观看演出,坦诚直言,为这些青年演员挑刺把脉。之后,剧院则根据专家意见,观众反映,完善激励机制,实施百日集训计划。通过考核筛选,逐步调整聚焦点,以此加大包装力度,推出德艺兼备、能挑大梁的越剧新星。

青年演员更是干劲十足,进步明显。徐标新、陈湜通过竞争选拔,参加了2009年上海市举办的"粉墨嘉年华"优秀青年演员演出专场;张宇峰、王柔桑、盛舒扬、樊婷婷在央视主办的"越女争锋"第二季比赛中夺得金奖,忻雅琴、李旭丹、郭茜云同获银奖;在不久前的第三届"中国戏曲红梅荟萃"大赛中,王柔桑和李旭丹同获红梅金花奖。2010年杨婷娜、吴群又成功申请第三期"粉墨嘉年华"优秀青年演员演出专场。

李莉始终坚持"两条腿"走路的管理思路。既要扶植女子越剧,也要发展男女合演;既要聚焦青年演员,也要着力推出青年编导及舞美等专业人才。两年来,上海越剧院新创小戏有20多出,在上海市的小戏比赛中,《小河弯弯》、《雪地追子》、《夜深沉》、《真情无界》获优秀剧目奖,青年演员蔡燕、齐春雷获新人奖,剧院获组织奖。可以说,在李莉院长两年来的坚持不懈下,剧院青年专业人才的创作成绩硕果累累。目前已拥有一批能够独立完成新创小戏的编、导、演及舞美设计青年人才,剧院的新星群体也初步形成。

利用资源,开拓业务

"危机伴随机遇",外地演出市场的迅猛发展,使李莉清醒地意识到,剧院必须抓住机会,找到自谋生路的办法,这是现代场、院工作者义不容辞的历史责任!

2009年由上海越剧院牵头,14家剧院(剧场)自发加盟成立"友好剧院联谊会",建立"越线网"。启用企业化运作,突破现有演出模式,共同拓展、推广、搭建民族戏曲与演出市场相结合的优秀文化平台。

　　更合理利用现有资源，上海越剧院有一批优秀的中青年演员，他们是上海培养的艺术家，不仅是上海越剧院的骄傲，也是上海人才培养的丰硕成果。为做大做强上海越剧品牌，提升剧院竞争力，李莉带领剧院演出和宣传部门于 2010 年世博会前夕，重拳出击，举办"我们共同走过"——当代越剧表演艺术家集萃展示。以获得"文华奖"、"中国戏剧梅花奖"的五位青年艺术家：钱惠丽、单仰萍、章瑞虹、赵志刚、方亚芬联袂登台倾情出演。这五位当代越剧表演艺术家及七台风格迥异的舞台呈现。在上海世博会期间，已成为上海文化名片中一支出色的队伍，肩负着越剧的使命和上海的荣誉走向全国进行系列巡演，将越剧推向新一轮的高潮。

陈白桦　特级教师、特级校长，1955 年 12 月 1 日生，1982 年获上海师范大学文学学士学位，现任中国福利会副巡视员、中国福利会少年宫主任、小伙伴艺术团团长，兼任上海舞蹈家协会副主席等职。党的十七大代表，享受国务院特殊津贴。

长期从事校外教育工作，曾创编《中国风》等一大批优秀少儿舞蹈作品，曾带领团队参加 APEC、庆香港、澳门回归、上合组织峰会、2007 上海世界特奥会、2010 上海世博会等重大演出。

曾获全国优秀教师、全国"五一"劳动奖章、全国先进工作者、全国少年儿童校外教育名师、中国青少年社会教育"银杏奖"突出贡献奖、中国优秀儿童歌舞工作者、全国第十五届"群文之星"等荣誉称号。2009 年获"上海市领军人才"称号。

人生格言

我为孩子的成长"起舞"

陈白桦

锐意进取,追求卓越

○记中国福利会少年宫
主任、小伙伴艺术团团长陈白桦

创作少儿舞蹈精品,发挥艺术育人功效

在近30年的从教生涯中,陈白桦始终把爱舞蹈、爱艺术、爱孩子作为自己一生的追求目标。她以对童心世界的投入,以一名少儿教育工作者的高尚情操和崇高的社会责任感,不断探索,努力实践,通过创作一个个优秀的少儿舞蹈作品,塑造孩子们真善美的心灵,在教孩子学艺术的同时更好地教会他们做人,将思想道德教育全面渗透于艺术教育之中。

陈白桦年年都有新作品,年年都有好作品。她的作品不仅充满童趣,而且融合了诸多育人思想和内涵,处处洋溢出寓教于乐的艺术品位和教育内涵。由她创作的舞蹈《中国风》、《白鸽》、《中国自豪》、《金葵花》、《剪窗花》、《课间》、《我们和小树》、《我们是共产主义接班人》等作品频频受邀参加国内外重大演出,并在全国和全市重大舞蹈比赛中屡获殊荣:《中国风》获宝钢高雅艺术奖,自1989年创作至今,更是久演不衰,成为深受大家喜爱的优秀少儿舞蹈作品。《白鸽》获第六届全国群星奖金奖、《中国自豪》获上海市委宣传部嘉奖令、《金葵花》获全国少儿舞蹈比赛一等奖、《剪窗花》获全国少儿舞蹈比赛金奖……2003年至今,在她担任中福会少年宫行政领导期间,她仍然以高昂的热情坚守在少儿舞蹈创作的第一线,由她领衔创编的舞蹈《足球宝贝》获上海市金孔雀舞蹈节比赛金奖、舞蹈《巾帼小不点》获上海市小节目评选活动创作一等奖、舞蹈《亲亲小鹿》、《快乐花园》双双荣获第3届"小荷风采"全国少儿舞蹈展演大赛最高奖"小荷之星"奖,她本人荣获第3届"小荷风采"

全国少儿舞蹈展演"小荷园丁"称号。

搭建国际交流平台，发挥儿童外交功能

陈白桦带领中福会少年宫和小伙伴艺术团一直秉承宋庆龄主席"加强对外交往"的指示精神，确立了"走出去"的发展战略，以其特有的艺术魅力和感染力，成为和平友谊的小使者，在国际舞台上精彩亮相，曾出访英国、美国、日本、澳大利亚、朝鲜，以及港澳台等22个国家和地区，所到之处都引起轰动，好评如潮。孩子们用灿烂的笑容、精湛的艺术充分展现了上海少年儿童的风采，充分发挥出"儿童外交"的重要作用，受到了中央领导、市委市府及社会各界的广泛赞誉和高度评价，被誉为"上海的城市名片"、"中国的小大使"。

在她的亲自带领下，近年来，中福会少年宫小伙伴艺术团参加的各级各类重大演出有：庆祝香港、澳门回归文艺晚会、第九次APEC经济体领导人非正式会议文艺晚会、第35届亚行年会、中法文化年巴黎"上海周"、国际文化政策论坛第7届部长年会、2010上海世博会会标揭晓大型文艺晚会、上海合作组织峰会、中俄文化年"上海周"、2007上海世界特奥会、2008北京奥运会广场演出、2009年新中国成立60周年天安门广场花车巡游活动、2010年上海世博会开幕式等。陈白桦和她的团队用少儿艺术的独特魅力，在国际国内大活动中，发挥了儿童外交的作用，构筑起沟通和联系世界的友谊桥梁。也正是这样的"外交作用"，让更多的世界人民认识和了解了"小伙伴"。陈白桦和她的团队于2008年获得了由美国总统艺术人文委员会等四家官方机构共同管理和资助的"站得更高"奖，由此成为第一个获此殊荣的中国机构。

悉心培育优质品牌，整合资源联动发展

大家都说，陈白桦是个有思想、有远见的管理者。在新的历史条件下，她深深地感到，少年宫必须以开放、合作、竞争的姿态，走社会发展的道路，走品牌强宫之路。她提出"创新是灵魂，人才是关键；教学是基础，活动为中心；改革促发展，管理是保证"的品牌战略方针，确定了"三个中心"，即少年儿童素质活动中心、国际少年儿童交流展示中心、全国

校外教育师资培训中心的品牌发展目标。

作为小伙伴艺术团团长，陈白桦还是把品牌建设贯穿始终，认为品牌才是真正实现事业长期、持久发展的根本动力。她常说，一个品牌要保持长久不衰，必须精心打造，悉心培育，有了品牌就要用好品牌，不断拓展品牌。为此，她注重借助外力，启动内力，激发活力，挖掘优势资源，整合社会资源，用品牌获取政府和社会的支持，在竞争与合作中不断营造出新的发展优势，实现互利多赢。她在工作中努力寻找新的突破口，做出了很多富有前瞻性的尝试，不断创造出艺术团事业的新亮点。在她的带领下，艺术团与东方电视台的强强联合，成立东方小伙伴艺术团，走出了品牌社会化的关键一步；与上海大剧院强强联合，每月推出"少儿艺术走进大剧院"活动，向社会更好地展示和宣传品牌形象；与市三女中、一师附小、复旦附中等名校强强联合，实行学生艺术教育和学校教育一条龙的教育服务；与浦江镇合作建立浦江青少年活动中心，成为"农民家门口的市少年宫"。如今，小伙伴艺术团已经成为全国少儿艺术领域的响亮品牌，也成为促进广大少年儿童展现自我、全面发展的"金色摇篮"。

引领团队持续发展，名师效应辐射全国

儿童事业是缔造未来的事业，教育需要一代又一代人的接力才能前行。作为全国校外教育名师，全国少儿舞蹈领域的领头羊，在多年的工作实践中，陈白桦充分认识到团队建设是艺术团保持良好的竞争优势，持续稳步发展的加速器，是团队成员为着同一个目标努力奋进，形成强大凝聚力和向心力的基础，更是团队文化得以延续，艺术质量得以保证，团队精神得以充分体现的保障。为此，她以自身的不懈努力，构建着一支可持续发展的优秀团队。

她亲自带教青年教师，策划推行"青年教师大比武"，提升青年教师的全面素质，营造自我激励、自我加压、自主奋进的事业氛围；她强化制度建设，在原有基础上不断推出更科学有效的分配机制、激励机制和机构改革方案，制定科学的绩效评估标准，用制度激活人气和干劲；她充分发挥名师效应，深入本市23个少年宫辅导年轻舞蹈教师搞教学和创作；作为名师，她还经常受邀赴全国各地讲学，传播经验和做法。她再忙，再

苦,再累,还是坚持在教育的第一线,抓教学,搞创作,言传身教,用精湛的业务和高尚的人格魅力带教青年教师,毫无保留地把经验传授给年轻人,促使年轻人在实践中得到锻炼与成长。看着青年教师的迅速成长,她总是欣慰地说:"这是一项比自己取得成功更有价值的工作。其深远的意义在于能够把宋庆龄的儿童教育思想和中福会少年宫几代人形成的优良作风和宝贵经验传播和辐射出去,得到继承和发扬,能让希望在明天得到延伸。"

陈剑峰 汉族,1964年7月出生,上海人,中共党员。1987年7月上海财经大学财政金融系大学本科毕业,获经济学学士学位,2007年5月,获得南洋理工大学工商管理硕士学位。解放日报报业集团副社长、上海新华传媒股份有限公司董事长、上海新华发行集团有限公司总裁。

长期从事宣传文化系统经营管理工作。先后在文汇报党办、经理部工作,1996年6月起,陈剑峰同志调市委宣传部工作,历任事业处副处长、国资办主任,2007年11月,调任解放日报报业集团任社长助理,2008年1月兼任上海新华发行集团有限公司总裁,2009年2月起任解放日报报业集团副社长,2010年4月,兼任上海新华传媒股份有限公司董事长。

人生格言

市场要培育

盈利看模式

风险靠控制

发展需创新

陈剑峰

不断探索，锐意创新

○记解放日报报业集团副社长、
新华传媒集团董事长陈剑峰

陈剑峰长期在宣传文化系统从事经营管理工作，参与并见证了上海宣传文化系统一系列体制机制改革。面对文化体制改革的大背景，他不断探索，锐意创新，积极做好宣传文化体制改革的践行者，在制度创新、国资管理等工作中的许多创新实践为宣传文化事业作出了突出贡献。

加强制度建设，全面构建市属宣传文化系统国资监管体系

在担任市委宣传部国资办主任期间，陈剑峰积极探索文化领域国资监管体制和形式。根据宣传文化系统的行业特殊性，他着力将国资管理普遍规则与文化意识形态管理特殊性相结合，管人管事管资产相统一，制定并完善了一系列规章制度，以制度建设来规范管理，建立了全覆盖的上海市宣传文化系统国有资产监管体系、运营体系、考核体系。

确立了向多元投资和混合所有制企业委派国有产权代表的制度；确立了向转制企业委派专职董事和监事的制度；建立了宣传系统财务报表管理系统和快速反应机制；明确了资产评估、股权变动、产权登记年检等制度和做法，确保对国有资产监管的到位、有序、有效。制定并颁布了关于加强投资管理、广告管理等一系列规范性文件，规范投资行为、产权运作行为、资产评估行为等。同时，在规范运作的基础上，通过授权经营、授权管理等方式，明确国资运营主体的责任、义务和权利。制定了经营

业绩、管理业绩的考核办法，把年报审计和经济责任审计作为考核的主要手段。

积极探索实践，成功运作新华发行集团改制和新华传媒上市等一系列文化体制改革项目

打造一批有实力、有竞争力和影响力的国有或国有控股的文化企业和企业集团，是文化体制改革的重要目标。如何有效有序推进上海文化单位的转企改制工作，使文化单位摆脱传统事业体制的束缚，成为真正意义上的市场主体，焕发新的生机和活力，成为上海宣传文化体制改革的重点和难点。陈剑峰在担任市委宣传部国资办主任期间，从产权制度改革着手，成功实施了新华发行集团混合所有制改制，以公开挂牌市场竞价方式转让49%的股权，不仅使国有投资主体在转让49%股权的过程中获得5.8亿元以上的收益，更重要的是，在这次转制过程中，对国有资产评估方法的调整、以市场发现价格机制确认评估结果、制订的《职工权益保障方案》和通过公开挂牌市场竞价专家评审进行产权交易确定受让方等做法都具有开创性和探索性，为今后的文化体制改革积累了宝贵的经验。

2007年，陈剑峰成功组织实施了新华传媒借壳上市和定向增发的重大资本运作项目，使新华传媒成为全国首家出版业上市公司，并实现了"股权置换＋重大资产重组＋股权分置改革"的新模式，为全国股权分置改革和文化企业上市提供了成功范例。新华传媒的定向增发，开创了以媒体无形资产评估增值作价对上市公司增资的先例，确立了文化资产市场价值的定价标准；开创了报业集团将媒体经营性资产通过定向增发方式整体上市的先例，使新华传媒成为我国第一家具有书报刊经营完整产业链和业务的上市公司；开创了我国媒体"两分开"运作的完整市场化商业模式的先例，突破了媒体市场化运作的体制性障碍并提供了权威的解决方案；开创了平面媒体广告、发行和延伸产品经营的第三方平台的产业形态，突破媒体集团自身产品和地域经营的局限，为媒体经营的专业化服务和跨地区发展奠定基础。

不断改革创新，转变报业发展方式

陈剑峰具有较强的创新意识，工作中敢想敢试敢干。在文汇报社工作期间，陈剑峰同志组织实施了文汇报社全面预算管理，推行广告、发行、印刷板块的经营承包责任制，参与策划发起设立了"强生股份"这一公共服务行业的上市公司。这一系列创新之举，使文汇报的资产价值量迅速得到增长。

2009年2月起，陈剑峰担任解放日报报业集团副社长。面对金融风暴、宏观调控以及新媒体对传统纸媒的影响，他带领团队积极应对，特别是针对分类广告和房地产广告存在的巨额营业额缺口和进一步加剧的管控风险，及时调整经营和管理模式，有效地稳定了队伍，控制了风险，为房地产广告的延伸业务发展创造了条件。

在做好广告、发行、印刷三大传统业务的同时，陈剑峰不断拓展发展路径，转变报业发展方式。建立了咨询、担保、典当、小额贷款等金融业务板块，在媒体主业遇到发展瓶颈的时候，这些产业支撑了报业集团经济，并继续支持主业作结构调整，拓展新型媒体业务。

2009年新闻晚报改版后，报纸影响力有了进一步提升。为了将其培育成解放日报报业集团和新华传媒核心业务板块，陈剑峰用积极的方案解决与新华传媒同业竞争问题，使得新闻晚报的产业链更加完整；同时，通过改革引进人才和团队，间接实现部分管理团队及经营者的持股问题，实现了局部动力机制的突破，并制定了资本运作和股份制改革的一揽子计划，完成了股东增资、确定了新的战略投资者，力求将晚报传媒公司打造成沪上最具竞争力的传媒公司之一。

汪建强　1958 年 9 月生,复旦大学工商管理硕士,现任上海广播电视台副台长。汪建强同志被评为全国宣传文化系统四个一批人才,同时他还兼任中国电影电视技术学会第六届常务理事会理事,兼任中国广播电视协会技术工作委员会第五届理事会理事。

2001 年 12 月,获上海市劳动模范称号,1996 年 3 月,获国家广电系统劳动模范称号,1993 年 12 月,获广电部先进个人称号

人生格言

以"创新"引领经媒发展,以"卓越"提升接收动力,以"品牌"经营媒体力量。

汪建强

锐意进取,不断超越

○记上海广播电视台副台长汪建强

汪建强于 1998 年 4 月任上海市广播电影电视局技术中心主任;2001 年 5 月任上海文化广播影视集团技术中心主任;2003 年 6 月至 2009 年 10 月任上海文广新闻传媒集团副总裁;2009 年 11 月至今任上海广播电视台副台长。汪建强在担任技术领导期间,认真落实科学发展观,积极开展技术创新,争创技术发展急先锋,他十多年如一日,对广播电视技术刻苦钻研,精益求精,把无限的热情倾注于广播电视事业中,以渊博的技术学识、高超的技术水平、饱满的工作激情赢得了技术系统广大职工的赞誉。

牢记责任,探索安全播出管理新模式

汪建强始终以广播电视安全播出为核心任务,他积极跟踪国际广播电视技术发展趋势,不断探索安全播出管理新方法。在管理工作中,他充分考量台自身特点、上海地区发展热点及国际广播电视技术发展趋势,带领团队不断钻研,在对台内安全播出管理工作进行了全面的定量分析后,根据不同时期的特性,分别对广播电视安全播出管理工作提出了"前馈控制、数字化量化管理、网格化管理"等先进的管理理念,对播出应急管理提出"在系统建设时,要充分考虑应急的技术条件;在系统运行中必须有完备的应急方案并进行充分演练"的管理要求,这些管理理念和要求在全国得到推广。他要求建立广播电视播出部门 ISO 管理体系,领导建立了安全播出信息数字化体系、应急处理响应时间量化标准、安全播出重要保障期工作流程等一系列配套管理机制和监督流程,确保了台内安全播出管理工作的有效实施。近年来,在汪建强同志的带领下,我台广播电视安全播出成绩优异。其中广播播出连续几年实现 0 秒停播,取得历史性突破;而电视播出停播率和事故率也逐年下降,始终保持全国前列水平。随着新媒体业务的迅猛发展,09 年起汪建强同志适时地将新媒体公司纳入台内安全播出管理范畴,有效规范新媒体节目的播出管理工作,全年各新媒体公司均实现了零停播、零事故的好成绩。同时,在重要时期、重要节目的播出中,汪建强均深入一线靠前指挥,领导制定并完善各项应急方案,严密防范非法信号的干扰破坏,近年来,实现了重要时期、重要节目播出"零"秒无差错的目标,成绩显著。

夯实专业基础,提升技术核心竞争力

多年的一线工作经验使得汪建强具备了精湛的专业技术水平和丰富的管理经验,在 SMG 的技术管理工作中,他带领技术团队积极进取,勇于创新,圆满完成各类工程项目建设任务,积极开展新技术研发应用工作,注重提升 SMG 的核心竞争力,并屡获国家各类奖项,带队成绩显著。

SMG 新闻共享平台(电视多频道多业务网络系统集成技术)建设。为实现上海电视台、东方电视台和上海东方卫视三个新闻频道的资源共享和新闻制播生产流程再造,提高电视新闻制播效率和质量,SMG 启动《SMG 电视新闻共享平台》项目工作。汪建强同志作为技术总负责人,创造性地提出了多频道多业务共享的大规模网络化制播一体共享网络系统的理念,带领工作团队加班加点,日以夜继,攻破多个技术难关,自主研发关键技术,优质高效地完成了共享平台的整体解决方案设计和项目的实施工作。该系统具有先进的技术方案,创新的工作流程,超大的系统规模,达到国际先进水平,得到了业界的肯定,被广电总局设为电视台网络化建设的重点研究对象和典型之一。在广电行业积极推动网络化的建设发展却缺少成功大型案例的时期,SMG 电视新闻共享平台的成功建设,为全国电视台的网络化建设做出了探索和示范作用,为电视台网络化进程的推进作出了贡献。该项目获 08 年国家广电总局科技创新奖工程技术奖二等奖,获 07 年上海市科学技术进步奖二等奖,获 07

年上海市局科学技术进步奖一等奖。

承接总局《地面数字电视国家标准上海高清播出》项目,保证东方卫视高清播出。 为了在上海率先建设我国首个基于具有自主知识产权的国家地面数字电视传输标准的城市高清晰度数字电视频道,提升上海在数字电视产业链的竞争力,同时为更好地服务于北京奥运及上海世博,汪建强前瞻性决定带队向国家发改委争取项目课题,经过激烈的竞争,汪建强凭借准确的定位、超前的战略思维、完备的方案,成功获得国家发改委重点项目《地面数字电视国家标准上海高清播出》的研究工作。在汪建强带领下,SMG 项目组在没有经验可以借鉴的情况下,攻克技术难关,高效优质地完成了项目的研发任务,获得各方赞誉。随着中央领导及国家广电总局加快推进高清电视发展精神的下达,SMG 东方卫视成为国家广电总局计划 2009 年 9 月 28 日进行高、标清节目同步播出的 9 个卫视频道之一。汪建强同志接到任务后,立刻带队制定技术准备方案,由于预判准确,准备充分,国家发改委重点项目《地面数字电视国家标准上海高清播出》的研究成果直接而有效地应用于东方卫视高清播出项目之中。同时汪建强还带队从安全播出管理制度和人员培训着手,拟定《高清电视节目技术指标和制作规范(试行草案)》和配套的安全播出管理制度,并组织举办了"高清电视摄像培训"和"高清电视编导培训",为东方卫视的高标清同播任务的圆满完成提供了坚实的技术支撑。

国家广电总局"广播电台、电视台网络化制作关键技术应用研究"科研任务。 在带队成功向国家广电总局申请到"广播电台、电视台网络化制作关键技术应用研究"两个重点科研项目后,汪建强作为项目领导主持了广播、电视数字化网络化建设工作,在项目研发中,汪建强同志展现出了积极的工作热情和深厚的技术功底,项目组在他带领下高质量地完成了《广播电台数字化网络化建设白皮书》和《电视台数字化网络化建设白皮书》的编写工作。在项目研发中,汪建强同志创造性地提出了"板块"概念,从业务的角度剖析了电台、电视台网络的复杂需求,明确了电台电视台网络化的定义和意义、阐述了国内电台电视台网络化的环境与影响因素和实施纲要,并对电视台网络化过程中主要存在的风险和规避防范进行了深入考虑。他所提出的电视台网分类模型为广播电台、电视台数字化网络化的建立了研究体系,奠定了理论基础。在总局《白皮书》宣贯会上,总局副局长张海涛同志指出:作为国内广播电台、电视台数字化网络化建设的指导性纲要文件的《白皮书》非常好,应当积极主动地引导、指导和规范全国各台的工作进程。总局科技司王效杰司长要求各台参照并贯彻执行。中央电视台、中央人民广播电台、国际台和全国各省级电台、电视台对白皮书给予了高度评价,均表示将参照白皮书积极推进自身的网络化建设,力争成为总局网络化的示范基地。该两个项目分别获得 07 年度广电总局科技创新奖一、二等奖,有效提升了 SMG 在全国的品牌价值。

卫星地球站抗干扰技术研究与应用工作。为响应国家广电总局有关防范"法轮功"干扰指示的精神,在汪建强的带领下,SMG 技术团队对卫星地球站的动力系统、射频系统、波导网络和预警系统进行优化,在技术上用合理的配备、布局,达到了"防范法轮功"干扰的目的。汪建强同志在考虑经济效益和社会效益的前提下,创新地提出了"3 + 1"防范体系的理念,即用 1 套大功率高功放系统防范 3 套中的任意一套受干扰的播出平台,解决了卫星地球站 3 套播出平台的抗干扰难题。该项目的创新性理念和一键快速响应机制,成功有效地防止了非法信号的干扰,达到国内同行业领先水平,并获得 2006 年度上海市科学技术进步奖三等奖。

SMG 数码视觉基地建设任务。为了使 SMG 全方位地具备节目内容产品包装制作能力,形成视觉创意产业的工业化布局,汪建强于 2006 年开始领导并主持设计并实施建设规模化,产业化,面向多平台的综合后期制作体系——SMG 数码视觉基地。在设计中,汪建强同志提出"该基地应以规模化、产业化的内容生产为目标,利用网络化制作技术,业务涵盖传统视音频制作和节目包装,并兼顾新兴媒体内容的开发和生产,实现基地制作系统与集团的媒资系统、播出系统、节目分发系统互联互通"的设计理念,该理念提出的概念居国内领先地位。数码视觉基地系统总体技术水平达到国内电视高端后期制作系统领先水平。它的建成满足了 SMG 在频道包装、动画制作、新媒体开发等领域的制作需求,使得 SMG 在节目制作服务形态、节目整体解决能力、节目制作产能、重大项目保障等方面均取得了重大突破,全面提升了 SMG 在全国的技术竞争力,为上海赢得了荣誉。

以身作则，甘做人梯

　　汪建强热爱广播电视事业，有着很强的业务能力和创新精神，有着丰富的专业知识和管理经验，但他并不以此为满足，他始终加强理论学习，优化知识结构，不断提高自身综合能力和理论水平，时刻准备着迎接下一个更大的挑战。他在工作中所展现出的好学的优良品质，激励并鼓舞着身边年轻的技术骨干。作为SMG技术专家，汪建强带领技术团队勇于创新，积极进取，攻克难关，并屡获殊荣，为SMG赢得了荣誉。作为SMG技术分管领导，汪建强同志顾全大局，正直稳健，他坚持带头讲党性、重品行、做表率，自觉抵制挥霍浪费等各种歪风，时刻保持廉洁自律、艰苦朴素的工作作风，他有着广泛的群众基础，能团结员工，披荆斩棘，出色完成各项任务。在工作中，汪建强知人善用，甘当人梯，着眼未来，大胆使用年轻人。他要求年轻人"能独立性的学习，能创造性的工作，能责任性的生活"，长期以来，在他的培养下，一批批青年人才迅速成长为SMG的技术骨干和精英，其中一些现已经走上了领导岗位，而另一些技术骨干在工作中所做出的成果屡屡获得国家、总局和地方各类奖项，为SMG在全国品牌形象的塑造奠定了基础。

刘　炜　研究员,1966 年生,1990 年获华东师范大学文学硕士学位,2006 年获复旦大学计算机软件与理论专业理学博士学位。目前是上海图书馆上海科学技术情报研究所研究室主任、数字图书馆研究所所长、研究员。中国图书馆学会理事、数字图书馆分委会副主任,上海图书馆学会秘书长,上海市情报学会常务理事,上海市计算机学会理事,《图书馆杂志》《现代图书情报技术》《数字图书馆论坛》编委,连续多年任都柏林核心元数据组织(DCMI)咨询委员会委员,曾任国际图联信息技术分委会(Section)委员。

先后从事图书情报理论研究、图书馆自动化系统的开发维护、数字图书馆研究和建设等工作,参与中国实验型数字图书馆、中国数字图书馆标准规范研究等国家重大项目。著有专著一部(合著第一作者),参与著作两部(第二、三作者),发表论文 50 多篇。

曾获得全国宣传文化系统"四个一批"专门技术人才、上海市劳动模范荣誉、上海市领军人才称号,获得过上海十大 IT 青年提名奖,获文化部创新奖、上海市科技进步一等奖、二等奖、上海市新产品奖等奖项。

人生格言

今天是礼物。抓住今天,追求卓越!

刘炜

技术引领，率先垂范

○记上海图书馆上海科技情报研究所
研究员刘炜

紧抓前沿，引导创新

在信息技术日新月异的新时代中，要在技术研究与应用中一直走在同行的前列，一直带领与影响身边的年轻同志们紧跟时代的大潮，这是一件需要多年不懈努力、兢兢业业才能达到的成就。来自上海图书馆上海科学技术情报研究所的研究员刘炜同志就为我们做到了这样一个技术引领、率先垂范的榜样。

刘炜同志1990年以优异的成绩获得华东师范大学情报学硕士学位，毕业后就职于上海科学技术情报研究所。参加工作之后，刘炜同志开创了多个行业内的第一，例如，主持参与了上海科学技术情报所第一个电子阅览室的建设，创办了上海最早的从事多媒体技术开发的公司之一上海科文光盘公司，参与研制并出版了国内第一张 CD－ROM 光盘《中国化学文献数据库光盘 CCDOC》，并在上海最早引进 MPEG 压缩设备，提供相关的服务。1996年，上海科学技术情报研究所与上海图书馆合并，给了刘炜更广阔的施展自己才能的舞台，他将自己的研究所学应用于上海图书馆新馆计算机系统的开发工作。同年，他开始参与有关数字图书馆发展的研究工作，经过几年的跟踪、钻研和实践，在数字图书馆理论、技术、标准及其应用等方面均有建树，成为国内最具影响力的数字图书馆专家之一。然而刘炜并未满足于这些成绩。他通过刻苦学习于2001年考取了复旦大学计算机软件与理论专业，攻读博士学位，并于2006年获得该专业的博士学位。

刻苦钻研,硕果累累

刘炜酷爱钻研新技术,一直工作在技术领域的第一线。1997年上海图书馆新馆开馆初期,他参与策划与开发了国内第一个大规模的古籍数字化项目。1997年,刘炜作为主要策划者之一参与了全国最早的国家级数字图书馆项目《中国试验型数字图书馆计划》的研制开发。1999年,刘炜调任上海图书馆系统网络中心任主任。在工作中他践行管理正规化及培养员工良好组织文化的宗旨,在计算机系统越来越多越复杂,应用要求越来越高的情况下,带领中心员工顺利完成了多次的系统升级和重大项目的开发。同年,刘炜同志还牵头承担了上海图书馆数字图书馆建设总体方案的规划与设计以及项目开发的管理,使上海图书馆在我国数字图书馆建设中走在前列。刘炜同志还十分重视从理论到实践,又从实践到理论的总结,参与撰写了国内第一本关于元数据的专著《DC元数据》,主编了国内最早的数字图书馆专著之一《数字图书馆引论》。不仅如此,刘炜同志重视与国际上同行的交流,他撰写的《上海数字图书馆首倡》论文在亚洲著名的图书馆专业杂志《亚洲图书馆》上发表,撰写的《上海图书馆元数据方案》被选为"第三届亚洲数字图书馆国际会议"的大会发言论文,连续多年任都柏林核心元数据组织(DCMI)咨询委员会委员,在世界学术舞台上与国际同行进行面对面的交流。2004年,作为主要组织者之一,刘炜为在上海图书馆成功组织召开的"都柏林核心及元数据应用国际研讨会"作出了重要贡献,得到了国内外参会者的一致好评。这些成就表明刘炜同志是一位具有国际化水准的优秀图情学者。

在国内的图情行业中,刘炜同志作为一个青年人的领头羊,一直在新技术、新理念的研究与实践中摇旗呐喊,为图情行业的未来和发展呕心沥血。2006年,以刘炜同志为主组织召开了第一届国内图书馆界的图书馆2.0大会——"web2.0与信息服务",这次会议开创了国内图书馆界应用web2.0技术的先河,目前该会议已在各地连续召开了四届。通过该会,一批专家和热心技术的青年被组织团结了起来,刘炜同志组织国内的一批青年人撰写了《图书馆2.0:升级你的服务》一书,并于2008年顺利出版。

在数字图书馆建设的元数据研究方面,刘炜同志也颇有建树,在元数据标准规范制定方面积极参与学术交流,参与了 DC 国际与国内标准的制定。刘炜不仅是科技部《我国数字图书馆标准规范项目》中的资源集合元数据组的组长,也承担了国家图书馆家谱和网络资源两种资源的元数据标准制定项目,在元数据研究与应用方面,刘炜的水平一直处于国内前沿。除此以外,凭着对新技术一贯的敏锐嗅觉,刘炜同志积极筹划、牵头组织了多项国内前沿的会议和学术活动,先后在云计算、移动服务、关联数据等专题领域发表论文或演讲报告,并策划建立了国内图书馆员进行学术交流的社会性网络和多个维基网站。在图书馆知识组织的研究方面,刘炜尝试将图书馆分类主题和编目方法与语义万维网的本体和知识表达相结合,提出图书馆在网络时代的核心技能是知识组织和网络资源的规范控制,并就这些主题出版了《数字图书馆的语义描述与服务升级》。刘炜称在这个领域他还将继续探索,争取取得更大的成果。刘炜研究员在以上所有这些实践与研究的基础上,出版了多部专著,发表了几十篇高质量的论文。

学科领头,树立榜样

团队协作是现代文明社会不可缺少的一种精神,而"无私,真诚"更是刘炜同志在团队协作中的真实写照。刘炜同志通过自己的刻苦钻研在学术上取得了巨大的成就,他不仅一直连任上海图书馆"2151"人才工程的学科带头人,而且是国内图情行业许多同行者心中的学术引领者。但他从不吝于将自己的学术研究心得与同行们分享,多次无偿为大家进行学术报告和学术讲座,一些年轻的同行经常通过网络或者电话等形式向他请教各种专业问题,他都认真对待,一一解答。他个人资助、倡议并主导建设了国内图书馆界有名的"书社会"论坛,给国内外的同行提供了一个专业交流的阵地。

刘小马 1966 年 12 月 29 日生，国家级教练，研究生在读，上海市水上运动中心帆船队主教练，国家帆船队教练组组长兼女子激光雷迪尔级主教练。国家体育总局颁发的"体育荣誉奖章"获得者，享受国务院特殊津贴；中国帆船运动的带头人。

二十多年来，他始终拼搏在训练、比赛第一线，由一名普通运动员成长为上海帆船队教练、主教练，国家帆船队教练组组长、项目主教练，先后培养出二十几名优秀尖子选手。先后获得连续四届全运会 7 枚金牌；2001 年以来，在帆船各项目的世界级比赛中也获得了多次世界冠军。2004 年雅典奥运会他带训的运动员沈晓英首次为中国帆船夺得奥运会入场券并在决赛中获第七名，从而填补了中国代表团参加奥运会以来在帆船项目上没有名次的历史；2008 年奥运会他的弟子徐莉佳夺得了中国帆船历史上的第一枚宝贵的奥运铜牌！创造了中国帆船新的奥运会历史！

他个人 2002 年被上海市政府"记大功"，2005、2008 年被上海市政府记"一等功"，2005、2008、2009 年三次获得"上海市五一劳动奖章"。

人生格言

奋斗是我的性格

成功是我的目标。

刘小马

心系帆船,无私奉献

○记上海市水上运动中心帆船队刘小马主教练

克服困难,白手起家

1993年"七运会"后,当时只有二十多岁的刘小马从运动员岗位上退下来,受命担任上海帆船队教练,刘小马"临危受命",面临白手起家的窘境,他只好奔赴各区县选材、加工。他面对一群对帆船项目"无知"少年,耐心细致地手把手教他(她)们技术、教他(她)们做事,教他(她)们做人。刚组队时,队伍没有成绩,加上受训练经费的制约,移地到温暖有大海的地方训练的想法也只能暂放一边。上海的冬季气温低,湿度大,天气阴冷,冻得人瑟瑟发抖。刘小马教练清楚竞技体育要用实力和成绩说话,要改变现状必须先改变自己。他每天总是第一个起床,又总是最后一个睡下,在冬天,早晨冒着摄氏零下五度的气温带领队员们出早操,尽管滴水成冰,但是只要淀山湖水面不结冰,他就和队员一道下水训练。由于在操舵过程中长时间地接触水,运动员的手被冻得红肿失去知觉,刘教练看在眼里疼在心底,面对现状他也只能这样做……

第八届全运会,带领新组建的帆船队刻苦训练,备战四年的刘小马教练迎来了第一次大考,交上了一张漂亮的考卷。他所带训的运动员团结作战,顽强拼搏,在报名参加的三个项目上,夺得一枚金牌、一枚银牌和一个第五名的好成绩。

刻苦钻研,精益求精

"八运会"后,帆船队的条件得到了很大改善,冬天他们可以像候鸟一样地飞向较温暖的南方冬训了，他们终于可以拥抱大海了！成绩的取得，条件的改善没有让刘教练感到轻松和欣慰，相反他感到与日俱增的压力，"条件好了我们的成绩要更加好"。他深知自己年少时就被选入帆船队接受训练，常年在外奔波，书读得少，文化知识贫乏。作为教练若想带领上海帆船队在国内外的比赛中夺取好成绩，成为中国帆船运动的领头人，必须加强自身的"造血功能"，不断地提高自身素质，用文化知识来充实武装自己。于是他除了训练就忙着学习。英语水平低，外文资料看不懂，他就请朋友帮忙翻译、帮助理解、领悟，真正把文字变为自己的内功，十几年来他从未间断。正是由于他刻苦钻研、孜孜不倦的追求，并在训练中不断地摸索、实践、提高，帆船队以出色的成绩和长足的发展回报了他。2001年第九届全运会，上海帆船队斩获两枚金牌；2005年第十届全运会，上海帆船队拿到欧洲级帆船冠军；2009年第十一届全运会上海帆船队更上层楼，在上海仅开展的三个项目中收获"三金和二银"。上海帆船队不仅在国内赛场上整体实力遥遥领先，在国际赛场上也不示弱，先后六次夺得世界锦标赛冠军，四次亚运会冠军，多次亚洲锦标赛冠军。更可喜的是2004年雅典奥运会，他带领弟子首次为中国帆船夺得奥运会入场券，并在决赛中获第七名，从而填补了中国代表团参加奥运会以来在帆船项目上没有名次的历史。2008年，在北京奥运会上，刘小马教练弟子徐莉佳在出师不利的情况下，顶住压力，及时调整心态，为中国帆船队夺得了宝贵的铜牌！同时也创造了中国帆船新的奥运会历史！这枚铜牌不仅是中国帆船队的一次历史性突破，铜牌的背后饱含了刘小马教练与徐莉佳四年备战过程中的酸甜苦辣，是刘小马教练在帆船事业上走出的一个又一个踏实的脚印。

以队为家，政治过硬

刘小马不仅在训练上严格要求运动员，而且在政治上、生活上关心运动员，注重运动员的日常思想政治教育工作，结合训练、比赛、生活实际，从各个侧面对运动员进行一时一事、一点一滴的成长教育，从思想品德上加强引导运动员"胸怀祖国、放眼世界、刻苦训练、勇攀高峰"。他个人有着强烈的事业心和执著的敬业精神，舍小家，顾大家，以队为家，把自己的一切奉献给上海的帆船事业，换来了今天上海帆船项目的辉煌成绩。

郭庆松 教授,1967 年 11 月生,1997 年获北京大学法学博士,1999 年南开大学经济学博士后出站。现任中共上海市委党校科研处处长、现代人力资源测评研究中心主任,兼任上海市行政管理学会常务理事、中国人力资源管理教学与实践研究会常务理事、上海市领导科学学会常务理事等。

长期从事人力资源管理、劳动经济学等方面的研究,主持国家社会科学基金项目、上海市哲学社会科学规划课题等各类课题研究 18 项,公开出版著作 9 部,发表学术论文 109 篇。

近年来获得的省部级奖励:全国党校系统第七届优秀科研成果二等奖,上海市第七届邓小平理论研究和宣传优秀成果三等奖,第四次全国人事科研成果三等奖。

人生格言

你站在桥上看风景,
看风景的人在楼上看你。

郭庆松

开拓创新,勇挑重担

○记中共上海市委党校郭庆松教授

科研教学:开拓创新、硕果累累

郭庆松1999年出色完成了南开大学经济学博士后研究工作并出站,以优异的学术科研成果获得了南开大学优秀博士后出站人员称号。根据工作需要和个人的专业特长,郭庆松同志作为人才引进进入上海市委党校从事科研教学工作,以拼命三郎的精神很快进入工作角色。

在科研方面,郭庆松先后主持并完成包括国家社会科学基金项目《21世纪前10年我国城乡劳动力供求及就业发展战略研究》(批准号为00CJY007)、上海市哲学社会科学规划课题《新形势下国有企业劳动关系研究》(批准号为2002BSH005)等在内的研究课题18项。公开出版《当前中国城镇失业人口问题研究》、《领导人才素质及其测评》、《长三角人才共享研究》、《新形势下国有企业劳动关系研究》等著作9部;在《社会学研究》、《中国人口科学》、《中国行政管理》、《光明日报》等全国重要报刊上发表学术论文109篇;有18篇论文为《新华文摘》、《中国社会科学文摘》、《人大报刊复印资料》等全文转载;有19项科研成果获得各种奖励,其中,省部级奖励有5项,包括中国人口科学优秀成果二等奖1项、全国党校系统优秀科研成果二等奖2项、上海市邓小平理论研究和宣传优秀成果三等奖1项和全国人事科研成果三等奖1项。郭庆松同志已经成长为国内人力资源管理和劳动经济学界颇为知名的中青年专家,在学术界有较高的学术声望。

在教学方面,郭庆松立足于干部教育培训的特殊性、针对性和有效性,不断开拓创新,注意将人力资源管理的理念、技术和本人在研究工作

中的体会与教学实践结合起来,注重启发学员的开放性思维以及分析、解决问题的综合素质,尤其是能够将人力资源测评的实用技术和有效方法应用于党校干部的教学中,在一些重点班次组织运用研究式、互动式、参与式、现场式以及情景模拟、案例分析和软件测评等现代教学方法,获得了学员们的普遍好评,为党校的教学改革和教学方式方法的创新作出了自己的贡献。近年来,针对干部心理健康问题的不断涌现及其对党校干部教育培训所提出的现实要求,郭庆松同志积极倡导并主持筹建"领导干部心理健康实训室",在领导干部教育培训的开拓方面发挥自己更大的作用。

正因为郭庆松在科研、教学领域的成绩显著,2001 年 6 月被破格晋升为教授,时年 33 周岁,为上海市党校系统最年轻的教授。2008 年又入选上海领军人才,为上海市党校系统首位入选者。

学科建设:推陈出新、全国引领

2000 年 6 月,在进入上海市委党校工作不到一年的时间,郭庆松在学科建设上推陈出新,提议并筹建了全国党校系统第一个人力资源管理及测评研究机构——上海市委党校现代人力资源测评研究中心(简称测评中心)。作为市委党校的一支新生力量,测评中心努力将教学培训、人才测评、干部考试以及领导科学研究融为一体;通过 10 年时间的发展,测评中心已经成为党校独具特色的一个教研部门。

在郭庆松的领导下,测评中心以人力资源管理和领导科学为学科建设的重点,发挥学科融合优势,创造性地将管理学、心理学、社会学、政治学、信息应用技术等各学科的精华整合到教学、科研、考试、测评中,突出研究精品,追求发展质量,奠定了自己的学术地位。自成立以来,郭庆松所领导的测评中心团队,精品成果迭出,学术影响显现。先后承担国家社科基金 3 项,省部级课题 8 项,获得省部级科研成果奖 4 项,发表核心期刊学术论文 130 余篇,权威期刊学术论文 10 多篇,被各类重要期刊转载的论文 10 多篇,出版学术著作 14 部,2007、2008 年连续两年荣获学校科研组织奖。作为一个以年轻教师为主的教研部门,这些科研成果的取得和学科建设的成效,实乃难能可贵!另外,测评中心在服务上海市乃至全国人才队伍建设、领导人才测评和领导干部考试的实践中也发挥了积极的作用,社会效益显著。作为全国党校系统首家人力资源测评研究机构,测评中心发挥了学科引领作用,影响不断扩大,全国不少省市党校纷纷效仿建立了类似的研究机构。

目前,测评中心已经拥有 10 名专职研究人员,学术团队建设呈现蒸蒸日上、欣欣向荣的局面。特别是以"领导人才潜能开发研究"为科研聚焦领域的 5 年规划已经形成,紧跟国际学术前沿的译著《领导心理学》已经出版,以郭庆松同志为首的测评中心团队正朝着领导科学和人力资源管理领域的学术研究高地稳步迈进。

作为学科带头人和行政负责人,由于在学科建设和部门管理方面成绩突出,郭庆松多次被评为优秀共产党员、优秀党务工作者,多次获得嘉奖,并荣立三等功。

科研管理：勇挑重担、成绩突出

2007 年 1 月,因工作需要,郭庆松勇挑重担,出任上海市委党校科研处处长并继续兼任测评中心主任,在牺牲自己大量学术研究时间和精力的情况下,协助分管校长努力促进党校科研管理上台阶、科研水平上层次,促使党校作为上海社会科学研究五路大军之一的地位得到进一步提升,奠定了上海市委党校在全国省级党校学术和科研方面的领先地位。

作为科研管理的具体执行者,郭庆松积极倡导并努力实践精品科研战略,按照高端课题、高端论著、高端奖项、高端交流、高端咨询"五个高端"的要求,推进党校科研水平和能级的不断提升。仅以国家社科基金为例,2007—2010 年四年时间上海市委党校共获得 14 项课题立项,这对于一个只有 80 多名专业教师的学校来说实属不易,人均立项数不仅在上海而且在全国也是排名非常靠前。与此同时,郭庆松同志狠抓科研管理的制度建设,极力构建科研的激励约束机制,努力营造党校科研的良好氛围。2007 年以来,在郭庆松的努力下,上海市委党校《科研突出成果奖励办法》《科研组织奖评选办法》《优秀科研工作者评选暂行办法》等 10 多项科研管理的基本制度陆续出台,极大地调动了广大教师从事学术研究的积极性、主动性和创造性。

正是由于上海市委党校科研管理的成功做法和实践成效,在 2008

年11月召开的全国党校系统科研工作会上,中央党校李君如副校长在会议总结中提出全国党校要学习上海党校和河南党校优秀的科研管理经验。2008年郭庆松也因此荣获全国党校系统第七届优秀科研管理工作者称号。

张心一 1958 年 2 月出生，汉族，中共党员，大专文化，高级工艺美术师，中国工艺美术大师，现任老凤祥有限公司总工艺师，1993 年起享受国务院特殊津贴。

他长期从事金银工艺品和金银首饰设计、制作，他卓越追求传统工艺，制作一批传世精品被国家收藏，他为国家和企业赢得了显著的社会声誉和经济效益。他的创造性在工艺技术、产品材料上取得许多重大突破，把传统绝技和现代先进科技融会贯通。非凡的成就使他成为当年中国最年轻的工艺美术大师，他是国家非物质文化遗产金银细工工艺的第五代传人。

1989、1995、1997、2000 年获上海市劳动模范称号，1995 年获全国"五一"劳动奖章，2000 年获全国劳动模范称号。

人生格言

如金子般地发光，
如金子般地纯洁。
  张心一

工艺美术的传承者和领衔人

○记老凤祥有限公司张心一大师

张心一同志在三十年的工作历程中,兢兢业业,刻苦钻研。他不仅是个勤勤恳恳的劳动模范,又是一个开拓进取的专业技术人员。他师承数名工艺美术老艺人,从一名小艺徒成长为中国首饰行业最年轻的工艺美术大师,他从中国首饰设计舞台走向世界设计舞台,成为一名全国首饰设计领域的领军人物。1993 年被批准享受国务院特殊津贴。

师承名师,追求卓越

珠宝首饰工艺制作是以手工为主的,他从前辈身上吸取了众多精华,把对中国古典文化的热爱和承袭体现在对传统工艺品的卓越追求上。他在绘画、电脑设计、新工艺和材料上的革新等前辈没有达到的领域和高度上进行探索。20 多岁时,他的手工制作技术已达一流水平,制作出一批传世佳作和艺术精品,有的被国家收藏,有的为国家和企业赢得了良好社会声誉和经济效益。如《龙的传人》、《驰骋》等金摆件,集多种工艺于一体,精心雕琢而成,被评为中国工艺美术品百花奖优秀创作设计一等奖。又如《盛世观音》,总高度 88 公分,耗用黄金达 5 000 余克,并兼融了各类奇珍异宝:象牙、翡翠、珍珠、钻石、红宝石等数千粒,集多种工艺于一体,黄金与象牙相结合,交相辉映,是一尊永世流传的艺术珍品,盛世佳作。

开拓创新，勇于突破

张心一不仅是中国工艺美术行业传统技艺的优秀"继承人"，更是面向未来的中西艺术传统与时尚相结合的开拓者。1985年组织上安排他去爱尔兰克尔凯尼设计中心学习，开阔他的创作思路，提升他的制作技艺，他不负众望，圆满完成学业任务。学业结束以后，该中心有意用高薪聘用他留下，他认为是组织培养了我，我理应回国报效祖国。

回厂以后，他把传统的绝技与先进科技融会贯通，创造性地在工艺技术发明、材料产品创新上取得了许多重大的突破。他首次将流传数百年的传统金箔技术与现代压铸技术相结合，使薄如蝉翼的金箔上首次出现了凹凸分明，光亮精美的浮雕。这一工艺的突破，解决了金画、金卡、金邮票制作的历史难题，使黄金衍生产品层出不穷，得到了市场追捧。他第一次创造性的在黄铂金上用浮雕的形式把伟人的头像表现得栩栩如生，精美传神。他创作的"香港回归金卡"在南京路发行时购买者蜂拥而至，出现了老凤祥银楼总店入夜难以关门的盛况。他还首次在材料上大胆突破，锐意创新，《金蛇革项圈》就是用花纹美观的蛇皮与黄金搭配，产生"软硬"兼备，色彩丰富，对比强烈的艺术效果，获东南亚钻石首饰设计比赛奖。他还将锌合金和玉石、水晶天然矿石"联姻"，使众多"金光闪闪"的产品从高贵的殿堂走入了寻常百姓家。新材料的革新与运用，大大降低了产品成本和产品价格，实现了产业化和批量化生产，给企业赢来了巨大的"黄金效益"。从2001年以来，他的创造发明，创新设计的专利产品近700余种，其中3件产品成为APEC上海会议的指定推广产品，成为礼品市场上的奇葩。

大师领衔，团队同进

2005年初在市经委技术进步处和黄浦区经贸委的关心和指导下，总公司组建以张心一领衔的"上海原创设计大师工作室——老凤祥名师设计中心"。"原创设计中心"集聚着众多的制作大师、设计师、高级技师。下设贵金属工艺礼品、珠宝、钻石、镶嵌首饰和工艺美术品等原创工作室，承接各类创作设计和精品的制作任务。名师设计中心共有设计

师20多人,他们多次参加全国和本市的设计比赛以及博览会,展示和推出自已最新产品,并同国际著名首饰生产企业进行交流。

名师带高徒,传承精技艺。几年来张心一已培养出一大批"革新创作能手",他培养带出的沈国兴、吴倍青、朱劲松、黄伟成、丁毅等一批高徒,已成为首饰行业新一代"技术高手"、国内金银摆件工艺技术方面的顶尖人才,近年来他们在国际国内首饰设计、制作大赛中频频获奖。其中徒弟沈国兴已成为全国劳动模范、上海市十大工人发明家、上海市工艺美术大师。

不断追求,新创佳绩

张心一所创造的"金箔浮雕技术"、"纯银浮雕画"、"锌合金礼品"等新工艺改变了国内首饰产品单一、款式陈旧、制作落后、产品附加值低的状况。他主持研制的"纯银浮雕画"这一专利产品被评为上海旅游工艺品优秀奖、上海科技博览会金奖,市领导龚学平同志看了他的产品后高兴地说:"老凤祥要成为上海旅游工艺品开发的主力军。"

在取得了众多的成绩和荣誉后,近年来张心一所带领的团队,在已有成绩上开发了更多新的产品,并获得了多项专利。他创造性地将钛合金、树脂以及锌合金与琉璃、玉石等天然矿石"联姻",广泛地运用于首饰、摆件和礼品的创新制作中,使众多"金光闪闪"的产品从高贵的殿堂走进了寻常百姓家。借助这些独创的艺术形式,他将传统文化和现代工艺结合,将中国特色和时尚元素交汇,开发了"银玉镶嵌礼品系列"、"合金玉章系列"、"红木镶银摆件"、"黄金电铸成型生肖摆件"、"水晶礼品摆件系列"、"半宝石艺术摆件"等。

在技术方面,他对90年代从外国引进的黄金电铸技术和设备进行了二次创新开发,成功研制了纯银电铸工艺和材料:先用手工精雕细刻出蜡雕模型,再用电铸成型工艺批量生产,使产品能够在产量上数十倍地增长,在质量上又保持手工独有的精美、精细以及传神的艺术韵味,该产品在国内首饰业处于技术领先水平。

近一年来,张心一所带领的"名师设计中心"新品出样3000件,为黄浦区设计制作政府礼品60件,为上海世博集团设计图稿7幅。获得了2005年"金凤凰"原创旅游品、纪念品设计大奖赛银奖;中国"金都杯"第三届、第四届全国黄金(珠宝)首饰设计大奖赛的特等奖2只,一等奖2只,二等奖2只,三等奖4只和组织奖2只;2005年第三届E.F.D公主方钻首饰设计大赛一等奖;2005年中国工艺美术"百花杯"铜奖等荣誉。张心一大师领衔的名师中心组建后,大大提高了企业自主创新的能力,同时也提升了企业的核心竞争力,为创建上海市知识产权示范企业奠定了基础。

张心一是国内首饰行业不可多得的青年专家,在全国首饰行业具有社会名人和权威的影响。他还担任世界黄金协会首饰设计大奖赛评委、中国工艺美术大师评委、上海高级工艺美术师职称评委。

他的创新精神和敬业精神有口皆碑,他为工艺美术事业的发展,壮大作出了重大贡献。他脑中有构思不完的创意,手中有创作不完的题材,他的非凡努力使"老凤祥"品牌正在向礼品、装饰品、纪念品市场大步迈进,他的创意已成为企业新一轮发展的亮点和增长点,他成为中国首饰行业公认的业绩卓越的优秀人才。

经营管理类

陈志鑫 高级工程师，1959 年 5 月生，2005 年获同济大学管理科学与工程专业博士学位，现任上海汽车集团股份有限公司执行副总裁。

长期在汽车行业任职，先后在零部件企业、整车合资企业和自主品牌企业从事经营管理工作，对汽车产业发展、国内外行业现状及发展趋势有深入研究。先后带领上海大众走出经营困境、推进上汽自主品牌一体化管理进程，并积极推进包括帕萨特领驭、朗逸、荣威 550、荣威 350、新能源汽车、双离合器自动变速箱在内的开发工作。2001 年获上海市企业管理现代化创新成果一等奖、第八届国家级二等企业管理现代化创新成果；2007 年获中国汽车工业科技进步二等奖、第十四届国家级二等企业管理现代化创新成果、第十三届中国机械行业企业管理现代化创新成果二等成果。

人生格言

有志者
事竟成

恪尽职守,进取创新

○记上海汽车执行副总裁陈志鑫

整合资源,管理创新

陈志鑫在2002年9月至2007年11月,及2009年1月至今,先后兼任上海大众及上海汽车乘用车公司总经理,负责上海大众的公司经营和上汽自主品牌建设工作。他利用丰富的现代企业管理技能和汽车行业从业经验和拼搏奉献、艰苦奋斗的工作精神,带领、激励身边工作人员努力工作,为企业发展贡献最大的力量。

上海大众作为国内首家整车合资企业,常年以来面对供不应求的经营局面,虽然产销规模一直保持全国第一,但在经营中形成了不重视市场需求、以产定销、市场反应慢,以及较少关注终端销售、自主开发体系尚未建立等一系列思维定式。随着国际汽车巨头纷纷进入中国,导致市场竞争日益加剧,以及2004、2005年宏观经济的"急刹车"导致汽车消费整体市场总量下滑,上海大众因产品老化,体系竞争力薄弱等问题,不仅让出了保持了近二十年的销量第一,并且在单车利润、产品结构、人力资源管理等各方面暴露出了诸多问题。在这样的情况下,陈志鑫通过组织管理层积极开展变革管理,痛定思痛,发现当时销售公司与上海大众汽车公司互为独立法人,在日常工作中存在沟通不顺、协调不畅等困难,来自市场的声音无法传递到研发、制造等领域。因此,陈志鑫同志决定以营销系统的变革为序幕,开启了上海大众的调整转型和企业变革。

在陈志鑫的带领下,上海大众确定了营销、产品、成本和人力资源四大战略,以流程再造和目标管理为抓手,实施了市场营销体系、产品开发体系、成本控制体系、人力资源体系等四项变革,彻底扭转了04、05连续

两年下滑的趋势,进入了新的发展局面。推出"主动营销模式",优化上海大众销售模式;同时深入开展产销一体化工作,以市场拉动整个业务链,把用户第一的思想贯穿在公司各个环节。最终,销售公司与上海大众总部虽然依旧保持独立法人的地位,但无论在企业文化、人员架构、薪酬体系、管理模式、协同体系等各方面都采取一体化管理模式,甚至对工作语言都进行了统一。一系列优化工作,使上海大众实现了从"产品/生产导向"向"市场/用户导向"的转变,提升体系竞争力。同时,制定了包括营销、产品、投资、成本等方面在内的清晰的中长期发展战略,为今后发展夯实了基础。他自己亲自带领研发团队开展的 Lavida 朗逸自主开发,更是完善了上海大众的自主开发体系。

2006 年起,变革管理充分发挥了作用,上海大众踏准了市场的步伐,一方面产、销量屡创纪录,大幅度提高了企业盈利能力和经营状况,2006,2007 年均超额完成董事会下达的目标,再次成为国内销量第一汽车企业的有力争夺者;另一方面完善了产品布局,完成了产品的更新换代及今后五年的产品战略,为今后长远工作打下了坚实的基础。

"上南合作"是中国汽车工业的一件盛事,是长三角地区贯彻中央提出的"高起点推动区域经济联动发展"的重大举措。为了克服上海、南京两地在思想、文化、地域上的差异,陈志鑫作为上南合作后南汽集团第一任董事长、总经理,在整个 2008 年内,每周至少工作六天,奔波往返于上海、南京两地,终于实现了"规划、研发、采购、制造、营销"上的五个统一。为彻底扭转南汽集团长期亏损的经营局面,在上汽自主品牌的大框架下,因地制宜,重新制定了南汽集团产品战略,并主导了总投资达 25.66 亿的浦口二期投资,为南汽集团发展奠定了基础。

与此同时,上汽自主品牌内部的框架结构和管理模式全面优化和整合也在有条不紊地推进中。在集团董事长和总裁的支持和领导下,陈志鑫以乘用车公司为载体,推广自主品牌一体化管理体系,推行"模拟法人实体运作"的创新管理模式。首先完成对公共管理部门——总经理办公室、财务部和人力资源部的全方位合并;继而是营销、采购、质保、研发等条线,通过调整组织架构、统一运作流程,将原来相互独立的乘用车分公司、上海汽车技术中心、南汽集团的运作模式实施一体化管理,基本实现各基地间体系和流程上的统一。最后通过流程固化和体系复制,对各制造基地间进行更深层次的业务整合,使自主品牌的管理模式更趋完善。

自主创新，奠定根基

自 2007 年首款产品上市以来，上汽自主品牌从单一品牌、一款产品，发展到 2010 年的荣威、MG 两大品牌、已经或即将投放市场的 MG 3 系列、荣威 350 系列、荣威 550 系列、荣威 W5 系列、荣威 750 系列五大平台十几款产品，销量也以每年翻番的速度提升。2007 年实现销售 1.6 万台，2008 年完成 3.5 万台，2009 年突破 9 万台，2010 年 1 到 8 月已经超过 10.6 万。

尤其在"上南合作"后，随着 MG 品牌纳入上汽自主品牌管理范畴，在陈志鑫的带领下，基本完成了基于"荣威"、"MG"两大品牌的品牌特性和主流市场、个性化市场的规划，完成了品牌间的差异化定位。其中，荣威品牌的核心价值定位为"品味 科技 实现"，目标是建设成为中国主流轿车品牌，覆盖主流人群；对 MG 品牌的定位为"个性 气质 创造力"，并将在今后的产品规划中秉承动力强劲、性能优良、强调驾驶乐趣的品牌特点，针对喜好运动型轿车的消费者。2010 年，荣威的品牌知名度达到 91.7%，MG 达到 83%。

J. D. Power 公司每年一度颁布的 CSI（售后客户满意指数）和 SSI（销售过程客户满意指数）调研结果，被认为是行业内最权威的反映消费者满意度的排行榜。上汽自主品牌的表现一直可圈可点。自 2009 年荣获 SSI 排名第一和 CSI 排名第四之后，2010 年再次在 CSI 排名第四和 SSI 排名第七。稳定的 CSI 和 SSI 排名，证明了自主品牌的消费者对荣威和 MG 品牌无论是售前、售中还是售后各个环节努力、细致工作的认可。

未来五年内上汽自主品牌新产品也基本确定，临港、南京、仪征三地的产能规划也将随着产品的投放而完成升级。随着充分满足品牌定位产品的相继上市，自主品牌长远发展的雏形已经显现，为未来的发展奠定了基础。

研发创新，硕果累累

自主研发是上汽自主品牌建设中的最重要一环。在陈志鑫的带领

下,通过几年来的努力,已初步形成以中国主导、世界联动的开发体系,并将 GVDP 流程作为全球范围内使用的开发流程。GVDP(Global Vehicle Development Process)是上汽自主品牌在长期与大众集团、通用集团合资合作过程中所积累、提炼的先进经验基础上,从产品开发的先期市场调研、目标消费群分析、竞争对手分析开始,到进入产品设计、造型、结构设计等产品生成各阶段、各节点均进行严格的定义,同时加大了质保、制造、采购参与前期开发力度的同步工程体系,从源头上确保了未来产品的精准定位和开发过程中的分工明确、衔接顺畅。

此外,在多年的跟踪、调研基础上,上汽集团明确了新能源汽车发展的技术路线,贯彻在推动燃料电池汽车研发升级和示范运行的同时,重点加快推进混合动力和电动汽车产业化的方针。作为研发项目的执行机构,上汽乘用车公司将作为新能源汽车的载体,在集团新能源领导小组和推进小组的领导下,新能源汽车的开发有序推进,2010 年内,投产节油率达到 25% 的荣威 750 中混混合动力轿车,并确保世博会新能源汽车(包括混合动力大巴的客运工作及新能源轿车的展示工作)任务顺利完成。在 2012 年,上汽自主品牌还将推出代表国际先进水平,节能率达到 50% 以上的荣威 550 插电式强混轿车,和完全自主开发的纯电动小型轿车。随着这三款新能源汽车的投产,将标志着上汽在新一轮竞争中抢占制高点初战告捷。

同时,为了建立在新能源汽车核心零部件上的自主掌控能力,陈志鑫带领自主品牌新能源汽车研发团队,按照"自主创新、内外结合、两条腿走路"的发展原则,把建设新能源关键零部件体系、培养本土供应商在新能源汽车方面的能力,作为与整车开发同等重要的工作来抓,力争随着上汽的新能源汽车开发,培养一批具有国际竞争力的新能源汽车关键零部件供应商。

郭本恒 教授级高级工程师,1963 年生,中共党员,食品学博士,上海市人大代表。现任光明乳业股份有限公司总裁,国家重点实验室主任、中国奶业协会副理事长、中国乳品工业协会副理事长、中国畜产品加工学会副理事长、上海奶业协会会长等职,兼任江南大学、上海海洋大学教授博士生导师。

2007 年担任公司总裁,将公司战略调整为"聚焦乳业、发展新鲜、突破常温",进而变革组织构架、构建用人机制、提升品牌内涵、打造明星产品。确定了"复苏—成长—腾飞"的光明发展三部曲,实现了乳品销售收入从 50 亿到 80 亿的飞跃!

曾被授予全国星火计划带头人物标兵、中国乳品十大科技人物、中国食品安全十大人物、上海十大青年经济人物、上海科技创业领军人物、上海市劳动模范等荣誉称号。获国家、省部级科技进步奖 10 项,著作 14 部,论文 150 余篇。

人生格言

低头拉车, 抬头看路。

郭本恒

执掌光明，
挥舞革新与科技的双锋剑

○记光明乳业股份有限公司总裁郭本恒

锐意革新，博华彩乐章

2007 年,已经在光明贡献了十年智慧和力量的郭本恒,开始以光明乳业股份有限公司总裁的身份出现在公众视野。彼时的光明,可以说正在经历着前所未有的低谷,技术出身的郭本恒"临危受命",在当时并未被所有人看好,甚至一度引起董事会的争议。面对此种境况,郭本恒没有任何的退缩,甚至无暇去过多理会外界的怀疑与猜测,他有太多的事情要去做。

基于十几年对乳品行业的了解和对市场的把握和判断,郭本恒将公司的战略由"聚焦新鲜"调整为"聚焦乳业、发展新鲜、突破常温",与此同时,各项革新措施浮出水面。首先,他对公司的组织构架进行了大刀阔斧的调整,改变原有的矩阵式结构,整合供应链和渠道,通过减少"内耗"来大幅度提高企业对市场需求的反应速度。

其次,在产品聚焦方面,郭本恒主张集中优势资源聚焦重点产品,以"少而精,重拳出击"力促明星产品成为"细分英雄"。为此,他给每一个产品两种选择:活路和死路。在规定的时间期限内,产品销售收入达不到预定目标,就只能放弃。

外表温文尔雅的郭本恒认为,"作为公司决策层,必须深谋远虑、果断。"凭着心中那份难以想象的坚韧和执著,他带领光明践行了"产品聚焦"战略。最终放弃了 100 多个产品,集中力量全力出击明星产品。与此同时,郭本恒也清醒地意识到了营销变革的重要。

在他的领导下，2007 年 5 月，光明在 51 年的发展历史上首次单月销售额突破 7 亿元。2008 年，光明鲜奶的市场占有率达 26%，酸奶从 44% 升至约 47%，常温奶则从 6% 上升到 8%。2008 年 8 月，失去"可的便利店"连锁业务后，光明仍达到单月 7.6 亿元销售额，增速达 36%，初步实现了"成长之年"的稳步增长。下半年遭遇乳品行业危机，他带领光明人在困难中前行，快速从危机中恢复并实现增长，2009 年完成销售 80 亿元。光明乳业"复苏—成长—腾飞"的战略发展三部曲正在郭本恒的带领下顺利实施。

科技创新，赢崭新未来

"以科研实力发展市场"是光明乳业至今一直坚持的战略。早在郭本恒刚刚就任之初，就带领光明乳业凭借出色的研发实力打响了"畅优"战役第一枪。从 2006 年底，光明与达能终止合作之后，刚刚上任的郭本恒郑重宣布，光明将停止生产"碧悠"，"畅优"便从此诞生了。果然不负众望，一个月后，郭本恒推出的这款"畅优"无论在造型还是功效上，和"碧悠"都非常相似，但是他强调："畅优中使用的菌种完全是光明自主研发的，效果非常好！"从这款产品的设计到生产，郭本恒仅仅用了一个月的时间。

优良的产品质量加上行之有效的营销手段，"畅优"上市仅仅一个月，销售量就已逼近"碧悠"。到年底，"畅优"的销售额达 2 亿多。即使在 2009 年三聚氰胺的阴影下，畅优依然实现了 5 个多亿的销售额。如今，光明畅优占据了全国酸奶市场份额的 6%，这在中国乳业的酸奶历史上尚属首例。

技术出身的郭本恒深知科技是第一生产力，他注重对研发的投入，每年新产品的销售额均占公司总销售额的 25% 以上，毛利率超过 35%，为公司创利亿元以上。2007—2009 年间推出的畅优、健能、优＋、优倍、莫斯利安成为公司产品聚焦政策下的明星产品，各自撑起一片天，成为光明冲刺百亿销售目标的先锋部队。

产品研发的背后，是一支雄厚的人才队伍。对于优秀人才，郭本恒非常的重视与爱惜，他组建了一支以中青年为主的科研梯队，"博士成班，硕士成排，学士成连"，建立和完善了科技创新体系和管理体系，为

公司的经济发展提供引领和支撑。在他的领导下,光明乳业技术中心被评为国家级重点实验室,是如今全国唯一一家乳品行业的国家级技术中心。

作为乳业科技的领军人物,在乳品基础理论和科研成果应用研究领域,郭本恒完成专著 1 部,主编专业技术书籍 10 部,在国内外专业杂志上发表学术论文 100 余篇,获得授权发明专利 13 项。他主持承担国家"十五"科技攻关、"十一五"科技支撑计划、发改委技术中心科研平台建设等重大项目 4 项,国家"973"项目、"862"项目、国家自然科学基金项目、国家科技支撑计划(攻关)项目课题和子课题 10 余项,上海市经委、农委、科委科研项目 9 项,其中《功能性益生乳酸菌的高效筛选及在发酵乳制品中的应用》获得教育部科技进步奖一等奖(2007 年),《南方大城市郊区优质、高效、生态奶牛养殖技术》获得上海市科技进步奖二等奖(2007 年),《功能性益生乳酸菌高效筛选及应用关键技术》获得国家科技进步奖二等奖(2009 年),《功能性乳制品的研究与开发》获得中国轻工联合会科技进步奖优秀奖(2009 年),共获 10 余奖项,部分成果达到国内领先、国际先进水平。

热衷公益,促和谐发展

"好心才能做好奶。"是郭本恒常常挂在嘴边的一句话。他在业内首度提出"共建和谐乳业链"倡议,提倡以确保奶源质量为根本,同时,他始终关注着社会健康事业的发展,并多次带领光明以社会责任人的身份投身公益事业。

2007 年 5 月,光明乳业和上海宋庆龄基金会联合举办"喝光明牛奶送健康"的爱心活动,百万袋光明纯牛奶派送至安徽金寨、阜阳等地的中小学,供当地 5000 名贫困少年儿童免费喝一年。2007 年 6 月,e + 光明华东行"爱心、爱眼、爱光明"公益活动举行,旨在帮助更多弱视的孩子重见光明。2008 年 5 月,汶川地震次日火速启动"百万牛奶送灾区",为受灾百姓提供最基本的营养品。2008 年 9 月,教师节来临之际,光明乳业启动"爱心捐助活动",一套崭新完备的体育设施承载着光明乳业的美好祝愿落户偏僻的辽宁葫芦头沟小学,让山区的孩子们也能享受到体育带来的健康和快乐。2009 年,郭本恒带领光明乳业将这份爱心延续，与中国青少年发展基金会合作，为200余所希望小学捐赠200个"希望工程快乐体育大礼包"，并通过为100名乡村教师提供培训，把先进的教育理念和教学管理模式带入希望小学的课堂。2009年2月，光明与上海市慈善基金会合作启动"爱心做好奶，爱心做好事"爱心牛奶捐赠活动，覆盖上海19个区县的400多家敬老院及部分民工子弟小学。

　　无论过去、现在，还是未来，郭本恒和他带领下的光明乳业，为消费者提供最安全优质的产品、为社会奉献更多爱心的举措，将始终如一。

袁 欣 教授级高级工程师,1963 年 7 月生,2008 年获香港理工大学博士学位,现任上海贝尔股份有限公司董事长兼党委书记。2002 年担任公司董事长之时,曾是国务院国资委下属中央企业中最年轻的领导人之一。袁欣拥有制造、采购、计划、市场营销等多领域出色的管理经验,对中国通信市场和国有企业国际化经营有着自己独到的见解和实践经验。他同时也是上海市人大代表和党代表。

多年来,袁欣领导着上海贝尔积极探索国有企业本土化经营和国际化运作相结合的可持续发展新模式,通过持续的技术与机制体制创新,实现了高质量、高效率的企业运作。同时,和阿尔卡特朗讯在国际市场、技术研创、产业化进程、采购物流等方面开展了富有成效的合作,在充分利用国际和国内两种资源、两个市场的基础上,积极提升核心竞争能力,走出了一条独特的企业创新发展之路。

人生格言

成事者以德为先

袁欣

高瞻远瞩，实践创新

○记上海贝尔股份有限公司董事长袁欣

完善治理结构，创新管理模式

自 2002 年上海贝尔转股改制以来，董事会在袁欣董事长的主持和领导下，逐步建立健全科学规范的股份制法人治理架构，形成了以股东大会、董事会、监事会和董事会下属三个专业委员会（战略发展/人力资源/内部审计）以及公司执行委员会组成的法人治理结构。不断研究公司中长期发展的战略规划、业务架构、经营方针；改进公司薪酬体系与高管人员的考核聘任制度；加强审计流程，完善了风险控制体系；充分发挥监事会的有效监督职能，保障股东权益，为公司的可持续发展铺平了道路。与此同时，董事会充分发挥下属三个委员会的功能：发展战略委员会组织研究和制定公司中长期发展规划，以指导管理层的年度计划和预算。人力资源委员会在公司重大薪酬政策出台、组织结构调整及重要岗位人事任免中发挥了关键性的支持作用；内部审计是公司治理架构的特色之一。股东会和董事会全面负责重大经营战略决策并督促管理层认真执行，从而进一步完善了"股份有限公司"为模式的现代企业治理体系。

锐意创新，打造企业核心核心竞争力

核心竞争力是企业实现可持续发展的动力。在袁欣同志的领导下，上海贝尔积极修炼内功，励精图治、锐意创新，全力打造企业的核心竞争力：

（1）加大研发投入,持续打造自主创新能力,实现了企业在对外合作中的自主创新。在袁欣同志的领导下,公司在自主创新领域不断加大研发投入,每年投入的资金超过 1.5 亿美元,约占公司净销售收入的 8%。研究开发工程师超过 4 000 人,每年获得发明披露 600 项以上,申请专利 100 项以上。专利中的三分之一在欧美日等国家注册,名列国内国家级技术中心前茅。与此同时,公司还设立了承担前瞻性技术开发的研创中心,目前已成为阿尔卡特朗讯六大研创中心之一,人均专利数和专利质量数在阿朗集团全球六大研创中心中连续四年排名第一(含贝尔实验室)。在中国企业对外合作的探索过程中,袁欣同志为提升企业研发含金量作出了积极的贡献。

（2）建立并完善公司国内外营销服务平台,努力培养公司营销服务能力,在推进产品与业务多元化等领域取得重大突破。袁欣同志曾担任原上海贝尔市场营销负责人,拥有丰富的市场营销管理经验。在他的领导下,公司经过几年的培养锻炼,成功造就了一支能在国内国际市场上骁勇善战的队伍。他们业务能力突出,综合素质优秀,战略与战术应用得当,为公司的业务增长作出了重要的贡献。目前,公司已形成了覆盖全国 31 个省市自治区的营销服务网络,为用户提供丰富优质的通信产品与服务。与此同时,公司积极贯彻国家"走出去"战略,目前公司已在 50 多个国家开展海外业务,公司海外市场的销售收入已经占全部销售收入的 45%,公司出口规模迈上新台阶。

（3）发挥中国制造及研发的成本优势和效率优势,实现低成本、高效率生产制造。在袁欣同志的带领下,上海贝尔正成为世界一流的供应链平台与产业化基地,以及亚太区域物流、采购和维修中心。公司坚持以市场为导向,鼓励产学研相结合,加大公司技术转化和产业化核心能力的形成力度,以促进科技转化生产力以及经济效益的实现。在产业化配套能力方面,公司进一步增加元器件的本地化采购,努力降低生产成本,消化来自产品价格降低对企业盈利能力的负面影响,通过产业价值链的打造,努力成为区域物流中心,提升产业能级与应用,使得公司的生产制造和物流平台最终发展成为业内一流的综合原料采购、产业化设计、加工制造、本地化服务的产业化基地。

（4）发挥本土化人才优势,不断提升公司管理团队的决策力及领导力。袁欣同志在多年多的运营实践中,总结出一条适合企业发展之路。

公司扎根于中国本土，充分利用阿尔卡特朗讯全球的先进管理经验和丰富国际网络资源，锐意进取，积极探索，逐步培养出了一批具有全球视野同时具备中国本土运营能力的管理干部。作为阿尔卡特朗讯在亚太地区唯一的研发、采购/物流、服务中心（也是阿尔卡特朗讯全球最大的工业化基地），公司建立了一套科学全面的、与国际接轨的综合业绩考核体系，对干部员工进行业绩考核与职业生涯规划发展。在中外双方共同管理的组织架构下，公司按照国际化的标准培养我们的本地干部人才，形成了综合管理人才的梯队式储备与分布，充分利用了国内国际两个资源、开发国内国际两片市场来实现公司的发展。

营造和谐经营环境，提高员工满意度

多年来，在袁欣同志的领导下，公司物质文明和精神文明建设硕果累累，为公司逐步发展成为具有国际竞争力的中国本土企业奠定了坚实的基础。自袁欣同志担任公司董事长以来，公司销售收入逐年递增，其中海外销售收入显著提升，海外业务遍及欧美、亚、非、拉、独联体等50多个国家和地区，人均利税总额为行业领先水平，取得了良好的经济效益，各项经营指标年平均增长率保持在两位数水平，其中净资产增值率年平均增幅达10%以上，实现了国有资本的保值增值。在目前国内外通信行业竞争激烈的市场环境下，实现了稳健的可持续发展态势。

在企业经营稳步增长的前提下，袁欣注重提高员工利益，如提高员工收入、改善员工的福利。近年来，公司每年都要进行薪酬福利审核，为业绩突出的员工调整工资，赢得了员工的广泛好评。在他的倡导下，公司还实行了互助帮困机制、弹性工作制等人性化体制，真正做到了以人为本。正是因为公司尊重员工，为员工提供良好的发展机会，公司多次被评为"最受尊敬企业"、"最佳雇主"等，成为行业的标杆。

与此同时，袁欣以企业文化建设为重要抓手，搭建中外双方交流沟通平台，增强了企业员工的凝聚力和满意度。近年来，公司组织了宁蒗教育扶贫、志愿者活动、发动员工撰写并评选"优秀座右铭"、表彰十佳员工、组织劳动竞赛、为企业发展群策群力征集"孔明奖"等一系列活动，并且连续多年成功地组织了"运动会"，"艺术节"等活动。在袁欣董事长和公司党委的领导下，以企业文化建设为核心的系列活动的成功举

行,提高了员工的团队协作意识和集体荣誉感,增强了公司的向心力,为企业文化建设注入了丰富的内涵,起到了中外双方沟通的桥梁纽带作用,大大地提升了公司员工的凝聚力。

勇担社会责任,为企业和中国通信领域作出了积极的贡献

公司在袁欣同志的领导下,不仅实现了自身发展,同时也为社会作出了积极的贡献。多年来,公司贡献于中国通信网络基础建设从弱到强、由小到大的跨越式发展;产品线覆盖电信各个领域,实现全球供货,带动了国内数千家产业链上游企业,有力促进了全行业元器件和设备制造的产业化能力的发展;积极运用信息化解决方案贡献于其他行业的发展,以信息化推动工业化,在能源、交通、医疗、教育、社会管理、电子政务等领域以及国家重大项目中实现成功应用;同时与广大电信客户在更高层次上实现共赢合作,全面开展研发与技术合作,共同致力于节能减排、绿色环保,积极参与奥运工程项目。

在为中国通信行业作出积极贡献的同时,袁欣也积极带领企业履行应有的社会责任。在国家应急突发事件中,如冰雪、地震灾害等,袁欣第一时间号召公司全体员工,积极投入到抗灾抢险中,并亲赴受灾一线,指挥现场工作,全力支持配合电信运营商恢复通信及灾后重建工作,同时他积极带头捐款捐物,为受灾地区人民奉献爱心;在北京奥运举行期间,在袁欣同志的领导下,公司全力支持电信运营商保障奥运通信安全工作,此外,袁欣带领公司捐资助教,帮助云南宁蒗、湘西等贫困地区贫困儿童重返校园。

自袁欣担任公司董事长以来,他的大胆创新、深谋远虑、稳扎稳打、以人为本的管理风格和前瞻性眼光,让公司在电信行业的激烈竞争中经受住了考验,并继续向前,为公司在同行业中名列前茅和国有资本保值增值做出了卓越的贡献!

张维华 博士,教授级高级工程师,获电信技术专业学士学位、工商管理硕士学位和复旦大学管理科学博士学位。现任中国电信上海公司总经理、党委书记。

张维华大学毕业后即进入当时的上海邮电工作;1994 年参与"上海信息港规划"起草;1995 年起历任上海市邮电管理局副局长兼总工程师、上海市电信公司副总经理、中国电信(美国)公司总经理;主持了全国首个区域公众信息网"上海热线"、上海城域宽带网和社区网的试验和建设;主持了上海电信 ISDN 网和智能网的建设;参与或主持的电信项目获得国家和地方多项科技进步奖。张维华积极参加社会活动,现兼任上海市通信行业协会会长、上海市信息服务业行业协会会长、上海市信息化专家委员会成员等社会职务。

人生格言

为信息沟通更完美
人生因此而更精彩

张维华

得饮浦江雨露甘霖，
回哺申城信息文明

○记中国电信上海公司党委书记、
　总经理张维华

　　世界舞台的聚光灯下，魅力之都上海，正在勾绘一幅更加繁荣、和谐及现代化的城市蓝图，而比肩国际一流的信息化能级则为城市梦想插上了翅膀。张维华——中国电信上海公司总经理、党委书记，上海电信服务城市信息化的掌舵人，孜孜不懈地用睿智与赤忱奉献着自己全部的才华和热力，用行业引领者独具的战略眼光和开拓精神为信息化铺路筑基。近五年来，他又主动对接上海"四个中心"、"四个率先"使命，带领团队大力推进企业战略转型，铸就高品质信息网络，打造顶尖的信息服务与应用，将城市信息文明的坐标深深镌刻在黄浦江畔。

点亮城市信息化的星星之火

　　1983 年，张维华从大学电信专业毕业，进入上海邮电部门从事技术工作。勤奋刻苦、学习能力强、富有创新精神的特点，使他很快崭露头角，参与的建设项目获得各项科技进步奖。1994 年，张维华作为原邮电部选派的国内一流通信人才赴欧美培训。1995 年，年仅 35 岁的张维华就任上海市邮电管理局副局长，先后分管计划、建设、运营、市场、技术管理工作，从技术专家成长为一位优秀的企业管理者。
　　1995 年前后，正值以互联网为代表的全球信息化浪潮兴起，张维华作为主要起草人参与了上海市政府组织的信息港发展规划的编写。正是这份信息港规划，使上海的信息化建设迅速起步。此后，他不仅主持建设了上海城市型 ATM 宽带网络，为上海信息通信基础设施奠定了重要基石，而且领导实施了上海的光纤入小区试点，形成了"承载网＋接入网"的电信网络架构。在当时，宽带网络建设和小区光纤化试点都是开国内先河的前瞻举措，率先点亮了我国城市信息化的星星之火，张维华也由此成为国内电信业界在这两个领域的先行者。

1998 年，在多名知名候选人参与的选拔中，张维华成为美国艾森豪威尔基金会访问学者，详细考察了当地的信息通信发展现状及未来趋势。作为学术带头人，他主持的电信科技项目获得上海市科技进步二等奖和国家科技进步二等奖。

三年海外创业实现三大跨越

2002 年，中国电信迈出海外拓展第一步，对国外电信运营具有深入了解的张维华被集团任命为美国公司总经理。2002 年到 2005 年这三年，张维华领导下的美国公司实现了网络延伸、服务延伸和业务延伸三大跨越。

在市场化程度极高、电信巨头林立的美国，新生公司起步异常艰难。张维华带领海外团队经过市场调研，将目标客户群锁定为跨国经营的企业，并迅速组建了一支以本土美国人为主的中国电信销售团队，销售网络覆盖全美，同时瞅准商机大展拳脚。公司推出的中美"新视通"业务在美国市场一炮打响，"ChinaDirect"系列新业务提高了中国电信"一站式"服务能力。通过与当地电信运营商直接谈判，海外公司在美国四大战略城市部署了超级节点，实现了 ChinaNet 的美国本土化；和西南贝尔、德国电信等运营商实现了本地对等互联，从而大幅节省了中国电信的国际接入成本。这对于中国电信拓展国际业务以及中国互联网的发展，具有重大的战略意义。公司还建设了在美的 ChinaDDN 网，实现了全程的端到端通信，这也是迄今为止中美之间唯一的端到端网络。

2003 年公司实现 EBITDA 为正，2004 年实现盈利，2005 年加拿大办事处开业，业务成功拓展至整个北美洲。张维华带领团队建立的海外拓展模式和运作体系，成为国内电信企业海外运作的范本。

勇当电信战略转型的排头兵

在全球成熟电信市场三年多时间的砥砺,使张维华拥有了更宽广的国际视野、更先进的管理理念和更丰富的运营经验。2005 年底,在中国电信启动向综合信息服务提供商转型的重要关口,张维华又肩负集团重托回归故土,引领国内最大的本地网电信公司踏上转型征程。

为了使集团转型战略与上海区域发展有机结合,张维华亲自组织编制《转型实施纲要》,提出了"率先在集团内实现转型并引领上海信息通信服务业发展"的转型总体目标,明确了转型重点工程和转型保障体系建设等具体内容。自此,上海电信进入了转型战略的有序推进阶段。

2006 年,在转型综合试点基地浦东,上海电信以创新的全息视图营销管理法为亮点,实现了客户需求驱动的企业内部管理和业务创新,号码百事通、IPTV、ICT 等新业务陆续从浦东走向全市,社会认知度与集聚力日益提升。其中,IPTV 已经走进 120 多万户上海家庭,"IPTV 上海模式"也成为"三网融合"试点中的成功模式。与此同时,聚焦市场需求,形成了"我的 e 家"和"商务领航"两大具有市场号召力的客户品牌。

完善枢纽型信息基础设施是保障转型的关键环节。2009 年,张维华战略性地提出"城市光网"计划——上海电信于三年内建成遍布全市的 IP 化、扁平化、宽带化、融合化的宽带信息通信网络,形成"百兆进户、千兆进楼、T 级出口"的网络能力。目前,"城市光网"已有效覆盖 150 万户用户,同时,加紧以 3G 和 WiFi 无线高速宽带网络为主体的"无线城市"建设。

科技创新是助推转型的强大引擎。张维华主持制订《科技创新实施意见》,并且督导落实。仅 2006 和 2007 年两年里,上海电信就获得 6 项上海市科技进步奖和 32 项发明专利,同时还承担了国家 863 项目以及国家重大科技支撑项目。在全国首创的小型接入点(MiniPOP)技术,解决了线路长、宽带提速慢等问题,满足了社会对宽带业务的强劲需求。

随着转型向全网辐射,上海电信的国有资产保值增值率保持在

100%以上，收入市场份额连年居上海电信行业首位，非话音业务收入占比超过50%，各项指标均达到国际电信业先进水平。

让所有人畅享绿色信息新生活

始终将企业发展置于经济社会发展的大环境大背景下考量的张维华心里非常清楚：转型的核心是提升价值创造力，为这座城市提供丰富和急需的价值。上海电信这些年所走的路，正是按照张维华的规划——不单单是城市通信基础设施的主力军，更要成为城市信息化应用的主力军和服务世博信息化的主力军。

2006年以来，上海电信与市信息委等行政管理部门、全市所有区县政府以及众多行业标杆单位签署了信息化共建协议，至今累计完成60项市信息化重点项目，实施了500余项区县信息化工程。其中，浦东公共政务数据中心成为全国的"电子政务"标杆；"800兆数字集群政务共网"和近3万个"全球眼"智能监控点，在提高城市治安防范能力方面发挥着愈来愈关键的作用。

2009年，当金融危机侵袭申城，张维华带领着上海电信人用贴心的"暖冬计划"帮助企业共渡难关，年内为1万家特色中小企业免费提供"自助建站"服务。同时，积极助力"调结构、保增长"，通过建设"数字园区"，支撑重点高新技术产业发展；关注民生福祉，为3万余名残疾人士开通了聋人信息卡、视障套餐服务，为老年人建设"数字敬老院"，配合市政府"居民健康档案"实事项目开展"智慧医疗"服务等。

2010年，精心浇灌的信息化之花终于在世博期间盛放。中国电信作为2010年上海世博会全球合作伙伴，上海电信具体实施推出了融合低碳环保特性的移动极速宽带网、下一代互联网等8大世博科技亮点和18项世博科技产品，得到社会广泛赞誉。在张维华心目中，"后世博时代"上海电信肩负的责任不仅要通过聚合效应带动信息产业链发展，全方位服务上海建设，还要致力于推广信息化应用，让这座城市里的所有人都能够畅享绿色、便利的信息新生活。

得饮浦江雨露甘霖，回哺申城信息文明。在张维华领导下的中国电信上海公司，正以富于社会责任感与亲和力、客户满意、公众信赖的企业

形象展现在世人眼前。2010年6月,中共中央政治局委员、上海市委书记俞正声在服务城市信息化工作材料上批示:"感谢上海电信。"对于张维华来说,这是肯定,更是鞭策,他将常领着上海电信人用更高品质的服务回馈社会,用信息化映亮上海的城市新景。

    黄　琼　主任记者,1963 年 7 月出生,1986 年毕业于复旦大学新闻学院,2005年 3 月,获上海交通大学首届高级管理人员工商管理硕士(EMBA)学位。现任解放日报报业集团新闻报社总经理。

    黄琼 1986 年进入解放日报社工作。1987 年 7 月—1998 年 10 月在解放日报文艺部任记者、主任助理。1998 年 10 月参加筹备一日三刊新新闻报工作,并担任新闻报晚刊副主编;2000 年 6 月担任新闻晨报副主编,同年 12 月兼任新闻报广告部主任,新闻报总编办主任。2003 年 1 月起,协助总编辑全面负责新闻报社经营工作,并于 2004 年 5 月起担任新闻报总经理。之后长期从事报业经营工作,发表报业经营著作多篇。

人生格言

低调做人
高调做事

黄琼

永不停歇的"卖报人"

○记新闻报总经理黄琼

　　"理想中的社区报应该是一打开报纸,新闻的发生地最远不要超过2公里,最好就是小区里发生的事,大到'昨夜飞贼入室',小到'某家小狗走失'……当然,我觉得这些新闻类东西还不算社区报的核心。"

　　再过3年就到知天命年纪的黄琼说起他正努力试验的社区报来,却依然像个满怀创业理想的年轻人。文艺记者出身,又有近10年传媒经营经历,让他名副其实地成为一个"跨界"人才——一个懂新闻的企业家,和会做生意的报人。

　　这位年富力强的新闻"潮男"总是喜欢做一些别人没做过的事情:他的想法很大胆,社区报不做新闻,而是做服务,而且是很琐碎那种,比如小区对面饭店新推的特色菜,三条街外的大卖场周末大促销广告,林林总总的打折券,社区二手跳蚤市场有什么好货,拼车上班路上新加入的漂亮MM……还有更多新鲜的内容不断地从他脑袋里冒出来,他有感觉,这保准是一份从没人见过的社区报。

　　事实上,他主管经营的新闻晨报已是上海发行量最高的一份早报,但他总是认为,不改变就会有危机。如果说当年从记者转型为经营人才,是他职业生涯第一次"变"的话,这10年来,这个永不愿意停歇的"卖报人"不断地跨着大步,每次跨出都是一次大胆的变化和创新。

第一次"跳槽"

　　直到1998年前,黄琼走的道路和很多新闻院校毕业的学生没什么两样:1986年复旦大学新闻系毕业后加入解放日报社,连做了11年的文艺记者。按照一位同事的话来说,在解放日报这么一份有影响力的报纸做记者,如果愿意安于现状的话,日子会过得很好。

不过,他显然不是一个安于过好日子的人。1998 年,解放日报社将《新闻报》和《消费报》合并之后,准备推出一份一日三刊的新《新闻报》,黄琼觉得这是一个重新设计自己生涯的机会,而解放日报也把这个机会给了他,当年 10 月,他进入到一日三刊新《新闻报》的筹备班子,并担任新闻报晚刊副主编。

这是黄琼职业生涯的第一次转身,从一个记者到统筹全局的管理者,却也是从一份发行量足有 50 万份的大报转投一份仅有 5 万份发行量的报纸。他隐约意识到,眼前的工作也许并不好做,但做好了,却能成就一番事业。

初为管理者,黄琼首先面对的是团队融合问题。当时的新《新闻报》中有三部分员工:原来的《新闻报》和《消费报》、新招募的各地传媒人员,伴随着的就是多种企业文化和理念的冲撞。初创时期,这些人员彼此间多少存在一些猜忌和疑惑,而在办报理念上,多种文化也有着牛头不对马嘴的感觉。

"身先士卒,吃苦在前,让利在后。"这是黄琼来新《新闻报》之前,解放日报老前辈的教诲。而他在新团队的融合过程中将这 12 个字当成了金玉良言,什么事情都带头冲在前面,少说话多做事,凡事先考虑团队利益,不计较个人的得失,这让他渐渐得到了很多人的信任。

人品很正,工作认真,又很善解人意,没有架子,协调能力非常强。这是当时很多员工对黄琼的评价,就这样,凭借性格上的魅力和业务上的扎实功底,这个在管理手段上多少还有点稚嫩的"新人"开始适应了自己的新角色。

做个"卖报人"

2000 年,一日三刊的午刊划归文广局,另两刊分别改名为《新闻晨报》和《新闻晚报》,在担任晨报副主编之余,黄琼开始兼任晨晚两报的经营分管领导、广告部主任,协调发行广告和财务等工作。

从采编逐渐转为经营,黄琼并没有想到,"卖报人"才是他今后 10 年里发挥才能,挥洒智慧的最佳角色。

卖报纸和销售其他产品一样,首先的任务是调查市场,寻找自己的定位。当时的上海有1300多万常住人口,报纸数量却不多,市场远没有饱和。经过充分的调研,黄琼在内的领导班子发现,上海的早间并没有一张轻松的市民报纸可以供人阅读,如果办一张以本地新闻为主的早报,必然可以一举打开局面。

此时,上海的白领阶层亦渐渐形成。这群人充满朝气,职业光鲜,关注资讯和时事,同时又有很强的购买能力,《新闻晨报》领导班子很快就决定,自己的读者受众应该是这么一群人,才可以在市场竞争中争到一席之地。

如何卖也是一个问题。按照老套路,不至于行不通,但很难一炮打响。

黄琼大胆的性格这时候起了关键作用。他决定打破邮政独家垄断发行通路的传统发行秩序,同时让5家发行公司代理新闻晨报的发行。

从现在来看,这显然是一次很大的冒险,当时却是起到了奇兵制胜的效果——因为有了竞争,向来强势的邮局突然感觉有了压力,新闻晨报的发行质量却空前良好;因为发行体系的高效,新闻晨报的截稿时间能更晚,更多的时效新闻登上了版面,却依然能在每日清晨达到读者手中;因为对渠道的控制更到位,晨报的无效发行率屡屡降低……

2000年底,仅用半年的时间,新闻晨报发行量从7万份增长到30万,从亏损变为实现赢利300万元,创造了上海报业的一个奇迹。

0.2元换来2000万

当记者的时候,虽然那时还没有什么所谓的娱乐圈,但黄琼知道,无论是搞艺术还是写文章,一个人必须不停地有新东西冒出来,否则观众、读者很快就会把你忘记。这种感受影响了他今后人生和创业的态度——不断迫使自己创新和改变。

2003年1月,黄琼开始协助总编辑全面负责新闻报社经营工作。在此之前,敢于尝试和创新的他在中国都市报中第一个尝试了广告总代理制的模式,让专业的广告团队公司负责广告的专业化经营。这种方法促使记者专心做新闻,减少了报社的营运成本,规避了市场风险,也改变了当时很多记者边写稿边拉广告,影响新闻质量的弊端。

因为出报后新闻定位准确,晨报受到了白领群体的空前欢迎,也很快受到了更多优质广告商的青睐。2003年当年,晨报发行量上升到了50万份,全年利润超过1亿元。2004年,晨报发行量更是突破55万,利润将接近2亿。

市场策略和管理模式的创新,让《新闻晨报》以火箭式的速度,迅速坐上上海报业市场第一把交椅。然而,紧接着的2005年,晨报迎来了一次前所未有的挑战。

确切地说,这是整个报业的一次挑战。

当时,在新兴网络媒体不断壮大、冲击下,国内一大批报纸进入寒冬,众多拥有良好品牌和市场份额的传统报纸却频频爆出利润下滑、读者流失的新闻。同时,新闻纸价格的突然上升,使得传统平媒的运营成本陡然高增。

虽然晨报的广告形势依然乐观,但黄琼却在危机中意识到,求变的时候到了——在集团领导的推动下,新闻晨报反向操作,决定把报价从0.5元涨到0.7元。

和普通商品不一样,报纸是二次销售产品,因此在读者层面很少涨价。贸然提价,风险很大。

不过黄琼成竹在胸。之前他通过调研公司进行一次大规模市场调查。调查发现,有至少三分之一的晨报读者觉得晨报价格便宜,性价比高,而此时,晨报的几个主要竞争对手亦都在调整期中,无暇对晨报形成威胁。

这些都意味着,提价存在操作的空间。

在集团领导的决策下,黄琼和新闻报发行团队开始周密计划,细化方案。事实上,基于晨报深厚的实力和操作的得当,提价后的市场反应平稳良好,晨报发行量并未受到影响。

这看似小小的0.2元,让集团当年足足增收了2 000万。

创 新 社 区 报

晨报提价的过程中,黄琼开始有一种危机感,报业的拐点正在悄然走近。

网络媒体的竞争、高成本、传统发行通路的制约,这些条件都限制了

传统报纸的发展。从那时起,黄琼就开始思考报纸新的盈利模式。

这个职业的"卖报人"又开始想新的招数:办网站,做文化演出,涉足教育产业,他主持创办的嗨嗨网已经成为面对晨报读者群的电子商务团购网站;而演出公司则把美国著名的舞台剧《妈妈咪呀》首次带到了上海;新闻晨报小记者班已经累计有五六千学员,而晨报游学项目更是走到了英国、美国、澳大利亚。

"发行的创新就应该围绕新型的居住社区做文章。"这是黄琼常对发行团队说的一句话,2008年底,经过2年多的准备,新闻晨报周家桥社区报出炉。

这是一份不同于传统"黑板报"式的社区报,它充满社区精神,像社区居民的朋友一样,提供他需要的任何大道、小道消息。

黄琼的设计是,社区报更多的是一个营销通路,通过它建立起晨报和居民之间的纽带,直接将个性化的信息和服务带到居民家中,从中产生多样化的经营模式。

在集团领导的支持下,如今,7家社区报已在同时运作中。这个计划也得到了市委宣传部的支持。这些社区报无一例外的得到了各个街道和居委会的支持,这些看惯"黑板报"的人惊讶地发现,社区的报纸还能办得这么精彩。

在黄琼的脑袋里,有一幅很大的上海社区地图,他希望在将来,这张地图上每一个大型社区上,都插着一面新闻晨报社区报的旗子。随后,他可以把这幅地图摊在广告商面前,告诉他们某个旗子下面代表着什么样的一个消费群体,让他们按照自己的产品的针对人群,组合化、个性化地投放广告。

旗子还没有插满前,他还停不下来。

其　实　原名沈军,汉族,1970 年生,上海人,中国最早的互联网研究人士,具有17 年财经及媒体研究和管理经验,东方财富信息股份有限公司创始人。

1993 年毕业于上海交通大学材料工程系锻压工艺及设备专业并获工学学士学位,2004 年获复旦大学高级工商管理硕士(EMBA)学位。2005 年创办东方财富信息股份有限公司并任公司董事长兼总经理。

曾荣获艾瑞新经济奖最佳年度人物、上海 IT 青年十大新锐、上海十大青年经济人物等荣誉,并担任上海市政协委员、复旦大学 MBA 荣誉导师、上海市信息化青年人才协会副会长、上海市网络文化协会副会长、上海市信息服务业行业协会副会长、上海市信息网络安全管理协会副会长、上海市金融信息服务专业委员会主任等社会职务。

用户为王,打造中国金融信息服务第一民族品牌

○记东方财富信息股份有限公司
董事长兼 CEO 其实

2010 年 3 月 19 日,其实所创办的东方财富信息股份有限公司在中国深圳证券交易所创业板成功挂牌上市(股票简称"东方财富",股票代码:300059),成为首家登陆中国资本市场的网络门户。此次创业板上市,"东方财富"以人民币 40.58 元/股的发行价格首次公开发行 3 500 万股人民币普通股,融资额达 14.2 亿元,公司市值在上市一个月后最高超过了 140 亿元人民币(折合约 20 亿美元),成为中国创业板 IPO 历程上的一颗耀眼明星。

从公司创立到成功上市,东方财富只用了五年的时间,其实和他的团队共同演绎了中国互联网行业"激情成就梦想"的商业传奇。

执著五年,一举成功

鲜花和掌声,往往会掩盖背后的艰辛。

作为中国资本市场上的首家网络门户,东方财富的成长传奇却始于五年前网站上线后"磕磕绊绊的第一天"。

2005 年,其实带领其创业团队在上海创办东方财富网,开始跻身于中国网络财经信息服务业的行列。当时,中国的新浪、搜狐、网易三大门户网站的财经频道发展已久,三大财经网站和讯、金融界、证券之星也确立了自己的行业地位。东方财富网正式运营的第一天,由于首日访问量达到了 10 万人,远远高于 1 万人的预估,导致网站一度陷入瘫痪,其实

不得不带领创业团队立即修改程序以维持正常运营，但由于访问量一直上升，维修往往支撑不了多久。

紧张的第一天，其实和他的团队就在"瘫痪-维修-再瘫痪-再维修"的反复中经受了第一次考验，也预示着东方财富网未来的发展壮大。

机会往往青睐有准备的人。2005 年 4 月 29 日，东方财富网第一次得到了广大投资者的掌声。当时，正值双休日接"五一"劳动节长假，在漫漫熊市中日渐懈怠的各大媒体都沉浸在节日的气氛中，不曾料到中国证监会在当天发布《关于上市公司股权分置改革试点有关问题的通知》，而这一通知标志着股权分置改革试点工作正式启动，必将对中国资本市场带来深远的影响。当晚，只有一家财经网站的编辑及时转载了这一消息，第一时间传播了中国资本市场发展历程上具有里程碑意义的事件，那就是其实所创办的东方财富网。

从此，东方财富网踏上了快速发展的轨道。截止 2007 年底，东方财富网日均访问用户超过 2 000 万，日均页面浏览量超过 2.5 亿，成为中国乃至全球访问量最大的财经门户网站，牢固确立了自身的行业领先地位。

公司的快速发展引起了市场的广泛关注和认可，社会各界的赞誉纷至沓来，东方财富网先后被权威第三方机构评为"最具发展潜力网络媒体奖"、"最具人气理财网站"、"2007 年度中国商业网站百强"等。2010 年 1 月，东方财富信息股份有限公司成功入选《2010 福布斯中国潜力企业榜》，位居上海地区第一位及全国第十二位。

公司成功上市，为倾力打造"中国金融信息服务第一品牌"奠定了坚实的基础，其发展速度之快成为中国互联网行业的奇迹。

"股吧"出奇制胜

创办东方财富网，其实思考了一年。

其实是中国最早的互联网研究人士，中国早期最著名的证券分析师之一，曾被香港《大公报》誉为"中国 B 股研究第一人"，并担任中央电视台等多家电视台和大量财经证券媒体的主持人、嘉宾及专栏作者等，积累了丰富的行业经验，而性格内敛的他，却想要找一个不需要抛头露面就可以让更多投资者交流的平台。

"让大家告诉大家"，其实终于找到了自己的思路，他要打造一个具有 Web2.0 特征、不出家门的平台，让更多的投资者通过这一平台自由沟通。

就这样，东方财富网一上线就坚决秉持"用户为王"的理念，并实现了一系列的突破与创新。

2006 年 1 月，"股吧"作为东方财富网的频道正式上线，按照中国资本市场上的 A 股、B 股、H 股的股票名称分为各个子社区，提供按照证券代码搜索，按吧名、作者或文章标题搜索的功能，方便投资者进入子社区进行专题互动讨论。虽然当时网络社区已经出现，但像"股吧"这样按照每只股票细分的社区，还是第一次。很快，这种高度细分的专属网络社区吸引了大量的投资者，"股吧"也发展成为中国最大的互联网财经互动社区，并一度在中国各大网站中引起了"吧"的热潮，然而却从未有超越"股吧"者。

其实对公司的发展有着清晰的思路和高屋建瓴的战略把握能力，市场敏感性极强。2007 年 3 月，随着基金理财产品市场的扩大，其实适时推出了东方财富网的又一个子频道"天天基金网"，并自主开发了"基金盘中净值估算法模型"，获得了基金投资者的广泛认可。如今，"天天基金网"已经成为中国投资者首选的基金媒体。

开拓无止境。进入 2010 年，随着 Web2.0 等互联网技术的不断突破，其实带领其创业团队再次推出"财迷微博"，以满足投资者了解最新资讯、参与热门话题、认识更多财经朋友的需求。

作为 A 股首家财经门户的创始人，其实的创新之路再次证明：只有真正了解用户需求，才能被用户所认可。

厚积薄发，华丽转身

如果说从一个著名的证券分析师到一名出色的创业者是其实的第一次完美转型的话，那么随着东方财富的成功上市，其实又成功完成了从一个创始人到一个卓越管理人的转变。

自公司成立以来，他不断完善各项制度，积极吸纳人才，甚至转让所持公司股权以引进高级管理人才，壮大公司管理层队伍。面对网络财经服务业迅猛增长的广阔前景，其实尤其强调企业的创新活力和研发能力，不断给研发团队注入新鲜血液，紧紧围绕市场需求促进创新和研发，持续走在行业的前端。

东方财富很快就确立了"中国领先的网络财经信息服务综合运营商"的地位，旗下"东方财富网"也是中国用户访问量最大、用户黏性最高的互联网平台。期间，面对大量外资收购或兼并的邀约，其实一一婉拒。他坚持企业的独立发展，使得东方财富网成为中国为数不多的仍由内资控制的大型网站，树立了一个强大的民族互联网品牌。

2010年3月，东方财富成功上市，作为一家创业板公司的董事长兼总经理，其实担负起了广大投资者更多的期许。

上市后的半年间，东方财富的业绩保持了平稳、健康的发展，公司员工队伍继续壮大，各项制度持续完善，投资者关系良好、畅通，并得到了监管机构的高度认可。但这并没有让其实满意，他的目标非常明确，就是打造"中国金融信息服务第一民族品牌"，把企业做大做强、以更好地业绩回报投资者。

强者恒强。未来，随着通信技术的快速发展和中国金融资本市场的逐步成熟，公司坚持国际化、专业化、个性化的品牌战略，坚持以用户需求为本，加强大型网络在线平台系统升级建设，加强在线金融数据服务系统建设，加强基于手机端的财经信息服务系统建设，使得公司服务领域从网站服务平台，向无线网络平台、视频新媒体平台等大服务平台全面延伸，为用户提供全方位的一站式金融信息服务。

企 业 的 价 值

感恩，这是东方财富成功上市后其实想到的第一个词语，也是他多年来的真实心声。正是这种感恩的心态，使得东方财富网自上线以来一直秉持"用户为王"的理念，使得股吧能够真正做到"从用户体验出发"而引领中国互联网财经社区的发展。

如今，在各项业务迅速发展的同时，其实更加强调企业的"感恩"精神，积极履行社会责任、回馈社会。在汶川大地震期间和青海玉树地震期间，东方财富网积极发挥自身网络平台的优势，呼吁社会各界对灾区的关注和帮助。同时，公司全体员工积极捐款捐物支援灾区人民，得到了救援机构的高度评价。

作为一家互联网财经媒体，东方财富网始终不忘履行教育大众、引导舆论的社会使命，力争成为金融机构和广大投资者友好沟通、互动的桥梁，多次承办了基金业、银行业的投资者教育活动，倡导全民健康理财的概念，吸引了全国范围内数千余万投资者的广泛参与，获得了监管部门及投资者的高度认可。

其实说："一个人的价值不在于你多么成功，更重要的是你为社会奉献了什么，企业的价值亦是如此。"

  史玉柱 1962 年 9 月出生,1984 年毕业于浙江大学数学系,现任巨人网络集团有限公司董事长兼首席执行官,中国民生银行董事,以及巨人投资有限公司和上海友缘有限公司的董事长。他赢得了 1994 年度"中国十大改革风云人物"、2001 年"CCTV 中国经济年度人物"、2002 年"中国优秀民营科技企业家"、"香港紫荆花杯杰出企业家"称号。并以"坚韧之魅"入选由《南方人物周刊》主办的"2007 中国魅力50 人榜单"之六大经济人物;2008 年获得年度百度游戏风云人物大奖及荣膺 2008年度中国游戏行业优秀企业家称号;在 2006—2009 中国游戏产业年会上,巨人网络董事长兼 CEO 史玉柱先生连续 4 年获得中国游戏产业最具影响力人物称号。

人生格言

福兮祸之所倚
祸兮福之所伏

巨人的征途

○记上海巨人网络科技有限公司
董事长史玉柱

史玉柱的身上从来不缺少话题,史玉柱从来都是媒体追逐的热点!最近一次的聚焦,你可以认为是中国首例名人时间拍卖,史玉柱的 3 小时卖到近 200 万;你可以认为是史玉柱"潜伏"多家 A 股上市公司,叱咤资本市场;你还可以认为是他的松江高科技园区落成揭幕,包括中央政治局委员、上海市委书记俞正声等市主要领导前去视察访问。这是聚光灯下的史玉柱,如果让他自己来说,他认为自己就是一个游戏玩家、一个游戏策划、一个半退休的管理人员。

开拓:创新是核心竞争力,而事实也证明,企业敢于创新始终创新,就能立足潮头!

史玉柱是一个备受争议的人物,他的保健产品为什么 10 多年来始终畅销不衰?他的游戏产品为什么能做到玩家最多?而在这所有争议的背后,人们在看到一个事实的同时,忽略了他背后的挣扎、努力、尝试和创新。就如他自己所说:我不蔑视规则,但我一定要创造规则!

有一位游戏界的资深专家曾在游戏高层论坛上发表谈话,他认为,目前国内研发的很多网络游戏,都没有完全摆脱两个影子:一个是游戏的便捷操作,一个是游戏的商业模式,说白了,这两个影子都是史玉柱的《征途》所创造的游戏模式。

谁都不可否认,《征途》是中国网游发展的一个标杆性产品,他也是史玉柱从传统行业跨入游戏行业的一次全新尝试。他潜心于自己的游戏,乐于当一名游戏客服;拿着问卷泡在网吧,关心游戏玩家的每一点游戏感受。史玉柱自己曾说过,他是一个完美主义者,完美主义者的追求就是无止境、就是卓越!

就像前文所述的那位资深专家所言,《征途》对于中国网游发展具有深远意义。它最先创造出的游戏便捷模式、给玩家发工资的商业模式、地推团队的运营模式、主导的精品战略等等,已经成为网游企业的模板、参照。在诸多创新模式的推动之下,《征途》也成为全球首款同时在线人数超过200万的2D网络游戏。

这种坚持创新模式、敢于打破陈规陋习的史氏作风,也让史玉柱和他创办的巨人网络一路高歌,最终踏入美国纽交所,成为美国发行量最大中国民企。巨人的成功上市,其意义远不止史玉柱个人传奇的延伸或中国财富故事的新篇章这么简单。相对于巨人从美国募得的巨额资金,此事带来的深远影响更值得我们关注。当时,资本市场评论家给予这样的评价,确实,值得关注的更是巨人网络的发展、规划、战略!史玉柱又能力打出什么样的牌,让他的航船永远的立足潮头!

改革:危机感和使命感是两把利剑,它始终让你保持警觉,清醒决策、努力前行!

尽管不算新鲜,但还是有必要交代一下史玉柱。他有失败经历,在目前国内的商业大亨中,像史玉柱这样经历过大起大落的创业奇才少之又少,从失败中爬过来、站起来,不仅仅是一种经历,更是一种代表着不屈不挠、坚忍不拔的精神。有位著名的专栏作家曾将这样说:"沉浮"一词似乎并不太适合史玉柱,因为他其实只失败了一次:巨人集团负债关门;但他成功了三次:巨人起家、脑白金崛起、转战网游。

害怕失败的人总是有所准备。史玉柱的理想是做一名骨灰级的玩家,在游戏里面和千千万万的人共同叱咤风云。他把自己界定为游戏的策划者,他想有更多的时间为和自己一样的游戏玩家设置更符合玩家的游戏需求。他把巨人网络的管理权交给了刘伟,这位当年巨人集团四个火枪手之一的巾帼女豪,他要实践做一位终身游戏玩家的理想,潜心研究游戏的研发、运营。

如果说这仅仅是史玉柱自身改革的一个切入,那么,改革整个巨人

网络的构架模式,企业改制将是奠定巨人今后发展的大手笔动作。公司以研发产品为基础成立各个事业部,事业部以独立的公司模式运作,巨人网络注资占一定股份,事业部内部入股集资占一定股份,利益捆绑、进退共存,所有人都成为事业部的主人。具体的方式是,各团队根据自己的需要,设定一个新公司的注册资本金,团队成员根据比例自掏腰包,拿出占注册资金49%的钱购买自己的股份。游戏研发成功后,统一交给巨人网络运营。巨人网络再将游戏的营收,按一定比例返至项目公司。

曾经给巨人发展做出巨大贡献的地推团队也在改革中大胆尝试。在网游推广手段的转型过程中,地推团队也开始了独立运营游戏的尝试!这在网游界是第一家,巨人总裁刘伟说,我们在改革中先去尝试,就会取得先发优势。

目前,巨人网络成立了近10家游戏分公司,研发和正在研发的产品接近20款。史玉柱和刘伟在不同场合都有类似的表述:改革没有终点,还要探索适合游戏企业发展的新途径,最终的目的就是:让所有的人才在这里得到发展、增值和提升!让巨人成为中国、乃至全球的游戏研发领导者之一!让巨人成为一个品牌、一个象征!

创造:见证奇迹的是时间,若干年后,一个百年 老店的或许会成为上海乃至中国的名片!

史玉柱有一种让人始终无法忘记他的能力。20年前进入商界,他是当时最年轻的明星企业家。10年前,他是一败涂地的"巨人"。今天,他又打起巨人招牌、建立巨人基地、创造巨人品牌。我们能不能简单地说:重建巨人,是为了解开他自己的一个心结?

其实可以从一些事件的脉络中,寻找史玉柱打造巨人百年基业的脉搏。

人才观是史玉柱布局百年基业的基础。在巨人网络,人才论在高管、中层和一般人员之间都有不同的解释和理解:在高管的战略中,人才是企业的核心竞争力,宽松的发展环境、和谐的发展过程、保障的收入分配,让所有人才在这个环境中精神、物质、荣誉都能丰收!已经被业界熟知的巨人网络副总裁纪学峰就是一个典型代表,这个数学系的硕士研究生,从游戏策划、产品经理、产品副总监,一直成长为巨人网络主抓研发的副总裁。在巨人，不拘一格使用人才的典型案例，比比皆是。

巨人网络的"赢在巨人"，难道不也是凝聚人才的一个手段吗？答案是肯定的。

企业文化是史玉柱布局百年基业的重点。巨人网络的企业文化不做作、不矫情，都是大实话！说到做到、只认功劳、严己宽人、敢担责任、艰苦奋斗、追求卓越。实在、操作性强。这种朴素的企业文化，是每个老巨人、新巨人的行动参照。史玉柱曾经对媒体说：这是我们企业文化的精华，很多人说这几句话"土气"，别人可能会认为这是在批评我们不够时尚、洋气，我却觉得"土气"是一种褒奖，土是最实在最本质的东西，做企业不是做秀，应该干企业最本质的事情，扎扎实实把企业自己的事情做好，是对员工、股东、自己以及社会最好的交代。

未来发展是史玉柱布局百年基业的核心。史玉柱立足于精品战略，布局于产品研发。目前，巨人网络正在运营的游戏包括《征途》、《绿色征途》、《巨人》、《万王之王3》、《仙途》、《龙魂》等近10款游戏，同时还涉足网页游戏，打造了《黄金国度》这一经典之作；同时，研发和正在研发的《征途2》、《巨人前传》等近20款游戏，也蓄势待发。在自主研发的同时，巨人网络还代理了法国、韩国、俄罗斯等国家的多款游戏。引进来的同时，把自己的游戏也推到了越南、日本、韩国、台湾等国家和地区。

立足网游这块大蛋糕的同时，巨人网络还特别重视社区的发展，并着手布局，史玉柱始终认为：社区建设将是网游发展的一个最大突破口，基于社区建设，将会给网游带来黏着度更高的玩家和用户。

史玉柱始终在布局，珠海、成都的研发基地，上海松江的巨人研发总部，未来，史玉柱还有什么样的布局和战略规划，只有时间告诉你！

突然想起安迪·格鲁夫写的《只有偏执狂才能成功》。固执有时候是一个缺点，有时候又是一个优点，只要认准了目标，只要自己觉得正确就不要放弃，无论中间遇到什么困难，坚持到最后才会成功，史玉柱也做到了！

季 琦 1966 年 10 出生于江苏省如东县；1985 年 9 月毕业于上海交通大学工程力学系本科；1989 年 8 月至 1992 年 3 月上海交通大学机械工程系机器人专业硕士；1992 年 3 月至 1994 年 6 月在长江计算机集团上海计算机技术服务公司历任技术支持部工程师、销售工程师、项目主任、市场部经理、市场及销售部经理等职。

1994 年 7 月至 1995 年 3 月旅居美国；1995 年 4 月任北京中化英华智能系统有限公司华东区总经理；1997 年 9 月创办上海协成科技有限责任公司任总经理；1999 年 5 月创办携程任总裁；2002 年 6 月创办如家酒店连锁任董事长。

现在担任上海市第十届政协委员、上海市海外交流协会第四届理事会名誉顾问、上海交大世纪校友会秘书长、徐汇区青联副主席，徐汇区工商联副会长等职务，并荣获"2002 年上海市旅游行业十大标兵"、"2002 年徐汇区光启杯十大杰出青年"光荣称号。

人生格言

天道酬勤

谱写中国企业家的创业传奇

○记汉庭酒店集团创始人、执行董事长季琦

季琦，汉庭酒店集团创始人、执行董事长，中国著名企业家。毫无疑问，季琦是中国连环创业最成功的企业家之一，10年时间内他作为CEO连续创立携程、如家和汉庭三家公司，并都将其带上纳斯达克。全球至今能成就这一"霸业"的也仅有美国硅谷创业狂人吉姆-克拉克一人，与曾经创办SGI、网景和永健这三家公司的克拉克不同的是，季琦创立的这三家公司，市值都超过了10亿美金。

成功需要没有条条框框

季琦出生在江苏省如东县，小时候的贫困生活让他"没有安全感"，只有不断前进、不断战胜别人甚至不断战胜自己，他才能"获得成就感去克服不安全感"。作为80年代的大学生，季琦承认自己心底仍有那个年代留下的理想情结。从学生时代，季琦就会蹬着三轮满街卖电脑，他知道自己是个靠谱的人，想法能成为现实。他在博客上写道："创业之初，我希望挣钱，我希望改善生活，我希望有自己的生意。都是很近的理想，一步步慢慢做，每上一个台阶看到一个更远的地方，再为了那个目标再努力，努力完了再往前看。"

1999年，季琦从美国回国，与梁建章、沈南鹏、范敏创建携程网。在他带领下，携程旅行网成为中国最大的旅游电子商务网站，并在2003年在美国纳斯达克成功上市，2005年上交徐汇税收近亿元；2003年，季琦走出携程创建如家酒店连锁，并出任CEO，在短短一年内如家酒店就荣获"全国饭店业集团二十强"称号，并于2006年10月在美国纳斯达克成

功上市,目前如家在全国各省市已有 600 多家连锁酒店;2005 年,季琦第三次重新创业,创建"汉庭"品牌。

自创立以来,汉庭在短短 5 年间已经完成全国主要城市的战略布局,并重点在长三角、环渤海湾、珠三角和中西部发达城市形成了密布的酒店网络。汉庭酒店集团现有门店数已逾 400 家,覆盖全国省市自治区等 50 多个主要城市,酒店出租率、经营业绩等各项指标始终保持业内领先地位。

季琦是由 IT 界打到传统行业的,IT 人的特点就是往往没有什么条条框框,这非常能概括他创业的特点:进入一个行业,带来很多新的理念,新的工具,新的手段来做,往往比这个行业内的人看得更加有突破性的创新。没有框框,勇于创新——这是季琦无论是做携程、做如家、还是做汉庭都做得很成功的原因。

对季琦来说,目标很明确:无论是做创业也好、做公司也好、跑马拉松也好,自己并非期待着掌声,吸引他的事情只可能有两个:第一个是挑战,挑战本身,让他觉得能把自己的状态调整好,季琦就会觉得有意思并乐于尝试。第二个是过程,季琦多次表示,每个人的人生一辈子就是过程,你如何去选一个自己喜欢做的事情,享受过程这是第一。

把企业做好比让别人知道更重要

经济酒店行业"做"和"做好"差别很大,很多低端酒店品牌就是在"做"而已:客人来了能睡觉、能上网也能洗澡就行。但季琦从创办"汉庭"之初,就想着"做好":首先,地段上,汉庭大多地处城市的商务中心或交通便利之处。其次,在汉庭,除了客房使用符合人体工学的床垫、独特的荞麦双面枕头以及舒适的床上用品外,汉庭还专门安装了先进的梯禁门禁系统、在客房设置双网线接口、卫浴采用专利的双开门设计以及方便又免费的宽带网络服务。此外,酒店所有公共区域都覆盖了无线宽带。季琦坦言,这其中每一项投入成本都很大,但是这些细节多了累积起来,客人的入住体验肯定就会很不一样。

都说性格决定命运。季琦说,自己的性格是"开拓性的"、"敢冒险"、"有号召力"、"有激情",总之"适合创业"。时常游走在第一线的他,总是根据需求来调整企业的定位。现在纳斯达克上市的中国连锁酒店有 3 家,另外两家是如家和七天,都是坚持单一品牌战略,然而汉庭在品牌战略上却已历经调整。汉庭在 2005 年成立之初,定位在商务连锁酒店。两年后,季琦断然将定位下沉,以汉庭快捷品牌大举进入 100—200 元的经济连锁酒店市场。今天,坚持时尚现代、便捷舒适、高性价比的优势特点,汉庭旗下已拥有"汉庭快捷酒店"、"汉庭全季酒店"、"汉庭海友客栈"等三个系列品牌,将品牌细分坚持到底。

最重要的是保持谦卑

在这样的创业光环之下,媒体总喜欢追问季琦,他最想感谢的是谁?季琦多次把他的成功首先归结于这个时代,他总是这样回答:"我要最感谢的,反而不是那些投资人,而是这个国家,感谢我的这个国家,我觉得在中国如果是大富的人,创业成功,大成功的人都要感谢这个国家给我们提供了这个机会,我们这些人是国家投资的幸运儿,很多人不像我们这么幸运,还在那里苦苦挣扎,所以我们要感谢国家给我们提供的机会。"

在季琦看来,无论是做企业也好,做人也好,最重要的是保持谦卑、开放的心态。自信和保持谦卑不矛盾,中国任何一位成功的企业家都是从错误中成长,一定是走过一段成长曲线。

季琦在新浪开有博客,更新频率还挺高,写的内容从商业到社会都有关心。但他同时又强调企业和企业家的独善其身。"我的博客可能也就几千人看,如果这些人能够改变想法我觉得就可以了,我没有什么太大的想法,我觉得个人的力量还是有限的。把自己事情做好是我们企业家应该做的,如果过多去指点江山可能效果恰恰相反。"

季琦还是个积极履行社会责任的企业家。他一直不忘回馈社会并积极参与公益事业。2004 和 2005 年,季琦向徐汇区工商联光彩基金会和上海市红十字会捐款共计 4 万元;2006 年季琦以个人名义出资 100 万元建立企业内部帮困基金;2008 年汶川地震后,汉庭设立了上海汉庭社会公益基金会。

代表中国服务业问鼎全球

2010 年 3 月 26 日,"汉庭连锁酒店"(NASDAQ：HTHT)在纳斯达克

成功上市。公司上市后，季琦感到自己的压力更大了，"因为面对的投资人更多，信任更多"，颇感时不我待。上市路演时，他最担心的事情是如家、7天的股票下跌，"因为如果他们不好，我们的股票也不会好。"因此，季琦从来不说同行和对手不好，"都在中国，如果他们不好，投资人会说汉庭也好不到哪里去。"看似简单的道理和很容易做到的事情，蕴含着企业家的大智慧和大气度。

他在多个场合向媒体宣讲，中国服务业将携中国庞大的市场优势取代中国制造业走向全球，而汉庭就是其中能成就霸业的一位。汉庭酒店集团的愿景是"成为世界住宿业领先品牌集团"，"打造世界级的中国服务品牌"。

缔造优秀的酒店品牌，是季琦一辈子的事业。这个愿望，在携程启蒙，从如家开始，并在汉庭起开花散叶。只不过，在如家，季琦的愿景还只是要做国内知名的酒店品牌，而现在的季琦，目标剑指国际优秀酒店品牌。

现在的季琦踌躇满志，欲投入后半生精力将汉庭打造成全球最大的酒店集团，而对于如何实现这一宏愿也满腹韬略。因此，我们可以说，季琦谱写了一段中国企业家的创业传奇。